国有资本运营管理丛书　　上海国有资本运营研究院

国有企业混合所有制改革：方案设计与实施全案

王国强　著

中国财经出版传媒集团
中国财政经济出版社

图书在版编目（CIP）数据

国有企业混合所有制改革：方案设计与实施全案 / 王国强著. --北京：中国财政经济出版社，2021.12
（国有资本运营管理丛书）
ISBN 978-7-5223-0929-3

Ⅰ.①国…　Ⅱ.①王…　Ⅲ.①国有企业-混合所有制-企业改革-研究-中国　Ⅳ.①F279.241

中国版本图书馆CIP数据核字（2021）第231201号

责任编辑：孙　琛　　　　责任校对：胡永立
封面设计：北京兰卡绘世　　　　责任印制：党　辉

国有企业混合所有制改革：方案设计与实施全案
GUOYOU QIYE HUNHE SUOYOUZHI GAIGE：FANGAN SHEJI YU SHISHI QUANAN

中国财政经济出版社 出版

URL：http：//www.cfeph.cn
E-mail：cfeph@cfeph.cn

社址：北京市海淀区阜成路甲28号　邮政编码：100142
营销中心电话：010-88191522
天猫网店：中国财政经济出版社旗舰店
网址：https：//zgczjjcbs.tmall.com
北京时捷印刷有限公司印刷　各地新华书店经销
成品尺寸：170mm×240mm　16开　27.75印张　445 000字
2022年1月第1版　2022年1月北京第1次印刷
定价：88.00元
ISBN 978-7-5223-0929-3
（图书出现印装问题，本社负责调换，电话：010-88190548）
本社质量投诉电话：010-88190744
打击盗版举报热线：010-88191661　QQ：2242791300

序　言

党的十八大把发展混合所有制作为我国基本经济制度的重要实现形式，作为国有企业改革的重要方向，作为培育世界一流企业的重要手段。2015 年，中共中央、国务院出台《关于深化国有企业改革的指导意见》，进一步把推动国有企业混合所有制改革作为国有企业改革的一项重要任务。党的十九大报告再次强调，深化国有企业改革，发展混合所有制经济，培育具有全球竞争力的世界一流企业。

国有企业混合所有制改革是一项基础改革。积极探索国有企业混合所有制改革之路，对当前建立现代经济体系、推进供给侧结构性改革、提高资源配置效率、促进创新发展、推动经济高质量发展等都具有重大和基础性的意义。为此，《国企改革三年行动方案(2020—2022 年)》指出，全面建设社会主义现代化国家新征程，必须充分发挥改革的突破和先导作用，要把混合所有制改革作为深化国有企业改革、激发企业活力、激发企业创新力的重要突破口。企业必须增强责任意识，使混合所有制改革同党和国家各项事业的改革发展相衔接，同满足人民日益增长的美好生活需要相协调，以实现国有企业混合所有制改革在促进国有企业转换经营机制、放大国有资本功能、提高国有资本配置和运营效率，以及有利于各种所有制资本取长补短、相互促进、共同发展方面的目标。

国有企业混合所有制改革是一项系统工程。国有企业混合所有制改革涉及国家层面的产业政策和国资布局，以及企业自身的发展方向、股权配置、规范运行、激励措施、监督机制等方方面面，既需要企业在顶层设计的框架内因企制宜、大胆创新，又必须谋定而后动，循序渐进、稳步推进。例如，外部资本参与国有企业股权投资，必须考虑到企业战略协同，必须考虑到如何退出，企业对投资人也要有诸多考量，如业务协同、公司治理等。这个过程十分复杂，任何一个失误都可能对混改产生不良影响，因此，必须充分考虑到混改的复杂性和系统性。

国有企业混合所有制改革千头万绪，具体操作中需要把握五个关键点：一是优化国有企业的股权结构，这是改革的基础；二是加强混合所有制企业公司治理，这是改革成功的保障；三是强化混合所有制企业对管理团队和员工的激励，这是企业改革的动力；四是突出国有企业的主业，主业是国有企业发展的根基；五是提高企业经营效率，经营效率是企业的生命。

党的十八大以来，国有企业混合所有制改革进入新的阶段，呈现出步伐加快、领域拓宽的良好态势，创造了一批可复制、可推广的典型案例，取得了积极的进展和显著的成效。本书介绍的“双百”混改案例精彩纷呈，值得借鉴。例如，山东交运集团在混改当中第一步先把股权归集到国有资本运营公司山东省国惠集团，再由其推进混改，在这个过程中实现了比较好的方案落地，同时也发挥了平台的专业化、市场化运作的能力；浙江省的物产中大，借助浙江国资平台公司实现了物产中大的员工持股和社会资本的引入；广州国资发展控股公司在国有资本运营试点当中，斥资百亿元，通过定增参与多家国有控股上市公司混改；东航物流混合所有制改革采取股权剥离明确主业、引进战略投资和员工持股、对接资本市场上市三步走的路径，整体系统谋划推进，取得了很好的改革成效，非常值得借鉴。

与此同时，我们也应该看到，国有企业混合所有制改革还面临很多新情况、新问题，需要不断探索新思路、新对策。例如，在推进混改的过程中，如何结合优化国有资本布局，更加有效推动国有资本围绕服务国家战略，向关系国家安全、国民经济命脉和国计民生的重要行业、关键领域、重点基础设施、前瞻性战略产业和具有核心竞争力的优势企业集中；在改革国有企业资本结构方面，如何科学界定哪些适用增量吸引民资、外资的项目，哪些适用国有资本存量退出引进民资、外资的项目，哪些适用合资共建项目；在员工持股方面，如何科学设置持股比例、出资方式、流转程序和退出机制，等等。

当前，我们正在加快推进二次混改，通过引进各类资本，特别是中长期资本，包括员工资本、公众资本和产业资本，降低国有资本占比，优化股权结构，完善公司治理，特别是探索混改后企业的差异化管控，还是一个值得破解的重要课题。此外，我们还应改变过去只注重公众公司混改而忽视对非上市公司混改的现象，在积极推进公众公司混改的同时，也要重视对非上市公司的混改。

上海国有资本运营研究院是国内较早专注于国资监管、国资运营、国企改革政策和实务研究的国资智库，自成立以来，始终聚焦于为国资国企改革发展提供智力支持和决策咨询服务，坚持研究立院，在国内率先提出了国企分类“三分法”、推进国企二次混改、国资投资基金化、设立国资国企改革先行先试区等诸多洞见，成为推动新一轮国资改革发展的重要突破口。同时，形成了平台化、网络化和综合化的服务体系，发起成立了国企数字化协同创新联盟、全国地方国有资本投资运营公司创新联盟、国资基金50人论坛、长三角产业创新智库联盟、混合所有制改革综合服务平台等系列平台，还联合多地省市国资监管部门、大型国企集团共同组建了遍布全国的研究基地网络，为国资国企改革发展提供研究、培训、数据、品牌论坛、产业资本对接等全方位的综合服务，全力打造以国资智库为核心的国资国企改革发展综合服务商。

“国有资本运营管理丛书”是上海国有资本运营研究院服务国企改革发展、国有资本运营推出的一套丛书，是近年来国资领域的重要知识成果，推出以来受到了读者的欢迎和喜爱。

本书作者是一位长期关注并参与国资国企改革的专业律师，也是上海国有资本运营研究院特约研究员，具有丰富的实操经验，更为难得的是，他善于思考，勤于总结，从实务操作角度对混合所有制改革涉及的诸多问题进行了多维分析，在系统梳理的基础上，提出了一套清晰的国企混改方案设计与实施全案，是一部指导混改实操、具有很好实用价值的工具书，相信对做好国企混改工作会有所帮助。

罗新宇

上海国有资本运营研究院院长

2021 年 12 月

前 言

2003年3月，国务院国资委成立，之后相继成立了各地方国资委，国有资产管理体制发生了重大变革。国资委成立后，明确了国有资产出资人代表，改变了国有企业管理分散、“多龙治水”的局面，推行了公司制股份制改革、国有企业兼并重组、国有企业从中小企业层面退出、从完全竞争性行业退出、公司法人治理结构完善等多项改革措施。通过改革，到2012年，国有企业布局结构得到优化，在39个工业行业中，有18个行业国有企业总产值占比低于10%，国有企业更多向关系国民经济命脉和国家安全的行业和领域集中。国有企业的经济效益显著提升，从2003年到2012年国有企业的营业收入从10.7万亿元快速增长到43.4万亿元，国有企业利润从0.32万亿元增长到1.9万亿元，全国国有企业资产总额从7万亿元增长到了25万亿元。在国有企业的大发展中，国有企业产权转让、兼并重组发挥了重要作用，混合所有制的国有企业数量大大增多，积累了丰富的混合所有制改革经验。

2012年党的十八大之后，国有企业发展进入崭新阶段。2015年中共中央、国务院印发了《关于深化国有企业改革的指导意见》，成为国有企业改革的顶层设计文件，国有资产管理体制向“管资本”转变，国有企业产权层面的混合所有制改革成为本轮国有企业改革的重要内容。到2017年年底，中央企业各级子企业中超过2/3的企业引进各类社会资本，实现了混合所有制。发展混合所有制经济成为国有资本布局结构调整的重要手段和内生动力。

混合所有制改革是一项系统工程，除了先进的改革理念，切合实际的改革方案之外，改革过程还涉及清产核资、审计评估、产权交易、公司治理等国有资产管理的基础工作。好的方案如果没有合规严谨的执行过程，也难以取得良好的改革效果。比如，改革前通过清产核资，对国有企业资产负债、所有者权益进行全面清查、清理，才能客观地反映企业财务状况和资产价值，避免改革造成国有资产流失，同时发现和化解企业历史遗留问题。又如，在谋划改革初期就要做好尽职调查，必须坚持群众路线，深入群众、发现问题、了解民情、找到出路，才能制定最好的改革方案。审计评估、产权交易是混合所有制改革中必须进行的环节，涉及改制资产范围和国有资产价值的确定，处理不好会造成国有资产流失和产权纠纷，导致改革失败。笔者从事国有企业改革17年，代理国有产权纠纷案件数十起，那些失败的国有企业改革案例总是在国有资产管理的必要程序上犯错误，才造成改革功亏一篑。本书在混合所有制改革风险防范章节细述了吉林通钢事件、在改革中消失的健力宝和科隆电器案例，殷鉴不远，来者可追，混合所有制改革要高处谋划，细处着手。

混合所有制改革“混”是手段，“合”才是目的。通过产权层面的混合，要达到不同所有制资本优势互补、激发动能、形成合力，促进国有企业发展，为中国经济高质量发展夯实微观基础。因此，混合所有制改革中股权比例如何设计？改革后公司如何治理？如何正确处理党委会和董事会的关系？混合所有制企业如何监管？本书结合政策规定和实践经验，分析成功案例，探讨促成不同所有制资本有机融合的有效方法。

中国国有企业改革波澜壮阔，四十年来国有企业改革创举不胜枚举，如星河璀璨，本书遍览企业改革史，摘取25个典型案例，以飨读者。上海国有资本运营研究院长期深研习近平总书记关于新时代中国特色国有企业改革理论，国资智库平台常常讨论混合所有制改革中的热点问题和难点问题，这种理论联系实践的优秀传统，本书一以贯之，在解决混合所有制改革实际操作问题的时候，不忘记改革理论对实践的指导作用，找准问题，把准方向，竭尽所能提出方法思路或者建设性意见，希望为改革者所用。

本书得以付梓，还要感谢众多的良师益友，上海国有资本运营研究院为本书的出版发行提供了大力支持，特别是罗新宇院长对本书写作给予了很多很好的指导意见，朋信国资律师团队、大连产权交易所在写作素材方面提供了重要的支持，中国财政经济出版社的王芝文老师和付克华老师为本书运筹优化、润色文字，将本书最终打磨成器；在本书写作过程中，我们还参考了一些专业人士的著述和研究，在此一并表示诚挚的谢意。

虽然已竭尽所能，但受自身认知的局限，书中难免存在不妥、疏漏甚至错误之处，衷心希望读者不吝赐教，令本书不断完善更新。最后，热切希望本书能对改革者有所启迪，服务于国有企业改革事业。

王国强

2021年12月

目　录

第一章

国有企业混合所有制改革概述

第一节　国有企业改革的基本逻辑

一、国有企业改革必须坚持两个"一以贯之"

2016 年，习近平总书记在全国国有企业党的建设工作会议上强调，坚持党对国有企业的领导是重大政治原则，必须一以贯之；建立现代企业制度是国有企业改革的方向，也必须一以贯之。两个"一以贯之"，是习近平总书记对新形势下加强国企党建工作的重要论断和明确要求，为国有企业在全面深化改革中坚持党的领导、加强党的建设、坚定不移做强做优做大指明了方向。

（一）中国国有企业的性质决定了国有企业必须坚持中国共产党的领导

国有企业除了具备企业一般的经济性、营利性、独立性之外，作为社会主义公有制经济的代表，是社会主义市场经济的主导力量，在经济体制改革中处于中心地位。国有企业履行社会责任是社会主义公有制的本质要求，其实现社会责任不同于普通企业，在企业利益与人民利益、国家利益发生冲突时，国有企业必须舍弃自身利益以保护人民和国家利益，国有企业承担社会责任还具有广泛性、高层次性和示范性。国有企业是社会主义制度的经济基础，是党领导国家治理体系的重要组成部分，是党执政的重要基础。国有企业的上述性质决定了国有企业必须坚持党的领导。

（二）实现国有企业的功能与使命必须坚持党的领导

国有企业的性质决定了国有企业在经济领域发挥着实现国家财政收入、经济发展、宏观调控的作用；社会治理中发挥着提供公共产品服务、保障和改善民生的功能；在政治上践行党和国家大政方针，实现党执政为民，保障社会公平正义，维护职工合法权益的功能。国有企业的这些功能与使命，高于普通企业的价值目标，其实现有赖于坚持党的领导。

（三）只有不断坚持建立完善“产权清晰、责权明确、政企分开、管理科学”的现代企业制度，国有企业才能保持旺盛的生命力

16 世纪末和 17 世纪初，在英国、荷兰等资本主义发展萌芽国家，为了开展对外贸易，尤其是对殖民地进行风险投资，英国、荷兰女王批准设立了现代意义上的股份有限公司，通过法人财产独立、有限责任、所有权经营权分离、委托代理人（董事会、经理层）治理公司，规避了股东投资风险，实现了大规模资本的集中，极大地提高了社会生产效率。现代企业制度就是要建立“产权清晰、责权明确、政企分开、管理科学”的有中国特色的国有企业公司制度。

科斯在《企业的性质》一书中提出：“企业是价格机制的替代物，企业节省了市场交易的成本。”企业的本质是人类社会化共同生产的组织，其生命力在于效率，国有企业只有不断提高劳动生产效率，在市场竞争中取得优势，才能真正发挥中国特色社会主义公有制度所赋予的功能与使命，才能实现推动社会生产向前发展的历史作用。

另外，公司代理成本理论认为：在公司中，因为所有权和经营权分离，股东委托董事会、经理层代理经营权，企业控制权转移，造成了股东与经理人之间的利益冲突（内部人控制问题），形成了股东监督成本、经理人自我约束成本、利益分配成本等，因此，现代企业制度需要不断完善，以降低代理成本提高代理效率。

合同集束理论则将公司看成一组合同的集合。劳动合同、出资协议、采购合同、销售合同都是企业生产要素的提供者与企业实际控制人签署的合同，甚至公司法也是政府提供给生产要素所有者与实际使用者之间一套现成的合同体系，降低了人们签订一组合同的谈判交易成本。既然如此，作为生产要素的所有者要求企业实际控制人不断提高效率，保证回报就是理所当然的。国有企业建立现代企业制度就是这样一种过程，通过不断地鼎新革故提高效率，获得持续的生命力。

二、国有企业改革基本逻辑——政企分开

从 1994 年 11 月，中国共产党的十四届三中全会提出“产权清晰、责权明确、政企分开、管理科学”的现代企业制度开始，政企分开就是国有企业

改革的最重要的一个逻辑。

北京大学的傅军教授在《国富之道》中把国家的成功总结为一个国家的政治制度和市场经济建设两个维度互相协调配合综合影响的结果。政府和市场是两个不同维度、不同性质的。政府所要做的是保护产权，保护公平交易，保护市场发展；而市场是要解决创造财富和经济发展的问题，政府的思维和市场的思维是完全不一样的思维。如果用政府的思维去干预经济，由于思维方式、管理方式的不同，是不能够实现和发挥市场作用的；市场是要创造财富，要从别人的口袋里拿钱出来，而政府目标是通过管制实现秩序和稳定，这种管制必然代表着某种强制力，而市场更多的是让别人心甘情愿地把自己的钱花出去。两者在思维方式上有本质的区别，但是两者又不是割裂的、没有联系的。

在现行的国资监管体制下，国资委属于政府的组成部门、特设机构，其任职领导大多数是从政府的其他职能部门调配来的，其思维方式习惯于行政公务员的思维，影响国资监管工作的方式方法，不能很好地与市场接轨。而企业思维是需要市场化的。企业需要更多的是去感受别人的需求，发现需求、满足需求，要有强烈的赚钱意识和甘愿冒险的企业家精神。这些是出身公务员系统的人很难具备的，因此国资委“管人、管事、管资产”的监管方式，往往被错误地扭曲为行政干预企业，阻碍了企业的发展。当然，如果国资委比较专业开明，企业能发展得好一些，国资委要是保守的话，企业就发展得比较慢。另外，近些年很多地方政府成立的国有平台公司，主要为地方政府解决融资难题，其国有企业的治理更加受到政府行为的影响，政企不分的情况十分严重。

为了进一步实现政企分开，本轮国有企业改革提出以“管资本”的方式进行国有企业监管，提出组建投资公司、运营公司，就是更加精准地对监管方式提出要求，做好出资人，以“管资本”的方式，通过行使股东权利，实现对国有企业人事、生产经营、资产的管理。“管资本”的监管方式仍然是解决政府与企业分离，协调好政府与市场的关系这个国有企业改革根本逻辑的延伸。

国有企业“管资本”是有成功经验在先的，新加坡的淡马锡公司是新加坡财政部下属的一个国有公司。新加坡财政部只通过公司董事会来对淡马锡公司及其投资的众多企业的经营决策、经济指标、人事任免施加影响。而淡马锡公司在成立的几十年里，成功地完成了政府赋予的社会职能，更加出色地提高了企业的经济效益，发挥了企业的经济功能。淡马锡模式就是以“管资本”的方式管理国有企业，有效平衡了政府和市场两者之间的关系。

三、国有企业改革基本逻辑——所有权与经营权分离

所有权和经营权分离，是市场经济发展到高级阶段的必然。要搞市场经济，那么市场经济在发展到一定阶段的时候，就必然会实现和要求实现企业所有权和经营权的分离，不仅国有企业如此，民营企业也一样要实现所有权和经营权的分离。比如，美国洛克菲勒家族从18世纪中叶以来，财富已经传承6代人，目前仍然是能够影响美国经济的豪门家族。洛克菲勒家族从第二代掌门人小洛克菲洛时期就开始设立了信托和所谓家族信托管理办公室，从第3代开始家族成员即基本不直接参与家族企业的具体经营，转而作为资本和股东的代表，关注家族财富的投资效益和社会效益。小洛克菲勒的儿子劳伦斯·洛克菲勒，更成为世界著名的风险投资家，他一生投资了225家初创企业，开创了风险投资的先河。因此民营企业发展到一定阶段以后，也必然要实现所有权和经营权的分离。以我们国内互联网巨头阿里巴巴为例，马云为什么要退休？要选择接班人？因为马云已经认识到企业发展到一定规模的时候，创始人已经无法实现对企业的直接管理，只有通过所有权和经营权的分离，才能实现对企业的管理。阿里巴巴现在在互联网方面广泛布局，通过一些对产业链的广泛投资，成为阿里不断发展的新动能。所以无论中外，民营企业还是国有企业，发展到一定阶段，都必须要实现所有权和经营权的分离。

到2019年年末的时候，我国的国有企业资产总额已经达到了527.1万亿元。这些国有资产主要分布在大型国有企业，2019年世界500强中一共有129家中国企业上榜，其中有88家国有企业，这88家国有企业中有38家是地方国有企业，有50家是中央国有企业，这88家国有企业占据了我国企业国有资产总额的绝大多数。这说明我国的国有经济已经发展到了一个由大型龙头国有企业占据国民经济主要地位的历史新阶段。这些大的国有企业，不论是央企还是地方国企，不论是在全国还是在地方，都有举足轻重的作用。国有企业管理如此巨大规模的资产，要实现发展，更重要的是战略，是布局，是

让公司不断地从一个增长曲线进入另外一个增长曲线，具体的生产经营管理重要性在下降。国有企业的发展规模的壮大，要求国有企业必须进一步实现所有权和经营权的分离，而通过行政手段实现对国有企业的“管人、管事、管资产、管企业”，本质上与所有权和经营权分离是相悖的。实践中，国资委管企业，要求很多国有企业的具体事务都得报国资委来审批，但是国资委又不掌握具体情况，根本无法保障决策质量和效率，这与所有权经营权分离的基本规律是相悖的。

另外，我们国家的产业经济现在发展到了一个新的阶段，需要新旧动能转换，国家在不断推进供给侧结构性改革，释放国有企业的活力。释放国有企业的活力，主要还是要进一步解决国有企业存在的所有权经营权不清晰、政企不分等历史弊病。虽然我们的国有企业改革历史一直在主张政企分开，但是实际上还是没有彻底解决这个根本性的问题。

第二节　什么是国有企业混合所有制改革

一、国有企业混合所有制改革的涵义

2013 年党的十八大发布了《中共中央关于全面深化改革若干重大问题的决定》，《决定》指出要积极发展混合所有制经济。混合所有制经济就是国有资本、集体资本、非公有资本等交叉持股、相互融合的经济形式，是基本经济制度的重要实现形式。十八大之后允许更多国有经济和其他所有制经济发展成为混合所有制经济。

国有企业混合所有制改革就是通过国有资本投资项目允许非国有资本参股，通过允许混合所有制企业实行企业员工持股，形成资本所有者和劳动者利益共同体，推动国有企业完善现代企业制度，健全企业法人治理结构；提高国有资本配置和运行效率，优化国有经济布局，增强国有经济活力、控制力、影响力和抗风险能力，促进国有企业转换经营机制，实现国有资产保值

增值，实现各种所有制资本取长补短、相互促进、共同发展，夯实社会主义基本经济制度的微观基础。

参与国有企业混合所有制改革的非国有资本主要包括民营资本、集体资本、外资资本、其他社会资本（保险资金、社保基金、信托等）、员工投资等，也鼓励引入不同国有资本实现股权多元化。实现混合所有制改革的主要方式有新公司新项目出资入股、国有企业增资扩股、国有企业产权（股权）转让、国有企业首发上市（IPO）或上市公司资产重组、政府和社会资本合作（PPP）模式、员工持股、设立股权投资基金、股权置换、债转股等。

二、国有企业改革的政策依据——1 + N 政策体系

2015 年 9 月，中共中央、国务院出台《关于深化国有企业改革的指导意见》（下称《指导意见》）以来，以习近平同志为核心的党中央亲自谋划、部署国有企业改革，更加注重改革的顶层设计，更加注重改革的系统性、整体性和协同性，这是本轮国有企业改革的一大特色。

《指导意见》印发以来，党中央、国务院、国务院国资委以《指导意见》为支撑，制定了一系列配套文件，形成了“1 + N”政策体系，为国企改革提供根本遵循。系列配套文件按《指导意见》正文主要分为七大板块，包括分类推进国有企业改革、完善现代企业制度、完善国有资产管理体制、发展混合所有制经济、强化监督防止国有资产流失、加强和改进党对国有企业的领导、为国有企业改革创造良好环境条件等。这些文件从政策精神到落地实施，既提出了具体工作要求和标准，也指明了实现路径和方法，对于指导国有企业开展改革工作具有非常的实操意义。

“1 + N”政策文件体系普遍适用于各类各级国有企业的改革指导工作，尤其是国务院国资委和各地方国资委监管的企业，但是文化、金融国有企业由于有自身独特性，监管由宣传文化部门、金融工委、财政部等负责，所以文化、金融国有企业的改革，中共中央和国务院另有规定的依其规定执行。

专栏 1－1

《专访黄奇帆：重庆国资改革再出发》摘录

《财经国家周刊》：《决定》提出要激发非公有制经济活力和创造力，积极发展混合所有制经济。这并不是全新的提法，但市场对此期待很高，如今要怎么理解混合所有制？

黄奇帆：发展国有资本、非公有资本等相互融合的混合所有制经济，首先要厘清国有经济的概念。任何一个社会，就算非公经济发展到极致，像英美等国家，国有经济比重都会有25%左右。我们国家一般来说，一个地方的国有经济总归有30%左右，非公经济占70%，也差不多到顶了，像广东非公经济比重73%，算是最高的，浙江是71%，重庆是63%。

因此，对国有经济的控制力要全面理解，不一定是数量的比重。纯国有独资，政府容易干预，会扭曲市场信号。实证研究表明，引进多元化投资主体、股权适度分散带来的是企业绩效提高。三中全会对国企布局，提出要走混合所有制道路，决定了下一阶段国企改革的走向，也是整个市场化改革里面的重中之重。

混合所有制概念不算新的，早在20世纪90年代，国企改革就提到股份制、上市公司、中外合资等，但这会儿提出来更具有针对性。

目前，有些国有企业集团的二级、三级公司差不多都已经混合了，有的引进了战略投资者，有的上市了，但大家都认为“混合”局限于下面的子系统、小公司，而企业集团一定要独资，以至于集团层面的母公司绝大多数还是国有独资。

集团公司不搞多元化，让下面的子公司多元化、搞混合，自己拿着企业的高工资，出现一批准官僚衙门，也是国有经济改革过程中“半生不熟”的一种状态。留着一个集团公司的“壳”，好像不留这个“壳”就不是国有企业。这是上一轮改革留下的一个尾巴。

十八届三中全会把“革命”革到了这个层面上来了。这次提出的混合所有制，不是止步于二级、三级公司层面的混合，而是国资委直属的集团公司也要混合了，要在集团公司层面搞混合所有制。我认为要害在这里。这是改革的关键所在。这个意思应该明了。

五种“混合”法

《财经国家周刊》：未来重庆怎么推动混合所有制？

黄奇帆：搞混合所有制，站在重庆角度，我觉得有五种“混”法。

第一种“混”法，推动国企集团整体上市，不留壳尾巴，这是混合所有制最基本、最普遍，也是最规范、最经典的一种模式。

目前，重庆有40个左右的企业集团，我认为今后至少有24个可以整体上市的，目前有8个集团已经上市，像重庆农商行、重庆银行、西南证券等。其中6个是没有尾巴的，是集团层面的整体上市，两个还留着尾巴，像重庆钢铁基本是整体上市，但还留着一个集团和一部分非钢产业，再比如重庆商社，借重庆百货的壳上市，集团层面还有20%的非上市公司资产。

上市还留着尾巴的，可以通过增发新股、子公司对母公司吸收式兼并。还没有上市的创造条件实现整体上市。重庆大概有20来个企业集团可以做这件事，现在是8个，争取每年做成几个，大体用五六年时间完成。

第二种“混”法，把部分现在合适的集团公司转化为巴菲特式、淡马锡式，或是中投式的投资公司。按一般经济规律，投资公司自身不举债，是资本玩资本，如果有400亿元资本就拿这个玩，但基本不控股，只做股权投资、做战略投资者，因为不控股，财务就不会并表，这样被投入企业的债务也不算它的。它只有股权，没有债务。

玩资本和玩资产不同，它就要追求回报，什么有前景就投什么，什么产业运作规范就投什么。要搞一批这样的公司。当然，我们不会另起炉灶，外界评价渝富集团相当于重庆的“中投”，还有重庆地产集团，在我脑子里，这两个以后可以变成投资类的公司，但先要实现两个转化：一是公司债务要清零；二是投资方向进行结构性调整。

像渝富集团，总资产800亿元，净资产350亿元，400多亿元的债务。它的净资产是非常优质的，还有2万亩土地储备，目前都以储备时的价格记入净资产，如果按目前土地价格记入，它完全可以在2—3年将债务清零。如果它定位于投资战略性新兴产业，只投资而不控股，不管国有、民营，还是外资企业，只要有市场、有前景、有回报，它都可以投。

重庆地产集团也是如此，总资产900亿元，背负500亿元的债务，有400亿元的净资产，拥有15万亩土地储备，以后可能还是基础设施领域的投资公司。这样的投资公司，表面看它是独资，但投出来的结果全是混合的。如果有一个好的经营者，还可以实现国有资本比较高额的保值增值，像新加坡的淡马锡公司，近10年来的平均资本收益率有15%，6—7年的时间所有者权益就可以翻一倍。这样，就会对国有资本、集体资本、非公有资本形成强大的集聚效应，从而实现混合所有制经济的大发展。

第三种“混”法，有的企业一时还没有达到上市条件，可以先搞股份制，在保持国有控股的同时，把部分股权转给民营、社保基金、保险基金、私募，甚至是外资。总之，通过股权转让，形成多元化的股份有限公司。

第四种“混”法，可以把转让掉的一部分股权所获得的国有资本，搞一批国资委直接控制的产业投资母基金，管理团队由国资委通过市场化方式选择组织，投资方向由发改委、经信委等部门指导。母基金不直接投到产业中去，而按一定比例和各种社会资本的私募基金混合成立子基金。

第五种“混”法，在政府公共服务、基础设施类一些市场信号逐渐活跃起来的领域，要推动公共产品价格逐步实现市场化，为非公经济的进入创造条件，实现混合发展。即改善它的边界条件，使非公经济进入后不至于亏损。

《财经国家周刊》：混合后，国资委的角色会发生变化吗？

如果“五混”做好了，5—10年后，目前重庆40来个国企集团会调整到30个左右，有20多个国企集团整体上市，两个国有独资的投资公司，还有几个国有独资的产业母基金。

真正整体上市以后，国资委作为20多个上市公司的股权持有者，以股东身份，在董事会中发挥作用。同时这个公司是按照上市公司的管理模式来进行管理，国资委当然不宜再采取目前这种管理模式。

当然，这涉及两个调整：一个是法律上，我国规定政府不能直接持有股权，可以借鉴新加坡淡马锡控股公司的经验，新加坡财政部对其拥有100%的股权；二是官员的心态要调整，要懂得在董事会里代表国有股权发表意见，而不是直接管资产、管经营。

第三节 混合所有制改革的主要工作和程序

国有企业混合所有制改革因为改革方式不同，改革程序也不完全相同，但是《企业国有资产法》、国务院颁布的《关于国有企业发展混合所有制经济的意见》、国务院国资委出台的《中央企业混合所有制改革操作指引》等法律法规和规章，对各种改革方式规定了操作流程和审批程序，应该严格遵守。主要的改革程序和工作内容简要介绍如下，本书将在相应章节具体展开。

1. 可行性研究。进行混合所有制改革前，国有企业应以预测为前提，从技术上、经济上、管理上对混改方式是否符合法律政策规范，混改项目是否可行，能否实现经济效果，进行全面具体的调查、研究、分析，为决策者提供参考文件（即可行性研究报告）。

2. 制定混合所有制改革方案。主要工作内容包括确定改制企业资产范围，明确引进社会资本的条件、方式、定价办法，员工激励计划，债权债务（尤其是金融机构债权）处置方案，职工安置方案，历史遗留问题解决方案，土地房产处置方案，改革风险评估与防范措施（必要时需要做风险稳定评估报告），明确新公司组织架构和治理机制，党组织的建设，改革组织保障和进度安排等。实践中，由于决策审批程序较复杂，有时候还需要制定混合所有制改革预方案，以用于启动改革程序。

3. 履行决策审批程序。混合所有制改革方案制定后，企业应按照“三重一大”决策机制，履行企业内部决策程序，需要报请出资人审批的上报审批，涉及职工安置和国有企业性质变更的还要召开职工（代表）大会。

4. 开展清产核资、审计工作。

5. 开展资产评估、评估备案。

6. 聘请律师出具改制法律意见书。

7. 通过产权交易市场、股票市场公开引进社会资本投资者。

8. 落地改革方案，进行职工安置、建立完善公司治理机制、完成公司登记、国有产权变动登记、不动产登记等。

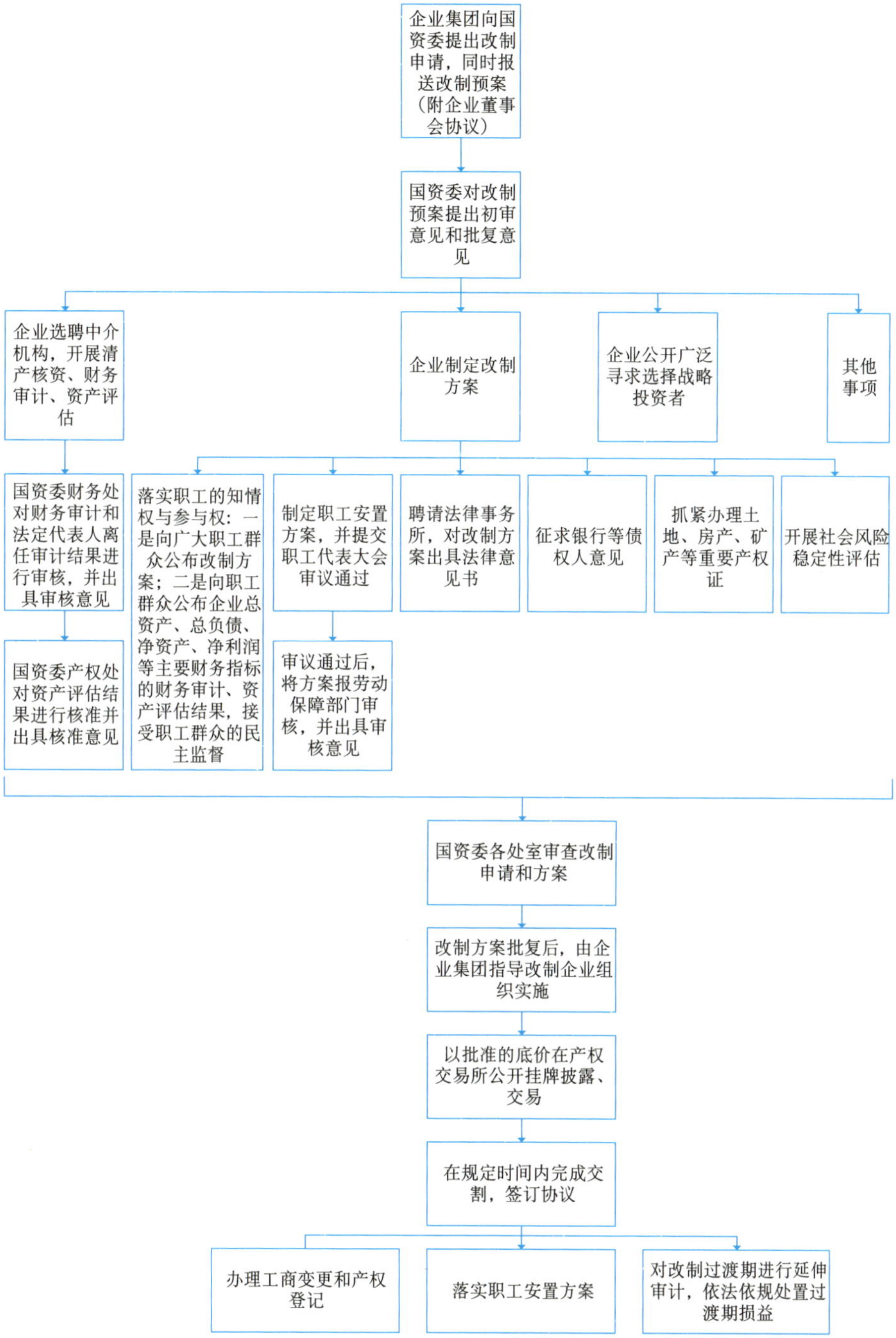

图 1－1　国有企业改制流程图

实际操作中，由于不同的项目采取的改革方式并不相同，改革程序也不完全相同，上述工作内容并不是每个改革项目都必然涉及，需要根据情况确定。

政策依据：国有企业改革程序的规定，主要见于《企业国有资产法》、《中央企业混合所有制改革操作指引》（国资产权〔2019〕653 号）、《企业国有资产交易监督管理办法》（国资委令、财政部令第 32 号）、《企业国有产权交易操作规则》（资发〔2009〕120 号）。

第二章

国企混改的七种模式及其流程、适用场景

第一节 国有产权转让

国有企业产权转让指的是履行出资人职责的机构、国有及国有控股企业、国有实际控制企业转让其对企业各种形式出资所形成权益的行为。转让的标的包括全民所有制企业产权、国有独资公司股权，国有控股参股有限责任公司股权、被界定为国有的厂办大集体企业产权等。

一、国有企业产权转让的程序和主要工作

国有企业产权转让必须履行决策审批、审计、评估、产权交易市场公开交易等程序，具体包括：

1. 可行性研究。国有产权转让涉及企业改制的，应当依据相关政策规定对改制的必要性和可行性进行充分研究，是否符合行业发展趋势、企业发展规律和市场经济规则，是否具备改制条件，对企业改制发展前景作出预测。

2. 制定企业改制预方案。主要内容包括企业基本情况、拟转让的产权（股权）情况，改制基本思路、必要性、可行性、改制方向及形式、审计、评估、法律、产权交易市场等中介机构的选择、组织保障进度等。改制预案的主要作用在于方便企业决策审批机关启动改革程序。国企产权转让不涉及改制的，可以参照上述内容制定产权或股权转让预方案。

3. 开展清产核资、审计工作。

4. 开展资产评估、评估备案。

5. 聘请律师出具改制（或产权股权转让）法律意见书。

6. 制定企业改制方案（或者企业改制实施方案）。主要工作内容包括：改制企业基本情况、审计评估情况、债权债务（尤其是金融机构债权）处置方案，职工安置方案，历史遗留问题解决方案，资产剥离核销情况，土地房产处置方案，改革风险评估与防范措施（必要时需要做风险稳定评估报告），明确引进非公有资本的条件要求、方式、定价办法，如果有涉及员工激励还

要制订相应计划，明确股权转让后新公司股权结构、组织架构和治理机制，党组织的建设，改革组织保障和进度安排等。国企产权转让不涉及改制的，可以参照上述内容制定产权或股权转让方案，一般不涉及职工安置和资产剥离、土地房产处置、风险稳定性评估等内容。

7. 履行决策审批程序。企业改制方案（或产权股权转让方案）制订后，企业应按照“三重一大”决策机制，履行企业内部决策程序，通常情况改制方案必须经过公司党委会、董事会、股东会决策，还需要报请出资人审批或备案。涉及职工安置和国有企业性质变更的还要召开职工（代表）大会，改制方案须经企业职工（代表）大会审议，职工安置方案需经企业职工（代表）大会审议通过。

8. 通过产权交易市场、股票市场公开转让标的企业产权（股权），引进社会资本投资者。通过产权交易市场转让产权，正式披露信息时间不得少于20个工作日。因产权转让导致转让标的企业的实际控制权发生转移的，转让方应当在转让行为获批后10个工作日内，通过产权交易机构进行信息预披露，时间不得少于20个工作日。

9. 产权交易结果产生后，国有股东与投资者签订产权交易合同、合资协议，实施改革方案，进行职工安置，制定新公司章程，建立完善公司治理机制，完成公司登记、国有产权变动登记、不动产登记等。

二、 国有企业产权转让适用的改革场景和利弊

产权转让是最常见的混合所有制改革实现方式之一，其好处在于，第一，通过部分股权的让渡，引入社会资本，优化了企业股权结构，改善了企业公司治理，有利于建立现代企业制度；第二，通过股权转让可以实现国有资本的回收和国有资产的增值；第三，改制过程中，用好各种改制政策，核销、剥离不良资产，甩掉历史包袱，有利于改制企业凤凰涅槃，实现重生。

但是，国有产权转让方式进行混改，只改变了公司股权机构，并不给混改企业带来增量资金，混改企业的发展问题，还需要改制后公司股东另行安排，这就有可能造成企业虽然改制，但是由于新股东并未投入资源，企业面临的问题并没有解决。因此，采取国有产权转让方式改制，还应当关注改制企业自身存在的问题，在改制方案、产权交易文件、新公司治理架构和发展

规划中予以安排解决。近年来，国资委主要鼓励企业通过存量吸收增量的方式改制也是基于此种考虑。

法律政策依据：《企业国有资产交易监督管理办法》（国资委令、财政部令第32号）。

专栏2－1

国铁集团引入吉利、腾讯成立合资公司

2018年4月，中国铁路投资有限公司在北京产权交易所挂牌转让动车网络49%股权，底价30.49亿元。5月，腾讯携手吉利中标动车组Wi－Fi经营公司的股权转让项目。7月5日，新组建的国铁吉讯科技有限公司正式揭牌成立。国铁吉讯是由中国铁路投资有限公司、浙江吉利控股集团与腾讯公司共同组建，吉利控股、腾讯占股49%，将负责向旅客提供包括Wi－Fi服务、休闲文化娱乐、新闻资讯、在线点餐、特色电商、联程出行、智慧零售等站车一体化、线上线下协同的出行服务。

中国铁路总公司有关部门负责人表示，新的合资公司组建后，将进一步规范现代企业制度，构建市场化运行机制，充分发挥各方优势，实现强强联合、合作共赢，为广大旅客提供更加丰富优质的服务，努力将国铁吉讯打造成全球知名的互联网科技公司。吉利控股、腾讯相关负责人表示，动车组Wi－Fi市场前景十分广阔，将充分发挥品牌建设、市场经营和互联网技术等方面的优势，与铁路企业共同经营好新组建的合资公司，努力打造一支有梦想、有激情、有责任的管理团队，创建铁路互联网服务的开放合作新平台，推动面向旅客的智能高铁服务，努力改善旅客出行体验，增强旅客获得感。

解读：国铁吉讯公司的案例典型意义在于，首先，通过成立国铁独资公司，将高铁Wi－Fi经营权注入公司，再通过转让公司49%股权的方式，实现国有无形资产的价值变现；其次，通过公开竞价选择战略投资者，为公司选择有财务能力的投资者；最后，很好地考虑了行业相关性和战略投资者的专业能力。腾讯和吉利，在本项目中，既是财务投资也是产业投资，后续公司运营中，腾讯在互联网方面的产品内容，可以很好地导入高铁网络运营中，吉利公司借此进一步拓展了公司智慧交通领域的业务。

资料来源：第一财经报道。

专栏 2－2

什么是国有企业改制

第三十九条　本法所称企业改制是指：

（一）国有独资企业改为国有独资公司；

（二）国有独资企业、国有独资公司改为国有资本控股公司或者非国有资本控股公司；

（三）国有资本控股公司改为非国有资本控股公司。

资料来源：摘自《企业国有资产法》。

第二节　国有企业增资扩股

国有及国有控股企业、国有实际控制企业增加资本的行为称为企业增资，通过引入社会资本对国有企业增资入股，也是实现混合所有制改革的主要方式之一。增资改变国有股权比例的，应当严格执行以下程序。

一、国有企业增资的程序和主要工作

1. 可行性研究。增资应当符合国家战略和相关政策规定，应当对增资的必要性和可行性进行充分研究，对增资后国有企业的控制进行分析，改制后企业发展前景作出预测。

2. 制定企业改制（增资）预方案。主要内容包括企业基本情况、拟让渡的股权比例，改制基本思路、必要性、可行性、改制方向及形式、审计、评估、法律、产权交易市场等中介机构的选择、组织保障进度等。改制（增资）预案的主要作用在于企业决策审批机关据此启动改革程序。

3. 开展清产核资、审计工作。

4. 开展资产评估、评估备案。

5. 聘请律师出具改制法律意见书。

6. 制定企业改制（增资）方案（或者企业改制实施方案）。主要内容包括：企业基本情况、审计评估情况、债权债务（尤其是金融机构债权）处置方案，职工安置方案，历史遗留问题解决方案，土地房产处置方案，资产剥离核销情况、改革风险评估与防范措施（必要时需要做风险稳定评估报告），明确引进社会资本的条件要求、方式、定价办法，明确募集资金金额、用途，如果有涉及员工激励还要制定相应计划，明确增资后新公司股权结构、组织架构和治理机制，党组织的建设，改革组织保障和进度安排等。

7. 履行决策审批程序。改制（增资）方案制定后，企业应按照“三重一大”决策机制，履行企业内部决策程序，通常情况改制方案必须经过公司党委会、董事会、股东会决策，还需要报请出资人审批或备案，涉及职工安置和国有企业性质变更的还要召开职工（代表）大会，改制方案须经企业职工（代表）大会审议，职工安置方案需经企业职工（代表）大会审议通过。

8. 通过产权交易市场、股票市场公开征集战略投资者参与标的企业增资，引进社会资本投资者。企业增资通过产权交易机构网站对外披露信息公开征集投资方，时间不得少于40个工作日。

9. 产权交易结束，选到合格的投资者后，国有股东与投资者签订增资协议，实施改革方案，进行职工安置，制定新公司章程，建立完善公司治理机制，完成公司登记、国有产权变动登记等。

二、 国有企业增资扩股适用的改革场景和利弊

通过增资扩股，首先，引入了增量资本，改善了改制企业的资金状况，针对性地解决了企业的问题；其次，优化了企业股权结构，改善了企业公司治理，有利于建立现代企业制度；最后，改制过程中，核销、剥离不良资产，挤掉水分，甩掉历史包袱，有利于改制企业轻装上阵谋发展。

由于改制企业净资产全部作为增资价格基础，相比较股权转让方式，引入的投资者需要更多投资才能占有相同的股权比例，这导致资产规模大的企业很难找到有足够资金的投资者，尤其是用于实施员工持股时，员工的钱只能占很少的股权，没有激励作用。增资扩股方式混改，一般有较强的针对性，要求投资者能够解决改制企业面临的某项问题，提出了更多的主体资格和交

易条件，这导致较难找到合格的投资主体。与股权转让公告20个工作日相比，增资需要的产权交易公告时间更长，达到了40个工作日，改制周期较长。

法律政策依据：《企业国有资产交易监督管理办法》（国务院国资委、财政部令第32号）。

专栏2-3

中节能太阳能股份有限公司引入战略投资者实现快速发展

中节能太阳能股份有限公司（以下简称“太阳能公司”）成立于2009年9月，是目前国内第一家以太阳能发电为主业的上市公司，是中国最大的太阳能投资运营商之一。太阳能公司成立10年来，从最初4个项目发展到目前80多个子公司，人员从20多人发展到2000余人，资产总额从几亿元发展到340余亿元，实现从亏损到盈利超过8亿元，创造了“光一样的中国节能速度”，太阳能公司已在全国18个省、市、自治区投资建设了120多个光伏并网发电项目。

一、主要做法

太阳能公司能够快速发展，一方面得益于集团公司的支持和全体员工的努力；另一方面，得益于公司全力开展了混合所有制改革。太阳能公司成立之后，光伏产业开始逐步进入“成本下降、政策减弱”的良性发展阶段，光伏应用迎来新一轮高速增长。为了抢占市场先机，做强做大光伏产业，2011年太阳能公司即开始谋划引入战略投资者，进行混合所有制改革。2011年7月，太阳能公司上报了《关于太阳能公司2011年融资改制计划的请示》，正式拉开了混改的序幕。

按照公司制定的融资改制路线图，2011年9月，太阳能公司进行第一轮融资，引入战略投资者4名，引入资金6.21亿元，并于2012年2月24日完成了首轮融资的工商登记变更。首轮融资后，太阳能公司的注册资本为18.5亿元，中国节能持股比例降低至85.4%。

2012年2月，太阳能公司启动了第二轮融资，引入资金约25.1亿元，并于2012年8月31日完成了第二轮融资的工商登记变更。第二轮增资完成后，太阳能公司的注册资本增至28.2亿元，中国节能持股比例降至56.2%，其余15家股东持有43.8%的股权。

2014 年 3 月 26 日，中节能太阳能科技有限公司完成了股份制改造，正式更名为中节能太阳能股份有限公司。

2015 年年底，太阳能公司完成了借壳上市，中节能太阳能股份有限公司 100% 股权过户登记至重庆桐君阁股份有限公司名下。

2016 年，太阳能公司积极开展募集配套资金工作，在完成上市公司名称、工商、股票简称等变更后，迅速启动了募集配套资金的非公开发行工作，与 8 名发行对象签订了《股份认购协议》，成功募集资金 46.75 亿元，为公司快速发展提供了坚实的资金保障。截至 2018 年年底，中国节能持股比例为 34.7%。

太阳能公司混改工作时间长、跨度大、困难多，之所以能够成功，主要是扎实地做了以下几方面的工作。

一是选择适合自身的混改路线。太阳能公司认真分析自身和外部因素，选择了引入战略投资者并股改上市的路线。

二是集团公司果断决策，集团各部门鼎力支持。

三是太阳能公司认真筹备，高效展开相关工作。太阳能公司本部在融资筹备阶段就成立了由第一经营责任人任组长、公司全体班子成员参与、相关部门为主，各部门选派骨干人员加入的工作组，各项工作高效开展。

四是吃透政策，确保国有资产保值增值，各项工作合规有序。无论是引资，还是股改上市，太阳能公司均严格执行相关政策规定，确保国有资产保值增值，按照规定需要公开的就公开。比如，在两次融资中太阳能公司均在网站上公布了引资公告，历次经济行为公司均按照要求进行审计、评估等相关工作。

五是具体问题具体分析，及时调整工作思路。比如，在两轮融资中，太阳能公司多次就融资的规模、价格、上市后集团公司持股比例、公司后续盈利情况进行了充分的探讨，按照实际发展和谈判情况进行调整。股改上市也经历了从 IPO（首次公开募股）到借壳的变动。

二、改革成效

截至 2018 年年底，太阳能公司已建、在建电站项目总规模约 4.4 吉瓦（其中运营电站规模约 3.21 吉瓦、在建电站规模约 0.7 吉瓦、已经取得核准备案准备建设的电站及已经签署预收购协议并正在进行收购工作的电站规模合计约1.02吉瓦。同时，太阳能公司已进入光伏全产业链，打造了具有国际先进技术水平的太阳能组件和电池产业基地。太阳能公司完成混合所有制改革后，经历了脱胎换骨般的变化。

（一）盘活了资产存量

混改之前，虽然太阳能公司已经具备相当规模，但是由于发展资金有限，后续投资受到严重制约。前期投入的部分项目是示范性工程，若无后续投入，在市场激烈竞争下，公司发展将面临较大挑战。引入战略投资者后，太阳能公司净利润由2012年的3000万元增加至2018年的8.55亿元，资产负债率由2012年的82%降至2018年的62.38%。

（二）通过多种形式聚集其他资本，迅速扩大了公司资本总量

太阳能公司引资之前，中国节能投入为15.8亿元。首轮引资引入6.2亿元，第二轮引资引入25亿元，上市后通过定向增发引入46.7亿元，三次合计撬动社会资本投入约78亿元。加之公司合理利用金融杠杆，截至2018年年底，太阳能公司资产总额已经超过340亿元。

（三）规范了公司治理，增强了企业活力

混合所有制改革完成后，太阳能公司不再是单一国有全资企业。多元化股权使得不同经济利益主体之间相互制衡，在企业的发展问题上相互协商、相互补充。太阳能公司按照相关要求完善了公司治理结构，理顺了公司经营过程中的各项流程。多元化股权也使太阳能公司更加自觉地遵循市场效率原则，并在动态中不断得以优化，增强了企业活力。

资料来源：国务院国资委《国资国企改革试点案例集》。

第三节　新设混合所有制企业

国有企业与非国有资本共同出资设立新公司，是实现混合所有制改革最常见的方式。新设混合所有制企业需要履行国有企业投资管理程序，具体如下：

一、新设混合所有制企业的程序与工作内容

1. 可行性研究。对于新投资项目,应当围绕"融、投、管、退",深入进行技术、市场、财务和法律等方面的可行性研究与论证,应当对投资的必要性和可行性进行充分研究,明确投资项目是否符合国家战略、产业政策、经济布局和地方政府规划,是否符合出资企业主业发展方向,对经济效益和投资前景作出预测。

2. 尽职调查。应当对拟引入非国有资本投资主体的资质、商业信誉、经营情况、财务状况、管理能力、资产规模、社会评价、投资锁定期等进行核实或委托第三方进行评估,股权投资项目应对投资主体、项目实体开展必要的尽职调查。

3. 评估。对于以实物、土地使用权、产权、版权、技术等出资参与国有企业投资项目的非国有资本,要依法对投资主体的资产进行评估作价,评估认定结果要向社会公开。

4. 对复杂项目尤其是股权投资项目,需要就投资主体、项目产权、合资方式出具法律意见书。

5. 制定投资报告(或投资方案)。主要内容包括项目基本情况、投资额、资金构成、预期收益、实施年限、工作计划、组织领导,还包括可行性研究、尽职调查情况,投资决策程序,风险防控措施等内容。

6. 内部决策程序。投资主体企业应当召开总经理办公会、董事会等对投资项目和投资计划作出决策并上报。

7. 报送投资计划。国资委出资企业每年应当向国资委报告年度投资计划,国资委进行备案。年度投资计划应包括下列内容:投资主要方向和目的;国有企业总投资规模、资金来源与构成、资产负债率水平;主业与非主业投资规模;投资项目基本情况(包括项目内容、投资额、资金构成、预期收益、实施年限、进度安排等。如果企业在年度投资计划中没有报送新设混改公司项目,就需要单独向国资委申请批准投资项目。

8. 投资落地。国有股东与投资者签订合资协议,制定新公司章程,建立完善公司治理机制,完成公司登记、国有产权登记等。

9. 投后管理。企业应当定期对实施、运营中的投资项目进行跟踪分析,针对外部环境和项目本身情况变化,及时进行再决策。

二、新设混合所有制企业适用的改革场景和利弊

新设混合所有制企业一般适用于新投资项目或新商业模式，并无存量资产或者历史问题需要解决。新设公司优点在于程序相对简单便捷，没有历史问题包袱，合作基础较好，容易为投资者接受。但是由于国资委严控国有企业乱投资，并且要求企业减少管理层级，合并注销僵尸企业和壳企业，很多国有企业新设公司无法获得国资监管部门的同意。用一些比较干净的壳企业作为混合所有制改革的承载主体实质也是新设混合所有制企业，但是履行的程序却是国有企业产权转让或者增资扩股。

法律政策依据：如果投资主体企业是央企，应当遵守《中央企业投资监督管理办法》国务院国有资产监督管理委员会令第34号，如果投资主体企业是地方国企，则应该按照本省市的国有企业投资监督管理办法执行。

专栏2-4

平煤神马混改路径还原　双千亿企业跨界重组

2014年10月，经过半年多的摸底调查后，河南省国资委在全省设立了首批混合所有制改革试点企业，其中包括中国平煤神马集团（以下简称“平煤神马”）。

这家拥有9大股东的省属国企，经历了河南省煤炭资源大整合后，又再度与亚洲最大尼龙化工企业重组。在国家推进国企改革的过程中，其在业内首推的“主业上的混改”，探索出了一条区别其他同业的改革路径。平煤神马对外公布的资料显示，目前，集团下属子公司中，混改企业对集团营收贡献占比已达到2/3。

“平煤神马的多番改革既有行业历史机遇，也有本身的重组需求。”日前，在接受21世纪经济报道记者采访时，平煤神马资本运营部部长于泽阳指出，重组前的平煤集团营收只有600多亿元，但2013年企业营收已超千亿元。在被河南省列为新一轮混改试点企业后，集团已将旗下三家子公司列为集团内的混改企业试点，三企业将各自从完善法人治理结构、避免关联交易和引入职业经理人制度着手，不过目前具体细化方案还未出台。

跨界重组

重组前的平煤集团地处河南省平顶山市，依托当地的煤炭，曾是国内最大的焦炭生产基地之一。当时同处一城的神马集团，则是亚洲最大的尼龙化工产品生产基地。

2006 年前后，国内煤炭行业处于历史发展的高峰期。“当时煤炭行业效益很好，处于卖方市场。”于泽阳回忆。平煤集团计划在煤炭深加工领域扩张产业链，但只能通过自建或并购重组两个方式来实现。对国有独资企业来说，自建一个项目从立项、征地到开工建设，整个周期很长，并购重组的性价比相对更高。同时，焦化企业也在寻求与国企合作，保障原料供应。

2008 年金融危机爆发后，原神马集团计划上马的双 30 万吨氯碱项目和 20 万吨尼龙 66 盐成套项目因资金短缺而被搁浅。在这种局面下，当年 11 月，河南省国资委决定对两企业实施战略重组。

“当时能重组成功，还有很多契机。首先是两者合并后，平煤集团曾为神马集团注资数十亿，助其多个项目重新上马。”一位知情人士透露，当时神马集团原董事长吕海清被调任河南省工业和信息化厅党组书记、副厅长，也给这场重组提供了可能性。

“当时全国范围内国企重组失败案例很多。”于泽阳告诉记者，为避免重组出现融而不合，平煤神马的重组创新地将此前两个主体和相关机关单位全部注销，取而代之的是一个全新的领导班子。原平煤集团董事长陈建生担任新集团党委书记兼董事长，梁铁山任新集团副董事长、总经理，马源则担任副董事长、常务副总经理（总经理级），成为当时唯一一个拥有三个正厅级高管层的国企。

为给员工层面的融合营造良好氛围，新集团和监管层一致突出强强联合，“不存在谁重组谁，相互之间尽量营造一种平等的感觉”。

产业融合则是这场重组中的关键元素。于泽阳解释，尼龙化工产品的出炉，需要氢气作为燃料，此前，神马集团氢气的成本达到每立方米 2 元左右，而平煤集团的煤炭产品出炉过程中，会分解出氢气，早前的处理方式是要么浪费掉，要么以每立方米 0.4—0.5 元的价格出售。为此，重组后的平煤神马集团决定，将首山焦化公司的焦炉煤气制成氢气，通过管道运送到原神马集团，后者氢气成本迅速降至每立方米1元左右，而首山焦化公司的这类产品利润迅速增加50%左右。这种双赢的效果，让平煤神马集团打通了原煤—焦炉煤气—氢气—尼龙66盐—工业丝等产品链条，形成了当时全球最完整的煤基尼龙化工产业链。

这种融合让企业获益匪浅。其公开的数据显示，2009年，集团营收达到801.6亿元，2010年突破千亿元，到2012年，其资产总额、营收和利润达到“双千亿”的成绩。此后虽然遭遇煤炭行业的整体低迷，但其营收仍然在千亿元左右徘徊。

混改加速

“早在重组之前，平煤集团就已试水混改。”于泽阳回忆，当时集团定下的一个原则是，从2004年以后，所有新上项目都不再使用国有独资的形式，而是寻求与包括央企、民企或其他所有制企业合作。

重组后的平煤神马集团继续这一规划，官方公布的数据显示，2012年前后，集团就与包天瑞集团、河南银基、重庆紫光、山东矿机、美国休斯科等40多家国内外知名民营企业建立战略合作关系，2012年，平煤神马还重组上市公司新大新材（300080），形成了平煤股份（601666）、神马股份（600810）外的第三个上市平台。这类企业的销售收入在集团总收入的占比也高达2/3。

最初迈出与民企合作这一步，其实并不容易。于泽阳记得，因为有9家股东背景，平煤神马集团比较多元化，与民企合作的议案很快通过了董事会，但这给当时的监管层提出了一个难题。“没有先例，后续会有什么情况，会不会引发监管不力?”

于泽阳说，最初的监管层十分谨慎，但由于河南省煤炭管理局代表河南省国资委实施出资人职责，其作为行业细分的监管机构长期存在，对煤炭企业和行业都十分熟悉，这种合作的优劣势认识相对理性，经过谨慎调查后，监管层最终放行。

据记者了解，为了避免“混合”的风险，平煤神马采用抓大放小的策略实施经营管理策略。在股权分配上，绝大部分企业都由集团控股，民企大都作为二股东或三股东；在下属混合所有制企业的管理中，涉及项目建设、财务管理、物资采购、管理层人事任命（一把手）等重要方面，由集团进行集中审批管理，但企业内部的员工薪酬、员工聘用等方面，由下属企业管理层自主管理。

针对混改中备受关注分红派息权方面，平煤神马则明文规定，要求下属企业严格执行年终分红的规定，确保股东合法利益。

不过于泽阳也坦言，作为初期试水的混改经验，上述机制仍然相对具有国企特点，民企的灵活机制无法充分发挥，后期集团会研究适当的“分权”方式，让民企机制有更多的发挥空间。

资料来源：陈红霞：“平煤神马混改路径还原　多元化机制助力双千亿企业”，《21世纪经济报道》。

第四节　股份制改革上市

国有企业通过股票市场发行证券、转让上市公司股份、国有股东与上市公司资产重组、发行可转债等方式，引入各类投资者，股权结构多元化，提高非国有资本在企业中的占比，也可以实现混合改革。以股份制改革方式实现混改应按照《上市公司国有股权监督管理办法》（国资委财政部证监会令第36号）及证券监管的有关规定履行程序。

一、股份制改革实现混改的程序与工作内容

1. 可行性研究。国有股东开展股份制改造、发行证券、转让上市公司股份、国有股东与上市公司资产重组、发行可转债应在充分可行性研究的基础上进行。

2. 制定方案。国有企业通过股票市场开展混合所有制改革，应当按照《上市公司国有股权监督管理办法》规定的不同情形制定相应的方案，内容

包括企业基本情况，审计情况，资产调整方案，证券发行方式，证券发行价格，必要性可行性，内部决策，实施程序，对上市公司控制权的影响等内容。

3. 合理定价。上市公司国有股权变动应当根据证券市场公开交易价格、可比公司股票交易价格、每股净资产值等因素合理定价。

4. 内部决策程序。投资主体企业应当召开总经理办公会、董事会等对股份制改造、整体上市、上市公司股权变动事宜作出决策并上报。涉及职工安置和国有企业性质变更的还要召开职工（代表）大会，方案须经企业职工（代表）大会审议。

5. 审核批准。国有企业进行股份制改造、整体上市、上市公司股权变动，应报国有资产监督管理机构审核批准。

6. 国有企业股份制改造和发行交易证券，应根据证券市场公开交易价格、可比公司股票交易价格、每股净资产值等因素合理定价。

7. 聘请财务顾问。国有企业进行股份制改革、整体重组上市、股份转让等都要聘请具有相应资质的证券公司、证券投资咨询机构或者其他符合条件的财务顾问机构，对决策事项进行第三方评估，出具专业意见，提供咨询服务。

8. 尽职调查。财务顾问对参与股份制改革、整体重组上市、上市公司股份转让的各主体资信要进行尽职调查，出具尽职调查报告。

9. 出具法律意见书。国有企业进行股份制改革、整体重组上市、股份转让、发行可转换债券等应出具法律意见书。

10. 国有企业开展证券活动，要按照证监会和交易所规定依法公开披露信息，首发上市、股份转让、整体重组行为发生后及时办理股份变动登记和国有产权变动登记。

二、通过股份制改革实现混改适用的改革场景和利弊

通过股份制改革实现混改是实现国有企业提质增效、高质量发展的重要手段，一般适用于有上市公司壳资源，企业经营情况良好具备公开发行证券的基础，募集资金投资项目有较好的市场前景，能被资本市场接受的项目。

利用资本市场进行混合所有制改革，是最佳的混改方式，主要好处有：实现国有资产的证券化，国有资产流动性增强的同时大幅增值；有利于国有企业对所处行业、产业的整合重组，迅速做大做强；上市公司严格的公司治理和信息披露要求，有利于改制企业建立现代企业制度。通过股份制改革方式进行混改的风险在于审批涉及国资委、证监会、发改委等多部门，适用政策规则复杂、专业性高，很多项目并不能顺利完成，改革失败的风险大；公司上市聘请券商等中介机构费用高；改制上市周期长，资产负债整改调整多，一旦上市失败，会形成新的问题。

法律政策依据：《中央企业混合所有制改革操作指引》（国资产权〔2019〕653号）、《上市公司国有股权监督管理办法》（国资委财政部证监会令第36号）。

专栏2-5

云南白药通过整体上市实现集团混改

“我把它当成我的第二次创业，对标美国强生。到那个时候，我就可以退休了。”新华都集团公司董事长陈发树对参与云南白药混改的细节记忆非常清晰。

“如果没有混改，我们今天选择的赛道、要做的事，不是说不能做，但是能做到什么程度、在未来竞争中成功概率有多大，恐怕要打个大大的问号。我觉得关键是改革赋予了我们一个良好的制度。”已经“服务”21年、亲历多次改革的云南白药集团股份有限公司董事长王明辉说。

2016年12月，云南白药控股有限公司（以下简称“白药控股”）混改方案公布，来自福建的民企新华都集团在多家行业巨头无法满足既定要求的情况下，斥资200多亿元进入白药控股。

不过，混改至此才棋至中局，更为关键的一跃是上市公司云南白药集团股份有限公司（以下简称“云南白药”）对控股股东白药控股的吸收合并。“反向吸并、整体上市”的独特混改路径，也是云南白药混改备受瞩目的重要原因。

在完成吸收合并等一系列复杂操作后，2019年7月3日，云南白药实现整体上市，成为云南省第一家市值过千亿元的上市公司。

明星企业为何要混改

从云南昆明长水机场出发，驱车约1个小时即可到达呈贡区云南白药街3686号。这个以企业名字命名街道的花园式厂区，就是云南白药总部所在地及生产制造中心。

在总部大楼一层的大厅一侧，是云南白药的历史展览，关于它的辉煌过去都在其中。最显眼的是营收和利润的两幅增长曲线，在2016年之前，这两个指标每年都有平缓的增长，而近几年增长曲线突然变陡。

作为云南省第一家上市公司，也是云南为数不多的具有全国乃至国际知名度的企业之一，云南省为何要选这样一家明星国有企业启动混改？

其实，决策者也有顾虑：不推混改，企业尚能平稳发展，没有风险。力推混改，不仅要面对种种复杂矛盾，如果考虑不周，还存在国有资产流失、贱卖甚至混改失败等风险。如何选择，考验的不仅是决策者的智慧，还有勇气和担当。

“一是云南省要培育优势产业，省委、省政府认为生物医药产业在云南有独特的优势，亟须通过激活龙头企业把优势产业做大做强。二是云南白药的发展虽然很稳健，但也遇到了明显瓶颈，我们的增长曲线和整个生物医药产业大发展的背景不匹配，必须通过改革来激活。”王明辉说。

云南白药集团股份有限公司执行董事杨昌红举了一个例子：没有混改之前，云南白药想要收购一家企业并对其改造升级，其市场空间远远大于云南白药牙膏的市场，但对方希望管理团队与白药一起持股。方案报上去，迟迟没有批复，最终不了了之。

新华都为何最终胜出

用云南白药集团股份有限公司党委书记、副董事长汪戎的话说，混改方案“充满智慧和担当”。

在这个方案中，云南省政府划出了4条清晰底线：一是战略资本的引进采用“增资扩股”而非“股权转让”方式，且必须以现金出资。这种方式确保没有国有资产流失的风险，但所需投入的资金量较大，不仅要求民营股东具有强大的资金实力，而且要愿意与白药长期合作。

二是混改主体选择白药控股而非上市公司云南白药。白药控股是云南白药的控股股东，云南省国资委100%持股。这么做可以直接调整省国资委所持股权，不牵涉云南白药其他股东，既降低了风险，也降低了操作难度。

三是股权设计上采用无实际控制人模式，即“云南方（A公司）+B公司+C公司”模式，股权比例依次为45:45:10。这一设计的出发点是让民营大股东B与国有资本A的持股比例保持一致，双方都无法实现单一控股，小股东C还可以在企业决策过程中起到制衡作用，最终形成无实际控制人的股权结构。

四是管理团队去行政化。改革方案明确白药控股混改要始终坚持市场化改革方向，通过市场化解决企业体制机制问题。所有董事、监事和高级管理人员全部取消国企领导身份，取消行政级别及待遇，由公司按照公司法的相关规定开展市场化的选聘及考核。

按照首先选定B公司，再与B公司共同引进C公司的节奏，海选战略合作伙伴的工作启动，时间跨度是2016年1月至2017年6月。

方案既定，云南省“广撒英雄帖”。多家知名的行业巨头应约而至，其中就包括了新华都集团。

但在随后的谈判中，各个潜在合作方对云南省的白药混改方案难以达成一致，讨论的问题主要集中在两个方面，一是增资扩股所要求的巨大现金投入，二是非上市公司作为混改平台所隐含的退出风险。对于投资决策体系极为细密的大型投资企业而言，上述投资结构显然意味着较高的资金压力以及诸多的不确定性。

而对于云南省而言，通过混改推动白药的公司治理体系市场化以及为企业引入发展资金的决心也是坚定不移的。简单的国有股权转让显然无法达成上述目标，直接在上市子公司层面开展的改革也难言改革的系统性和彻底性。

这时，新华都抓住了机会。陈发树表示愿意接受改革方案关于“在控股层面混改”“增资扩股”“股权比例设置”等全部条件。他表示愿意“股权锁定6年”，并表示将集中优势资源全力以赴支持白药加快发展。

天平开始倾斜。在做完调查，履行完一系列法定程序之后，2016年

12月28日，云南省国资委、新华都和白药控股三方签订股权合作协议，新华都作为增资方取得白药控股50%的股权，增资总额为253.7亿元。

资料显示，新华都的增资款主要来源于自有资金和债务融资，其中自有资金83.41亿元，债务融资170.29亿元。

“反向吸收合并”为何是关键一跃

白药控股完成混改以后，一个无法回避的问题开始凸显：云南白药95%以上的经营业务、经营性资源都集中在上市公司，新引入的巨量现金资产却集中在控股公司。管理架构重叠，经营决策受到影响，对新项目的资源整合也不利于协调和平衡，潜在的同业竞争风险也逐渐显现。

因此，云南省对白药的混合所有制改革设计，从一开始就是一个包括了在母公司层面增资扩股和推动上市子公司吸收合并母公司两个步骤的整体方案。

“混改改到这一步，就是要集中力量和资源做好、做强、做大云南白药，这个时候反向吸收合并的方案就出来了。”一直参与云南白药混合所有制改革的北京大学国家发展研究院教授陈春花解释说。

相对于白药控股层面的混改，云南白药对白药控股的吸收合并才是更关键的一跃。“反向吸并、整体上市”这种独特的混改路径，让云南白药混改受到广泛关注。

2018年7月9日，经过多次研究协商，白药控股召开董事会，决定启动云南白药吸收合并白药控股，即云南白药整体上市工作。

白药控股董事会拿出的吸收合并方案总体思路是：由云南白药以定向增发的方式，向白药控股股东云南省国资委、新华都、江苏鱼跃医疗设备股份有限公司发行A股股份，购买其所持白药控股股权，实现对白药控股的吸收合并。

最终，白药控股以510亿元的估值装入上市公司。按照新华都45%的权属，吸收合并对价为210.62亿元；江苏鱼跃10%的权属，吸收合并对价为54.48亿元。

吸并完成后，白药控股作为被合并方应予注销。云南白药形成了新的股权结构：云南省国资委持股25.14%，新华都及其关联人持股25.14%，云南合和持股8.17%，中国平安持股7.63%，江苏鱼跃持股5.59%。

可以说，吸收合并完成之后，云南白药的混改才算真正完成。2019年7月3日，云南白药整体上市，首日市值以收盘价计算为1074.93亿元，成为云南省第一家市值过千亿的上市公司。

值得注意的是，公司设董事长1人，由王明辉担任，另外又设立了联席董事长职务，由陈发树担任。陈发树在资本运作方面的经验和王明辉在打造医药产业方面的能力得到了有机结合。

为了给云南白药的未来发展铺路，陈发树先后给北大捐资6亿元，其中5亿元设立"北京大学发树医学发展基金"。2019年年底，"北京大学—云南白药国际医学研究中心"正式宣布成立。"学术成果归北大，研发成果归白药。"而他自己在云南白药只象征性地领1元薪水，一些商务接待都是自掏腰包。

"如果不投白药，其实这200多亿元我拿去炒股也许赚得更多。但既然给了我这个机会，我就会全力以赴。"陈发树说。

同时，混改不仅让国有资本实现了保值增值，其控制力和影响力也得到了进一步提升。吸收合并前，云南省国资委通过白药控股间接持有云南白药18.68%的股权，吸收合并之后股权变成了25.14%，话语权更足了。

很多人担心，如果国资和民资股东意见不一致怎么办？汪戎说："事实上，这种无实际控制人的股权结构，决定了大事情必须共同同意才可以做，因此协调和沟通就变得特别重要。现在各方都以公司利益最大化为取向，目前来看运行平稳。"

中国企业改革与发展研究会会长、中国上市公司协会会长宋志平对云南白药目前混改的评价是"非常成功"。

宋志平认为，搞混合所有制非常重要的是引入市场机制，就是让企业的效益和员工的利益之间有正相关关系。"国企要市场化，不是一定都要通过混合所有制。但无论哪种模式的改革，机制改革都是核心，否则股权再怎么改，董事会再怎么改，企业也做不好。"

资料来源：《中国企业家杂志》记者何振红、周春林，《经济日报》记者周斌、曹松。

第五节　投资并购重组

通过投资并购、股权置换、相互参股的方式，国有资本并购或入股非国有企业，进行股权融合、战略合作、资源整合，发展混合所有制经济，也是实现混改的重要方式。投资并购需要履行国有企业投资管理程序，与新设混合所有制企业程序基本相同，可以参阅本章第三节内容。本节只列出简要程序，不再赘述。

一、投资并购的程序与工作内容

1. 开展可行性研究。

2. 开展尽职调查。

3. 对投资并购标的企业股权进行评估。

4. 就投资主体、项目产权、合资方式与程序出具法律意见书。

5. 制定投资报告（或方案）。

6. 内部决策程序，投资主体企业应当召开总经理办公会、董事会等对投资项目和投资计划作出决策并上报。

7. 报送投资计划，国资委出资企业每年应当向国资委报告年度投资计划，国资委进行备案。如果企业在年度投资计划中没有报送新设混改公司项目，就需要单独向国资委申请批准投资项目。

8. 投资落地。国有股东与投资者签订合资协议，制定新公司章程，建立完善公司治理机制，完成公司登记、国有产权登记等。

9. 投后管理。并购完成后要及时优化完善企业治理结构，确保股东权益和并购战略目标的实现。企业应当定期对实施、运营中的投资项目进行跟踪分析，针对外部环境和项目本身情况变化，及时进行再决策。

二、投资并购重组适用的改革场景和利弊

投资并购的方式进行混改适用于那些在行业内和区域内具有领导地位、有较强的整合资源能力和管理能力的国有企业，用于投资那些能够补齐企业发展短板、获得关键资源的项目公司。国有资本并购或入股其他企业的，应符合企业主业发展战略规划。

国有企业通过投资并购重组可以优化资金、技术、人才等生产要素配置，实施业务流程再造和技术升级改造，与非国有企业实现优势互补、做优做强；国资入股民企后，有利于企业规范治理，建设现代企业制度。投资并购重组的混改方式弊端在于：对投资项目的甄别，对投资项目公司的整合，管理思想企业文化的冲突，资金资源整合进度不及预期，都有可能造成并购失败；另外，并购中通常投资一方处于主导地位，强制的整合手段不利于被投资企业建立互相制衡的公司治理机制。

法律政策依据：《关于促进企业兼并重组的意见》（国发〔2010〕27 号）、《国务院关于进一步优化企业兼并重组市场环境的意见》（国发〔2014〕14 号）、《中央企业投资监督管理办法》（国务院国有资产监督管理委员会令第 34 号）。

专栏 2 -6

中粮集团投资蒙牛乳业

蒙牛乳业（集团）股份有限公司成立于 1999 年 8 月，总部设在内蒙古自治区呼和浩特市和林格尔盛乐经济园区，是国家农业产业化重点龙头企业、乳制品行业龙头企业。

2008 年金融危机期间，蒙牛接连遭遇一系列打击。三聚氰胺事件、金融危机和蒙牛特仑苏爆出 OPM 事件等接二连三的打击，使蒙牛销量下滑，现金流出现巨大缺口，财务状况紧张。2008 年，蒙牛净亏损 9.486 亿元，截至 2008 年 12 月 31 日，蒙牛银行贷款余额 17.287 亿元，而其中 12.087 亿元必须在一年内偿还。受这些事件影响，在香港联交所上市的蒙牛股票被国际投行集体看空，股价大跌，市值蒸发 200 亿港元。2008 年 9 月 22

日，蒙牛最大的机构股东瑞银持股比例从7.99%增持到12.33%，蒙牛面临被外资收购的风险。2000年10月19日，蒙牛集团董事长牛根生发出了《牛根生致中国企业家俱乐部理事及长江商学院同学的一封信》，信中介绍了蒙牛最近一段时间应对三聚氰胺事件以及其他危机所采取的稳定措施，同时对施以援手的人士表示感谢。在信中，牛根生坚定地表示："我也提醒各位理事、同学，一定要以蒙牛为鉴，防范类似风险。至于蒙牛，最后即使白送了弟兄们，也决不愿被外国人买走。"

2009年7月7日，中粮集团宣布与厚朴投资共同组建一家新公司，其中中粮集团持股70%，以每股17.6元的价格投资61港币，分别向蒙牛认购新股以及向老股东购买现有股份，新公司将持有蒙牛扩大后股本的20%，成为蒙牛乳业的第一大股东。双方对外宣告，中粮集团是长期持股蒙牛的战略投资者，中粮集团不参与蒙牛的具体经营管理。

对此宗收购，中粮集团董事长宁高宁解释说："入股蒙牛是高起点进入该行业的良好契机。选择蒙牛这个中国最大的乳制品供应商作为战略投资伙伴，重量在一个成熟平台上完善了自己'大食品产业'的布局。"他还在做客国资委网站和网友交流时表示，中粮入股蒙牛是因为中粮看好乳业本身，看好乳品公司，且蒙牛是一家很好的企业，而不是外界传说的"救"蒙牛。他认为，中粮入股蒙牛是"好的投资"，结局是双赢的。他澄清说："中粮入股（蒙牛）的时候，有人怀疑说是因为三聚氰胺的事，但事实并不是这样。有人说中粮是不是要救蒙牛，其实并不存在这样的问题。"他进一步解释说，中粮入股蒙牛，首先是因为蒙牛是中国液体奶领域遥遥领先的第一名，其品牌的领导力非常强，营业额和盈利都是很好的。蒙牛目前官网是这样评价此次收购的："中粮的加入，推动了蒙牛'食品安全更趋国际化，战略配置更趋全球化，原料到产品更趋一体化'进程。"

资料来源：宁高宁："中粮入股蒙牛是投资而非拯救"，载《证券时报》。

第六节　设立股权基金

国有资本与非国有资本共同设立股权投资基金、产业投资基金、并购基金等，通过基金投资参与国有企业改制重组，在基金层面实现了混合所有制，进一步拓宽了社会资本参与混合所有制改革的渠道。基金分为公司制、合伙制和契约制，实践中股权投资基金一般为合伙制。设立股权投资基金应按照《私募投资基金监督管理暂行办法》进行，其中设立政府出资产业投资基金还要符合《政府出资产业投资基金管理暂行办法》。

一、设立基金的程序与工作内容

1. 组建投资管理公司。投资管理公司未来要作为基金管理人，一般由主要发起人和未来基金的管理团队共同出资设立，管理公司设立后应向中国证监会基金业协会备案，政府出资产业投资基金应报省级发改委备案。

2. 制订基金募集计划，制定合伙企业章程、认购协议书、基金管理制度、基金投资模式方向，明确基金投资期限、份额、赎回等事宜。

3. 基金管理人向合格的投资者募集资金。投资者签署认购协议及合伙人协议、设立基金、认缴资金按约定到位。

4. 基金募集完毕后向基金业协会备案。

5. 基金进入运作期，筛选国有企业改革重组项目，对投资项目及投资方信息进行尽调和投资。

6. 进行投后管理，对投资项目和投资公司进行财务监管。

二、设立股权投资基金适用的改革场景和利弊

设立基金推进混改适合国有投资公司和运营公司进行战略布局和产业培育，适合推动行业重组和产业升级，适合促进区域经济发展，有利于地方政

府招商引资工作。国有重大大项目也可以吸引已经成立的混改基金参与本企业的股权多元化改革。

通过设立股权投资基金进行混合，在实现股权多元化的同时，解决了企业发展所需要的资金问题，同时基金投资者的监督也有利于企业规范运作，建设现代企业制度；股权投资基金参与企业混改，打开了企业资产证券化的一扇门，有利于企业对接资本市场。股权投资基金追求投资回报率，对混改企业的项目质量、盈利能力有较高要求，不容易满足；有些股权投资基金有回购对赌条款，国有企业无法承诺。

法律政策依据：《关于国有企业发展混合所有制经济的意见》（国发〔2015〕54号）、《政府出资产业投资基金管理暂行办法》（发改财金规〔2016〕2800号）、《私募投资基金监督管理暂行办法》（中国证券监督管理委员会令第105号）。

专栏2-7

中国国有企业混合所有制改革基金有限公司成立

中国国有企业混合所有制改革基金是经国务院批准设立的“国家级”基金，基金总规模2000亿元，首期募集资金707亿元。受国务院国资委委托，由中央企业国有资本运营试点企业中国诚通控股集团有限公司作为主要发起人，携手中建材联合投资有限公司、中国国新控股有限责任公司、长江三峡投资管理有限公司、中国远洋海运集团有限公司、南方电网资本控股有限公司、中广核资本控股有限公司、中国通用技术（集团）控股有限责任公司、中国化学工程集团有限公司、华侨城集团有限公司、中国电子信息产业集团有限公司、上海临港管伟投资发展有限公司、上海临港经济发展（集团）有限公司、上海国有资本投资有限公司、海通创新证券投资有限公司、上海国际港务（集团）股份有限公司、上海申能诚毅股权投资有限公司、云南省投资控股集团有限公司、海南中万启盛管理服务有限公司、普洛斯投资（上海）有限公司共同发起，在基金层面实现了混合所有制，进一步拓宽了社会资本参与混合所有制改革的渠道。

中国国有企业混合所有制改革基金采用有限公司的组织形式，建立规范的法人治理结构。基金设股东大会、董事会和监事会，审议和决定基金的重大事项，并对基金的经营进行监督。基金的募集、投资、投后管理及退出将委托具备专业能力的基金管理公司负责，实施专业化的管理。作为积极稳妥推进混合所有制改革的重要抓手和渠道，中国国有企业混合所有制改革基金将按照“政府引导、市场运作，完善制度、保护产权，严格程序、规范操作，宜改则改、稳妥推进”的原则，采取股权投资等形式，聚焦核心领域和核心技术的混合所有制改革，重点布局国家战略领域、竞争性领域、科技创新领域和产业链关键领域，致力于促进国有经济布局优化，持续提升国有资本运营效率，激发各类市场主体活力，努力为股东创造良好的回报，服务助力混合所有制改革和国资国企改革，实现做强做优做大国有资本和国有企业。

资料来源：2020 年 12 月 29 日，《中国经济周刊》。

第七节　PPP 模式

政府与民营资本共同出资设立项目公司的 PPP 模式，符合国有企业混合所有制改革的要求，不同所有制资本各取所长，既有利于 PPP 项目的成功，也是国有企业实现混合所有制改革的一种不错方式。政府可通过投资补助、基金注资、担保补贴、贷款贴息等，吸引民营、外资、保险资金、社保基金等非国有资本投资参股国有企业承担的国家重点工程、基础设施、公用事业、公共服务等领域项目。

一、通过 PPP 项目实现混改的程序与工作内容

首先简要介绍一下 PPP 模式的主要程序，其中的国有企业混合所有制改革工作主要是合资项目公司的成立。

1. 项目识别和初步筛选。主要确定项目发起主体，明确项目发起目的和社会资本参与 PPP 项目的收益。对项目需求初步分析，投资区域全方位调研，

进行项目资料准备。

2. 物有所值评价报告。对项目可行性进行定性和定量分析。

3. 财政承受能力评价。对项目涉及的政府责任、支出测算、政府能力进行评估，并且公开信息披露。

4. PPP 项目准备。确定项目管理架构，制定项目实施方案，组成项目实施机构。此阶段需要国有企业与非国有资本成立混合所有制的项目公司。

5. PPP 项目采购。通过公开招标、邀请招标、竞争性谈判、竞争性磋商、单一来源采购等某一种方式确定项目实施机构。混合所有制公司需要在此阶段中标。

6. PPP 项目执行。混合所有制的项目公司注册资本到位，管理团队到位，进行项目融资项目建设管理阶段。

7. PPP 项目完成移交。上述混合所有制项目公司的成立可以采取存续企业股权转让的方式进行，也可以采取新设合资公司的方式进行，具体可以参考本章第三节和第五节。

二、通过 PPP 项目实现混改的适用场景和利弊

商业竞争类国有企业适合通过 PPP 模式增加业务范围和开拓市场，尤其 PPP 项目比较集中的建筑、航运、电网、民参军、环保等领域的国有企业。地方政府的平台类国有企业也可以通过参与 PPP 项目，逐步实现企业转型。完全公益类型的国有企业，因为存在很多非市场的经济活动，不适合与民营资本共同设立项目公司参与 PPP 建设。

PPP 项目拓宽了国有企业的业务范围，同时为国有企业提供了更多的资金来源，PPP 项目监管严格，有利于企业的稳健发展。PPP 项目要求各方协同合作，受制约因素多，项目周期长，风险较大。为 PPP 项目成立的混合所有制公司有特定目的性，项目结束后面临清算注销或者股权转让的后续问题。

法律政策依据：《关于推广运用政府和社会资本合作模式有关问题的通知》（财金〔2014〕76 号）。

专栏 2-8

大连市快轨 3 号线 PPP 模式项目成立混合所有制公司

该项目位于辽宁省大连市，快轨 3 号线项目工程线路全长约 63.45 公里，其中主线长 49.15 公里，支线长 14.3 公里。工程全线规划设 20 座车站，设有海湾车辆段和泉水控制中心各一个。

项目采用 TOT 模式实现存量资产的盘活，项目分为 A 包、B 包，其中 A 包的社会资本方为平安银行股份有限公司大连分行，B 包的社会资本方为大连广盛元实业、德铁国际、美国泰克、华大泰克（大连）轨道交通基金管理有限公司联合体。项目大量置换了财政对该项目的初期投资，为大连市其他基础设施建设项目提供资金支持。

资料来源：国家发改委 6 个运用 PPP 模式盘活基础设施存量资产典型案例。

第三章

必须回答的九个混改问题

第一节 混合所有制改革与发展战略的关系

2018 年习近平总书记在山东考察烟台万华工业园。得知企业走出一条引进、消化、吸收、再创新直至自主创造的道路，技术创新能力从无到有、从弱到强，成为行业领军者，习近平十分高兴。他说，回顾你们这个历程，一路走得很好，虽然是一个艰辛创业之路，但是很成功。之所以取得成功，我的一个体会就是走了自主创新之路。没有不可能的事情，就要有这么一股劲儿，正像屈原讲的“路漫漫其修远兮，吾将上下而求索”。谁说国企搞不好？要搞好就一定要改革，抱残守缺不行，改革能成功，就能变成现代企业。希望大家再接再厉，一鼓作气，一气呵成，一以贯之，朝着你们既定的目标奋勇直前。

混合所有制改革的目的是为了发展，发展是为了国有企业做大做强做优。国有企业做大做优做强是全面建成小康社会，是实现社会主义现代化和中华民族伟大复兴中国梦阶段性战略目标的重要组成部分。国有企业要搞好，就要不断破除体制机制障碍，不能抱残守缺，混合所有制改革虽然困难重重，但是目标非常明确，就是为了发展而改革，绝不是为了改革而改革。因此，无论是混改准备，还是混改方案制定，实施混改，每一个环节都应当坚持问题导向，立足解决问题，立足国有企业提质增效，实现企业的发展，实现国有资产的保值增值和职工的幸福。

混合所有制改革是实现企业发展战略的手段。国有企业在谋划改革时，应当同时明确企业的发展方向和战略。在战略明确的情况下，通过混合所有制改革，在股东层面为企业发展匹配投资融资、产业协同的资源；在制度层面为企业打造现代公司治理结构、职业经理人制度、股权激励制度。战略明确，改革才能有的放矢，通过改革吸引的战略投资，建立的公司治理机制才能在一个发展战略下形成合力。战略目标明确，才便于企业借改革东风，推进三项制度改革，化解不利于企业发展的机制障碍。如果战略目标不明确，只为了改革而改革，其结果往往是形式上完成了混合，但是机制上没有真正改变，仍然是传统国有企业管理方式，长此以往，战略投资者将失去信心，企业经营又重回老路，改革以失败告终。

综上所述，国有企业改革应当在改革前明确企业战略目标，这样改革措施才能有的放矢，真正发挥作用。如何明确企业战略目标请参考本书第四章做好改革调研工作和本书第十二章产权交易中如何考察战略投资者部分内容。

专栏 3－1

万华化学集团股份有限公司改革促发展，创新赢未来

一、基本情况

万华化学集团股份有限公司（以下简称“万华化学”）成立于1978年，前身是国家“六五”计划重点建设项目烟台合成革总厂，1998年年底改制为股份制公司。现已成为全球技术领先、产能最大的MDI（二苯基甲烷二异氰酸酯）制造商，同时拥有国内工艺先进、配套完整的丙烯产业链，以及特种胺、ADI、聚醚、PC、TPU、表面材料等大批化工新材料。

改革初期，由于体制机制僵化，人才不断流失，技术不断扩散，公司几近破产边缘。为了“活下去”，从20世纪90年代起，万华化学不断推进体制机制改革，资产总额从1998年第一轮改制时的1.6亿元增加到目前的969亿元，增长604倍；营业总收入近4711亿元、利润总计948亿元、纳税总额超过373亿元。目前，烟台市国资委通过市级国有资本投资运营平台持有万华化学21.59%的股份，公众股占比45.35%，员工持股平台占比20.13%，外资占比10.7%，民营资本占比2.23%。

二、主要做法

2018年入选国企改革“双百行动”企业名单后，万华化学以打造世界一流企业为目标，通过实施整体上市建立规范现代企业制度，进一步释放发展潜力，全面推动企业高质量发展。

（一）聚焦主业整体上市，持续打造风险共担、利益共享、多方共赢的，混改3.0模式

自1998年以来，万华化学在不同发展时期，先后采取企业增量改制的方式，分“三个阶段”实施了混合所有制改革。在保持国有第一大股东及控制力的前提下，吸收管理骨干、技术骨干、业务骨干等员工入股，大

胆引入外资、民资，构建起新型股权结构，为万华化学实施自主研发创新战略奠定了坚实基础。其中，在“混改1.0”阶段，万华化学成功将优质资产MDI剥离出来，联合东方电子等4家企业成立万华聚氨酯股份有限公司，并于2001年首次上市融资4.6亿元，成为山东省第1家先改制后上市的股份制公司。在“混改2.0”阶段，万华化学按照“精干主业、剥离辅助”的改革思路，实施“瘦身强体”战略，对原万华集团的全资中小子公司实施以产权制度为重点的改革改制；将企业办学校、医院、“三供一业”等无效低效资产剥离，实现了“轻装上阵”。在“混改3.0”阶段，2018年下半年，万华化学借助“双百行动”先行先试的政策东风，加快了新一轮“混改”的步伐，全面启动了整体上市工作。在将原万华集团建制剥离的基础上，将万华实业集团分立为万华实业集团、万华化工公司。其中，万华实业集团下属的BC公司、宁波万华等资产被分立出来，装入新设立的万华化工公司，煤炭、建材、板业等盈利能力较差的资产保留在原万华实业集团。随后，再由上市公司万华化学反向吸收合并新成立的万华化工公司。最终，万华化学于2019年上半年完成整体上市，成为山东首家整体上市的国有控制上市公司，当年市值超过1300亿元，跃居山东省上市公司第1位。

（二）抓住整体上市契机，规范建立具有世界一流企业特征和中国特色的现代企业制度

入选“双百企业”的万华化学更加注重现代企业制度建设在打造全球领先、世界一流企业战略中的重要性，在完成整体上市后；通过不断健全完善法人治理结构，夯实权责对等、运转协调、有效制衡的决策执行监督机制；通过刀刃向内推进内部市场化改革，建立起更加高效的内部管理激励机制；通过紧跟党和国家步伐，拥护党的领导，加强党的建设，在发展战略上乘势谋远，在生产经营上强基固本。

1. 用完善的公司治理结构规范企业决策运营。

一是规范董事会建设，保障股东权益，确保企业市场主体地位。根据整体上市后的发展战略，2019年3月7日万华化学召开股东大会，完成了董事会成员的调整，烟台市市级国有资本投资运营平台委派3名董事，完成董事会更换工作。目前，在11名董事中，有4名独立董事。各方股东

按公司章程约定办事、按股权比例表决，真正实现了同股同权、共生共赢。在日常决策中，各股东代表通过在企业治理结构中的合理安排，形成了不同导向的利益格局，使企业决策更加稳健高效。

二是明确治理主体权责界限，保障管理层自主经营权。万华化学坚持把党委会研究讨论作为董事会决策重大问题的前置程序，实行党委书记董事长“一肩挑”，充分发挥党组织在企业管理决策中的引领把关作用；划分各治理主体权责界限，实现中长期发展决策权、经理层成员选聘权、经理层成员业绩考核权、经理层成员薪酬分配权、重大财务事项管理权、职工工资分配权等“应放尽放”，确保董事会、管理层能够按照法人治理的规定程序自主决策，大大降低了企业“行政色彩”；在探索建立职业经理人制度方面，除党委书记、党委副书记、纪委书记、工会主席 4 人为组织任免外，万华化学其余高管通过试点已基本实现市场化选聘、契约化管理、差异化薪酬，微观主体活力持续激发。

2. 用科学的激励约束机制永葆企业发展动力。

一是实施全员考核，全员公开招聘，实行年度绩效考核。万华化学将员工年度评分定为 1—5 分，作为当年绩效工资、奖金及下一年度薪酬涨幅的标准，每 25 人以上的团队，每年强制有 1 人打分不得超过 2 分，对于得分较低的员工及时制定改进计划或劝退；每年对四级及以上员工进行“360 考核”，由上级、平级、下级人员进行综合打分及民意评测，考核结果与近年绩效考核得分，作为直接影响相关的职级、职务晋升的关键因素；为适应国际化经营战略，以英语托业成绩为依据，强制设立晋级英语及格线，根据晋升的职级、岗位不同，设定不同的分数标准，作为职级、职务晋升的必要条件。实行严进宽出的用人政策，优化员工队伍。推行“负激励”，确保制度带电，仅 2019 年上半年就有 4 名员工因违反《万华十大不可违背条例》被辞退；实行亲属回避制度，禁止员工亲属进入公司（确属以专业人才引进的，一律通过董事会决策）；对关键岗位、敏感岗位实行 3 年强制轮岗，加快推动综合型人才的培养。

二是打通职业上升通道，永葆企业发展动力。万华化学打通非管理人员的职业上升通道，根据不同岗位，设立与管理序列并行的专业序列。万华化学为职能部门非管理岗位人员综管序列，帮助经营人员实现职级晋升；为生产部门专科生建立技师序列、本科生设立工程师序列，帮助一线生产岗位人员实现职级晋升；为研发部门设立研发序列，帮助研发人员实现职级晋升。管理序列晋升与专业序列晋升采用同等考核标准，且相互之间可随时进行身份转换。打破员工晋升天花板，为企业发展提供不竭动力。

三是创新激励措施，激发创新活力。万华化学在引入战投员工持股和推进整体上市的改革过程中出台了技术创新奖励办法，实施技术创新成果转化效益分享，设立万华科技最高奖、基础研究奖、科技进步奖、团队协作奖等奖项，每年表彰1次。自主开发的新产品，成果转化；利后连续5年按净利润15%提取科研奖金；对现有工业化装置工艺改进1年内产生的效益按20%提取奖金。对长周期战略性研发项目实行阶段性奖励等。在公司科研体系推行去行政化，各研发中心全部取消行政职级，以项目组为基本单元，组长随课题进展可上可下，人员组合动态管理。新体制和机制的出台，迸发了员工激情，吸引了优秀人才加入，企业创新能力持续增强。

资料来源：国务院国资委《国企改革“双百行动”案例集》。

第二节　国有企业的优势与民营企业的长处

市场检验已经证明国有企业具有强大的竞争优势，在国民经济中具有主导和引领地位，而民营企业创造了更多的就业岗位和GDP，是经济活跃的重要动力。普遍认为国企的优势体现在规模大、资源丰富、资金充足、品牌信用好、管理规范、人力资源成本低，而民营企业的长处在于经营机制灵活、激励机制到位、职业化程度高、有创新冒险精神。国有企业的优势中居于主导地位、最重要的优势是什么？是信用。构成现代经济最重要的基础就是信用，政治、法律、产权、公司制度等都是建立在信用基础之上的，没有信用市场交易和商品将不能存在，而国家所有的企业是这个时代最强的信用背书，国有企业因为信用强，获得了比其他所有制企业更多的资金和更低的融资成本，以及比其他所有制企业更多的成交机会，获得了更多的人才人力资源。经济学界的实证研究也证明，国有企业相比较民营、外资企业在获得交易机会和融资成本上有更多的优势。因此，国有企业最大的优势是信用优势，混合所有制改革要在方案设计、股权结构、公司治理、发展规划中，注重充分发挥国有企业的信用优势，帮助改制企业获得更多资源、资金和商业机会。

国有企业的弊端在于所有者缺位造成的软预算约束，国有企业各级管理者降成本的愿望不够强烈；政企不分导致的企业多种责任目标，企业有承担更多政府维稳、社会福利的责任；引入非国有资本，发挥非国有股东的监督作用，有利于克服国有企业的缺点。混改方案和混改公司治理设计中，还要注意发挥民营企业机制灵活、激励到位、富有创业精神的优点，放手发挥民营企业家在公司经营管理中的积极作用。

专栏 3－2

刘小鲁、聂辉华——混合所有制为何更有效率？

前文的结论表明，国有混合所有制效率高于国有独资和私营企业，且国有相对控股企业在国有混合所有制企业中效率最高。首先，国有部门的市场势力和获取信贷资金的优势有助于其在相同条件下实现更高效率。其次，在其他条件相同的前提下，企业中非国有经济比重的提高则倾向于增进企业生产率。在这两种因素的综合作用下，国有资产比重下降在趋向于提高企业效率的同时，也意味着企业市场势力的下降和融资约束的增强，从而使得效率随国有资产比重的下降呈现出非线性的变化。

1. 信贷市场的所有制差异。国有部门和民营部门在信贷资金获取上面临着不对称的融资约束。这主要表现在私营企业相对而言更难以获得较大额度和较长期限的贷款，并且在的贷款成本上高于国有企业。目前，银行信贷仍然是我国企业外部融资的最主要形式，而国有商业银行在信贷资金配置中仍然居于重要地位。在这一背景下，所有制因素之所以成为影响银行信贷资金配置的重要因素，其原因有两个方面。一方面，国有企业是政府实现政策性目标的重要载体，而政府会在国有企业面临财务风险时予以帮助，这就相当于为国有企业信贷提供了隐性担保。另一方面，国有企业大多具有较长的经营历史，与国有银行之间存在更为稳定的长期合作关系，而这有利于缓解信贷资金配置中的信息不对称问题。

信贷资金配置上的所有制差异使私营企业承担了更高的融资成本。为近似反映企业的平均债务融资成本，本报告计算了各企业利息支出占总负债的比重。从结果来看，2013 年，私营独资企业的平均债务融资成本为 3.54%，显著高于其他各类企业；国有独资企业和国有控股企业的平均债务融资成本分别为 2.23% 和 2.56%，不仅明显低于私营独资企业，也小于非国有内资混合所有制企业。

另一个资金获取上的所有制差异表现在补贴的获取上。无论从补贴的绝对金额还是补贴强度来看，国有独资企业和国有混合所有制企业都要高于非国有混合所有制企业和私营独资企业。首先，补贴对于企业来说是一种无成本的资金来源。其次，对于国有企业而言，补贴的一个重要目的是弥补政策性负担给企业所造成的损失。根据中国工业企业数据库的数据，1998—2009 年，国有独资企业、国有绝对控股企业、国有相对控股企业和国有参股企业，平均每个企业获得的补贴金额分别为 63.12 万元、56.75 万元、105.06 万元和 69.28 万元，而其他混合所有制企业以及私营独资企业获得的补贴金额仅为 29.41 万元和 9.18 万元。从强度补贴（补贴占工业销售额的比重）来看，在所有获得补贴的企业中，国有独资企业为 5.03%；国有绝对控股企业、国有相对控股企业和国有参股企业的补贴强调分别为 0.92%、0.56% 和 0.64%；其他混合所有制企业、私营独资企业以及港澳台商和外商独资企业的补贴强度分别为 0.31%、0.21% 和 0.13%。这些数据也表明，国有独资企业和国有混合所有制企业获得了比非国有企业更大力度的补贴，并且对国有部门的补贴主要侧重于国有独资企业。

国有企业与私营企业在投资—现金敏感性上亦有显著差异。难以获得外部资金的企业不得不更多地通过内部融资方式来筹集资金。因此，企业投资对现金流的敏感性被视为一个反映企业整体外部资金使用障碍的经济指标。本报告计算了不同所有制类型工业企业的投资—现金流敏感性指数。该指数的取值既可为正，也可为负，取值越大则表明企业面临越强的融资约束。从结果来看，除港澳台商和外商独资企业外，国有独资企业和国有绝对控股企业具有最低的投资—现金流敏感性指数；各类混合所有制企业的投资—现金流敏感性指数均为负数，但总体来看，国有混合所有制企业的投资—现金流敏感性程度更低；私营独资企业则表现出正的投资—现金流敏感性。这些结果说明，国有独资企业和国有混合所有制企业基本没有面临很强的融资约束，而私营企业在获取外部资金上则存在明显障碍。

信贷资金配给理论认为，银行出于规避违约风险的考虑，不会单纯根据利率支付意愿的高低来配置信贷资金，而是往往根据企业抵押能力和有无担保等条件来决定信贷资金的投放。国有企业具有更大规模和更强的资产抵押能力，与国有商业银行的长期合作也有助于降低双方的信息不对称，这使银行在为国有企业提供贷款时面临更低的风险。由此引申出的问题是，国有企业和民营企业之间融资约束上的差异是纯粹的“所有制歧视”，还是信贷资金配给的一种表现形式？近期的一些研究表明，中国国有企业与非国有企业间的信贷资金配置差异主要源于禀赋差异（白俊、连立帅，2012；苟琴等，2014）。这一结论倾向于否定“所有制歧视”论。

2. 市场势力。市场势力衡量了企业影响价格的能力。更强的市场势力意味着同样的产品可以按照更高的价格出售。由于全要素生产率的测算中无法使用企业产量指标，只能以工业销售产值替代，因此这一生产率的测算结果不可避免地要受到企业市场势力的影响。同样地，由于企业利润等于销售收入与成本之差，因此利润率指标同样会受到市场势力因素的影响。通常而言，国有企业相比于民营企业有更强的市场势力，这就使国有企业的绩效相对更容易受到价格因素的影响。

从工业企业的行业分布来看，国有独资企业以及各种与国有经济相关的混合所有制企业分布在市场集中度相对更高的行业。

从工业企业个体的市场势力来看，国有独资企业和各种与国有经济相关的混合所有制企业较其他类型企业而言有更强的市场势力。平均价格加成率在国有独资企业、国有绝对控股企业、国有相对控股企业、国有参股企业、其他非国有混合所有制企业和私营独资企业之间按照严格的降序排列。这表明对这些企业而言，国有资产比重和企业市场势力之间负相关。

国有独资企业和国有混合所有制企业在行政性垄断行业和具有自然垄断特征的行业中具有最高的价格加成率。国有独资和国有混合所有制企业价格加成率最高的前 15 个工业行业。其中，前 10 个行业均为采掘业、烟草制造业以及电力、热力、燃气和水的生产和供应业等传统国有垄断行业。

此外，央企的市场势力明显强于地方国有企业。1998—2009 年中国工业企业数据库的测算表明，就国有独资企业而言，虽然央企与地方国有企业的价格加成率基本相当（分别为 32.4% 和 33.0%），但在国有绝对控股和相对控股企业中，央企的平均价格加成率达到 38.6% 和 36.2%，均明显高于地方国有企业（25.5% 和 26.1%）。

主要结论

第一，国有企业不再是“低效率”的代名词。一些国有控股企业，尤其是央企，其经济效率甚至好于一些民企，至少总体上国企和民企之间的效率差距在缩小。

第二，国有企业的盈利具有明显的行业、规模和身份特征。(1) 从各工业行业的企业平均绩效来看，具有高盈利能力与高生产率的国有和国有控股企业普遍位于具有垄断性特征的行业。(2) 企业规模与国有企业全要素生产率之间正相关。(3) 央企在盈利能力和生产率上均优于地方国有企业。

第三，混合所有制国企效率提高最主要的两个原因是贷款优惠政策和市场势力。(1) 混合所有制国企可以凭借国企地位获得更低的融资成本。(2) 混合所有制国企所处行业很大程度上是高度垄断的行业。在控制市场势力和投资—现金流敏感性指数后，国有资产比重对效率的正面影响被削弱，即国企股份的优势不再明显。此外，在其他条件相同的前提下，企业中非国有经济比重的提高则倾向于增进企业生产率。

资料来源：刘小鲁、聂辉华著：《国企混合所有制改革：怎么混？混得怎么样?》。

第三节　混合所有制改革如何寻找选择战略投资者

国有企业混改中如何选择战略投资者面临着很多难题。比如是选择产业投资者呢，还是选择财务投资者？选择民营企业的条件和标准是什么？选择民营企业应该履行什么样的程序？解决这些问题，都必须要从混改的目的出发。不忘初心，方得始终，围绕实现目的去进行选择就不会迷茫困惑。

一、混改的目的是实现国有企业的市场化经营，改革国企的体制机制，实现企业经济效益

很多政府和国资委都把推进国有企业混合所有制改革作为政府工作的任务目标甚至是考核指标，政府设定目标大力推进混改是好事，但是立足国有企业自身发展角度，却千万不可以把混改当作目标来完成。实现产权上的混合所有制不是国有企业改革的目标和终点，混改只是国企改革的起点，只是为国企治理和机制变革创造了基础和土壤，必须看到通过混改实现国有企业的市场化经营，改变国企的经营机制体制，实现企业经济效益，才是混改的目标。

二、混改选择战略投资者的标准

实现国有企业的发展是混改的目的，选择战略投资者必须按照这一目的设计条件标准。研究引入非公有投资者时要明确通过混改主要解决企业缺钱的问题，还解决企业缺人缺业务的问题，或者是引入更先进的管理机制。一般要考虑以下因素。

首先，非公有投资者要符合国有企业的发展战略。民营投资者能够发挥其管理、营销、业务、激励机制等方面的优势，直接帮助国有企业实现长期的战略规划和短期的战略目标；其次，民营企业应当守规矩，能够接受规范

管理，这主要体现在民企自身治理运作规范，经济效益良好。除了一些考察治理规范情况的定性指标外，可以评价一些资产负债率、主营业务利润率等定量财务指标；最后，能够发挥协同效果，主要是民营企业从事的业务，生产的产品与国有企业构成产业链上的协同，一般分为同行业竞争型、同行业互补型、不同行业互补型、非相关类型等，无论哪种组合都要能够产生“1 + 1 >2”的效果。

三、战略投资者和财务投资者的区别

战略投资者是指与国有企业具有同行业或相关行业较强的重要战略性资源，谋求双方协调互补的长期共同战略利益，愿意长期持有公司较大比例股份，愿意并且有能力认真履行相应职责，委派董事实际参与公司治理，帮助公司显著提高公司质量的投资者。财务投资者是以获利为目的，通过投资行为取得经济上的回报，在适当的时候进行套现的投资者，是相对于战略投资者而言的，作用主要是财务绩效监督，帮助企业资本运作和融资，财务投资者很难在战略层面和国企发生协同。因此，引入财务投资者一般不会让出控股权，优先引入的还是战略投资者。

四、如何吸引民营投资者参与国有企业混改

很多民营企业家对与国有资本合作有着很多芥蒂之心，例如，担心国有企业占便宜，担心国有企业管得太死。万达集团董事长王健林曾提出民营企业参与国企混改必须控股，否则无法规避投资风险，有这种顾虑的民营投资者不在少数。

吸引民营企业参与混改，第一，要有一个清晰的战略，把企业发展的未来蓝图描绘清晰，让民营投资者有信心；第二，合作过程中要充分照顾民企的利益，合作条件要公平合理，不能对民营企业歧视；第三，充分信任民企经营者，不能戴着有色眼镜看待民营企业管理者，总担心民营管理者会侵吞国有资产，这会对管理产生掣肘，不利于企业发展。国有企业混改后，双方就是一家人了，进了一家门不说两家话，不要分你我，就是拧成一股绳把企业发展好。

五、寻找选择战略投资者的程序

国有企业混改的方式主要是股权转让和增资扩股，按照《企业国有资产法》的规定，这两种产权交易都必须进入指定的产权交易场所进行，但是真正寻找民营投资者的工作必须要在场外就开始。在确定混改后，作为国有企业的出资人必须牵头主动寻找战略投资者，当然由于国有企业的董事会是国有出资人的代表，也可以由国有企业董事会代表出资人寻找。寻找投资者可以通过行业协会、商会、政府招商和企业管理部门推荐，主动出击、实地考察，寻找最好的合作伙伴。也可以通过产权交易场所进行预挂牌、延长挂牌期限等方式，尽早、更大范围内发布消息，以利择优录取。当然无论何种渠道寻找的战略投资者必须符合投资者选择的标准，必须进入产权交易场所履行公开交易程序。

法律政策依据：

一、战略投资选择标准的依据

《国务院国有资产监督管理委员会关于推进国有资本调整和国有企业重组的指导意见》“（六）积极鼓励引入战略投资者。引入战略投资者要有利于增强企业技术创新能力，提高产品的档次和水平，改善经营管理，促进企业持续发展。引入境外战略投资者，要以维护国家经济安全、国防安全和产业安全为前提，防止产生垄断，切实保护企业的自主知识产权和知名品牌，推动企业开发新产品。”

二、战略投资者选择程序的依据

发展改革委财政部人力资源社会保障部国资委《关于鼓励和规范国有企业投资项目引入非国有资本的指导意见》《企业国有资产交易监督管理办法》《企业国有产权交易操作规则》。

专栏 3－3

深圳市建筑科学研究院股份有限公司引入战略投资者案例

一、基本情况

深圳市建筑科学研究院股份有限公司（以下简称“建科院”）是国家

级高新技术企业、全国博士后科研工作站、全国绿色建筑先锋单位、国家绿色建筑华南基地、全国科普教育基地。2000年以来，建科院专注探索中国特色新型城镇化之路，独创“生态诊断、平衡规划、动态实施、智慧运营、实时评估”五位一体的业务能力和资质，通过科研、规划、设计、咨询、检测与公信、运营等全项目管理，构建从绿色建筑、社区、城区到低碳生态城市四个层面科技创新与技术服务，为客户提供绿色建筑和低碳城市综合解决方案，成为业内先行者和国内外知名领导者。截至2016年年底、企业净资产2.9亿元，员工587人。2016年实现营业收入3.5亿元、净利润3165万元。

建科院前身是30人编制的科研事业单位，划转至国资管理体系后、于2007年改制为有限责任公司（法人独资）。2011年，建科院作为深圳市国资委积极探索混合所有制改革试点单位，创新“引进战略投资者+管理层和核心骨干持股”模式，率先以建立激励约束机制为抓手、以公开挂牌形式和“同股同价、市场化定价”方式实施混合所有制改革，进一步放大国有资本功能，提高国有资本配置和运行效率，为深圳市属国资国企混合所制改革积累了成功经验。2013年，建科院整体变更为股份有限公司，2017年7月，成功完成股票首次公开发行上市，登陆A股创业板。

二、主要改革措施

（一）试点先行，配套制定相关政策

为把握好改革的次序和节奏，市国资委选定建科院作为试点之一，对混合所有制改革进行探索，并先后制定了《深圳市属国有企业引进战略投资者配套实施管理层和核心骨干持股试点改革内部工作程序（暂行）》《深圳市国有企业增资扩股交易操作规则（试行）》《深圳联合产权交易所企业增资扩股竞争性谈判内部工作指引》等一系列实施细则，确保整个操作过程依法合规、有据可依。建科院按照市国资委的部署和制度要求，稳步做好“混改”各环节工作。

（二）统筹考虑，精心设计“混改”方案

为做好改革方案设计，建科院坚持统筹考虑、精心设计，合理把握战略投资者和管理层、核心骨干持股比例。其中，市国资委旗下平台公司持股60%，管理层与核心骨干持股15%，中关村发展集团、深圳市创新投资集团和英龙建安集团合计持股25%，既保持了国有资本控股地位，又体现了对管理层和核心骨干的激励约束作用，同时整合优质战略合作资源，为进一步走向资本市场打下坚实基础。

管理层。核心骨干持股人员范围按照管理类和技术类两条线进行设置，持股人员所持股份类型划分为岗位股（管理者强制购买）、职级股（自愿购买）和司龄股（自愿购买），具体人员清单需经市国资委批准。最终，确定持股人员104人，约占建科院员工总数22%。管理层和核心骨干持股人员组建深圳市建科投资股份有限公司，以该公司形式持有15%的员工股，平均每人持有该公司的股权比例为0.96%；经营班子成员4人，共占比19.1%，管理层个人最高持股比例为员工平均持股比例的8.1倍。持股资金由持股人合法自筹，全部为现金出资，且持股3年内不得转让，实现了强约束条件下的长效激励。同时，方案还明确了股权流转和退出机制，为后续新晋符合持股条件的人员持股预留空间。

（三）尊重市场，公开征集战略投资者

为科学引进战略投资者，建科院按照“分类引入、标准预设”方式，提前合理设定战略投资者条件，通过深圳联合产权交易所挂牌公开发布，向全社会公开征集战略投资者。其中，A类战略投资者应为建科院提供主营业务项目资源和潜在市场资源（最终3家选1家）；B类战略投资者应具有建科院不具备的产业上下游业务资质（最终2家选1家）；C类战略投资者应拥有建科院需要的新商业模式和能力建设要素（最终3家选1家）。在完成战略投资者征集后，建科院以经市国资委备案的资产评估结果为基础开展竞争性谈判，充分挖掘股权的市场价值，同时综合考虑战略投资者的资本实力、能够为建科院未来发展带来的资源禀赋、挂牌报价等因素，确定战略投资者最终的增资入股价格。通过“开放式征集、市场化定价”，建科院对各类战略投资候选人优中选优，最终入股价格市盈率20倍，较挂牌底价溢价7%。此外，管理层与核心骨干员工全程不参与引进战略投资者工作谈判，但承诺入股价格与战略投资者同股同价。

（四）规范操作，全面接受各方监督

为确保操作过程的公平公正，建科院通过招标方式公开选择中介机构开展财务审计、资产评估等前期基础工作；在征集战略投资者过程中，先后接受7次潜在投资人尽职调查、3次战略投资者考察；在确定持股人员范围、持股资格及数量标准时，将员工大会发展成为企务公开的平台和员工为企业献计献策的平台，积极开展讨论，充分听取员工意见。期间，先后召开8次职工代表大会、3次员工大会、3次持股入围人员大会，发放3次调查问卷，公示通报各类改革文件7次，并履行相关企务公开程序。最终，持股方案由职工代表大会审议通过。此外，每次会议均安排全程摄像，全体人员书面签署所有原始资料，重要文件加按手印；企业纪委事会提前介入，全程参与监督，实现员工零投诉。

（五）成功上市，推进企业跨越式发展

中科院按照市国资委的部署，在完成混合所有制改革后，积极利用深圳发达的资本市场和国资协同优势，稳步走向资本市场，最终于2017年7月在深圳证券交易所创业板成功上市。截至2017年9月底，先后经历20多个涨停板，单股价格从3.68元增长至最高52.74元，既推进了企业跨越式增长，又实现了国有资本快速增值。

三、改革成效体会

实施混合所有制改革后，建科院成为资本所有者和劳动者的利益共同体。员工积极性充分激发，企业内生活力明显增强，成为企业转型发展的关键节点，有力促进了建科院核心竞争力的提高和持续健康发展。同时，建科院为深圳乃至全国的混合所有制改革提供了新样本，摸索出新路径，其相关理论和实践在社会各界产生了良好反响。2016年，在国内经济及建筑行业下行压力加大形势下，建科院业绩实现平稳增长。当年员工人数587人，是2005年事业单位改企前的3.5倍，比2012年引入战略投资者前增加40%；营业收入3.46亿元，是2005年的7.7倍，比2012年增长58%；净资产2.86亿元，是2005年的70倍，比2012年增长34%。2013—2016年，累计纳税2.18亿元。2017年上半年，实现营业收入1.42亿元，利润44.3万元。总结这项工作取得成效的关键，主要有以下两点体会。

（一）勇于探索的改革精神是动力

建科院在开展混合所有制改革试点之前，没有明确的政策指导，没有可借鉴的实施经验，一切全靠摸索前进。为此，建科院在市委、市政府的大力支持下，在市国资委的帮助指导下，认真分析现行政策，积极主动与有关部门沟通协调、大胆探索、勇于创新，摸索出一套适用于国有企业特点的“混改”方案，并成功实施，为全国开展混合所有制改革提供案例经验和政策参考。

（二）市场化的实施过程是关键

战略投资者的引进和入股价格的确定，是“混改”实施过程中最重要的环节。建科院遵循行业惯例，坚持市场化操作，通过公开挂牌征集潜在战略投资者、结合多项影响因素综合确定增资入股价格、对管理层和核心骨干与战略投资者一视同仁实行同股同价等方式，稳妥推进方案实施，在实现国有资产价值最大化的同时，避免了国有资产被人为侵占的可能，确保了混合所有制改革的成功实施。

资料来源：国务院国资委《国企改革探索与实践》。

第四节 混合所有制企业股权比例如何设置

混合所有制企业到底谁说了算呢？《关于深化国有企业改革的指导意见》要求宜独则独，宜控则控，宜参则参。国有企业和民营企业不存在谁吃掉谁的问题，大家在公司法的规范下，都以效益最大化和效率最优化、实现企业发展为最终目的，控股比例取决于双方的实力、市场的条件和项目的需求。实践中着重考虑以下因素。

市场准入的考虑。目前石油、天然气、电力、铁路、公用事业、军工等领域对于非国有企业有进入门槛，需要国有控股企业才能进入，另外有些国有企业原来占有很多的市场资源，非国有资本如果要进来必须与国有企业合作，这种情况下混改企业由国有控股有利于企业打破市场准入壁垒，也有利于企业通过市场化兼并重组实现跨越式发展。

创造价值的考虑。国有和民营发挥各自所长合资做生意，双方投入混合所有制企业的品牌、技术、市场资源、管理经验等都是有价的，股权比例设置要充分考虑双方投入对企业发展的价值和贡献，公平合理确定股权比例。

合并报表的考虑，有些集团化投资，需要考虑50%以上合并收入，20%以上按照权益法合并利润。

决策效率和机制灵活的考虑。一些集团管控的国有企业存在决策链条长，效率低的问题，一旦股权比例达到集团要求的红线，企业人员管理、业务事项、资产处置、纪检很多事情都需要上报审批，都有红线管理，失去很多自主权，机制也将丧失灵活性，不利于企业市场竞争。

融资贷款的考虑。如本章第二节所述，国有企业的优势在于信用，在于能够获得更多低成本的资金，这对于企业发展至关重要，所以混改方案应该考虑企业融资贷款的要求设计股权比例。

股权激励的考虑。企业发展最重要的是调动管理层和员工的积极性，点燃员工心中的创业干事之火，除了思想教育，进行股权激励是重要实际手段，所以股权比例设置要考虑预留员工和管理层持股。

企业上市的考虑。实现混合所有制企业发展的最高境界是实现企业上市，很多好企业是一开始就设计出来的，尤其是科技创新型企业，考虑到后续多轮次再融资需要释放的股份数额，要合理预留一定比例的机动股权。

专栏3－4

中国建材的“正三七”和“倒三七”

习近平总书记在吉林调研时指出，“推进国有企业改革，要有利于国有企业保值增值，有利于提高国有企业竞争力，有利于放大国有资本资本功能”。国企股权多元化正是契合了“三个有利于”标注，不但没有让国有资产流失或者私有化，反而扩大和增强了国有资本的控制幅度和控制能力。

一直以来，中国建材集团在联合重组、组建混合所有制企业中采取的是“正三七”和“倒三七”的多元化股权结构。“正三七”指中国建材集团持有上市公司中国建材的股份不低于30%，保持第一大股东的相对控制权，其他投资机构的持股与流通股不超过70%。“倒三七”是指中国建材股份持有其所属子公司的70%的股份。给机构投资者和原创业者留下30%的股份。

通过“正三七”与“倒三七”的股权划分，中国建材集团形成了一套自上而下的有效控制体系，在保障国有资本控制力的同时保留非公资本，引入市场机制，增强了企业活力，用少量的国有资本带动了大量的社会资本，共同推进企业发展。在产权多元化的过程中，我们允许民企创业者“带枪参加革命”，成为规范治理企业中的职业经理人，这样一来，民企的机制得以继续保留，民营资本也参与到国企的产权改革中。这些企业和企业家进入中国建材集团后，资本价值放大了，大家的干劲儿也足了，这是实实在在的共赢。

采用“正三七”和“倒三七”的股权结构，中国建材集团对上市公司并不是绝对控制。一般认为，和绝对控股相比，相对控股看起来控制力不那么强。但实践中我发现，不同性质的投资者之间并没有太大的分歧，大家的理念总体上是一致的，就是按国家产业政策和市场规律办事。同时，公司法能够保证在相对控股的模式下，控股股东的控制权时清晰和可实现的，不会失去对公司战略方向和重大决策的掌控。充分竞争的行业需要公司实现真正市场化经营，相对控股模式恰恰可以在企业内部建立更加规范的治理结构和更加民主的决策机制，充分调动各种资本参与企业经营决策的积极性。而且，相对控股还有一个最明显的优势，就是可以用有限的资本尽可能多地撬动社会资本。既然可以用更少的钱做成事情，为什么要多花钱呢？

资料来源：宋志平著，《经营方略》。

第五节　管理层、员工持股方案设计

1984 年，福建省 55 名厂长经理给省委领导写信，要求给企业放权，其中有一项是：企业提取的奖励金，企业有权使用支配，有关部门不要干涉，奖金与企业利税挂钩，确定合理的利税奖金比，上下浮动，不封顶、不保底，企业内部可以根据自己的实际情况实行浮动工资、职务补贴、岗位补贴等多种形式的奖惩办法。他们说，要这些权力，绝不是为了以权谋私，只是想在目前的条件下，搞活企业，落实责任制，克服“大锅饭”，实现提高经济效益的目的。

2000 年，湖南友谊阿波罗股份有限公司进行产权制度改革，引入外来投资者，公司总股本 8000 万元，国有股 2900 万股，职工股 2600 万股，外来投资者 1500 万股，经营者 1000 万股，同时企业进行了职工身份置换，打破职工“铁饭碗”，身份置换后企业招聘、解聘就容易了。

上述两个案例发生在不同的年代，但是在激发管理层和员工的积极性上，国有企业改革是一脉相承的。一方面，通过采取分利、分红、分股等多种方式，建立职工与企业效益挂钩的机制；另一方面，通过三项制度改革等措施，改变计划经济体制下职工吃大锅饭的思想，真正落实按劳分配制度。《深化国有企业改革的指导意见》鼓励职工混合所有制企业实行员工持股，主要目的也在于建立有效的长期激励约束机制。文件要求实施员工持股主要条件有以下四点。

1. 主要采取增资扩股、出资新设方式开展员工持股，并保证国有资本处于控股地位。

2. 坚持以岗定股，动态调整。与岗位和业绩紧密挂钩，员工范围为关键技术岗位、管理岗位和业务岗位人员。员工需按照评估价格出资入股。建立健全股权内部流转和退出机制，避免持股固化僵化。

3. 主业处于充分竞争行业和领域的商业类企业，并实施了混合所有改革，股权结构合理，非公有资本股东所持股份应达到一定比例，营业收入和利润 90% 以上来源于所在企业集团外部市场。

4. 持股比例。员工持股比例应结合企业规模、行业特点、企业发展阶段等因素确定。员工持股总量原则上不高于公司总股本的 30%，单一员工持股比例原则上不高于公司总股本的 1%。企业可采取适当方式预留部分股权，用于新引进人才。实施员工持股后，应保证国有股东控股地位，且其持股比例不得低于公司总股本的 34%。

法律政策依据：《关于国有控股混合所有制企业开展员工持股试点的意见》（国资发改革〔2016〕133 号）。

专栏3－5

江西省旅游集团有限责任公司以员工持股试点为契机，加速企业资产资本化

江西省旅游集团有限责任公司（以下简称“江西旅游集团”）是江西省属国有企业资产经营（控股）公司（以下简称“江西省国控公司”）所属二级企业，于2014年11月改组设立，主营业务为旅游及相关产业，着力打造“大消费、大健康”的旅游全要素生态圈。江西旅游集团顺利实现核心骨干员工入股，是《关于国有控股混合所有制企业开展员工持股试点的意见》（国资发改革〔2016〕133号）出台后，江西企业员工持股试点第一例。

一、主要做法

（一）主动申请降格，确保落实骨干持股

江西旅游集团原为省属一级企业，《关于国有控股混合所有制企业开展员工持股试点的意见》下发后，江西旅游集团积极争取成为首批试点企业。为符合试点要求，在江西省委、省政府支持下，江西旅游一方面主动申请降格，股权划归江西省国控公司成为试点主体；另一方面，由政府和党委任命的班子成员向上级单位提出辞职再由董事会聘任，成为持股的适格对象。

2017年，江西旅游集团开始采取增资入股方式实施员工持股，同步引入战略投资者。试点选定后，由省旅发委公开遴选了法律、清产核资、改制审计和资产评估方面的中介机构提供专业服务，经过立项、审批、专家论证及备案等各项程序，确保依法合规。混改后，江西省国控公司、阳光保险集团、建银国际控股公司及其一致行动人上海积厚资产管理有限公司分别持有37%、26%、16%、13%的股份。首批共59名员工（约占员工总人数的1.3%）以自有资金设立有限合伙企业作为持股平台持有企业股权，合计出资1.48亿元，持股8%。2017年5月25日，江西旅游集团完成工商变更。员工与战略投资者同股同价，单个员工出资最高额为1280万元，持股比例为0.512%；最低额为20万元，持股比例为0.008%。

（二）加强正向激励，充分调动骨干员工积极性

为充分调动和发挥持股员工的积极性，优化人才团队，推动员工与企

业成为利益共同体、价值共同体和命运共同体，员工持股后，江西旅游集团一方面根据技术骨干和核心骨干的认定标准，在符合持股方案的前提下，争取将部分有持股意愿、与集团公司长期利益一致的人才吸纳到持股对象中来，对符合持股方案要求的技术骨干、营销骨干进行精准定位。江西旅游集团结合专业技能、个人业绩、求职理念等要素，将技术骨干明确为工程开发、产品研发、证券法务、财务管理、文化传媒、信息科技6类技术人才，将营销骨干明确为营销策划、项目运营、资本运作、投资开发、酒店管理、资产管理6类营销人才，并已出台技术骨干、营销骨干持股的管理细则。另一方面，突破现有的按管理级别定级的工资体系，针对符合要求的紧缺技术人才、营销人才，提出了协议工资体系，上不封顶，突出了技术能力和营销能力的真正价值。同时，江西旅游集团建立了市场化的劳动人事分配制度和业绩考核评价体系，入股员工与企业共享改革发展成果、共担市场竞争风险。

（三）放大资本活力，增强投资人信心

江西旅游集团主动作为、自筹资金，启动了江西宾馆等5家事业单位的改制转企工作，其中15位原事业单位班子成员主动放弃身份，自掏腰包加入江西旅游集团核心骨干员工持股中。

二、改革成效

通过员工持股，江西旅游集团员工积极性得以有效释放，企业经营效益大幅提升，财务指标大幅增长，为向资本市场靠拢提供了有利条件。通过核心骨干持股，江西旅游集团引入了专业的管理人才，在向资本市场靠拢上发挥了重要作用。江西旅游集团实现了资本市场的“三连跳”：2017年12月，在江西联合股权交易中心成功发行私募可转债12亿元；2018年7月，20亿元私募公司债获得上海证券交易所批准；2019年4月，江西省国资委批复同意江西旅游集团协议受让国旅联合股份有限公司14.44%的股份，江西旅游集团正式成为其控股股东。

事业单位的转企改制，激发了江西旅游集团管理人员在企业运营方面的积极性和主动性，原老宾馆酒店在开发利用、经营发展方面都呈现出新的活力，盘活了资本活力，放大了资本效率，使原有资本呈几何级数增长态势。企业效益提升、管理水平提升，也大大增强了投资人对江西旅游集团发展的信心。对全力支持核心骨干员工持股方案的经营高管充分授权，缩短决策链条、提高决策效率，有力地支撑了江西旅游集团的经营发展。企业快速发展也为投资人带来了稳定的回报。

资料来源：国务院国资委《国资国企改革试点案例集》。

第六节　混合所有制企业如何监管

混合所有制企业监管要结合新型国有资产监管体系和制度进行。党的十八届三中全会提出以管资本为主加强国有企业监管，建立国有投资公司运营公司，改革国有资产授权经营体制。党的十六大以后国有企业监管强调“管人、管事、管资产”，改变了以往国资监管职能分散行使、“九龙治水”的局面，解决了政企不分、政资不分的问题，但是国资监管中仍然存在越位错位、管得过细的问题。对混合所有制企业的监管应当坚持国有企业现代公司治理理论，同时履行好出资人职责和国有资产监管职责，以“管资本”为主，有效行使出资人资产收益、参与重大决策和选择管理者等股东权利。

从对企业的直接管理转向更加强调基于出资关系的监管。依法对国有资本投资、运营公司和其他直接监管的企业履行出资人职责，将应由企业自主经营决策的事项归位于企业，将延伸到子企业的管理事项原则上归位于一级企业，确保该管的科学管理、决不缺位，不该管的依法放权、决不越位。

监管方式从习惯于行政化管理转向更多运用市场化法治化手段。坚持权由法定、权依法使，严格依据法律法规规定的权限和程序对混合所有制企业行权履职。改变重审批、轻监督等带有行政化色彩的监管，更加注重以产权为基础、以资本为纽带，依靠公司章程，通过法人治理结构履行出资人职责，将监管要求转化为股东意志。

监管重点从关注企业个体发展转向更加注重国有资本功能实现，考核混合所有制企业的功能和效率，促进国有资本合理流动、保值增值，推动国有经济不断发展壮大，更好服务国家战略目标。

法律政策依据：《关于进一步推动构建国资监管大格局有关工作的通知》（国资发法规〔2019〕117 号）、《关于以管资本为主加快国有资产监管职能转变的实施意见》（国资发法规〔2019〕114 号）。

专栏 3－6

中国医药集团有限公司混合所有制公司监管经验

2014 年 7 月，中国医药集团有限公司（以下简称“国药集团”）被国务院国资委选定为发展混合所有制经济试点企业。在国务院国资委的正确领导下，国药集团选择核心下属企业国药控股股份有限公司（以下简称“国药控股”），紧密围绕破题混合所有制企业的现有体制机制问题，以国有权益逐年增长为核心目标，积极稳妥地推进试点工作。在改革工作中，国药集团处理好了改革、发展与稳定的关系，处理好了顶层设计和尊重基层首创的关系，突出问题导向，把握好了改革的次序、节奏和力度。历经 2 年的试点工作，国药集团基本实现了既定改革目标，达到了改革成效，形成了一整套可复制、可推广的有效经验。

一、主要做法

（一）健全有效制衡、平等保护的公司法人治理结构

国药集团将发展混合所有制经济试点工作与落实董事会职权试点工作充分结合，进一步厘清了国药集团与国药控股、国药控股与下属上市公司的治理关系，落实试点上市公司董事会的能力建设、责任管理和激励约束体系，将改革要求内化于规章制度、试点上市企业的公司章程及各项议事规则之中。

一是持续充实、完善国药控股董事会和监事会，理顺国药控股股东大会、董事会、监事会和经营班子的权责关系，厘清国药集团与国药控股、国药控股与下属上市公司之间的治理关系和权责边界，加强各级混合所有制企业的“三会”管理，强化“三会”的规范履职，进一步建立健全协调运转、有效制衡、平等保护的公司法人治理结构，强化治理能力。

二是推行分级授权改革，进一步强化国药控股的市场主体地位，落实国药控股董事会在企业经营决策中的核心作用。

（二）探索完善职业经理人制度和市场化的劳动用工制度

国药控股在高级管理人员和中层管理人员中全面推行职业经理人制度，依据市场化、契约化、动态管理及党管干部原则，打造了一支业内领先、职业化、市场化的职业经理人队伍，进一步完善了职业经理人的选聘、培养评价及绩效考核体系。2018年，国药控股高级管理人员、中层管理人员的绩效合同签约率达到100%。

各级试点企业全面推行以劳动合同为核心、以岗位管理为基础的市场化用工机制，实现企业员工由身份管理到岗位管理的转变。2018年，国药控股员工劳动合同签订率达到100%，全年员工流动率为21.2%。

（三）探索完善市场化的激励和约束机制

为充分调动企业经营者的积极性，激发企业活力，国药控股积极推动职业经理人短期激励与中长期激励相结合、激励与约束相对等的薪酬体系，以及市场化的员工薪酬福利体系。国药集团重点在国药控股、国药股份、国药一致3家试点上市公司推行以限制性股票为主的管理人员和核心业务骨干股权激励计划，并从时间约束、业绩约束、持有约束3个方面建立激励与约束相对等的考核约束机制。国药控股的H股股权激励方案于2016年8月经国务院国资委批复同意于2016年11月完成首次股票授予，2017年6月根据相关方案设立信托完成股票建仓，2018年11月顺利完成第一期股票解锁工作前国药股份和国药一致两家境内上市公司也在积极探索相关的股权激励方案。

（四）探索建立对混合所有制企业的有效监管机制

一是进一步完善了现有国有产权管理制度，形成以管资本为主，重点管好资本投向、资本流转和资本回报的国有产权管理体系。

二是将国有资产监管的有关精神内化于混合所有制企业的公司章程之中，充分发挥好公司章程在公司法人治理中的核心作用。

三是建立了出资人代表制度，通过出资人代表贯彻落实国有股东意志，建立重大事项由出资人代表向股东汇报制度。

四是国有股东加强对派出董事、监事的任职管理和绩效考核工作。

五是重点加强对试点企业的财务监督、审计监督和纪委监察监督，建立健全母子公司监事会有效联动的工作机制，完善企业决策、经营和资债风险防范机制和责任追溯机制，加强对混合所有制企业的有效监管。

（五）探索建立混合所有制企业党组织发挥领导核心作用的有效机制

一是明确了混合所有制企业党组织把握企业发展方向的职责定位，把党的领导融入公司治理的各环节，把企业党组织内嵌到公司治理结构之中，并内化于公司章程等法律文件及相关基本制度之中，明确落实了党组织在公司法人治理结构中的法定地位，做到组织落实、干部到位、职责明确、监督严格。

二是通过新建、增补调整、建制升级等方式，进一步加强国药控股各级党组织建设，理顺了党组织的隶属关系和管理体制，实现了国药控股党的工作全覆盖。规模以上公司党组织单建率动态保持100%；截至2018年年底，国药控股下属党委47个，党总支33个，党支部486个，党员人数8990名。国药控股进一步加强了基层党组织领导班子建设；充实了党务干部队伍，有效解决了党组织弱化、边缘化等问题。

三是切实履行“三重一大”决策监督机制，进一步健全“双向进入交叉任职”制度，巩固党员领导干部“一岗双责”的履职效果，切实抓好管方向、管干部、党风廉政建设和企业文化建设。

四是将国药控股各级党组织纳入东北、华北、华东、华南、西南、西北6个片区，实行党建、纪检工作的一体化协同共建和分片管理，形成区域联动、相互促进的工作格局，有效提升各级党组织党建科学化水平。

五是进一步落实试点企业对党建工作的保障职责，切实发挥混合所有制企业党组织的领导核心作用。

二、改革成效

通过试点改革，国药控股进一步激发了企业的市场活力，提高了经营管理水平。在国内医药行业增速放缓的大背景下，国药控股持续深化改革、加速转型升级、大力调整结构、积极应对市场变化，确保规模、效益及综合实力继续保持行业领先地位，营业收入和归属于母公司所有者净利润均保持了两位数的高速增长，充分发挥了国有资本在国民经济中的影响力和带动力。国药集团2018年全年实现营业收入近4000亿元，同比增长13.23%，继续保持两位数增长，高于市场平均水平。2018年，国药集团的行业影响力也不断提升，位列世界500强榜单第194名，连续5年被国资委评为“中央企业负责人经营业绩考核A级企业”。截至2018年年末，国药集团混合所有制企业数达972余家，占集团企业总户数的91%以上，混合所有制企业的营业收入、利润、资产总额对集团的贡献率均达到85%以上。

依托发展混合所有制经济，持续深化改革，国药集团已从一家传统国企成功转型为理念先进、治理规范、引领行业的新型国企，走出了一条符合中央企业特点的市场化发展道路。

资料来源：国务院国资委《国资国企改革试点案例集》。

第七节　混合所有制企业党组织建设和董事会的关系

混合所有制企业党的建设有两个重点问题：一是混合所有制企业是否需要建立党组织？二是个党组织与股东会、董事会的关系。

第一，国有企业改革坚持党的领导应当“一以贯之”，坚持管资本就要管党建，国有资本到那里，党的组织建设就要到那里，要推进基层党组织全覆盖。《中国共产党国有企业基层组织工作条例（试行）》规定，国有企业在推进混合所有制改革过程中，应当同步设置或者调整党的组织，理顺党组织隶属关系，同步选配好党组织负责人和党务工作人员，有效开展党的工作。

第二，国有资本绝对控股企业、国有资本相对控股并具有实际控制力的企业，应当按照《中国共产党国有企业基层组织工作条例（试行）》，将党的领导与完善公司治理相统一，指导推动国有企业党委（党组）发挥领导作用，把方向、管大局、保落实。着力抓好党的建设，坚持管资本就要管党建，把党的建设融入管资本的全过程各方面。对于国有参股的混合所有制企业，结合实际健全完善管理体制、落实董事会职责权限、加强经理层成员和国有股权董事监督管理，并在公司章程中予以明确。

第三，党组织与公司治理相结合主要体现在以下几个方面：首先，国有企业应当将党建工作要求写入公司章程，写明党组织的职责权限、机构设置、运行机制、基础保障等重要事项，落实党组织在公司治理结构中的法定地位；其次，落实“双向进入、交叉任职”领导体制，符合条件的党委（党组）班子成员可以通过法定程序进入董事会、监事会、经理层，董事会、监事会、经理层成员中符合条件的党员可以依照有关规定和程序进入党委（党组）；再次，党委（党组）书记、董事长一般由一人担任，党员总经理担任副书记；最后，国有企业重大经营管理事项必须经党委（党组）研究讨论后，再由董事会或者经理层作出决定。

第四，党组织与公司治理相结合最重要的是制定好党委会、股东会、董事会、总经理议事规则，制定好“三重一大”制度，将包括党组织在内的各个治理机构的职责清单、权利边界厘清，将公司决策机制和流程明确，真正建立各司其职、各负其责、协调运转、有效制衡的国有企业法人治理结构和机制。党组织在公司治理中的作用主要是把方向、管大局、保落实，党领导公司，但不直接处理公司业务，通过“三重一大”制度规定的党委会前置程序，党要对企业重大决策是否符合党和国家的大政方针，是否符合国有企业的发展战略，是否符合职工群众的根本利益进行把关，党委会不通过的事项不能进入公司决策程序。党的政策和建议要通过股东会、董事会、总经理、监事会等机构变为公司决策和公司行动。董事会的主要作用是定战略、做决策、防风险、建制度、管考核。董事会是现代企业制度的核心治理机构，是公司决策机关，决定企业的发展战略，主抓企业风险防范，健全企业规章制度，对经理层进行考核。经理办公会是公司的执行机构，主要职责是执行董事会决策，主持公司日常经营管理，对董事会负责。

法律政策依据：《中国共产党国有企业基层组织工作条例（试行）》。

专栏 3－7

中材江西电瓷电气有限公司充分发挥企业党组织的领导作用

将党建工作与开展员工持股试点工作有机融合，开创“四个一”工作机制，即“一所”（红领学习所）、“一队”（党员突击队）、“一星”（岗位创星）、“一库”（人才智库）。

中国建材集团有限公司（以下简称“中国建材集团”）所属中材江西电瓷电气有限公司（以下简称“中材江西电瓷”）作为混合所有制员工持股试点企

业，在企业党组织的坚强领导下，严格按照国资委相关要求开展员工持股试点工作。共有86名骨干员工以自有资金2248.7万元设立两家有限合伙公司作为持股平台，对中材江西电瓷进行增资，员工持股平台合计持股6.23%。

一、主要做法

（一）在方案制定中坚持党的领导

中材江西电瓷坚持党对改革试点工作的领导，通过党建工作入章程，明确了党组织在公司治理中的法定地位，确立了党委参与重大决策的途径和方式，实现了公司治理结构与党组织政治核心作用的有机结合，充分发挥了党委“把方向、管大局、保落实”的重要作用。中材江西电瓷试点工作重大决策均经过党委会事前审核把关，纪检部门加强过程参与和监督，保证持股实施依法合规。

1. 以完善组织为保障。中材江西电瓷党委班子成立工作组，针对试点工作开展专题调研，了解试点进展，协调解决困难问题；建立“国资委改革局—中国建材改革办—中材江西电瓷专项工作组”的绿色沟通通道，上下联动，确保难点、重点问题得到最快解决。

2. 以方案科学为重点。中材江西电瓷党委纪检监察部门全程介入监督中介机构的招标程序，聘请了专业咨询公司、律师机构、审计机构、评估机构，参与方案制订与实施，中介机构出具的审计报告、评估报告都经过党委会的审核，以确保真实反映企业财务状况，能得出合理的估值，保证国有资产保值增值。中材江西电瓷持股方案坚持“依法合规、公开透明，增量引入、利益绑定，自愿参与，以岗定股、动态调整，风险自担，全面考虑各种流转、退出路径”等原则，修改数十稿，做到精益求精。在入股金额及股比设计上，既考虑员工承受能力，防止期待过高导致借贷入股，又保证国有资本的控股地位。中材江西电瓷科学合理地制定了股权退出机制，在方案的制定过程中多次对股权退出路径进行推演，创新性地引入思维导图工具，将方案由抽象的文字内容变为结构清晰的可视化内容，便于方案的宣贯和修订实施。

3. 方案精心实施，做到公正公开。中材江西电瓷持股方案涉及的全部文件在纪检监察部门监督下通过多次多层级宣贯、公示；将持股标准、岗位层级额度等在一定范围内公开讨论，听取意见，在公司内部公示持股人员姓名与职务；严格履行党委会前置程序，党委会对持股人员名单进行审核，并在公司内部披露党委会对持股人员名单审核及公示情况的说明；坚持党管干部原则，严格按照干部管理流程确定持股岗位和人员名单。

（二）在制度建设中坚持党的领导

中材江西电瓷党委以夯实党建为基础，确保员工持股试点工作在党的领导下稳妥推进，将党建工作与开展员工持股试点工作有机融合，开创了“四个一”的工作机制，即“一所”（红领学习所）、“一队”（党员突击队）、“一星”（岗位创星）、“一库”（人才智库）。以“一所”提高党员干部在党建理论、专业技术、政策法规等方面的综合素质，开展“将非党员业务骨干培育成合格党员，将党员培养成业务骨干”的双向培养模式，使业务干部懂党务、党务干部懂业务；“一队”以持股员工中的党员为核心人员，成立“骑兵连”突击队、“雄鹰”突击队，发挥党员和业务骨干双重身份的表率作用，勇挑急、难、险、重任务，以保质保量地完成生产经营任务；“一星”以“岗位创星”为抓手，明确划分党员责任区，发挥党员表率作用，带动非党员骨干，不断提高安全生产、管理服务效率；“一库”以中材江西电瓷为龙头，22 名电瓷领域专家顾问助力，为产业发展提供人才和智力储备，确保思想和行动始终同党中央保持高度一致。

中材江西电瓷坚持党的领导，从完善制度建设入手，用制度保障党建工作的有效落实，健全了公司章程、议事规则、管理制度、体系文件等工作制度和流程，完成了以授权和精细考核为核心的组织机构调整及高管人员分工。中材江西电瓷以市场为导向推动实施组织机构扁平化优化方案，成立了营销中心等七大中心并进行组织机构调整，重新开展了“三定”（即定岗、定编、定员）工作，调整了组织架构，引进了优秀的管理人才；完善岗位考核竞聘等人力资源管理体系，制定了 25 位领军人物战略责任体系；开展业务骨干岗位公开竞聘，共有 70 人参与竞聘选聘主管和主管助理 56 人；调整了市场销售策略和奖惩办法。

（三）在激励机制中坚持党的领导

在推进员工持股改革试点工作中，中材江西电瓷党委充分发挥央企“理念新、党建强、产业大、品牌优”等优势，建立与非公党建共建的工作机制，以央企党建带非公党建为突破口，以电瓷产业联盟为依托，做到

"理念联享、产业联动和品牌联建"，带领电瓷行业实现"党旗红、产业兴、发展强"的多赢局面。

在激励机制设计过程中，中材江西电瓷党组织充分发挥领导作用，协调非公股东，积极引入积分制管理机制，通过积分制管理的正能量导向作用，充分调动员工的积极性和主人翁精神；探索实行涵盖管理和技术骨干人员的超额利润奖励办法等，健全了市场化的劳动人事分配制度和业绩考核评价体系，形成管理人员"能上能下、员工能进能出、收入能增能减"的市场化机制，为企业的健康持续发展提供了新的动力。

二、改革成效

通过激发员工创造性、加快转型升级，中材江西电瓷推进了由中低端线路瓷向高端高吨位产品的结构调整和优化升级；完成了"憎水防污悬式瓷绝缘子"工业转型升级强基工程项目，通过了工信部的验收，并新获批工信部"大规模超特高压用绝缘子智能制造生产线"示范工程等项目；棒型支柱绝缘子产品荣获工信部"制造业单项产品冠军"称号；"特高压输变电用棒型支柱绝缘子关键技术及产业化"项目获江西省科学技术进步一等奖并已获得2019年度国家科学技术进步二等奖提名；特高压产品关键技术及工程化项目获得中国建筑材料联合会2017年度科技进步一等奖；瓷支柱瓷绝缘子产品在国内特高压直流领域市场占有率位居第1名，并荣获工信部、工业经济联合会联合颁发的"制造业单项冠军产品"称号，已成为西门子、通用（GE）等世界500强企业的第一大供应商。

中材江西电瓷以持股员工为中坚骨干，积极开拓国内外市场，尤其是国际市场开拓取得了较大突破；出口额大幅提升，2018年上半年同比增长82%，创历史新高；成功获得美国南州电力公司的海外订单，进入美国、加拿大、巴西等美洲市场，实现了新的突破。

中材江西电瓷实施员工持股后，激发了内生活力，企业综合实力显著增强，主要经济指标平稳增长，社会效益显著提升，同时引领和推动了所在地的产业结构转型升级。2017年，中材江西电瓷营业收入同比增长28%，利润总额同比增长33%，上缴税金同比增长29%；2018年，中材江西电瓷利润总额同比增长70%，出口额大幅提升，同比增长63%。

资料来源：国务院国资委《国资国企改革试点案例集》。

第八节　混合所有制企业如何治理

混合所有制改革从企业产权层面解决了国有企业存在的所有者缺位、政企不分的问题，改变了公司治理的土壤。有了好土地，但是这块土地上到底能种什么？能不能种好？还需要公司管理团队和员工的齐心协力，而这主要依靠的是公司治理机制。所以“混”不是目的，通过“混”实现企业治理机制的“改”才是重点。

机制，指有机体的构造、功能及其相互关系。公司治理机制就是协调公司股东会、董事会、总经理、各业务部室、生产单位，以及人与人之间的关系，以更好地调动各生产要素向企业目标前进的具体运行方式和过程。重点是企业效益和经营者、员工利益关系的处理，机制好，三者是正相关关系，机制不好，三者负相关，互相消耗，企业一定会衰败。

混合所有制企业公司治理首先要不忘初心，国有企业混改的初衷是改变国有企业所有者缺位和政企不分，因此混改公司一定要按照公司法的规定，真正建立起责权明确、规范运作的现代企业制度，把党委会、股东会、董事会、总经理议事规则、“三重一大”议事制度制定好，用制度保障非国有股东创造性、积极性和监督作用，形成良好的内部约束和激励机制，利用民营企业市场化机制、拼搏精神和企业家精神，做强做大做优国有企业。公司治理的核心是规范董事会建设，实现外部董事占多数，让董事会在战略规划、重组整合、风险控制等重大事项上发挥决定作用。

深入推进选人、用人、劳动三项制度改革，推进经理层契约化任期制改革，逐步建立职业经理人制度，用好员工持股、管理层股权激励、超额利润分红等新型激励方法，激发出员工想干事的激情。

专栏 3－8

中国平煤神马集团所属混改企业公司治理经验

中国平煤神马能源化工集团有限责任公司（以下简称“平煤神马集

团”）创立于2008年12月，由平煤集团和神马集团两家中国500强企业联合重组而成。平煤集团是新中国自行勘探设计开发建设的第一个特大型煤炭基地，1998年由原煤炭部划归河南省管理；神马集团是改革开放后首批国家工业化重点项目。目前，平煤神马集团已经发展成为以煤炭、化工、新能源新材料为主营业务，跨区域、跨行业、跨国经营的国有特大型能源化工集团，是河南省营业收入、资产总额“双千亿”企业。2017年位列全国企业500强第131位。2008年以来，平煤神马集团所属装备集团以内部市场或某一产品为基础，积极引进山东矿机、林州重机等民营上市公司，成立了13家混合所有制企业，产业涉及光伏、环保、矿用产品，彻底扭转了单纯依赖煤矿的局面，展现出了巨大的发展潜力，年营业收入已超过百亿元，规模和竞争力在全国煤炭行业位居三甲。在混合所有制公司治理方面有以下经验。

（一）碰撞磨合，在发展中实现优势互补、劣势对冲

公司治理是世界性难题，中国古人就有“生意好做、伙计难合”之说，况且资本属性不同、管理理念和价值观各异，因此，在与民营企业的合作中，经历过不理解、碰撞甚至是激烈的争论，也就不足为奇了。平煤神马集团推进“混改”，始终坚守了以下三点：一是换位思考，宽容包容。当工作中遇到矛盾和问题时，经常教育集团派出的干部着眼大局，充分体谅民营企业家的难处，充分理解民营企业干部的工作方法和作风，支持他们为加强企业管理而采取的措施，即使他们的管理方法和水平与国有企业暂时比差一些，也要允许他们有改进的时间和空间。在工作方法上，与国有独资企业相比，混合所有制企业克服了“一股独大”的弊端，因此遇事要充分听取对方的意见，学会沟通、协调和妥协。二是问题导向，边干边理。刚开始与民营企业合作时，由集团派董事长、财务总监，对方股东派总经理。但运行中发现，民营股东有时候会侧重考虑自身的利益，在供应、销售、项目建设和资金使用等经营管理的具体环节上管理较为粗放与国有企业控制要求差距较大，容易产生矛盾和问题。后来，经过不断沟通、磨合，逐步形成了双方分别派董事长、副董事长，总经理实行市场化选聘的格局，这样双方都超脱出来，由经理层具体负责企业的经营工作。三是优势互补、劣势对冲。传统国有企业具有融资能力强、整体素质高、

管理相对规范的优势，同时也不可避免地存在机制僵化、效率低、掣肘因素多的弱势；民营企业具有机制活、效率高、执行力强的优势，同时也具有融资难、人才吸引力弱以及管理相对初级和简单的缺陷。在实际运行中，集团始终牢记双方设立合资企业共同谋利的初衷，凡是有利于企业发展和盈利的办法和措施都要积极实施，凡是不利的都要努力避免，真正形成了管理水平逐步提升、融资能力不断增强、机制灵活高效、工作效率生产效率提高、成本控制能力提高、人才吸引力增强，充满生机与活力的市场化经营机制。

（二）自我约束，靠规范实现长远健康发展

虽然平煤神马集团混合所有制经济规模较大、发展态势较好，但实事求是地看，还存在公司治理能力参差不齐、股东越位和不到位现象并存，“混改”的优势没有完全发挥等问题。依法规范运行是混合所有制得以长久发展的根本保证，也是平煤神马集团进一步深化“混改”工作的发力点和关键点。依法规范运行的总体思路是：严格按照《公司法》《企业国有资产法》等法律法规的规定，依法履行股东权利，不干预企业日常运营，做到“三管三放开”，即管章程，放开日常性管控；管董事、监事，放开经理层任命；管重大决策，放开日常性生产经营。2017年5月开始，集团又进行了混合所有制规范化建设工程，提出了“一完善、四建立”要求，“一完善”就是尽快修订完善公司章程，将党建工作和市场选聘职业经理人等内容写入公司章程，明确党组织在公司法人治理结构中的地位，明确董事会市场化选聘经理人制度，对经理层实行任期制和契约化管理。“四建立”就是建立集团与各单位分权管控清单和工作流程；建立职业经理人市场化选聘管理办法；建立职业经理人实行任期制和契约化管理办法；建立职业经理人考核和薪酬管理办法。首批10家企业混合所有制规范化建设工程各项工作进展顺利，初步形成一批可复制、可推广的混合所有制规范化运行的标杆企业。

资料来源：国务院国资委改革办《国企改革探索与实践——地方国有企业100例》。

第九节　保障混合所有制改革成功的秘诀

国有企业改革必然会改变原有的企业组织和生产关系，难免要触动原有利益格局，因此改革总会有各种阻力。就像是打仗，如果总是用阵地战的方式正面作战，直接冲锋全面对抗，造成的伤亡必然很大，但是如果采取运动战的方式，在迂回中消灭敌人，则事半功倍。推进国有企业改革，如果选择一项能够凝心聚气、符合时代大势的目标与改革工作结合起来，则可以达到化解阻力于无形的效果。

比如，数字化革命正在深刻改变国民经济各行各业，如果国有企业将推进数字化作为目标，实现物料、存货、商品、生产环节与销售程序的全部数字化、智能化，引入云计算和机器学习，通过建设工业互联网提高劳动生产率，那么采供销流程必然发生巨大变化，对应的人员配置、薪酬考核必然发生变化，企业管理模式必然发生变化，进而会演变为组织形式、产权结构的变化。如此一来，推进企业数字化的过程中，因为管理者和员工都对数字化的重要性和成效显而易见，顺势而为的“三项制度改革”、组织变革、产权制度改革措施就不会产生阻力和反对，反而能够理解和支持。

企业扭亏为盈摆脱困境、重现辉煌的使命，企业面临的重大发展机会，国务院国资委推动的国有企业数字化革命，企业面临的重大灾难与变故，都有可能成为号召干部职工团结起来、共同奋斗的目标。改革成功除了自身努力外，还要时与势结合推动改革，改革者找到凝心聚气、符合时代大势的目标，营造氛围，创造条件，选准切口，做大文章。

专栏 3－9

华侨城集团以数字化转型引领国有企业改革

作为以文化旅游为核心主业的中央企业，华侨城集团在推动文化旅游行业数字化转型方面必须走在前列、作出表率，带动集团业务转型升级和实现高质量发展。在国务院国资委统筹指导和安排部署下，华侨城集团从2012年开始进行数字化建设布局，启动了“智慧华侨城”战略，创建“智云慧眼”数字化管理中心，逐步将线下业务线上化，并完成了标准、产品、资金、数据统一，推动精细化与智能化管理与运营。2016年，集团提出“文化+旅游+城镇化”“旅游+互联网+金融”的创新发展模式，全面贯彻“互联网思维”，推动“互联网+”与各主营业务的深度融合。目前，数字化战略已经全面覆盖集团所有旅游企业，并持续探索数字技术与业务运营的深度融合和相互促进的有效路径。

一是着力打造数字化营销体系。近年来，华侨城集团持续打造“智云慧眼”旅游管理平台，依托信息科技平台和数字化手段，分析顾客消费需求，实现精准营销，逐步将传统业务数字化。2020年，数字化营销方式强力支持了华侨城文化旅游节的开展，助推文旅业务疫后强劲复苏，实现了数字技术与营销业务的深度融合和相互促进。2020年华侨城文化旅游节期间，线上销售额较去年同期实现大幅增长。

二是着力打造智能化运营体系。华侨城运用5G、大数据、云计算、人工智能等技术，通过“数字云图”实现了旅游业务的数据汇聚、全域监管和多终端指挥调度，满足管控、决策辅助和景区运行管理、业务协同发展的多重需求。“数字云图”整合华侨城旗下景区和酒店数据、12301旅游投诉数据和气象、交通、运营商数据，实时展现景区客流、接待总览、游客画像和趋势监测，助力华侨城旅游业务提质增效，从真正意义上实现了“一张图”监测旅游产业运行，“一张图”指导景区运营管理。

三是着力打造高质量的产品供给体系。科技以人为本，科技也能让文化旅游产品和服务更有温度。数字化技术的应用将进一步增强文化旅游产品文化内容表现力和体验性。技术手段的加持将使文化和旅游产品迭代更快，拓展出更加广阔的形式和内涵。此外，除了已经实现的虚拟预约排队、AI智能推荐等智慧化服务，华侨城也在探索更加多元、个性、互动的参观、导览、体验、分享、购买等服务，提升整体产品供给质量。

四是着力打造高水平数字经济产业生态。华侨城坚持合作、共享的理念，以开放包容的姿态，提升数字生态构建能力，探索产业互联网商业模式。2018年，华侨城战略入股同程旅游、盛大游戏等互联网企业，并持续深化战略协同，促进产业链上下游企业协同联动，有效应对产业链竞争，维护产业链稳定、安全，形成促进产业发展的良性生态圈。

资料来源：国务院国资委网站，华侨城集团有限公司党委副书记、董事、总经理姚军。

第四章

国有企业混合所有制改革方案设计

第一节　混合所有制改革预方案设计

混合所有制改革目的涉及主体多、事情问题复杂，混改方案的制定不可能一蹴而就，要经过总经理办公会、董事会多次开会讨论；另外决策启动改革时，很多基础准备工作还没有开始，如审计评估，相关的改制财务数据无法填写，有些内容还需要研究讨论后确定，如投资者条件、治理结构等，有必要制定混改预方案（也可以叫工作方案）。在改革工作有了阶段性成果时，还需要有一个正式的完整的混改方案进行决策，确定改革的全部具体事项。因此混改决策通常需要启动改革和决定改革方案两次，甚至有时还需要对改革结果进行确认或备案。

一、预方案的作用

混合所有制改革预方案的作用有两个，一是明确改革方向和原则，提供一个相对确定的改革思路供讨论研究；二是启动推进改革程序，明确混改工作内容和计划安排。预案也不是改革方案的草稿或初稿，决策审批需要为改革指明一个相对确定的方向和路径，应当是一个正式的文件。

二、预方案的内容

预方案的内容重点是改革原则、必要性、改革程序、工作安排等，改革内容通常点到为止。另外，实现国有企业混合所有制改革有多种方式，不同方式关注重点和路径并不相同，产权转让和投资新设的路径更是截然不同，因此方案内容不可能完全相同。以下列举几种混改预方案的主要内容。

1. 采取股权转让和增资扩股方式实现混改的国有企业，预方案内容主要包括：企业基本情况（包括工商登记信息、主营业务、组织机构和人员、资产负债情况）、改制方式、改制必要性和可行性、改制基准日、中介机构和产权交易市场的选择、组织保障、工作计划、进度安排等，以及其他需要说明的问题。

2. 采取新设混合所有制企业和投资并购方式，除了制定一个投资预方案外，也可以是一个关于投资项目的请示报告或者董事会议案，内容主要包括：项目基本情况、投资主体、投资对象、投资额、资金来源与构成、预期收益、实施年限、组织保障、工作计划、进度安排，还包括可行性研究、尽职调查情况，投资决策程序，风险防控措施等内容。

3. 设立混改基金的预方案，主要内容包括：基金组织形式、募资规模、募集对象、投资方向、管理方式、基金管理人设立计划、可行性研究、工作计划、组织保障等。

4. 进行股份制改革和上市公司重组的预方案，内容主要包括企业基本情况（可以采用上年度审计财务报表数据）、具体方式、必要性可行性、基准日、交易对象、交易标的、交易价格确定原则、募集资金规模用途、风险评估与防控措施、上市公司控制权评估、组织保障、实施程序、进度安排等内容。

5. 采取 PPP 方式进行混改，通过 PPP 项目筛选是第一步，需要先制作 PPP 项目建议书，内容主要是从项目自身的客观条件方面考察项目建设的必要性，一般由项目发起人向发改委部门报送，提出立项申请，发改部门审查通过后下达项目建议书批复文件。具体内容包括：项目概况、必要性可行性、项目规划、项目投资预算和资金筹措方式、政府与社会资本合作方式（混改公司成立方式）、项目建设条件分析、经济效果和社会效益的预估等。

第二节　混合所有制改革方案设计

混改所有制改革方案也称为实施方案，是交由公司内部决策机关和外部审批机关批准的最终要付诸实施的方案，其特点是到此阶段，混改基础工作、准备工作都已完成，方案内容完备，企业项目情况清晰，财务数据准确，工作步骤计划清晰，一旦决策即可立即实施。以下是几种混改方案的主要内容。

1. 采取股权转让和增资扩股方式实现混改的国有企业，方案内容包括：改革的原则、目的、意义、企业基本情况、审计结论、评估结论、评估备案情况、改制方式、改制必要性和可行性、改制基准日、职工安置、资产处置、债权债务处置、历史遗留问题解决、过渡期损益处置、战略投资者选择方式和条件、改制后股权结构、公司治理、员工激励计划、发展规划、党组织建设、产权交易市场的选择、组织保障、进度安排等，以及其他需要说明的问题。

2. 采取新设混合所有制企业或者投资并购方式进行混改，需要制定投资方案，内容主要包括：项目基本情况、尽职调查报告、可行性研究、投资主体、投资对象、投资额、资金来源与构成、预期收益、投资年限、新公司股权结构、公司治理、员工激励计划、发展规划、党组织建设、进度安排、投资决策程序、法律意见书、风险防控措施等内容。

3. 采取设立混改基金的方式混改，需要制定混改基金设立方案，主要内容包括：基金组织形式、募资规模、投资方向、投资条件、基金管理人，基金投资者、基金治理机构和决策方式、可行性研究、尽职调查报告、基金管理人和基金产品备案情况、风险防控措施、工作计划、组织保障等。

4. 采取股份制改革、公开发行股票、上市公司重组等方式混改，方案内容主要包括企业基本情况、具体方式、必要性可行性、审计结论、评估结论、评估备案情况、券商（或财务顾问）咨询意见、基准日、职工安置、资产处置、债权债务处置、历史遗留问题解决、过渡期损益处置、交易对象、交易标的、交易价格确定原则、募集资金规模用途、募集资金对象、证券发行方式、改制后股权结构、公司治理、员工激励计划、发展规划、党组织建设、风险评估与防控措施、上市公司控制权评估、组织保障、实施程序、进度安排等内容。

5. 采取 PPP 方式进行混改，实施方案内容包括：基本情况、经济技术指标、设立项目公司以及公司股权结构、项目投融资结构、回报机制和相关配套安排、合同体系、监管架构、授权关系、监管方式、采购方式、风险分配基本框架、项目运作方式等。鉴于 PPP 项目实施方案内容非常丰富庞杂，其中只有设立项目公司与混合所有制改革有关，在此不做过多赘述，可以参考投资新设混改公司的方案内容。

第三节　混合所有制改革方案模板

××工程有限公司企业产权制度改革方案

为进一步深化国有企业改革，贯彻执行《中共中央、国务院关于深化国有企业改革的指导意见》，省委省政府《关于进一步深化全省国资国企改革的意见》（辽委发〔2014〕12号）、市《关于全面深化国资国企改革的若干意见》（大委发〔2014〕24号）文件精神，推进企业国有资产产权制度改革，促进国有资产优化配置，实现国有资本形态转换，根据《公司法》《企业国有资产法》等法律、行政法规、部门规章及规范性文件规定，制定××工程有限公司（以下简称"××工程公司"）产权制度改革方案。

一、企业概况

（一）企业基本信息

企业名称：××工程有限公司。

住所：

法定代表人：

企业性质：国有独资有限责任公司。

注册资金：

经营范围：

主管单位：××投资集团。

（二）企业历史沿革

1993年2月，市园林科研所、新北市花圃、新北市苗圃3个生产经营性事业单位从市园林管理处剥离，成立市苗木公司（人事局备案名称），是具有独立法人的事业单位，行政上隶属于新北市城建局下属的集团，在新北市工商局注册名称为"××总公司"。

1998年9月，××总公司进行综合体制改革，将二级管理变为一级管理，完成了由差额拨款的事业单位向企业化管理的事业单位的转化，生产经营完全自收自支，行政上隶属于新北市城建局。

2003 年，××总公司更名为新北市××工程总公司。

2017 年 8 月经有关部门批准，在新北市企事业单位脱钩改制过程中，新北市××工程总公司（事业单位）注销，实行企业化经营，事业单位身份人员转为企业人员身份，实行企业化管理，主管单位为新北市城建局。

2017 年 12 月，新北市国资委将大连花卉苗木绿化工程总公司划转到××投资集团，是市城建集团二级企业，同时启动公司制改革，由全民所有制企业改建为国有独资公司，目前此项工作尚在进行中。

（三）企业资产与财务状况

截止到 2017 年 12 月 31 日，××工程公司资产总额________亿元，负债总额________亿元，净资产________亿元，资产负债率________%，2017 年实现营业收入________亿元，净利润________万元。

企业 2017 年 12 月 31 日负债总额________亿元，没有银行借款等金融债务，没有所欠职工债务。

××工程公司有一家下属企业——新北家具装饰材料市场，注册资金 100 万元，企业正常经营。

（四）房产与土地情况

土地情况

××工程公司现有土地 7 宗，为划拨用地。企业初步统计，土地使用证面积________平方米，土地证信息情况如下：××工程公司实际土地权属情况、占用面积有待到土地管理部门查询，届时以土地登记部门信息为准。

入账建筑物构筑物情况

××工程公司入账建筑物构筑物________平方米，因各种原因，没有办理产权证。

建筑物构筑物明细

（五）人员情况

在册人员，截止到 2018 年 3 月 31 日，××工程公司在册职工________人，具体如下：

市场化企业招聘人员________人，与企业签订劳动合同；

事转企人员________人，在事转企后不再保留事业单位人员身份，与企业签订劳动合同；

办理事业单位离岗退养手续人员________人，按照事转企人员安置方案，对截止到实施转企上一年12月31日，距国家规定退休年龄5年以内（含5年）且工作年限满30年的人员（530人员），经本人申请，单位和主管部门同意，市人力资源和社会保障部门核准，可办理离岗退养手续。对已办理离岗退养手续人员，可选择回家休息或返聘到转企后的公司工作。对于选择回家休息的6人，逐月发给生活费，其生活费标准为我市当年当地最低工资标准；对于选择返聘到转企后的公司工作的11人，其岗位及工资待遇等由转企后的公司实行企业化管理。离岗退养人员在退养期间，按事业单位规定继续参加社会保险统筹、缴纳住房公积金和晋升档案工资等，待达到国家规定退休年龄时，按事业单位规定办理退休手续。

企业在册职工没有工伤人员和因病退养人员。

退休人员，××工程公司有事业单位退休人员工人，没有离休人员，退休人员拟在改制过程中一次性实行社会化管理。

职工遗属2人，其中：职工供养遗孀1人，年龄不满18岁未成年子女1人。

二、企业改制必要性和可行性

（一）必要性

是转换企业经营机制的需要。××工程公司多年来在事业单位体制下运行，体制机制缺乏活力。事转企后，××工程公司实行企业化运作，但单一的国有企业管理体制在很大程度上制约了企业的经营和发展，影响经营管理团队和员工积极性的发挥。实践表明，企业现有体制难以适应目前市场环境的变化，严重阻碍了企业的发展。通过产权制度改革，有利于发挥市场配置资源决定性作用，通过引入社会资本入股，发挥社会资本优势，进一步发挥现代企业制度优势，健全企业法人治理结构，促进国有企业转换经营机制。

是提高企业竞争力的需要。改革开放以来，随着我国城市建设事业的发展、城镇化进程的加快和城乡一体化的推进，我国城市园林建设和运营维护市场得到了极大的培育和发展，市场上已经涌现出众多规模化、专业化、跨地区、资本雄厚的大型专业企业集团，为地方和政府提供了各种综合性园林建设和环境治理解决方案，具有极强的市场竞争能力。原有的以市政建设为目标的国有园林企业经营观念滞后，竞争意识不强，竞争能力较弱，经济效益较差，缺乏可持续发展能力。城市园林建设行业属于市场充分竞争领域，引入社会资本，有利于国有资本的优化配置，改善企业资本结构和治理结构，从而提高企业的市场竞争力。

是招商引资的需要。通过产权制度改革，企业引入社会资金，有利于××工程公司开发新的建设项目，促进新北市城市建设事业的发展。

（二）可行性

符合中央深化国有企业改革的精神。××工程公司系国有独资企业，目前所从事的经营业务处于充分竞争的行业和领域，企业经营规模较小，在市场上属于中小企业。按照中央国有企业分类改革要求，××工程公司国有资本，可以通过产权制度改革，从××工程公司退出，推动国有资本合理流动优化配置。××工程公司可以吸收社会资本投资，转换企业经营机制，成为充满生机活力的市场主体。

部分省市同行企业提供了可资借鉴的经验。如市园林集团、林业研究所等单位通过引入社会资本等方式实现了产权制度改革，并且取得较好的效果。

企业职工拥护改革。××工程公司事转企后，企业员工已经认识到现有企业体制仍然不能适应市场竞争的需要，企业职工以不同形式表达拥护和支持企业实行产权制度改革的愿望。

三、企业改制原则

改变××工程公司国有产权制度和组织形式，××工程公司存量国有股权向社会资本转让，国有资本从××工程公司退出，建立由社会资本出资的有限责任公司。

在改制过程中严格按法律、法规和有关政策规范操作，保护国家、企业、职工合法权益。

有利于转换国有企业经营机制，改善企业治理结构，深化现代企业制度改革，建立有利于企业可持续发展的运行机制。

四、企业产权制度改革基本内容

（一）总体模式

××工程公司产权制度改革目标

国有资本拟全部退出，××工程公司全部国有股权向社会资本公开转让，社会资本通过购买国有股权出资入股。

企业组织形式：有限责任公司。

（二）改制资产范围

××工程公司及所属企业全部国有产权。

（三）改制资产处置

对纳入改制范围的资产，经财务审计、资产评估后，按照有关政策和程序，确定资产处置范围和金额，作为××工程公司改制资产。

对审计报告提出的待核销的债权债务，将按有关程序办理；改制后企业承继原企业全部债权债务，包括但不限于审计及资产评估报告书确定的范围。

××工程公司对新北装饰材料市场的出资权益，纳入改制资产范围。

××工程公司承担的城建局系统职工经济适用房项目在改制过程中从××工程公司剥离出来，移交给城建集团。

（四）土地使用权处置

对××工程公司划拨占用的土地，按有关土地政策，由城建集团收回。

对改制后××工程公司生产、经营用地需要，城建集团可采取租赁方式处置，××工程公司以租赁方式取得土地，租赁期限50年。

（五）职工安置方案

现有在册45名职工（以市人社局核准人数为准），分为两种情况。

17名办理事业单位离岗退养手续人员安置办法。按《市属从事生产经营活动事业单位改革工作方案》（大编办发〔2015〕44号）文件精神，继续执行《新北市花卉苗木公司转企人员安置方案》。

28名与企业签订劳动合同人员职工安置办法。本着双方协商、职工自愿原则，确定其劳动合同继续履行或解除，按国家相关政策规定办理。

对于继续留在改制后企业工作的职工，执行国家、省、市有关劳动保障等相关规定，保证职工工资及福利待遇，足额缴纳各项社会保险和住房公积金。对于自愿提出解除劳动合同的职工，企业按照国家、省、市政府有关规定支付经济补偿金。

1. 未提出解除劳动合同的职工。职工本人自愿提出不解除劳动合同，继续留在改制后企业工作的，不支付经济补偿金。变更劳动合同用工主体后，由改制后企业继续履行改制前企业与职工签订的劳动合同，劳动合同剩余期限少于三年的，续签不少于三年（职工个人不同意延长及距法定退休年龄不足三年的除外）。职工在本企业连续工作满十年的，除职工书面提出订立固定期限劳动合同外，应订立无固定期限劳动合同。留用的职工在改制前企业的工作年限合并计算为改制后企业的工作年限。

2. 提出解除劳动合同的职工。对改制时自愿提出解除劳动合同的职工，按照《中华人民共和国劳动合同法》及大劳发〔2006〕115号文件规定，由企业一次性支付经济补偿金。解除劳动合同离开企业的职工，企业为职工办理档案、劳动保险关系转移。

职工经济补偿金的计算按照《中华人民共和国劳动合同法》有关规定执行，工龄年限计算到本人解除劳动合同日止。

对300名退休人员，实行社会化管理。按照有关标准向政府授权部门一次性缴纳相关退休人员社会化管理费用。改制前已经退休人员，原有待遇不变。

职工遗属2人安置，按照有关标准和政策执行。

人员安置费用。××工程公司改制过程中，按照有关政策，将发生解除劳动合同人员经济补偿金、17名事转企保留事业单位身份退养人员安置费用、300名退休人员社会化管理费用、2名职工遗属等人员安置费用，届时以人社部门核准为准。

（六）改制期间盈亏处置

自企业资产评估基准日到企业改制后进行工商变更登记期间的盈亏状况进行延伸审计，并按照有关规定进行处理。

（七）法人治理结构

企业改制后，将改建为社会资本出资的有限责任公司，按照公司法有关规定，召开股东会，设立董事会、经理和监事会，形成责权明确、相互监督、相互制衡的企业法人治理结构。

（八）党群组织隶属关系

改制后新公司的党群组织隶属关系按有关政策规定执行。

五、企业改制过程中需要解决的问题

（一）剥离经适房项目资产及其权益问题（略）

（二）涉诉问题（略）

（三）职工逾期占有××工程公司简易住房问题（略）

六、改制后企业发展计划

（一）实现企业转型，向平台化企业发展

××工程公司目前主要经营模式是产、销、工程一体化企业，随着市场竞争的加剧，很难实现各生产经营环节规模上的平衡和效率的发挥，也不利于发挥企业的竞争优势。企业改制后，将吸引社会资本投资，加大对公司平台业务的投资力度，大力发展花卉、苗木、绿化工程、园林工程、生态工程等交易市场建设，创新交易方式，以此引领和带动新北市花卉、苗木、园林建维产业的发展，实现业务创新，突出××工程公司的龙头地位。

（二）完善公司治理结构，转换企业经营机制

××工程公司改制后，可以按照现代企业制度，健全完善企业法人治理结构。在合理的治理结构下，企业将加强制度建设和企业管理规范建设，使企业的经营和管理建立在科学规范的基础上。发挥市场配置资源决定性作用，发挥社会资本、职工等各种要素的资源优势，推动企业积极参与市场竞争。

（三）建立有效激励机制，提高员工积极性

××工程公司改制后，将建立有效的员工激励机制，员工将自身利益和企业发展目标紧密结合起来，促进企业经营创新和业务创新。企业将建立员工行为、企业目标、股东利益相一致的导向激励机制，将员工利益、企业利益、股东利益统一起来，通过企业的经营目标加以实现。

第四节　项目可行性研究论证的内容

在新设公司混改、投资并购混改过程中必须要进行项目可行性研究论证，形成可行性研究报告。可行性研究论证是在从事一种经济活动（一般是投资）时，投资主体以预测为前提，从技术上、经济上、管理上对投资项目和给定的投资方案是否能够实现投资效果，进行全面具体的调查、研究、分析，估计成功率大小、经济效益和社会效益，确定有利和不利的因素，为决策者提供参考文件（即可行性研究报告）。

可行性研究的维度一般包括：产业政策、市场形势、建设方案、生产工艺、设备选型、投资估算、投资风险、组织形式、管理模式、法律风险、资金风险、环保风险。混改中的可行性研究除了一般投资项目应该关注的问题之外，更加关注以下内容。

1. 混改所有制组织形式与投资项目的契合程度。就是为什么要设立一个混合所有制公司去做一个项目，为什么不是国有独资，以及股权比例的设置

理由。

2. 混合所有制企业组织形式对投资项目的影响，比如资源整合、市场拓展、融资贷款、上市等。

3. 混合所有制对公司治理的影响，比如公司董事会构成、总经理人选的设计、公司治理的实现和对公司发展的影响等。

4. 国有股权权益的保护措施和预案。

法律政策依据：《企业国有资产法》第三十六条“国家出资企业投资应当符合国家产业政策，并按照国家规定进行可行性研究；与他人交易应当公平、有偿，取得合理对价。”

《中央企业混合所有制改革操作指引》“（一）可行性研究。拟实施混合所有制改革的企业（以下简称拟混改企业）要按照‘完善治理、强化激励、突出主业、提高效率’的总体要求，坚持‘因地施策、因业施策、因企施策，宜独则独、宜控则控、宜参则参，不搞拉郎配，不搞全覆盖，不设时间表’的原则，依据相关政策规定对混合所有制改革的必要性和可行性进行充分研究，一企一策，成熟一个推进一个。”

第五节　可行性研究报告模板

某央企成立能源合资公司项目可行性研究报告

一、项目概况

为开拓中油××能源有限公司（以下简称公司）在××市地区天然气和成品油的加注市场，建设天然气和成品油加注网络，公司与××燃料运输（集团）有限公司（以下简称××集团）签署了合作协议，经过双方多次的沟通和谈判，目前，双方已就成立合资公司事宜达成初步意向。

二、市场和主要技术分析

（一）市场情况

××市是××的一个地级市，位于山东南部、黄河流域中游、平原中部，是出海通道的重要门户。××港口为华北内河第一大港，地理位置优越，黄金水道流经市境。××市行政区域面积约15万平方公里，辖2个市辖区，2个县，总人口310万。截至目前，××市地区省城际、乡镇客运车3000多辆，公共汽车近170辆，货运卡车1900辆，客运出租车580多辆。

（二）合作方介绍

××燃料运输（集团）有限公司前身为××市燃料运输总公司，目前公司总资产3亿多元，员工900多人，是××市骨干企业，××十大专业企业之一，是国家一级企业。目前××集团在××拥有9家客运站、7家客运分公司、5个汽车维修厂和××车辆租赁有限责任公司、××运输有限公司、××物流有限公司等6家子公司。拥有运营车辆2000多台，开行客运班线150多条，班线覆盖××区内各主要城市和周边8省。

（三）合作目标

2013年，公司与××集团签署了合作协议和供气合同，合作双方共同货币出资成立合资公司，主要业务为：××地区内（高速公路除外）的汽油、天然气销售业务，即加油加站的开发、建设和运营管理，及其他与天然气和汽油有关的业务。

合资公司的经营目标是在合资公司成立后的5年内，在合作区域建设和经营不少于20座加油（气）站（包括加油站、加气站），实现××地区的公交车、出租车燃料全部改装天然气，城际大巴、乡镇小巴改气替换率达50%以上，物流车辆油改气替换率达20%以上，部分船舶完成油改气。××集团能够协调和控制的加油（气）站规划用地应全部租赁给合资公司使用，特别是客运站场和现有的加油站，该目标将分步实施，具体发展计划由双方制定。据此目标到2018年年底，××地区使用天然气汽车的车辆为2906辆，每年需消耗天然气约12万吨。

表4－1

车辆类型	公交车	出租车	重卡	城际客车
目标市场车辆（辆）	306	533	1817	750
单台车天然气消耗量（标方/百公里）	32	11	30	50
天然气消耗量（吨）	5508	4112	90840	29064

目前公司在××集团汽车站内配置了临时加注设施，同时，××集团已投放了 6 辆 LNG 客运车和 17 辆气电混合公交车，运行状况良好，并计划 2014 年内增加投运 110 台以上天然气出租车和客运车。

三、项目合作方案

为实施本项目，由公司与××集团合资成立新公司，公司名称拟定为：

××有限公司，公司注册资本________万元，公司股权比例：中油××公司出资________万元，占注册资本的________%，××集团出资________万元，占注册资本的________%。公司成立后成立董事会、中油××公司派遣 3 名董事，××集团派遣 2 名董事，董事长由董事会选举产生，总经理由董事会市场化选聘。项目公司依规建立党组织。

四、项目投资方案

根据国家清洁能源利用政策和低碳经济发展战略，××在“十二五”规划中明确提出“建设清洁能源体系，转变能源生产和利用方式，优化能源结构”“加强节能管理，把大幅降低能源消耗强度和二氧化碳排放强度作为约束性指标”的要求，中油××项目的战略目标将在××地区建设 20 座加油加气站点。按实现经营目标测算，在未来 5 年内，本项目各经营目标的实施预计需要 4.9 亿元人民币，在××地区进行规划、基础设施建设、建库（站）等。

表 4－2

序号	项目	分项	投资额（万元）	规模
1	汽油、天然气销售	油气站	32000	28 个油气站
合计			32000	

五、投资资金落实情况

中油××项目公司计划启动注册资本金为 1000 万元，根据项目实际的投资情况，各股东按照其出资比例增加资本金投入，项目开发投入按照 30% 资本金投入，70% 寻求金融机构融资的比例进行项目的投资建设资金来源为现金投入，并通过项目滚动及项目贷款进行发展。

六、经济及财务分析评价

（一）经济效益评价范围

本规划经济效益评价对象包括××能源公司和 2014—2020 年在××区规划建设的加气站，即以规划中加气站总量作为评价对象。为统一评价口径和方法，本次评价的加气站全部是自建新站，不考虑租赁、收购等其他模式。

（二）编制依据

1. 国家发改委编发的《建设项目经济评价方法与参数》（第三版）；

2.《中国海油液化天然气（LNG）汽车加气站可行性研究报告（代初步设计）编制要求》；

3.《中国海油液化天然气（LNG）汽车加气站项目经济评价参数》。

（三）经济评价方法

规划经济评价选取了必要的基础数据进行成本费用估算、销售收入和相关税费估算，对项目的盈利能力进行了分析、评价。通过对规划项目投入与产出的各种经济因素进行分析、计算，从而对规划项目建设的经济效果进行客观、科学和公正的技术经济评价。本次经济评价采用固定价格体系，以建设期初年为基准年。

（四）评价参数与基础数据

1. 投资估算汇总见下表（略）。

分年度建设投资估算表（略）。

2. 本次评价物价水平为2013年物价水平。

3. 计算评价期限按照：对于单站来说，建设期+经营期=20年；对于整个规划作为一个项目来说，建设期（非经营期）+经营期=27年。

4. 基准收益率：根据《建设项目经济评价方法与参数》（第三版）的相关规定，石油天然气项目的行业基准收益率为8%，资本金行业基准收益率为10%。

5. 建设投资和流动资金的贷款比例均为70%。长期贷款利率为6.55%，短期贷款利率为6%。

6. 销售价差：

成品油销售价差：单站汽油销售价差570元/吨，柴油销售价差460元/吨。

LNG销售价差：以本岛年平均出站价格为基准，××地区平均出站价格约为5300元/吨，运输费用按460公里、1.20元/吨·公里测算，运费约为530元/吨，销售价差880元/吨。

（五）资金筹措及总成本费用估算

1. 资金使用及筹措计划。建设总投资5.3亿元，建设投资4.4亿元，资金来源，自有资金1.5亿元，其中自有建设投资资金12000万元，自有流动资金3400万元。债务资金3.8亿元，其中长期贷款本金27000万元，流动资金贷款1500万元。资金使用及筹措计划汇总表（略）。

2. 总成本费用估算

采用生产要素概算法计算各年总成木费用。总成本费用111.12亿。

总成本费用估算汇总表（略）。

（六）收入、税金及利润估算

根据基础数据进行计算，项目生产经营期年总收益、年平均收益及主要损益指标见表（略），各年详细损益预测表见附件（略）。

（七）财务分析

1. 盈利能力分析。

根据《建设项目经济评价方法与参数》（第三版），石油天然气项目的行业基准收益率为8%，资本金行业基准收益率为10%。盈利能力指标汇总表（略）。

根据拟定方案，可以看出项目财务内部收益率、资本金财务内部收益率均高于行业的基准收益率，投资净现值均大于零，说明该规划项目在财务上是可以被接受的。

2. 偿债能力分析。

根据《建设项目经济评价方法与参数》（第三版）的相关规定，市政燃气项目的行业最低可接收的利息备付率2.00。本规划项目借款偿还分析采用最大还款能力分析法进行分析，偿还贷款的资金来源为固定资产折旧费、无形资产及递延资产摊销费及未分配利润。根据计算，规划项目在经营期2013—2018年，利息备付率均低于行业最低可接受值，自2019年往后各年均高于行业最低可接受值。

3. 财务生存能力分析。

财务生存能力分析主要是通过考察规划项目计算期内的投资、经营活动所产生的各项现金流入和流出，计算净现金流量和累计盈余资金，分析项目是否有足够的净现金流量维持正常运营，以实现财务可持续性。

根据现金流量表、财务计划现金流量表可以看出，经营期内每年经营活动现金流入均大于现金流出。从经营活动、投资活动全部净现金流量看，也同样如此。因此，规划项目具备财务生存能力。

（八）不确定性分析

本规划项目经济评价所采用的数据，一部分来自测算和估算，有一定程度的不确定性。为了分析不确定性因素对经济评价指标的影响，需进行不确定性分析，以估算规划项目可能承担的风险，确定规划项目在经济上的可靠性。

1. 盈亏平衡分析。

计算结果表明：盈亏平衡点从投产初期到后期呈逐年降低趋势，其主要原因是由固定成本变化的影响。

2. 因素敏感性分析。

销售价差、经营成本、销售规模和建设投资等数据来源预测，存在变化的可能，具有一定的不确定性。因素敏感性分析是通过分析、预测其主要因素发生变化时对项目财务评价指标的影响，从中找出敏感因素，并确定其影响程度。

敏感性分析表（略）

从单因素敏感性分析结果可以看出，各种因素不同程度影响财务盈利指标。敏感性大小依次为操作成本、建设投资、销售量、销售价差。因此，企业在生产经营活动中需注意降低操作成本和建设投资，使企业经营风险降到最小。

以上分析显示，本规划项目的抗风险能力符合行业的一般要求。

（九）经济评价分析结论

从项目的盈利能力分析看，本项目的财务内部收益率均高于行业基准收益率，财务净现值均大于零，规划项目盈利能力显著。

从项目的财务生存能力来看，本项目各年的资金流入均大于资金流出，项目具有财务生存能力。

从项目的抗风险能力来看，本项目生产利用率达到设计生产能力65%时，规划项目就可达到盈亏平衡。因此，本项目的抗风险能力符合行业的一般要求。从以上分析可以看出，本项目在经济上是可行的。

七、风险分析与防范措施

销售价差、经营成本、销售规模和建设投资等数据来源于预测，存在变化的可能，具有一定的不确定性。因素敏感性分析是通过分析、预测其主要因素发生变化时对财务评价指标的影响，从中找出敏感因素，并确定其影响程度，但其最主要还是与××的地方经济发展速度以及国家、地方政府对节能减排、推广新能源政策与否息息相关。

在国家及××地区的经济发展向好的前提下，能源需求的不断增长是推动经济发展必不可缺的重要因素，本项目的成长最关键的是如何引导当地政府出台扶持新能源汽车产业的相关政策、法规以及资金补贴。因此，中海油××项目将立志于推动当地政府制定有利于新能源汽车推广的相关政策。

八、研究结论与建议

本项目符合国家产业政策，市场广阔，持续时间长，从地区经济发展的大局考虑，项目的实施有利于改善××地区的能源消费结构，不但保证了能源的多样性及稳定性，还减少对油、煤、电等传统能源的依赖，对促进××地区的招商引资，满足××地区的经济发展起到极大的作用。

相较柴油车，天然气车辆综合减排率达80%，其中CO排放减少97%，HC减少70%—80%，NOX减少30%—40%，CCh减少25%，微粒排放减少40%，噪声减少40%。随着该天然气利用项目的推广应用，××地区可将成为××乃至全国的节能减排示范性城市。

该项目建成投入使用后，项目运行期间，“三废”对社会环境影响不大。可为社会提供1000个就业岗位，社会效益较好，促进劳动就业。

从财务分析看出，项目经济效益较好，各项指标均远远高于基准指标，具有较强的抗风险能力，能在较短的时同内收回投资，并对促进××市的发展起到积极的作用，具有显著的经济效益与社会效益，项目从各方面来看都是可行的。

建议尽快批复中油××项目公司成立并支持中油××公司在当地获取相关土地、资源等有利于天然气汽车发展的政策。

附表略。

第六节　做好调研才能做好混合所有制改革

混合所有制改革方案好不好，根本上取决于是否适合企业的情况，改不是目的，解决国有企业存在的问题，实现企业扭亏为盈和可持续发展才是目的。国有企业在谋划改革时，必须深入企业干部职工群众中，发现问题、了解民情、找到出路，因此做好改革调研工作极其重要。

一、改革调研为企业找到发展方向

通过对企业人员、业务、历史、资产负债等情况的调研，可以明确国有企业存在的问题，为改革提出任务。通过对先进地区同行业的调研，可以借鉴经验，为企业发展指明方向。通过内外比较，对产业发展的深度思考，改革者要提出企业未来发展的战略计划。混合所有制改革是实现企业发展战略的手段之一，在战略明确、问题清楚的情况下，通过混合所有制改革，在股东层面为企业发展匹配投资融资、产业协同的资源；在制度层面为企业量身打造适合的现代公司治理机制、三项制度、股权激励制度，这样改革措施才能有的放矢，真正发挥效果。

二、改革调研的原则

国有企业改革调研应当坚持群众路线、实事求是、求真务实、全面细致的原则。

坚持群众路线的是我们党的优良工作作风，国有企业改革涉及职工切身利益，只有深入车间和职工生活中才能真正发现企业存在的体制机制问题，才能理解体会群众的困难和诉求，找到病根、用对药。

实事求是、求真务实的原则。解决问题的办法从实际中来，首先要求调研的数据要真实，发现的情况不能隐瞒，要根据真实的情况研判对策，既不能主观臆断，也不能唯理论、唯上级领导正确，要实事求是反映情况，撰写调研报告。有些国有企业改革存在资产隐瞒、遗漏的情况，存在吃空饷、骗补贴的情况，既不向群众了解，也不向上级反映，就容易造成改制中的资产流失。

全面细致的原则。产权改革伤筋动骨，对企业的影响是全面的，因此改革调研工作必须全面，人、财、物、业务、制度都要调研，企业内外都要了解核实情况，要细致地核实各种数据和实际情况是否准确，避免发生遗漏和错误，从而影响改革方案的制定与实施。

三、改革调研的内容

国有企业改革方案制定前，产权持有单位应当组织改革领导小组、方案制定机构和人员对改制企业内外部环境进行调研，调研分为企业内部调研和外部调研两部分。

内部调研主要内容包括企业历史沿革、股权结构、组织架构、长期投资、在职离退职工情况、薪酬考核制度、产品、业务、客户、资产负债、知识产权、担保情况、管理团队等。外部调研主要包括同行业发展情况、竞争对手、上下游合作企业、融资贷款机构、税务和行业主管部门等。这些调研内容将为改革方案制定、战略投资者遴选提供依据和素材。

四、改革调研的方式方法

开展改革调研的方式有：赴改制企业实地走访，听取改制企业专项汇报，深入对改制企业车间现场，与管理团队、职工进行访谈，收集调取改制企业财务、人事、资产和历史档案等材料，向政府有关部门询问、函证有关事项，参观访问同类企业和产业链上下游企业，通过信息网络途径核实了解企业新闻舆情等。改革调研完成后，要形成调研报告，一方面记录企业事实情况，另一方面提出企业存在的问题障碍，作为改制方案制定的工作依据。

专栏 4－1

陈云的“调研经”：情况明　决心大　方法对

1959 年至 1961 年，我国国民经济陷入严重困境。为了弄清国内情况和问题所在，毛泽东号召全党大兴调查研究之风，一切从实际出发。陈云是开展调查研究的典范，做到了“情况明，决心大，方法对”。在他的文选、文集和传记里无不蕴藏着实事求是、群众路线、求真务实的作风。毛泽东曾称赞他：“他的方法是调查研究，不调查清楚他就不讲话。”

陈云心系群众，坚持群众路线，善于使用蹲点调查法。1961 年 6 月下旬到 7 月上旬，他在上海市青浦县小蒸人民公社住了 15 天，进行农村调查。他听了两次公社党委汇报，召开了十次专题座谈会，亲自蹲点调查。从小蒸镇到各个自然村，来回要步行六七里路，有时还要跨越水沟。他不顾心脏病，多次到农民家中观察他们养猪、种自留地、住房和吃饭等情况，真正做到听真话、察实情、办实事。

陈云深入实际，坚持实事求是思想路线。坚持深入实际做调查研究，是陈云领导经济工作的一个重要方法。青浦农村调查之后，他又到杭州、苏州，找了与青浦情况相仿的嘉兴专区几个县（如嘉兴、嘉善）、苏州专区几个县（如吴县、吴江、昆山）的县委书记和若干个大队支部书记，研究了种双季稻和种小麦的问题，也顺便问了养猪和自留地的情况。另外，他又找了与青浦土地、人口、气候条件不同的萧山和无锡两县县委的同志，调查了种植情况，研究了农作物种植安排上的有关问题。1961 年 8 月 8 日，他向中央报送在青浦小蒸人民公社进行农村调查的三份报告：《母猪也应该下放给农民私养》《种双季稻不如种蚕豆和单季稻》《按中央规定留足自留地》，对于恢复与发展农副业生产起了重要作用。

陈云勇于担当，弘扬求真务实精神。1961 年 10 月 14 日至 11 月 3 日，陈云在北京香山主持召开煤炭工业座谈会，他讲了如何召开座谈会的方法问题。这体现了他一贯注重摸清实际情况、注重集思广益和弘扬求真务实精神的工作作风。他认为要开好座谈会，一是与会人先要报告真实情况，二是报告情况主要是讲存在的问题，三是要充分发表意见。

陈云的调研是随时的、经常的、广泛的，立足于算大账、算细账。他的“调研经”，为我们留下了一笔宝贵的精神财富。

调查研究是做好领导工作的一项基本功，也是践行好党的群众路线的重要抓手。当前，领导干部仍应继承和发扬重视调查研究的光荣传统和作风，心系群众，求真务实。

资料来源：（燕翔）摘自《人民日报》。

第七节　国有企业改革中土地处置方案设计

土地使用权是国有企业的重要资产，也是国有企业改革的重要资源，土地使用权价值较大，因此对国有企业改革成本影响较大，土地资产的处置设计对国有企业改革的成败有重要影响。这里介绍混改中土地资产处置的几个问题。

一、混改企业使用国有土地的方式

依据《土地管理法实施条例》的规定，企业使用国有土地的方式有三种：国有土地使用权出让、国有土地租赁、国有土地使用权作价出资入股。

很多国有企业改制前使用国有划拨土地，改制为国有资本控股公司后不符合继续使用划拨土地的条件。经省级以上（含省级）国土管理部门批准，其使用的原划拨生产经营性土地可采用国家作价出资入股的方式处置，即国家以国有土地使用权作价出资到改制后企业。作价出资入股需要委托评估机构对出资土地进行评估，土地评估报告需土地管理部门备案。

二、企业改制时，可以将企业的出让土地使用权、房产等非货币财产纳入资产评估范围，以净资产折算为国有资本出资或者股份

有些国有企业没有土地使用权，可以在改制前取得出让土地，然后再纳入改制资产评估范围。

三、引入非公有资本入股国有企业的，非公有资本投资主体可以房产、土地使用权等法律法规允许的方式出资

四、混合所有制改革中土地税收优惠政策

1. 非公司制企业整体改制为有限责任公司或者股份有限公司，有限责任公司（股份有限公司）整体改制为股份有限公司（有限责任公司），对改制前的企业将国有土地使用权、地上的建筑物及其附着物（以下称房地产）转移、变更到改制后的企业，暂不征土地增值税。

2. 两个或两个以上企业合并为一个企业，且原企业投资主体存续的，对原企业将房地产转移、变更到合并后的企业，暂不征土地增值税。

3. 企业分设为两个或两个以上与原企业投资主体相同的企业，对原企业将房地产转移、变更到分立后的企业，暂不征土地增值税。

4. 单位、个人在改制重组时以房地产作价入股进行投资，对其将房地产转移、变更到被投资的企业，暂不征土地增值税。

法律政策依据：国家发改委《关于鼓励和规范国有企业投资项目引入非国有资本的指导意见》《关于继续实施企业改制重组有关土地增值税政策的通知》（财税〔2018〕57 号）。

第八节　国有企业改革债权债务处置方案设计

国有企业改革既是为了企业自身的发展，也是为了国民经济的整体发展，因此国有企业改革不能欠债不还，要依法承继债权债务，维护社会信用秩序，保护金融债权人和其他债权人的合法权益。

一、改制处置债权债务的目的和意义

沉重的债务负担、复杂的债权债务关系是国有企业改革最大的障碍之一，处置债权债务有利于降低改制成本，解除投资者顾虑，促成企业改制；《中华人民共和国企业国有资产法》等法律法规要求，企业改制必须解决债务承接，

尤其是金融机构债务；处置债权债务，可以为企业改制后轻装上阵打好基础。

二、债权债务处置的具体方法

1. 通过清产核资，对于债务人注销、破产、无能力偿还、符合核销条件的死账按照规定程序进行核销，减少企业无效的债权资产额。

2. 对于改制后企业没有价值和意义的，又与改制企业母公司、关联企业有关的债权债务，可以考虑以无偿划转或协议转让的方式进行剥离。

3. 对于拖欠国家的税费、职工债务，可以考虑争取政府政策予以减免或列入改制成本。

三、改制方案中必须明确债权债务的处置事项

混合所有制改制方案中，必须切实明确国有企业改制重组过程中涉及的债权债务承接主体和责任。国有企业改制要征得债权金融机构同意，保全金融债权，依法落实金融债务，金融债务未落实的企业不得进行改制。

四、债权债务处置的法律风险

债权债务处置要依法合规，否则改制后企业会官司缠身影响发展，甚至让改革者深陷囹圄，法律风险主要有以下两个方面。

1. 债权的剥离没有通知债务人，债务的剥离没有征得债权人同意，引起法律诉讼，甚至造成债权债务剥离无效的法律风险。

2. 债权资产的错误核销，或核销后没有采取后续措施继续追讨造成的国有资产流失风险。

专栏 4-2

林欣平与丹东菊花电器（集团）改制企业债务承接纠纷案

案例来源于辽宁省高级人民法院（2014）辽审三民再终字第 7 号民事判决书。

【裁判要旨】企业以其优质财产与他人组建新公司，而将债务留在原企业，债权人以新设公司和原企业作为共同被告提起诉讼主张债权的，新设公司应当在所接收的财产范围内与原企业共同承担连带责任。

【案件概述】1995年12月28日，中国人民建设银行丹东市中心支行与电视机总厂签订一份借款合同，借款金额485万元。随后，电视机总厂变更企业法人名称为丹东菊花电器集团。

1999年11月21日，中国人民建设银行丹东市中心支行将该笔借款本息依法转让给中国信达资产管理公司沈阳办事处。

2000年12月26日，丹东菊花电器集团启动改组、改制事宜。同时，丹东市国资委批复同意设立国有独资形式的联荣公司。

2000年12月27日，丹东市国资委批复，同意联荣公司与天津大学进行股权置换，即以划入的原丹东菊花电器集团的2000万元资产换取天大天财股份公司法人股400万元，并同意该公司设立后，与天大天财股份公司合资，成立合资企业，名称为菊花有限公司。

2001年1月10日，丹东市国资委文件《关于改组设立丹东菊花电器（集团）有限责任公司资产评估报告结果确认的通知》所附评估报告，体现当年剥离资产与负债的明细不含本案债务。

2004年6月24日，丹东市政府与天津天大天财股份有限公司签订《关于丹东菊花电器（集团）有限公司规范改组协议书》，协议约定，市政府同意理顺职工劳动关系，以联荣公司所持有的2400万元股权和持有天大天财股份有限公司400万元对应的2000万元资产（4400万元），抵顶职工解除国有身份的经济补偿金和安置各类人员的费用。抵顶后的余额部分继续作为股权留在改组后公司。

2004年11月16日，菊花有限公司出具一份《企业注销登记清理债权债务完结证明》，“证明丹东菊花电器（集团）公司申请注销登记，其债权债务经过主办单位清理完结如出现不实由我单位承担经济责任”。

2005年1月6日，中国信达资产管理公司沈阳办事处将该笔债权转让给本案原告林欣平。

本案经最高院再审审理，最终判决菊花有限公司对电视机总厂（后更名为丹东菊花电器集团）《借款合同》项下的债务在接受财产的范围内承担连带责任。

【法院认为】根据企业改制规定第七条的规定。企业以其优质财产与他人组建新公司，而将债务留在原企业，债权人以新设公司和原企业作为共同被告提起诉讼主张债权的，新设公司应当在所接收的财产范围内与原企业共同承担连带责任。联荣公司将其接收的菊花集团公司的优质资产，投入菊花有限公司，系与他人组建新公司的行为。如前所述，联荣公司代为丹东菊花电器集团承担的连带责任并未履行，属于将债务留在原企业，依照上述司法解释的规定，菊花有限公司应当在所接收的财产范围内与原企业共同承担连带责任。况且，菊花有限公司出具《企业注销登记清理债权债务完结证明》，承诺对丹东菊花电器集团注销登记时债权债务清理完结不实承担责任，而丹东菊花电器集团对电视机总厂的债务承担连带责任，故菊花有限公司亦应对电视机总厂的债务承担连带责任。

【风险提示】对上述案件涉及的国企改制资产剥离过程的法律问题，总结出以下几点风险提示：

1. 要明确区分逃废债务与企业出资两种行为。企业借公司制改造逃废债务是指企业假借公司制改造之名，将其优质财产转移出去，而将债务留在原企业，导致企业丧失基本生产经营能力和对外偿债能力。其与企业出资设立公司的本质区别在于：债务人企业借公司制改造逃废债务，是一种假借改制之名，行转移优质财产、逃废企业债务之实的违法行为；而企业出资设立公司是一种合法的出资行为，并以企业在新设公司中的股权形式表现出来。若该企业发生偿债问题时，可以通过执行出资企业在新设公司中的股权的方式解决。

2. 是否支付对价是认定企业资产移转性质的核心因素。企业改制中，单纯的资产接收并不涉及对价的支付，企业间存在的是承继关系；而资产转让则是平等主体间的交易行为，必须遵守等价有偿的基本原则。即使买卖主体间可能存在控股与被控股的关系，也不必然影响到资产转让性质的认定。

3. 企业资产转让中给付对价的方式并非仅限于货币资金，承担安置职工的相关费用及对外债务也是支付对价的一种方式。

第九节 改制企业资产剥离核销方案设计

国有企业长期经营过程中形成了企业办社会、僵尸企业、资产虚增等历史遗留问题，为降低改制成本，促成改制成功，改制企业常常需要进行资产剥离和资产核销。

需要进行剥离的资产一般为非经营性资产或低效资产，投资者不愿意接受这些与改制企业主业发展无关的资产。非经营性资产通常包括企业办社会的澡堂、幼儿园、宾馆、食堂、医院等，也有一些改制企业下属的厂办大集体企业、全民所有制企业，从事业务与主业无关，或者经营状况差，或者需要长期靠补贴的僵尸企业，需要改制时进行剥离。资产剥离的方式有几种：如果是国有全资企业可以采取无偿划转、移交、撤并、改制或专业化管理、政府购买服务等方式进行剥离；如果是国有控股，可以在企业集团内部进行资产调拨，或者进行资产置换，也可以采取撤并、改制，或专业化管理、政府购买服务等方式。资产剥离前通常需要进行清产核资和审计，无偿划转程序可以参见第八章国有企业混合所有制改革中的无偿划转工作，剥离企业资产要做好相应的职工安置和履行职工大会程序，资产剥离后必须明确管理人和管理责任，落实社会稳定责任。

为减轻改制企业负担而进行的核销不良资产工作，最常见的是存货、应收账款、其他应收账款计提减值准备，核销长期不能收回的债权。计提减值和核销不良，必须由会计师事务所逐笔逐项审核并出具专项意见。待清产核资报告经国资监管机构批复后，应当按照国家有关规定进行账务处理；对经批复同意核销的各项资产损失，应当建立账销案存管理制度，并依法进行清理和追索。

国有独资企业实施改制，计提各项资产减值准备和已核销的各项资产损失凡影响国有产权转让价格或折股价的，该计提减值准备的资产和已核销的各项资产损失必须交由改制企业的国有产权持有单位负责处理，国有产权持有单位应采取清理追缴等监管措施，落实监管责任，最大限度地减少损失。

国有控股企业实施改制，计提各项减值准备的资产和已核销的各项资产损失由国有产权持有单位与其他股东协商处理。

法律政策依据：《关于印发加快剥离国有企业办社会职能和解决历史遗留问题工作方案的通知》（国发〔2016〕19号）。

专栏4-3

东风汽车集团有限公司“三供一业”分离移交案例

东风汽车集团有限公司（以下简称“东风公司”）自1969年建立，历经50年建设发展，存在职工家属区“三供一业”、教育医疗机构、厂办大集体等历史遗留问题。近年来，东风公司聚焦做强做优做大主业，积极稳妥地推进剥离企业办社会职能和解决历史遗留问题，取得了积极的成效。

一、主要做法

（一）凝聚改革共识，注重系统规划

《国务院关于印发加快剥离国有企业办社会职能和解决历史遗留问题工作方案的通知》下发后，东风公司通过研究政策、内部访谈、对标学习、多轮研讨，积极争取有关部门和省市政府支持，结合实际，制定印发解决历史遗留问题总体方案，明确“三供一业”分离移交、厂办大集体改革等方面的重点任务，确定责任单位和完成时限，并将剥离企业办社会职能和解决历史遗留问题列入公司“十三五”战略课题——《突破改革创新瓶颈》，与“压减"“处僵治困”等改革协同联动，下达战表，寻求重点突破。

2017年，东风公司十堰基地被列入独立工矿区剥离企业办社会职能综合改革试点。有关部门全程指导，地方政府强力支持，中央企业和地方国企积极参与东风公司改革，有关部门、省市政府和企业建立了改革联动机制，为工作推进奠定了基础。

东风公司主要领导高度重视，分管领导强力推进，相关单位各负其责，保持改革定力，形成改革合力，齐心协力推进改革。结合解决历史遗留问题总体方案，开展深化改革大调研、大走访，解放思想大讨论，到基层、党支部，引导党员、干部、职工破除思想观念障碍；将改革重点项目纳入绩效考核及专项奖励范围，按照“三个区分开来”的要求建立容错纠错机制，为改革创新者鼓劲撑腰，保证改革工作蹄疾步稳。

（二）勇于开拓创新，因业因企施策

东风公司始终坚持问题导向，坚持创新思维，因业、因地、因企施策一企一策”。如跨地域引入专业化公司接收“三供一业”，让员工享受到了更好的服务，实现了移交企业与职工、接收企业和地方政府多方共赢；通过先优化业务、人员，创造改革条件，再整体推进厂办大集体改革，有效防范和化解分业改革风险。

1. 以无偿划转“三供一业”有关企业为抓手，完成“三供一业”分离移交，东风主动以市场化方式，将所属原提供“三供一业”管理服务的企业无偿转给行业内有实力国有企业：将公司电力处移交国网湖北电力公司，将东风水务公司移交给北京首都创业集团有限公司，将东风（襄阳）能源开发有限公司移交给中广核服务集团有限公司，将东风物业管理企业移交给中国华润集团有限公司。通过整体无偿划转，一次性完成“三供一业”分离移交，实现地方政府、接收企业、“三供一业”企业及职工、职工家属区职工群众都满意的结果。

2. 以混合所有制改革为抓手，完成厂办大集体改革。东风（十堰）实业公司是东风公司厂办大集体的集中管理机构，经营性业务集中在东风实业有限公司，在册在岗职工6687人，内部退养人员1800人，退休人员10288人，改制涉及企业数量多、人员多、资产总量大，情况十分复杂。2017年，组建由东风公司董事长党委书记、总经理为组长的改制工作领导小组，加速推进混合所有制改革。2017年8月，东风实业有限公司改制方案经东风公司党委常委会审议批准，职工安置方案经职代会高票通过；9月东风实业有限公司85%的股权在北京产权交易所挂牌；11月中旬签署股权转让合同，通过进场交易，将股权转让给战略投资者（25%）和员工持股平台（60%）；11月底完成改制企业股东工商变更；12月底完成东风实业有限公司改制新立及新公司事业计划发布。改制全过程平稳有序，原企业近2万名在岗、内部退养及退休职工得到妥善安置。

（三）坚持党的领导，依法依规操作

东风公司剥离企业办社会职能和解决历史遗留问题工作始终坚持党的

领导，重大改革问题必须经公司党委常委会研究决定。

为维护企业和社会和谐稳定，东风公司剥离企业办社会职能和解决历史遗留问题工作始终坚持思想引导，回应职工关切，职工安置方案必须经职代会审议通过后方可实施。东风公司主要领导敢于正视问题，主动与职工沟通，统一思想，消除顾虑，坚定信心，做到了职工思想不散、企业秩序不乱、经营工作不断、国有资产不流失。

二、改革成效

在前几年已完成市政、社区管理等职能分离移交的基础上，截至2018年年底，东风公司基本完成“三供一业”分离移交、全面完成教育医疗机构改革、厂办大集体改革等工作。

通过经营机制转换，东风公司对东风实业有限公司事业计划、组织机构、干部队伍进行了一系列改革：职能部门减幅达40%、部门经理减幅达60%；推行“事业合伙人+职业经理人”制度，企业迸发出巨大的活力。2018年，新公司在逆市中保持发展质量，销售收入达成挑战目标，利润同比增长14%。

剥离企业办社会职能和解决历史遗留问题为东风公司主营业务轻装上阵、公平参与市场竞争打下了良好的基础，有力推动了东风公司高质量发展。

资料来源：国务院国资委《国资国企改革试点案例集》。

第五章

清产核资要点指南

第一节　什么是清产核资

清产核资，是指国有资产监督管理机构、履行出资人职责的企业及其子企业或分支机构根据国家专项工作要求或者企业特定经济行为需要，按照规定的工作程序、方法和政策，组织企业进行账务清理、财产清查，并依法认定企业的各项资产损溢，从而真实反映企业的资产价值和重新核定企业国有资本金的活动。

国有企业混合所有制改革前开展清产核资有以下现实意义和作用。

1. 真实客观地反映企业财务状况和资产价值。通过对国有企业资产、负债、权益的全面清查、清理，可以真实客观地反映出国有企业的财务状况，完整地掌握国有企业的资产、资金情况，公允地反映国有企业资产价值，避免资产虚胖的同时也防止资产遗漏和低估。

2. 防止国有企业资产的流失。通过清产核资可以及时发现和杜绝资产流失的现象和问题，如发现企业账外遗漏的资产，发现房屋租金过低或无偿使用的情况，避免改制后造成国有资产流失和责任追究。

3. 发现解决国有企业长期以来遗留的历史问题。通过清产核资，可以发现一些因为人员变动、机构合并造成的资产盲区漏洞，解决一些长期悬而未决的遗留问题，为改制后企业减轻负担，有利于企业长远发展。

专栏 5－1

王某甲、黄某改制清产核资中隐匿私分国有资产案

天长市人民检察院以天检刑诉（2015）16 号起诉书指控被告人王某甲、黄某犯私分国有资产罪，于 2015 年 1 月 20 日向本院提起公诉。本院依法组成合议庭，于 2015 年 10 月 23 日、2016 年 5 月 31 日公开开庭审理了本案。天长市人民检察指派院检察员陈光恒出庭支持公诉，被告人王某甲、黄某、辩护人陈佳、赵明健、袁泉、黄剑锋到庭参加诉讼。本案现已

审理终结。

天长市人民检察院指控：2004年3月，安徽省天长市医药公司进行国有企业改制。在清产核资、资产评估过程中，被告人王某甲、黄某等人为使改制后的新公司得益，研究隐匿部分国有资产，将应当作为收入的国有资产记作其他应付款，增加公司负债，减少公司净资产。采取上述方法，被告人王某甲、黄某等人共隐匿国有资产计人民币123.159954万元。包括：（一）工商银行购买医药大厦门面房款39.78万元；（二）龚某购房款15.7585万元；（三）郑文林、王新强购房款3.4296万元；（四）徐玉勤购房款2万元；（五）西门宿舍张增贵等5人购房款4.107万元；（六）西门宿舍包庆平等4人购房款2.95812万元；（七）上海惠利玛公司租金20万元；（八）库存商品16.66487万元；（九）庞某购房款9万元；（十）职工住房公积金3.937947万元；（十一）蒋波租金3万元；（十二）陈祥购房款2.0242万元；（十三）天长市友源电子公司租金0.5万元。

2004年9月，天长市经济贸易委员会对安徽省天长市医药公司资产评估报告进行核准时，认为上述13笔记入其他应付款中的卖房款68.03万元，应调增净资产，剩余应付款等55.126654万元被安徽省天长市医药公司继续隐匿。2004年11月，天长市市属企业深化改革领导组对安徽省天长市医药公司改制方案审核时，将卖房款68.03万元调增为净资产，所隐匿的国有资产55.126654万元，被改制设立的天长市千秋医药有限责任公司无偿接收，成为被告人王某甲、黄某等股东的个人资产。

指控的证据有：一、书证：案件移送函、任职文件、公司财务明细、会计凭证、改制评估报告、审计报告、公司登记、身份证明等；二、证人张某、庞某、周某、戴某、陈某、龚某、王某乙的证言；三、被告人王某甲、黄某的供述与辩解等。

指控认为：被告人王某甲、黄某在安徽省天长市医药公司改制过程中，违反国家规定，隐瞒债权、虚设债务，将隐匿的国有资产转为职工集体持股的改制后公司所有，数额巨大，其行为触犯了《中华人民共和国刑法》第三百九十六条第一款、第二十五条第一款，应当以私分国有资产罪追究其刑事责任。

被告人王某甲、黄某辩称：在改制过程中，安徽省天长市医药公司递交审计的账目有些可能存在不完备现象，但二人没有隐瞒国有资产的故意。是否构成犯罪由法庭依法判决。

辩护人陈佳、赵明健提出的辩护意见是：一、王某甲没有隐匿国有资产的主观故意，也没有实施虚构债务、隐匿、私分国有资产的行为，王某甲的行为不构成私分国有资产罪，应当宣告王某甲无罪。二、本案即使定性为私分国有资产罪，已经超过追诉时效，应当裁定终止审理。

辩护人黄剑锋、袁泉提出的辩护意见是：黄某主观上无隐匿国有资产的故意，客观上未实施隐匿行为，公诉机关指控黄某构成私分国有资产罪，证据不充分，应当宣告黄某无罪。

经审理查明：2004 年 3 月，安徽省天长市医药公司进行国有企业改制。在清产核资、资产评估过程中，被告人王某甲、黄某等人为使改制后的新公司得益，研究隐匿部分国有资产，将应当作为收入的国有资产记作其他应付款，通过虚增公司负债、减少公司净资产等方法隐匿国有资产计 123.159954 万元。其中：一、中国工商银行天长市支行购买医药大厦门面房款 39.78 万元；二、龚某购房款 15.7585 万元；三、郑文林、王新强购房款 3.4296 万元；四、徐玉勤购房款 2 万元；五、西门宿舍张增贵等 5 人购房款 4.107 万元；六、西门包庆平等 4 人购房款 2.95812 万元；七、上海惠利玛公司租金 20 万元；八、库存商品 16.664587 万元；九、庞某购房款 9 万元；十、职工住房公积金 3.937947 万元；十一、江波租金 3 万元；十二、陈祥购房款 2.0242 万元；十三、天长市友源电子公司租金 0.5 万元。

2004 年 9 月，天长市经济贸易委员会对安徽省天长市医药公司资产评估报告进行核准时，认为中国工商银行天长市支行购买医药大厦门面房款 39.78 万元、龚某购房款 15.7585 万元、郑文林、王新强购房款 3.4296 万元、徐玉勤购房款 2 万元、西门宿舍张增贵等 5 人购房款 4.107 万元、西门包庆平等 4 人购房款 2.95812 万元，计 68.03 万元，应调增净资产，剩余列为应付款的 55.12 余万元被安徽省天长市医药公司继续隐匿。2004 年 11 月，天长市市属企业深化改革领导组对安徽省天长市医药公司改制方案审核时，将上述购房款 68.03 万元调增为净资产，所隐匿的国有资产 55.12 余万元，被改制后设立的安徽省天长市千秋医药有限责任公司无偿接收。

另查明：安徽省天长市医药公司于1989年4月28日成立，经济性质属国有企业。改制后，安徽省天长市医药公司注销。2005年1月6日，安徽省天长市千秋医药有限责任公司申请设立登记，注册资本200万，公司股东15人，其中被告人王某甲出资106万元，任董事长兼经理，被告人黄某出资20万元，任董事会成员。2005年1月11日，安徽省天长市千秋医药有限责任公司成立。2005年3月16日，安徽省天长市千秋医药有限责任公司申请变更登记，注册资本由200万元增至314万元，公司股东由15人增至38人，被告人王某甲、黄某出资额不变。

案发后，被告人王某甲、黄某退出全部赃款。

(此处略去部分质证内容)。

综上，被告人王某甲、黄某主观上有隐匿国有公司财产的共同故意，客观上实施了虚设债务、隐瞒债权等行为，符合刑法关于私分国有资产罪的构成要件。故对被告人王某甲、黄某及其辩护人提出的应当宣告二被告人无罪的辩护意见，本院不予采信。

据此，案经本院审判委员会讨论决定，依照《中华人民共和国刑法》第三百九十六条第一款、第二十五条第一款、第六十四条以及《最高人民法院、最高人民检察院关于办理国家出资企业中职务犯罪案件具体应用法律若干问题的意见》第二条之规定，判决如下：

一、被告人王某甲犯私分国有资产罪，判处有期徒刑三年，并处罚金人民币二十万元；

二、被告人黄某犯私分国有资产罪，判处有期徒刑三年，并处罚金人民币十万元。

(刑期从判决执行之日起计算。判决执行以前先行羁押的，羁押一日折抵刑期一日。罚金自判决生效之日起一个月内缴纳)。

三、涉案赃款依法予以没收，上缴国库。

如不服本判决，可在接到判决书的第二日起十日内，通过本院或者直接向安徽省滁州市中级人民法院提出上诉。书面上诉的，应当提交上诉状正本一份，副本三份。

资料来源：摘自天长市人民法院（2015）天刑初字第00054号《刑事判决书》。

第二节　清产核资工作内容

国有企业清产核资工作主要包括以下内容。

1. 账务清理。对企业的各种银行账户、会计核算科目、各类库存现金和有价证券等基本财务情况进行全面核对和清理，以及对企业的各项内部资金往来进行全面核对和清理，重点做好各类应收及预付账款、各项对外投资、账外资产的清理，做到账、卡、物、现金等齐全、准确、一致。要保证企业账账相符，账证相符，促进企业账务的全面、准确和真实。

2. 资产清查。对企业的各项资产进行全面的清理、核对和查实。在资产清查中把实物盘点同核实账务结合起来，把清理资产同核查负债和所有者权益结合起来，按照“谁投资、谁所有、谁受益”的原则，核实和界定国有资本金及其权益。做好企业有关抵押、担保等事项的清理。企业对清查出的各种资产盘盈和盘亏、报废及坏账损失按照清产核资要求进行分类，提出相关处理意见。资产清产重点内容包括企业对外投资情况（包括吊销、注销、失联企业情况），土地房产情况（包括无产权有争议资产），企业办社会机构和非法人组织机构（如托儿所、澡堂等）。

3. 价值重估。对企业账面价值和实际价值背离较大的主要固定资产和流动资产按照国家规定的方法、标准进行重新估价。企业在以前清产核资中已经进行资产价值重估或者因特定经济行为需要已经进行资产评估的，可以不再进行价值重估。

4. 损溢认定。国有资产监督管理机构依据国家清产核资政策和有关财务会计制度规定，对企业申报的各项资产损溢和资金挂账进行认证。有些地区将此项权限授权给组建投资公司运营公司实施。

5. 资金核实。国有资产监督管理机构根据企业上报的资产盘盈和资产损失、资金挂账等清产核资工作结果，依据国家清产核资政策和有关财务会计制度规定，组织进行审核并批复准予账务处理，重新核定企业实际占用的国有资本金数额。有些地区将此项权限授权给组建投资公司运营公司实施。

清产核资工作的重点和难点在于对报废、损失、虚假等资产价值的核销、重估，由于涉及国有资产价值的重新认定，责任重大，发现国有资产流失牵扯面广，因此国资监管部门非常慎重，为了克服改制障碍，清产核资工作必须认真细致，证据充分，有胆有识，敢于担当，才能有所成效。

第三节　清产核资工作方案、主体、范围和程序

国有企业发生产权转让、出售等企业控股权转移的重大事项时需要开展清产核资工作，国有资产监督管理机构出资企业由国有资产监督管理机构组织实施并负责委托社会中介机构。投资公司运营公司子企业发生产权转让、出售等企业控股权转移的重大事项时，由所出资企业自行组织开展清产核资工作。

一、清产核资工作方案

开展清产核资要制定清产核资工作方案，方案内容包括：清产核资的企业范围，清产核资的依据与目的，清产核资的内容，清查核资的程序与时间计划，各项各类资产、负债清理核查的方法，资产损溢认定的办法标准，价值重估的办法标准，组织保障和实施人员等。

二、清产核资主体、范围、基准日

清产核资可以由企业自行组织财务、物资部门开展，也可以委托会计师事务所进行，国有企业改制中可以同时委托财务审计机构先完成清产核资，然后在此基础上进行审计。改制企业法定代表人和财务负责人对清产核资结果的真实性和准确性负责。

清产核资的范围一般包括列入改制范围的企业及其子企业的全部资产负债，重点内容是清查落实企业账外资产、无产权资产、遗漏资产、资产记录错误、资产瑕疵、担保抵押、资产失控等情况。因为改制中存在资产剥离核销，

所以清产核资的资产范围通常大于等于最终审计、评估报告披露的资产范围。

进行清产核资需要确定基准日，一般按照改制工作确定的基准日执行。

三、清产核资一般按照如下程序开展

1. 企业提出申请；

2. 国有资产监督管理机构（获得授权的履行出资人职责的企业）批复同意立项；

3. 企业制定工作实施方案，并组织账务清理、资产清查等工作，重点是通过访谈、查账、外调等方式落实企业账外资产、无产权资产、遗漏资产、账务记录错误、资产瑕疵、担保抵押等；

4. 聘请社会中介机构对清产核资结果进行专项财务审计和对有关损溢提出鉴证证明；

5. 企业上报清产核资工作结果报告及社会中介机构专项审计报告；

6. 国有资产监督管理机构（获得授权的履行出资人职责的企业）对资产损溢进行认定，对资金核实结果进行批复；

7. 企业根据清产核资资金核实结果批复调账；

8. 企业办理相关产权变更登记和工商变更登记；

9. 企业完善各项规章制度。

法律政策依据：《国有企业清产核资办法》。

第四节　清产核资报告模板

××农场清产核资专项报告

会专审字〔2015〕005 号

××市国资委：

我们接受委托，对××农场（以下简称××农场）截至 2015 年 12 月 31

日的资产、负债和所有者权益进行了清产核资专项审计。××农场的责任是进行清产核资清查，提供清产核资所要求的资料，并对所提供资料及申报的清产核资工作结果的真实性、合法性和完整性负责。我们的责任是按照贵委的要求，对××农场进行清产核资审计并报告结果。在清查过程中，我们本着独立、客观、公正和科学的原则，实施了包括询问、核对、函证、盘点、计算等多种方法及程序，为清查结果是否不存在重大错误提供了合理保证。现将清查核实情况及结果报告如下：

一、公司基本情况

（一）历史沿革

××市××农场于1993年1月1日成立，在××市市场监督管理局登记注册。取得注册号为________号的营业执照。企业类型：国有企业，公司现有注册资本人民币________，法定代表人：________，公司住所：________，经营期限________。

（二）经营情况

经营范围：________。公司近几年无经营。

二、清产核资范围

本次清产核资的范围为××农场的全部资产、负债和所有者权益。本报告仅反映××农场的清产核资情况，截至2014年12月31日××农场清查前的资产合计________元、负债合计________元、所有者权益合计________元。

三、清产核资依据

1. 国务院国有资产监督管理委员会于2003年9月9日颁布的《国有企业清产核资办法》（国资委令第1号）。

2. 国务院国有资产监督管理委员会于2003年9月13日颁布的《关于印发国有企业资产损失认定工作规则的通知》（国资评价〔2003〕72号）。

3. 国务院国有资产监督管理委员会于2003年9月13日颁布的《关于印发国有企业清产核资工作规程的通知》（国资评价〔2003〕73号）。

4. 国务院国有资产监督管理委员会于2003年9月18日颁布的《关于印发国有企业清产核资经济鉴证工作规定的通知》（国资评价〔2003〕78号）。

5. 国务院国有资产监督管理委员2003年11月11日颁布的《清产核资工作问题解答（一）》（国资厅评价〔2003〕53号）。

6. 国务院国有资产监督管理委员会于2004年2月12日颁布的《清产核

资工作问题解答（二）》（国资厅发评价〔2004〕8 号）。

7. 国务院国有资产监督管理委员会于 2004 年 4 月 29 日颁布的《清产核资工作问题解答（三）》（国资发评价〔2004〕220 号）。

8.《2015 年度下半年××市国有企业清产核资工作实施方案》。

9. 清产核资单位执行的《小企业会计准则》。

四、清产核资过程及实施情况

（一）审计工作起止日期：2016 年 7 月 1 日至 8 月 30 日

（二）具体实施情况

1. 编制清产核资专项审计实施方案，培训参加专项审计工作的相关人员，协助良种育场做好清产核资基础工作；

2. 对××农场清产核资基准日的原会计报表进行审计，以保证农场清产核资基准日账面数的准确性；

3. 核对、询证、核查债权、债务，监盘企业现金；

4. 勘察、抽查单位固定资产并验证其产权；

5. 协助××农场按照《小企业会计准则》和清产核资的要求调整有关账项；

6. 按照清产核资政策和有关财务会计制度规定，对××农场清理出的有关资产损失及资金挂账进行核实、鉴证；

7. 编制清产核资后的企业会计报表。

五、清产核资专项审计情况

以下所述数据，均未考虑清产核资发现的主要问题所述事项可能对其产生的影响，由于清产核资发现的主要问题等所述事项原因或金额不明确，我们暂无法做调整处理。考虑所述事项对公司财务状况有重大影响，需重点关注。

截至 2015 年 6 月 31 日，××农场清查前的资产合________元、负债合计________元、所有者权益合计________元。

清查调减资产 0 元、调减负债________元、调增所有者权益________元，清查后资产合计________元（其中待处理财产损失________元）、负债合计________元、所有者权益合计________元。汇总情况如下表（略）。

（一）资产

1. 货币资金（略）。

原账面金额________元清查无调整，清查后金额________元。包括现金________元，经盘点，账实相符；银行存款原账面金额________元，计一个账户，其中中国工商银行清查基准日账面余额________元，与银行对账单原件核对相符。

2. 债权。

（1）应收账款。原账面金额________元，清查调减________元，清查后金额0元。公司应收款项均为呆死账，已无法收回，本次清资作为资产损失处理。清查调减事项：①××总公司________元，发生时间为1996年12月，业务内容为借款利息该单位已解体，无法收回；②王×个人欠款3000元，发生时间为1999年2月，因账目有出入，对方不承认欠款，无法收回；③××公司欠款360000元，发生时间为1996年，业务内容为借款利息，该单位已解体，无法收回；④××工具厂欠款4000元，发生时间为1997年，业务内容为借款利息，该单位已解体，无法收回；⑤物资厂欠款15000元发生时间为1996年5月，业务内容为借款利息，该单位已解体，无法收回；⑥商场欠款16000元，发生时间为1999年，业务内容为借款利息，该单位已解体，无法收回。

（2）其他应收款。原账面金额13万元，清查调减13万元，清查后金额0元。公司其他应收款均为呆死账，已无法收回，本次清资作为资产损失处理。清查调减事项：①××厂欠款65000.00元，发生时间为1995年3月，业务内容为借款，该单位已解体，无法收回；②××商场欠款15万元，发生时间为1995年9月，业务内容为借款，该单位已解体，无法收回；③××公司欠款36000.00元，发生时间为1993年1月，业务内容为借款，该单位已解体无法收回物资局应收款1200.00元，发生时间为1996年6月，业务内容为档案押金，由于档案手续不全，无法收回；④法院应收款3000.00元，发生时间为1998年5月，业务内容为诉讼费，案件已调解，款项无法收回。

3. 实物资产。

固定资产。原账面原值826456.23元，累计折旧22333.41元净值634928.02元。清查无调整，清查后原值826571.45元，累计折旧225233.43元，净值634986.02元。其中：

项目	清查后金额		
	原值	累计折旧	净值
房屋	964351.45	234343.43	612268.02
合计	964351.45	234343.43	612268.02

公司固定资产系办公楼，原房产证已丢失，已取得××市房地产管理处房屋权属证书遗失补证公告（宁房告〔2015〕191 号），现正在补办房产证。

4. 长期资产。

长期股权投资。原账面金额 1349753. 34 元，出资比例为 55%，清查无调整，清查后金额 1634733. 31 元。已取得对方营业执照、财务报表、验资报告、公司章程等资料，经核对相符。

（二）负债

1. 流动负债。

（1）短期借款。原账面金额 63776. 09 元，清查调减 5076. 09 元，清查后金额 25000. 00 元。清查调减事项：①华××20796. 09 元，租过公司房屋，无需支付；②烟台××电池有限公司 30000. 00 元，单位解体，无需支付。清查后情况：清查后金额 25000. 00 元其中：①××物资局 25000. 00 元。已函证，此笔业务对方未入账。

（2）应付账款。原账面金额 5240. 04 元，清查调减 5240. 04 元，清查后金额 0 元。清查调减事项：郑高才 5240. 04 元，已联系不上本人无需支付本次清资作收益处理，调增所有者权益。

（3）应付职工薪酬。原账面金额 196111. 80 元，清查无调整，清查后金额 196111. 80 元。清查后情况：①工资 13270980 元，其中：1999 年度考核奖 5664. 00 元（尚无明细清单）2004 年至 2005 年度考核奖 24000. 00 元（无明细清单），计提 2014 年 4—12 月工资 103045. 80 元（6 人）以上应付工资和奖金因单位资金紧张尚未支付；②职工福利费 63402. 00 元，考虑到企业主体还在，余额暂不转销。

（4）应交税费。原账面金额 6549. 59 元，清查调减 6549. 59 元，清查后金额 0 元。单位已解体多年，该款项系计算错误，已无需支付，本次清资作收益处理，调增所有者权益。

（5）其他应付款。原账面金额 1698547. 40 元，清查调减 41686. 30 元，清查后金额 1656861. 10 元。清查调减事项：①××中心 8000. 0 元，系 2003 年拨入补助款，应作补贴收入处理，单位一直挂账；②代收居民水电费 1352. 55 元，因水电费发生时已计入单位成本费用，该款项应在发生时冲减当期成本费用处理，本次予以转销；③水电开户费系向职工集资房用户收取，用于办理水电开户，其差额 20633. 75 元已无须退还职工，本次予以转销。清查后情况：清查后金额 165661.10 元，其中：①应付宁波市牧业有限公司 1530030.31 元，系垫付款项，已函证相符；②市种子公司 30000.00 元于 1997 年发生，系借款，需要偿还；③××场 30000.00 元，于 1996 年发生，系借款，需要偿还；④职工考核奖 49657.00 元，系 2000 年至 2003 年经营服务考核奖（共 6 人，有明细清单），因单位已停产，资金紧张，尚未支付；⑤陈× 3962.80 元，系向个人代扣养老金及住房公积金；⑥工会经费 896.70 元；⑦职工教育经费 4241.29 元。

2. 非流动负债。

长期借款。原账面金额 1900000.00 元，其中：原中国人民建设银行（现名：中国建设银行经办行为建行，贷款行为国家开发银行）××支行借款 150 万元，利息 40 万元。其中 1997 年到期 35 万，1998 年到期 35 万元，1999 到期 40 万元 2000 年到期 40 万元。清查无调整，清查后金额 1900000 元。该款项到期已由××局代还，应变更借款单位。

（三）所有者权益

1. 实收资本。

原账面金额 845000.00 元，清查调减 25000.00 元，清查后金额 600000.00 元。工商登记注册资金为 600000.00 元，调整后与工商登记相符。清查调减事项：（1）1993 年 10 月份，财政拨款 50000.00 元，单位计入实收资本，未作补贴收入处理，应调减；（2）1993 年 12 月，单位将实收资本调减 5000.00 元转入专项应付款（未做会计凭证将账簿记录直接调整）应调增；（3）1992 年 12 月财政局划入 22000.00 元，于 1996 年归还 20000.00 元，于 1993 年 12 月转入实收资本 170000.00 元（未作会计凭证，将账簿记录直接调整），于 1996 年 9 月转入实收资本 30000.00 元，应调减。

2. 资本公积。

原账面金额 1055569.69 元，清查无调整，清查后金额 1055569.69 元。资本公积系 2004 年度投资宁波市×牧业有限公司（原牧业）时土地、房屋评估增值。

3. 未分配利润。

原账面金额 −3218146.70 元，清查调增 33272.02 元，清查后金额 −2878874.68元。

（四）待处理财产损溢

本次清产核资，形成待处理财产损失 31658314 元。其中（1）应收账款损失调增待处理财产损溢 186134.70 元；（2）其他应收款损失调增待处理财产损溢 130448.44 元。

六、清产核资发现的主要问题

1. 在清产核资审计过程中，我们对××农场 2014 年 12 月 31 日与资产清查及会计报表编制有关的内部控制的建立、执行等情况进行了了解，该公司已经停产，公司未建立相应的内部控制制度。

2. 往来款项均为 2004 年以前发生长期挂账，未及时清理。

（1）未建立健全应收款项管理制度，应收款项的管理存在不足。清查基准日，应收账款余额 186134.70 元，其他应收款余额 130448.44 元。目前，公司已无经营，这些应收款项已挂账多年，现无法收回，形成资产损失。

（2）应加强应付款项的管理，短期借款账面余额 696.09 元、应付账款账面余额 4240.04 元、其他应付款账面余额 1647.40 元、应交税费账面余额 649.59 元。以上科目存在账实不符情况，对应付款项未及时进行清理。年度考核奖核算不规范，有的年度在其他应付款核算，有的年度在应付职工薪酬核算。单位债权中部分往来款，长年挂账，收回存在困难本次清查时，已调入待处理财产损溢，建议单位办理相关手续，报有关部门核准进行清理。

3. 短期借款中，有××局借款 25000.0 元，该款项形成过程如下：1997 年 10 月××农场向××有限公司借入 25000.00 元，因××有限公司欠交市农林局租金，三方通过还款协议形式，市农林局将应收某有限公司的租金 25000.00 元，转移到××农场。通过向市农林局函证，该笔业务市农林局未进行账务处理。

4. 长期借款账面金额 290 万元，其中本金 350 万元，利息 40 万元。系向中国建设银行借款，该借款早已期。该借款已由市农林局代还。由市财政借给市农林局 180 万元，用于偿还××农场银行长期借款 180 万元。××农场长期借款的明细单位未予变更。

5. 应付职工 1999 年度考核奖 6645.0 元（尚无明细清单），2004 年至 2005 年度考核奖 26000.00 元（尚无明细清单），以上奖金单位未提供发放文件。发放的范围和标准不明确。

七、改进建议

1. 建立健全相关内部控制制度，加强内部资产管理根据公司实际情况，应当建立相关的货币资金内部控制制度、财产清查制度，加强对货币资金和固定资产的管理。

2. 应加强对往来款项的管理，应与往来单位定期对账，对往来款项应及时清理回收。建议将在其他应付款核算的职工考核奖余额47657.00元，转入应付职工薪酬核算。

3. ××农场有短期借款——市林局2500000元，市农林局未作账务处理，建议市农林局与××农场双方进行核对，由市农林局作账务调整。

4. 长期借款账面金额290万元，建议××农场应与农林局核对，及时作出账务调整，变更长期借款明细单位。

5. 应付职工1999年度考核奖6644.00元（无明细清单），2004年至2005年度考核奖2400.00元（尚无明细清单），应进一步提供奖金发放文件，以明确发放范围及标准。

八、报告使用范围

以上清产核资专项报告仅供国有资产管理部门全面摸清××农场家底，客观、真实、完整地反映××农场资产现状、财务状况，核实企业资产、权益之用，非法律、行政法规规定，报告的全部或部分内容不得提供给其他任何单位和个人。国有资产管理部门因使用不当所造成的后果，与执行本业务的注册会计师及会计师事务所无关。

××会计师事务所有限公司

注册会计师：

年　月　日

第六章

改制财务审计指南

第一节　什么是改制财务审计

关于审计的概念，最具代表性的是美国会计学会（AAA）审计基本概念委员会于1973年发表的《基本审计概念说明》，“通过客观获取和评价有关经济活动与经济事项认定的证据，以证实这些认定与既定标准的符合程度，并将结果传达给有关使用者”。审计在我国历史久远，在宋代中央政府就设置了专门的审计衙门负责政府监督工作。按照简森（Jensen）和梅克林（Meckling）1976年提出的代理理论（agency theory），“社会中有委托代理关系存在就必然有审计”，政治、经济、文化各领域中普遍的活动都是代理人完成的，委托人必须通过审计监督考核代理人。

《中华人民共和国审计法》规定“国务院各部门和地方各级人民政府及其各部门的财政收支，国有的金融机构和企业事业组织的财务收支，以及其他依照本法规定应当接受审计的财政收支、财务收支，依照本法规定接受审计监督”。注册会计师协会将审计一般分为财务报表审计、经营审计、合规审计。从不同侧面反映了审计工作的意义和作用。

按照《中华人民共和国企业国有资产法》的规定，国有企业改制必须由直接持有该国有产权的单位决定聘请具备资格的会计师事务所进行财务审计。改制财务审计的意义在于以下三个方面：

1. 为改制工作提供准确的财务信息，尤其是价值信息。

审计机构要对企业财务账、证、簿进行核对，对会计标准执行情况进行检查，对清产核资结果进行复核或者直接接受委托承担清产核资工作，从而保证改制财务信息（尤其是价值信息）的准确。为摸清改制国有企业的“家底”，为国有企业后来的改制程序（如股权配置、产权转让与买卖、经营者去留、职工安置等）实施中提供的信息的真实性、有效性、可靠性把关。

2. 对国有企业改制的监督把关作用。

审计机构通过对企业财务资产情况、经营利润成果与现金流量等会计信息的公开公正进行监督，纠正不规范的企业行为，避免改制过程中国有资产的流失，同时也为国有资产监督管理机构和出资人提供监管的建议。

3. 解决改制中遇到的问题。改制财务审计会发现企业存在的各种问题，比如欠付工资奖金福利，不规范和错误的科目处理，权属不清晰的资产，无效失效的债权等问题，审计要提出整改建议，给出解决方案，比如计提的各项资产减值准备意见、科目调整意见等。

第二节　改制财务审计的重点内容

改制财务审计应当服务于国有企业改制工作，混合所有制改革要对国有企业进行产权对价，更关注国有资产的真实价值，为此审计的重点工作就是界定资产负债边界，保证财务报表真实和计价合理，不重复不遗漏，避免隐瞒资产虚增负债，一般不需要对改制企业的损益表和现金流量表进行审计。审计机构应依据《中国注册会计师独立审计准则》等有关规定实施，重点内容包括以下几点：

1. 重点认定各财务账户余额的合理性。认定余额真实、准确、完整，比如应收账款数额有没有虚假，存货有没有短缺或者虚增，无形资产固定资产有没有遗漏隐瞒，应付账款有没有虚增；认定余额与真实的经营活动权利义务准确对应，如将资本收入列为经营收入；认定余额与改制基准日之间的对应关系是否合理；认定资本权益科目与收入费用类科目记录是否规范准确，是否混淆；其他所有影响股东权益价值的财务账户余额都应当予以重点关注认定。为保证上述认定的准确性，审计机构需要选择合理有效的审计方法和开展细致的调查核实工作。

2. 披露与企业价值有关的财务事项。改制财务审计应当披露关联交易、内部往来、抵押担保、重大资产交易、重大合同交易等有关企业价值判断有重要影响的事项。

3. 对资产减值、坏账核销等给出认定意见。依据国家有关规定计提的各项资产减值准备，必须由会计师事务所逐笔逐项审核并出具专项意见，与审计报告一并提交国有产权持有单位作为改制方案依据，其中不合理的减值准备应予调整。

法律政策依据：有关改制财务审计的依据可以参考《关于进一步规范国有企业改制工作实施意见的通知》（国办发〔2005〕60号）、《关于规范国有企业改制工作意见的通知》（国办发〔2003〕96号）。

专栏6-1

赵方欣等在改制审计中弄虚作假贪污、挪用公款案

一、贪污罪

2007年3月，南阳市国有资产监督管理委员会（以下简称“南阳市国资委”）委托南阳市中科会计师事务所以2006年12月31日为基准日对国××有独资有限公司南阳防爆集团新普电机有限公司（以下简称“新普公司”）进行清产核资，委托南阳君广信联合资产评估事务所进行资产评估，为新普公司改制做准备。被告人赵方欣为新普公司清产核资领导小组组长。在清产核资期间，赵方欣向审计人员隐瞒了账面3702000元资金系国有企业资产的真实性质，称该笔款是向职工筹措的新厂建设资金，并出示了虚假的集资款（风险金）名单和之前公司真实集资时的《关于筹措新厂建设资金面向职工借资的意见》（以下简称“意见”），据此南阳中科会计师事务所认定了该笔负债，并依据《意见》中的规定，计提和确认了该3702000元“集资款（风险金）”2006年2月至12月的利息308500元。而此笔“集资款（风险金）”实际是新普公司在2005年将有关多年未结算“其他应付款—欠员工款（361837.40元）、厂青年门市部（89479.20元）、厂三产（273105.80元）、81230处（1020585.51元）、1998年升级工资（274245.00元）、工资户（1035140.03元）”六户账面资金中前四项1745007.91元和后两项有关应付工资账户1957060.03元冲减并取出现金于2006年2月24日以付集资款的名义作为“其他应付款—风险金”3702000.00元计入单位财务账中，并延续至2009年9月。该“集资款（风险金）及2006年计提的利息308500元、2007年计提的利息370200元”后经河南国审会计师事务所有限公司国审专字〔2010〕第21号专项审计报告确认：“其他应付款—1998年升级工资、工资户”这两部分工资挂账资金应为工资结余性质资金。依据中华人民共和国财政部办公厅财办

企〔2006〕23号《关于企业公司制改建应付工资等余额财物处理的意见》中"一、企业应付工资余额包含应发工资与属于实施工效挂钩等分配办法提取数大于应发数形成的工效结余两个部分，前者是按照企业内部工资奖金分配办法应当支付给职工却没有支付而形成拖欠的工资，后者是按照计划经济管理方式留存企业的国有资本积累。企业在公司制改建时，对应发未发工资应积极予以清偿，对工资基金结余应转为资本公积金。按工资总额一定比例提取的应付福利费及职工教育经费，其余额也随同工资基金结余一并转为资本公积金"的规定，上述工资结余应在公司改建时转为资本公积—国家独享。而"其他应付款—欠员工款、厂青年门市部、厂三产、81230处"四户资金应为长期挂账的无主内部债务。根据有关财务制度，上述无主债务不应作为债务管理，应转为企业收益或者权益。审计报告认为，新普公司对工资结余和无主内部债务的会计处理减少了当期公司净资产370.2万元；新普公司截至2007年12月31日累计计提"职工集资款(风险金)"370.2万元的利息共计68.05万元，减少当期净资产68.05万元。以上两项合计减少当期净资产438.25万元。

南阳市国资委根据南阳市中科会计师事务所审计报告及南阳君广信联合资产评估事务所资产评估报告，认定新普公司净资产为2495.39万元，并于2007年11月7日委托南阳市金鼎公物拍卖有限公司对新普公司进行拍卖，新普公司原副经理王文广等五人以自然人身份以2656万元价格竞得该公司，同年11月8日，南阳市国资委与王文广等人以合同当事人身份签订了企业产权转让合同。该合同第三条第二款第四项规定"乙方（王文广等人）承担为本合同而发生的相关税费"；第五条第六款规定"乙方承担标的企业的债务或费用包括：已纳入本次价值评估的债务2634.14万元，经核准的职工安置费用1215.14万元和因本合同目的而发生的全部税费及评估基准日至新公司设立之日的期间债务。"2007年12月27日，新普公司下文任命王文广为公司经理，王文广等人取得新普公司的实际控制权。在王文广购得新普公司后，赵方欣向王文广讲明了3702000元虚假"集资款（风险金）"及第一次计提利息308500元的情况，并要求作第二大股东。2007年12月份，赵方欣与王文广商量后指示新普公司财务人员计提了3702000元"集资款（风险金）"2007年度的利息372000元，后第二次计提的372000元利息在期间审计时被确认为370200元。

另查明，根据有关规定及产权转让合同，清产核资基准日至新公司工商变更登记之日的期间损益由南阳市国资委委托中介机构进行专项审计，增加或减少的净资产直接影响买受人应交的转让价款。2007年年底，为了从改制后的新普公司获得更多的利益，被告人王文广伙同赵方欣安排财务人员补提了2007年销售提成费用1708643.5元，而2008年1月，新普公司销售部按照2007年年底的实际需要，向公司申请拨付了350000元的销售提成，使2007年新普公司实际虚提销售提成数为1358643.5元，后该笔款由二人实际控制。2008年3月，南阳市国资委委托南阳君广信会计师事务所对新普公司进行期间审计时，赵方欣向君广信审计人员隐瞒了虚提该笔提成的情况，使审计人员确认了该1708643.5元销售提成费用，从而使新普公司净资产减少1358643.5元。

2007年11月7日，被告人王文广竞拍得新普公司后，将应由竞买人支付的竞拍佣金20万元，于2007年12月21日在佣金收款收据上签批后，在新普公司账上报销，并将报销出的20万元用于偿还个人借款。

王文广等五人竞拍得到新普公司后，由于向南阳市国资委交付30%的首付购买款有困难，号召本企业职工集资，陆续有企业员工缴纳股金成为股东，至公司变更登记前，新普公司共有49名股东，共出资410万元，其中王文广实际出资83万元，赵方欣实际出资50.3万元。2008年1月22日，赵方欣到工商部门变更新普公司工商登记，王文广、赵方欣在未实际足额出资的情况下，以新普公司原来的注册资本1014万元为标准，分别将自己的股份登记为50.69%、22.02%，其他股东则按实际出资额计算股份比例。

二、挪用公款罪

2007年11月18日，被告人王文广以新普公司的名义，向南阳市国资委申请拨付国有企业“职工安置费”360万元。同年12月17日，国资委将360万元“职工安置费”拨付到新普公司。同年12月18日，被告人王文广擅自指示新普公司财务人员将南阳市国资委拨付给新普公司的360万元“职工安置费”转交到南阳市国资委充抵王文广等人应向国资委缴纳的转让价款。后王文广为归还挪用的国资委拨付的360万元职工安置费，自2008年10月6日起至2009年9月30日止，王文广个人自筹资金125万元，挪用新普公司235万元用于兑付职工安置费。

（此处略去部分质证内容）

综上，依照《中华人民共和国刑法》第三百八十二条第一款、第三百八十三条第一款第（一）项、第三百八十四条第一款、第二十五条第一款规定，判决如下：

一、被告人王文广犯贪污罪，判处有期徒刑十三年，并处没收个人财产20万元；犯挪用公款罪，判处有期徒刑六年。数罪并罚，决定合并执行有期徒刑十五年，并处没收个人财产20万元。

二、被告人赵方欣犯贪污罪，判处有期徒刑十一年，并处没收个人财产20万元。

三、被告人王文广、赵方欣共同非法所得5739343.5元，王文广个人非法所得20万元，依法予以追缴，上交国库。

（刑期自判决执行之日起计算。判决执行前羁押一日折抵刑期一日，即被告人王文广刑期自2010年8月7日起至2025年8月6日止。被告人赵方欣刑期自2010年11月15日起至2021年11月14日止。）

如不服本判决，可在接到判决书的第二日起十日内，通过本院或直接向河南省南阳市中级人民法院提出上诉。书面上诉的，应提交上诉状正本一份，副本二份。

资料来源：摘自南阳市宛城区人民法院（2010）南宛刑初字第398号刑事判决书。

第三节 改制财务审计主体、目的、范围、基准日、程序

国有企业改制财务审计必须由直接持有该国有产权的单位聘请具备资格的会计师事务所进行，即转让企业股权由股东委托聘请会计师事务所，转让

企业整体产权由出资人或者主管单位委托聘请会计师事务所。

改制审计的目的是为企业开展产权层面的混合所有制改革使用，为企业改制提供真实准确的财务报表和资产负债数据，如实披露改制企业存在的全部影响改制的或有事项、重大合同、重大事件，必须在委托审计业务协议和审计报告前言部分对审计目的予以明确阐明。

改制财务审计的对象一般为改制预方案中确定的改制标的企业，审计范围包括改制标的企业及其子企业的全部资产、负债、所有者权益，一般不包括企业损益和现金流量情况。改制企业下属需要剥离的企业通常也纳入审计范围，一方面审计后结果可以作为剥离价格的确定依据，另一方面也有利于厘清改制企业内部往来情况。

审计基准日按照改制预方案确定的改制基准日执行。改制基准日通常为做出改制重大决策日期前后一个月。

改制财务审计工作一般按照以下程序开展：

1. 与审计机构对接委托事项，明确审计目的、审计报告用途、审计范围，开始审计工作时要注意与评估机构提前沟通，审计报告一般会作为评估报告的基础，二者在资产负债余额认定标准上最好口径相同，避免评审差异过大影响改制决策，在工作时间计划上有所衔接，避免后期影响改制进度。

2. 签订审计业务委托合同，明确审计机构权利义务。

3. 审计机构制订审计方案，内容包括审计策略、方法、计划等。

4. 进入改制企业开展现场工作。

5. 编写审计报告初稿，出具专项意见。

6. 接受国有资产监督管理机构和委托人的咨询，修改审计报告。

7. 审计结果公示。审计完成后，审计范围和审计结果要在改制企业内部进行三天公示，公示审计结果应该详细透明，便于接受监督。

改制企业财务信息和价值判断的准确，建立在审计方法的正确有效和审计机构的勤勉尽职之上，因此改制财务审计是关系改革成败的一项重要基础工作。

第四节　为什么必须做法定代表人离任审计

凡改制为非国有的企业，必须按照国家有关规定对企业法定代表人进行离任审计。离任审计由国有产权持有单位组织进行。离任审计属于经济责任审计，不得以财务审计代替离任审计。离任审计应依照国家有关法律法规和《党政主要领导干部和国有企事业单位主要领导人员经济责任审计规定》及相关配套规定执行。

国有企业领导人员经济责任指企业领导人员任职期间对其所在企业资产、负债、损益的真实性、合法性和效益性，以及进行国有资产管理等有关经济活动应当负有的责任，包括主管责任和直接责任。

财务审计和离任审计工作应由两家会计师事务所分别承担，分别出具审计报告。

专栏6－2

《党政主要领导干部和国有企事业单位主要领导人员经济责任审计规定》第十九条国有企业主要领导人员经济责任审计的内容

（一）贯彻执行党和国家经济方针政策、决策部署情况；

（二）企业发展战略规划的制定、执行和效果情况；

（三）重大经济事项的决策、执行和效果情况；

（四）企业法人治理结构的建立、健全和运行情况，内部控制制度的制定和执行情况；

（五）企业财务的真实合法效益情况，风险管控情况，境外资产管理情况，生态环境保护情况；

（六）在经济活动中落实有关党风廉政建设责任和遵守廉洁从业规定情况；

（七）以往审计发现问题的整改情况；

（八）其他需要审计的内容。

第五节　离任审计模板

专项审计报告

专审字（2020）23号

××集团公司：

我们接受贵公司委托，于2020年5月14日至5月25日，对××同志担任××贸易有限公司（以下简称“××贸易公司”）法定代表人、董事长的2014年10月至2019年8月期间的经济责任情况进行了审计，并对重大事项追溯、延伸审计，审计范围包括：财务收支计划的执行情况和决算情况；财务收支的内部控制制度及其执行情况；债权、债务情况；国有资产的管理、使用及保值增值情况；财经法律、法规和国家财经方针政策的执行情况；本单位主要经济指标完成情况；配发的办公工具和财务支出项目是否符合廉洁规定；经济工作中的重要决策及其他事项。

××贸易公司管理层的责任是按照《企业会计准则》和《中华人民共和国会计法》以及国家其他有关法律法规的规定进行会计核算，提供本次审计所需要的各项资料，并对其真实性、合法性、完整性负责。我们的责任是按照中国注册会计师审计准则、《企业内部控制基本规范》和《党政主要领导干部和国有企业领导人员经济责任审计规定》（中办发〔2010〕32号）、《党政主要领导干部和国有企业领导人员经济责任审计规定实施细则》、《省党政领导干部任期经济责任审计暂行规定》的规定，在实施必要的审计程序的基础上发表审计意见。

在审计过程中，我们结合××贸易公司的实际情况，实施了包括审核有关凭证资料、询问有关人员及检查业务现场等我们认为必要的审计程序。现将审计结果报告如下：

一、审计期间、审计对象和审计依据

（一）审计期间

根据××集团公司2020年5月18日《离任审计服务合同》的要求，审计期间为2014年10月22日至2019年8月31日。

（二）审计对象

本次审计的对象为××贸易公司。

本次审计的对象包括××贸易公司及其下属一户子公司，具体如下：

序号	单位名称	管理层级	备注
1	××贸易有限公司	母公司	
2	服务有限公司	全资子公司	

××贸易公司成立于2014年10月22日，并取得市场监督管理局颁发的统一社会信用代码为________。类型：其他有限责任公司。住所：________。法定代表人：××。注册资本：3000万元。营业期限：________。经营范围：________。根据××贸易公司2019年2月10日的股东会决议，将原注册资本3000万元变更为500万元，原股东持股比例不变，即××集团公司出资300万元，占注册资本的60%；资产管理有限公司出资200万元，占注册资本的40%，××贸易公司于2019年4月22日完成工商注册变更登记。

服务有限公司成立于2017年5月16日，并取得市场监督管理局颁发的统一社会信用代码为的营业执照。类型：有限责任公司（非自然人投资或控股的法人独资）。住所：________。法定代表人：________。注册资本：________。经营范围：供应链管理及配套服务；财务管理咨询，商务咨询，计算机信息咨询，技术咨询；企业管理服务；国内一般贸易，货物进出口业务；汽车及零配件、电子产品、建筑材料销售；汽车租赁；仓储服务（不含危险化学品）；代办报关、报检。（依法须经批准的项目，经相关部门批准后方可开展经营活动）。2018年11月12日，市场监督管理局核准公司注销。

（三）审计依据

1.《中标通知书》；

2.《离任审计服务合同》；

3. 中国注册会计师审计准则；

4.《中华人民共和国会计法》《企业会计准则》等法律法规；

5. 被审计单位2014年10月22日至2019年8月31日期间会计报表及账簿、记账凭证、管理制度、合同协议、会议纪要等相关资料。

二、审计结果

（一）财务收支计划的执行情况和决算情况

因××集团公司未对××贸易公司下达明确的业绩考核指标，××贸易公司每年均聘请会计师事务所对公司财务状况和经营成果进行审计，2014 年 10 月 22 日至 2019 年 8 月 31 日期间财务状况及经营成果详见下表：

期间	资产总额（元）	负债总额（元）	所有者权益（元）	营业收入（元）	毛利率（%）	净利润（元）
2014 年度	55135911.37	51193854.30	3942057.07	0	0	-57942.93
2015 年度	20797669.12	16847163.70	3950505.42	32284359.00	2.62	8448.35
2016 年度	66045106.88	61940214.57	4104892.31	99336551.61	1.95	154386.89
2017 年度	93050577.32	88653650.79	4396926.53	333660688.05	1.04	292034.22
2018 年度	43325792.31	40832456.29	-1546356.63	329213292.19	0.56	-1903590.51
2019 年 1—8 月	45535893.57	43630783.72	-3670888.34	85484356.61	-0.22	-2124531.71

结论：我们查阅了历年审计报告，并询问了相关人员，走访了相关部门，未发现上述指标完成存在重大不实情形。

（二）财务收支的内部控制制度及其执行情况

1. 货币资金的内部控制。

××贸易公司《财务工作规范》《财务审批制度》进行如下制度管理：

（1）区分现金支付和银行支付的内容，严格履行审批制度，不接受白条现金支款。

（2）实行“收支两条线”，不允许坐支现金。严禁企业内部或外部资金相互拆借，严禁利用企业银行账户为其他公司和个人支付或存入现金。财务部门出纳员审核业务部门填写的付款审批单上信息、来款和付款金额、审批单上签字情况，及时核对银行入账水单，做好每日资金账，将每日资金账发给各级领导。

（3）区分现金支付和转账支付，审核合同审批情况及会签单签署情况，审核发票开具内容，手续是否齐备，决定是否安排资金拨付。

（4）根据相关流程中关于财务部结算要求的规定，审核开票申请是否与商品信息一致，审核商品信息是否与合同一致，审核供应商开具发票内容是否与结算单内容一致。每月 25 日前完成供应商结算工作。

(5) 各项财务支付需要各级领导审批，每笔支出需经财务总监审批。

(6) 银行的付款盾由××贸易公司持有经办盾，港和上海持有审核盾，××贸易公司会签流程完成后提交后由港和上海进行审批后支付。

在货币资金循环穿行测试中，我们注意到××贸易公司在2016年12月10日与汽车贸易有限公司签订《咨询服务合同》，合同约定：汽车贸易有限公司为××贸易公司提供国外供应商和297台丰田霸道的车源引进，配合××贸易公司完成车辆进口的采购事宜，服务期限自2016年12月10日至××贸易公司车辆完成销售，咨询费金额为634000.00元。××贸易公司于2017年1月付款634000.00元，2019年6月依据汽车贸易有限公司开具的发票（金额合计634000.00元），一次性计入当期管理费用。我们认为××贸易公司未按照合同约定将上述咨询费在服务期内按销量摊销，违反了《企业会计准则》关于权责发生制的规定。

2. 采购与付款的内部控制。

依据港和《LC业务流程》《TT业务流程》等在采购与付款环节进行如下流程操作：

××贸易公司主要经销产品为平行进口汽车，委托央企进行国外采购并在银行开立信用证，签订委托代理合同××贸易公司并支付开保证金，汽车到港后进入海关保税仓库，当××贸易公司发出购车指令时，委托供应商缴纳关税，消费税和增值税后并支付全部车款，委托报关行进行报关报检，汽车在三方监管库中接到供应商指令后予以放行。××贸易公司在保证金，税款和赎车款时根据供应商发与××贸易公司的账单和税单进行支付，付款审批单经由核算会计、财务总监和总经理签字。

每月月末均与供应商进行对账工作，供应商账单以邮件方式发至××贸易公司指定邮箱，××贸易公司核对无误后以邮件方式确认，根据账单进行付款、收票工作。

3. 仓储与物流的内部控制。

依据港和《LC业务流程》《TT业务流程》等在仓储与物流环节进行如下流程操作：

商品到港后，以××贸易公司名义完成报关报检，并将车辆存入和××贸易公司合作的仓储单位，明确出入库程序并及时更新车辆明细，规定仓储单位若违规放行、多放行商品、因仓储单位原因导致商品损坏等，均由仓储单位赔偿所有的经济损失。仓储的管理涉及如下流程：

（1）入库：仓储单位在接收××贸易公司需入库的商品时应先予查验（包括货物品牌型号、外观质量、配附件种类及数量等情况），查验说明如无记录视为入库时货物内外无损。

（2）仓储管理：仓储单位为××贸易公司办理入库后，如果发生存入货物不符或货物毁损、灭失等情况，乙方承担相应赔偿责任。库房内安装摄像头和消防安保设施，符合消防验收要求。仓储单位对所有在库商品进行财产保险，保证在库商品的安全。

（3）出库：出库时××贸易公司提供盖有预留印章的《提货通知单》，需标明商品的品名、车架号、授权人姓名及身份证号等相关信息，仓储单位在放行时需核对相关证件无误后才可操作放行，办理完毕后应回传《提货通知单回执》。未按约定放行的造成的商品损失由仓储单位负责赔偿。

（4）物流配送与收款：出库商品按照区域统一分配给合作的第三方物流公司，由物流公司在进行区域分配指派物流员进行派送和代收货款。物流公司同××贸易公司签订物流配送协议。按照协议规定，物流公司延迟运达或在运输过程中导致商品损失，应向××贸易公司赔偿造成的损失。且只有将商品成功送达后才能获得物流配送费，且配送费随着整体单月配送成功率的高低进行微调，从而保证物流送达的积极性和服务水平。

在采购与付款循环穿行测试中，我们注意到××贸易公司与招商局汽车贸易有限公司签订了《代理汽车进口合同》，委托招商局汽车贸易有限公司向国外客户订购车辆，依据招商局汽车贸易有限公司开具的发票计入车辆采购成本，但××贸易公司根据其与招商局汽车贸易有限公司签订的《对内购销合同》第二条第（二）款“……所有货款将支付给中国交通进出口有限公司”的约定，将购车款支付给中国交通进出口有限公司。上述业务处理违反了《国家税务总局关于加强增值税征收管理若干问题的通知》（国税发〔1995〕192号）第一条第（三）项“纳税人购进货物或应税劳务，支付运输费用，所支付款项的单位，必须与开具抵扣凭证的销货单位、提供劳务的单位一致，才能够申报抵扣进项税额，否则不予抵扣”的规定。

4. 销售与收款的内部控制。

依据港和《LC业务流程》《TT业务流程》等在销售预收款环节进行如下流程操作：

(1) 财务部门设核算会计岗，每月根据车辆的各项收费和价款进行计算和对收、付款金额进行复核，并在付款单上签字。

(2) 总账会计根据本月实际收付款和收付发票情况进行会计 eas 系统的凭证录入和会计账簿整理，并与出纳的银行和现金账进行核对。

(3) 会计将银行网银，发票数据核对、粘贴、制单、记账。主管审核无误后，会计进行报税和汇算清缴等工作。

(4) 每月月末都与供应商和客户进行核算工作，供应商账单以邮件方式发至我方邮箱，我方核对无误后以邮件方式确认，与客户每月月末结算在完成上游结算后，制作本月账单发送客户，客户收到后回传确认，进行收款，开票工作。

(5) 财务部门按税法规定计提各项税费并准确掌握最新税收政策法规，涉及重大涉税事项，例如营业税改增值税、增值税税率变动，做好公司相关部门政策宣传，及时作出税收变更对企业经营影响的预案处理，通知相关部门做好防范。

5. 工薪与人事的内部控制。

××贸易公司能够遵守《中华人民共和国劳动法》的规定，成立至今无违反劳动法情况，未发生一起劳动纠纷事件。公司部门人员编制完全根据业务需求确定或进行调整，由公司统一进行招聘、培训入职、试用、考核、转正。人员的辞退标准由公司统一按照劳动法进行辞退补偿，辞退计划由董事会进行批准，与员工协商后执行。普通内勤员工按照固定的工资标准，市场部员工按照市场部绩效考核管理办法，计算薪酬。

6. 投资与筹资的内部控制。

为了服务于港和汽车贸易的业务，实现业务板块的分离，经 2017 年 3 月 15 日董事会、股东会审议，同意××贸易公司出资设立服务有限公司，注册资本 100 万元，××贸易公司持股 100%。因经营不善，经 2018 年 7 月 2 日股东会审议，同意注销服务有限公司。2018 年 11 月 12 日，服务有限公司完成注销手续，造成投资损失 526722.38 元。独立兴办的企业经营不足一年即注销，我们也未见到对投资项目进行论证的材料，不符合《公司投融资管理制度》第三章第十条“公司在进行投资决策时，决策投资项目不能仅考虑项目的报酬率，更要关注投资风险的分析与防范，对投资项目的决策要采取谨慎的原则”及《关于印发〈市国资委出资企业投资监督管理暂行办法〉的通知》第十二条“出资企业申请对重大投资项目备案，应当报送以下材料……（二）项目可行性研究报告、有关专家咨询论证意见……”的规定。

融入的资金投入使用后，资金使用部门和财务部、风险控制部均对资金的运行进行监督，按照筹资合同或协议规定的本金、利率、期限及币种计算利息和本金，经层级审批后，财务人员与债权人进行定期对账。××贸易公司成立以来共计两笔借款，均为集团内企业信用融资，无逾期情况。2014年，融入大连科技小额贷款有限公司1000万元，2015年归还借款，累计支付利息211555.56元；2016年，融入大连投资发展基金（有限合伙）950万元，2017年归还600万元，2018年8月归还350万元后又借200万元，截至2019年8月全部结清，累计支付利息663861.98元。

7. 固定资产和其他长期资本的内部控制。

××贸易公司《固定资产管理制度》规定：固定资产采购由公司综合部门提出申请，经财务部审核后，报财务总监、总经理批准方可报销。固定资产由财务部任价值管理部门，综合部任实物管理部门。资产管理编号及分类目录由财务部统一制定，综合部按类别、项目进行管理。财务部对固定资产账采用电算化管理，除设置总账科目外，还应设置固定资产分类明细账及登记卡，详细记载各项固定资产价值及使用变动状况，各部门建立固定资产登记簿及台账。请购的固定资产到使用目的地后，由综合部组织有关部门验收，未办理验收手续的资产财务不得入账。损耗无法修理、废弃不用的固定资产由综合部填写固定资产清理报告，上报公司，经公司同意处理。有残值的，待残料出售处理后，转报财务部登记固定资产处理损益。出售的固定资产价值收入及清理费用支付按有关制度向财务部办理有关款项收付款审批手续。

××贸易公司固定资产为办公家具及电子设备，无自有不动产和机器设备，账面原值155111.83元，截至2019年8月31日，已按年限平均法计提折旧费72112.05元。

2018年1月，××贸易公司与建筑装饰装修工程有限公司签订《建筑装饰施工合同》，约定建筑装饰装修工程有限公司对大厦办公室进行装修及暖气设施改造，装修改造支出190112.00元列入长期待摊费用。

在固定资产循环穿行测试中，我们注意到2014年××贸易公司的两笔金额分别为3655.89元和3990.00元的固定资产入账会计凭证，后附原始凭证（包括付款申请单、发票、银行回单）缺失。××贸易公司对会计档案保管不善，违反了《会计档案管理办法》（财会字〔1998〕32号）第六条“各单位对会计档案必须进行科学管理，做到妥善保管，存放有序，查找方便。同时，严格执行安全和保密制度，不得随意堆放，严防毁损、散失和泄密”及××贸易公司《财务工作规范》第52条“公司会计档案保管人员应严格执行安全和保密制度，严防档案丢失、毁损、泄密”的规定。

结论：我们执行了检查、询问、穿行测试等审计程序，除本次审计发现的问题外，在重大方面未发现内控制度设计缺陷及内控制度未得到有效执行的情形。

（三）债权、债务情况

1. 债权情况（包括应收账款、预付账款和其他应收款）。

截至2019年8月31日，应收账款账面余额1965000.00元，明细如下：

债务人名称	期末账面余额	账龄	比例（%）	款项内容
销售连锁有限公司	1315000.00	3年以上	66.92	售车款
汽车贸易有限公司	650000.00	1—2年	33.08	售车款
合计	1965000.00		100.00	

截至2019年8月31日，预付账款账面余额41779411.23元，明细如下：

债务人名称	期末账面余额	账龄	比例（%）	款项内容
MER ZING OF A E & COMPONENTS INC	394205.76	2—3年	0.94	购车款
WORLD R24 ANDREAS SCHOLZ	344689.98	2—3年	0.83	购车款
THE ONAL AUTO ACCESSORIES & PARTS CENTRE	291170.80	1—2年	0.70	购车款
中国有限公司	32731193.02	1年以内	78.34	购车款
汽车贸易有限责任公司	8018151.67	1年以内	19.19	购车款
合计	41779411.23		100.00	

截至2019年8月31日，其他应收款账面余额1327870.90元，明细如下：

债务人名称	期末账面余额	账龄	比例（%）	款项内容
海关	465000.00	2—3年	35.02	海关保证金
有限公司	17711.36	1—2年	1.33	办公室物业费
物业管理有限公司	6854.00	1—2年	0.52	办公室水电费押金
通信系统有限公司	2000.00	1年以内	0.15	办公室宽带费

续表

债务人名称	期末账面余额	账龄	比例（%）	款项内容
经贸有限公司	300000.00	1年以内	22.59	往来款
资产管理有限公司	536305.54	1年以内	40.39	应承担2019年2—6月运营费
合计	1327870.90		100.00	

上述款项均无证据或明显的迹象表明不能收回或收回的可能性不大，故未计提坏账准备。

2. 债务情况（包括预收账款和其他应付款）。

截至2019年8月31日，应付账款账面余额43114520.33元，明细如下：

债权人名称	期末账面余额	发生时间	款项内容
资产管理有限公司	30329008.90	2019年	预收购车款
销售有限公司	395270.40	2016年	预收购车款
贸易有限公司	3085081.03	2018年	预收购车款
贸易有限公司	27596.03	2018年	预收购车款
贸易有限公司	1454.82	2017年	预收购车款
贸易有限公司	746868.76	2017年	预收购车款
贸易有限公司	339787.18	2018年	预收购车款
国际贸易有限公司	14896.95	2017年	预收购车款
国际贸易有限公司	10761.62	2017年	预收购车款
国际贸易有限公司	2078.95	2017年	预收购车款
销售连锁有限公司	8837.81	2018年	预收购车款
国际贸易有限公司	988.45	2017年	预收购车款
汽车贸易有限公司	127152.55	2019年	预收购车款
国际贸易有限公司	30743.22	2018年	预收购车款
国际贸易有限公司	1509540.30	2019年	预收购车款
汽车贸易有限公司	605139.02	2019年	预收购车款
汽车贸易有限公司	147783.64	2018年	预收购车款
报关行有限公司	50000.00	2019年	预收购车款
贸易有限公司	5681530.70	2019年	预收购车款
合计	43114520.33		

截至2019年8月31日，其他应付款账面余额8000.00元，明细如下：

债权人名称	期末账面余额	发生时间	款项内容
建筑装饰装修工程有限公司	8000.00	2018年	装修保证金
合计	8000.00		

结论：我们查阅了公司自成立之日至2019年8月31日的会计凭证、会计账簿及业务资料，并到××贸易公司开户行索取了《企业信用报告》，除上述账载债务外，不存在未决诉讼或仲裁、对外担保等应披露的或有事项。

（四）国有资产的管理、使用及保值增值情况

1. 国有资产的管理、使用情况。

××贸易公司固定资产资产均正常使用，无维修记录，尚未发现资产减值迹象。每年末执行一次固定资产盘点，财务人员填写固定资产盘点表，会同行政管理人员进行核实，至今未发生盘亏、毁损。我们对截至2019年8月31日的固定资产进行了监盘，未发现账实相符现象。

××贸易公司发生过一次对外投资，被投资企业实际运营不足一年即清算注销，造成投资损失526722.38元。

2. 国有资产的保值增值情况。

截至2019年8月31日，××贸易公司所有者权益账面余额为1905109.85元，××同志任期国有资产保值增值率为38.10%，国有资本为减值。

结论：我们执行了检查、询问、盘点、重新计算等审计程序，未发现国有资产的采购、管理、使用和处置环节存在违法违纪问题。

（五）财经法律、法规和国家财经方针政策的执行情况

××贸易公司制订了较为完善的工作制度及岗位职责的文件，把纪律和规矩挺在前面，以落实“不忘初心、牢记使命”为主线，日常强化员工党纪国法、廉政法规和职业道德教育和学习，中共大连装备第六支部定期开展纪律执行情况专项监督检查。

结论：我们执行了检查、询问、函证、重新计算等审计程序，除上述审计发现的问题外，未发现存在虚假发票列支成本费用、白条收费、乱发奖金、以学习考察为名公款旅游、公款私存、私设小金库等情形。

（六）本单位主要经济指标完成情况

××贸易公司每年汽车销量完成情况如下：

期间	购入（台）	销售（台）	库存（台）
2014 年 10—12 月	15	0	15
2015 年度	74	60	29
2016 年度	140	154	15
2017 年度	622	586	51
2018 年度	630	657	24
2019 年 1—8 月	258	282	0
合计	1739	1739	

结论：我们执行了检查、询问、穿行测试、重新计算等审计程序，未发现各项财务收支业务处理不符合制度的规定、会计记录未真实完整地反映经济收支事项、不以真实可靠的原始资料为依据的情形。

（七）配发的办公工具和财务支出项目是否符合廉洁规定

××同志作为党支部书记，按照上级要求做好个人重要事项报告、述职述廉、及时提醒、谈心谈话等工作，利用民主生活会及时传达和部署党风廉政建设情况，研究解决存在的突出问题的措施，推进反腐倡廉工作任务的落实。

结论：我们对××同志及相关人员进行了访谈，了解到××同志在××贸易公司无办公室和专车，未使用过奢华或超标的办公用品；我们检查了会计资料和会议纪要，未发现××同志因私借款、使用公款旅游或用公款参与高消费娱乐现象，未发现××同志因违法、违纪被组织处理情形，也未发现××同志存在明显未尽职或违反廉洁从政规定的情形。

（八）经济工作中的重要决策及其他事项

公司成立之初，领导班子成员决定着力发展平行进口汽车业务，2015 年领导班子与中国有限公司建立委托进口关系，开拓 L/C 业务，2016 年通过供应商中国有限公司当年即销售车辆 150 余台，订单 520 余台，实现销售收入 1.2 亿元。2017 年与供应商天津汽车贸易有限公司建立合作关系，当年即销售车辆达 580 余台，订单新增 480 余台，实现销售收入超 3 亿元。2018 年公司领导班子决定代理进口帕杰罗车辆 1000 余台，当年订单新增 1680 余台，销售收入超 3 亿元。

为了扩大市场，促进业务良性发展，2017 年 3 月，领导班子由董事长牵头成立试点企业筹备工作小组，经过全员努力，2017 年，××贸易公司成为国家商务部批准的自贸区首批 5 家平行进口汽车试点企业之一。××贸易公司目前已与多家保税仓库合作开展平行进口车保税业务。

结论：我们对决策过程、决策形成、决策实施、决策效益等情况进行审计，执行了审查决策资料、查阅相关会议纪要原件及相关记录、同参与有关经济决策及具体执行人座谈等审计程序，未发现领导干部超越职权决策、盲目决策等问题。

三、审计评价

审计认为，××同志自2014年10月至2019年8月担任××贸易公司法定代表人、董事长期间，除上述审计发现的问题外，××贸易公司提供的会计资料所反映的财务收支情况基本真实完整，财务收支活动符合财经法规的有关规定，内控制度健全，执行有效，会计核算和会计管理的基础工作规范。

附件：

1. ××贸易有限公司2014年度会计报表
2. ××贸易有限公司2015年度会计报表
3. ××贸易有限公司2016年度会计报表
4. ××贸易有限公司2017年度会计报表
5. ××贸易有限公司2018年度会计报表
6. ××贸易有限公司2019年8月会计报表
7. ××贸易有限公司2014年10月至2019年8月利润表汇总
8. 会计师事务所执照及签字注册会计师执业证书

会计师事务所（特殊普通合伙）　　盖章中国注册会计师××

年　月　日

第六节　什么是改制延伸审计

由于国有企业改制程序多时间长，自企业资产评估基准日到企业改制后进行工商变更登记期间，改制企业持续经营必然会产生损益，按照《关于进一步规范国有企业改制工作实施意见》的规定，因企业盈利而增加的净资产，应上缴国有产权持有单位，或经国有产权持有单位同意，作为改制企业国有权益；因企业亏损而减少的净资产，应由国有产权持有单位补足，或由改制企业用以后年度国有股份应得的股利补足。为了确定损益数额，有必要对改制企业基准日后的经营活动进行延伸审计，依据审计结果进行权益调整。关于延伸审计有以下常见问题。

1. “因企业盈利而增加的净资产”和“因企业亏损而减少的净资产”所指的盈亏不仅包括延伸审计期间的企业经营亏损，还应包括在延伸审计期间，新发现的以前年度应记未记经营损益及其他政策因素，直接调整未分配利润，资本公积等净资产科目而增加、减少的净资产。

2. 延伸审计应以核准的评估值为基础，而非企业原会计账面数，如果企业未调账，延伸审计时应该追溯调整。由于企业改制审计、评估时，已按政策规定进行了坏账核销处理，延伸审计期间不再考虑坏账问题。

3. 关于延伸审计的口径、合并范围和长期投资处理问题，应与经批准改制审计、评估报告处理原则一致。在改制审计、评估时已有函证，并且延伸审计基准日仍保留余额的，无需再函证。

4. 延伸审计基准日新增往来款，一是要有证据，二是金额较大的要有函证。

5. 延伸审计不是对原有审计评估结论的调整，原则上不能改动已经核准备案审计评估报告。

第七节　如何阅读使用改制审计报告

改制财务审计报告是改制工作的重要基础文件，是改制决策的重要依据，使用改制审计报告需要关注下列内容。

1. 改制财务审计结果公示。审计完成后，审计范围和审计结果要在改制企业内部进行三天公示，目的在于接受职工监督。如果只公示资产负债表，不公示资产负债明细，很难起到监督作用，为了有更好的公示效果，公示审计结果应该尽可能详细透明，这样有助于接受监督，发现问题。

2. 关注审计委托方、审计目的。改制审计的委托方必须由产权持有单位委托，不能由改制标的企业自身委托，这样才能从根本上保护产权人利益，保证财务数据的真实可信。改制审计的目的就是为企业开展产权层面的混合所有制改革使用，为企业改制提供真实准确的财务报表和资产负债数据，如实披露改制企业存在的全部影响改制的或有事项、重大合同、重大事件，必须在委托审计业务协议和审计报告前言部分对审计目的予以明确阐明。

3. 关注依据和审计方法。审计报告应说明审计所依据的会计标准，政策依据，为认定财务余额而采用的调查核实方法，方法可行有效，结果才可靠准确。使用审计报告应当关注审计依据和方法是否正确和恰当。

4. 关注房产、土地等大额资产是否有隐瞒遗漏；关注存货、应收账款、其他应收款、应付账款、其他应付账款的余额、账龄、函证情况，判断合理性和真实性，尤其是长期挂账、大额挂账、内部往来和关联企业挂账是否存在不合理虚构情况。

5. 关注审计报告披露的其他重点事项是否影响改制资产价值和改制程序推进。包括银行借款及保证、抵押、质押、融资租赁等担保情况，在途大额资产买卖情况，房屋、土地、大额固定资产的权属是否清晰，有无瑕疵，是否拖欠职工薪酬福利待遇，重大诉讼纠纷和行政处罚。

6. 综合使用清产核资报告、财务审计报告和资产评估报告。改制工作者可以综合对比阅读使用三种报告，因为三种报告都是对企业财务信息的反映，其差异可以反映一些有价值的改制问题。

7. 聘请财务、法律专家对改制财务审计报告和资产评估报告的合理性、科学性进行论证，对报告中提出的资产减值核销、评审差异、披露的重大事项进行论证，可以帮助改制工作者梳理、解决改制存在的问题。

第八节　会计师事务所在国有企业改革中的作用

一、注册会计师与会计师事务所

注册会计师是依法取得注册会计师证书并接受委托从事审计和会计咨询、会计服务业务的执业人员。会计师事务所是依法设立并承办注册会计师业务的机构。注册会计师执行业务，应当加入会计师事务所才能开展。注册会计师协会是由注册会计师组成的社会团体。中国注册会计师协会是注册会计师的全国组织，省、自治区、直辖市注册会计师协会是注册会计师的地方组织。国务院财政部门和省、自治区、直辖市人民政府财政部门，依法对注册会计师、会计师事务所和注册会计师协会进行监督、指导。

会计师事务所可以由注册会计师合伙设立合伙企业（包括特殊普通合伙企业），也可以注册为有限责任公司。会计师事务所由省、自治区、直辖市人民政府财政部门批准设立，在工商部门登记注册。会计师事务所可以设立分支机构。会计师事务所受理业务，不受行政区域，行业的限制。

二、会计师事务所在改制中的作用

国有企业混合所有制改革，由出资人聘请第三方会计师事务所对改制企业出具审计报告是必须程序，清产核资工作也需要注册会计师的参与，注册会计师在国有企业混改中负责提供真实的财务信息，发挥着极其重要的基础性作用。

1. 为改制提供真实的财务信息，揭示改制风险。国有企业混合所有制改革是从产权层面对企业的调整，涉及资产、负债、人员安置等方方面面工作，而人、财、物的信息都在财务账簿和报表中集中反映，注册会计师通过开展清产核资和审计工作，调整规范企业的财务记录行为，还原正常的经营行为，使报表和账簿真实反映准确企业情况。这个过程就是帮助监管机构和出资人摸清企业家底的过程，情况清楚了改革才能有的放矢，才能规避风险与暗礁。

2. 参与改制可行性研究，解决改制问题。会计师事务所里云集了大量的注册会计师、高级会计师。有资产评估资格的会计师事务所还拥有资产评估师、高级工程师、高级经济师。这些专业人员在工作中积累了不少纵向、横向的经验，具有较好的综合素质和较强的专业判断能力，理所当然应成为企业改革的参谋。改制企业可以借助这股专业力量，进行企业改革的可行性研究。会计师事务所更应该主动为企业改革出谋献策，如协助企业分析现有的资金和规模、成本和效益，论证企业缺乏的资源和能力，提出重点应当改革的问题；对企业的存量资产如何合理流动和重组提出可行性的意见，通过资产的优化组合盘活存量资产；为企业优化组织结构提供建议，等等。

三、混改中证券、金融事务对会计师事务所的资质要求

依据《中华人民共和国证券法》第十章“证券服务机构”第一百六十条规定，会计师事务所、律师事务所以及从事资产评估、资信评级、财务顾问、信息技术系统服务的证券服务机构从事证券服务业务，应当报中国证监会和国务院有关主管部门备案。会计师事务所从事国有企业混合所有制改革中，涉及发行、上市、挂牌、交易证券业务的，应当按照《会计师事务所从事证券服务业务备案管理办法》（财会〔2020〕11 号），登录财政会计行业管理系统或证监会会计师事务所备案系统备案。

会计师事务所从事国有金融企业混合所有制改革，应当符合《国有金融企业选聘会计师事务所管理办法》（财金〔2020〕6 号）规定的资格条件。

四、会计师事务所的具体工作和工作成果

围绕为改制提供真实的财务数据，会计师事务所在国有企业改革中的具体工作包括对企业财务账、证、簿进行核对，对会计标准执行情况进行检查，对清产核资结果进行复核或者直接接受委托承担清产核资工作，投资鉴证及报表审计，对企业不规范和错误的科目处理提出整改要求，对欠付工资奖金福利、权属不清晰的资产、无效失效的债权等问题予以披露，揭示改制风险，对计提的各项资产减值准备发表审计意见。

具体工作成果包括：审计报告、专项工作说明、审计建议书等。会计师事务所出具审计报告应当由注册会计师签名。

第九节　改制审计报告模板

××贸易有限公司
审计报告

大华审字〔2019〕　号

目　录

审计报告正文

××贸易有限公司：

我们接受委托，基于××投资有限公司拟对子公司××贸易有限公司（以下简称“××贸易”或“公司”）进行股权挂牌转让之目的，对××贸易截至2019年6月30日的净资产进行审计。

××贸易管理层负责按照企业会计准则的规定编制财务报表，使其实现公允反映，并设计、执行和维护必要的内部控制，以使财务报表不存在由于舞弊或错误导致的重大错报。在编制财务报表时，××贸易管理层负责评估

××贸易的持续经营能力，并运用持续经营假设，除非管理层计划清算××贸易、终止运营或别无其他现实的选择。治理层负责监督××贸易的财务报告过程。

我们的责任是在执行审计工作的基础上对××贸易截至2019年6月30日的净资产发表审计意见。我们按照中国注册会计师审计准则的规定执行了审计工作。按照中国注册会计师职业道德守则，我们独立于××贸易，并履行了职业道德方面的其他责任。我们相信，我们获取的审计证据是充分、适当的，为发表审计意见提供了基础。

我们的目标是对财务报表整体是否不存在由于舞弊或错误导致的重大错报获取合理保证，并出具包含审计意见的审计报告。合理保证是高水平的保证，但并不能保证按照审计准则执行的审计在某一重大错报存在时总能发现。错报可能由于舞弊或错误导致，如果合理预期错报单独或汇总起来可能影响财务报表使用者依据财务报表作出的经济决策，则通常认为错报是重大的。

在按照审计准则执行审计工作的过程中，我们运用职业判断，并保持职业怀疑。同时，我们也执行以下工作。

1. 识别和评估由于舞弊或错误导致的财务报表重大错报风险，设计和实施审计程序以应对这些风险，并获取充分、适当的审计证据，作为发表审计意见的基础。由于舞弊可能涉及串通、伪造、故意遗漏、虚假陈述或凌驾于内部控制之上，未能发现由于舞弊导致的重大错报的风险高于未能发现由于错误导致的重大错报的风险。

2. 了解与审计相关的内部控制，以设计恰当的审计程序，但目的并非对内部控制的有效性发表意见。

3. 评价管理层选用会计政策的恰当性和作出会计估计及相关披露的合理性。

4. 对管理层使用持续经营假设的恰当性得出结论。同时，根据获取的审计证据，就可能导致对××贸易持续经营能力产生重大疑虑的事项或情况是否存在重大不确定性得出结论。如果我们得出结论认为存在重大不确定性，审计准则要求我们在审计报告中提请报告使用者注意财务报表中的相关披露；如果披露不充分，我们应当发表非无保留意见。我们的结论基于截至审计报告日可获得的信息。然而，未来的事项或情况可能导致××贸易不能持续经营。

5. 评价财务报表的总体列报、结构和内容（包括披露），并评价财务报表是否公允反映相关交易和事项。

6. 就××贸易中实体或业务活动的财务信息获取充分、适当的审计证据，以对财务报表发表意见。我们负责指导、监督和执行审计。我们对审计意见承担全部责任。

现将审计情况报告如下：

一、公司基本情况

（一）公司历史沿革及截止日股权结构

××贸易创建于2014年10月22日，于甘肃省兰州保税区市场监督管理局注册登记，并取得注册号为 的企业法人营业执照；注册地址为甘肃省兰州保税区市场大厦410B；注册资本为________万元；法定代表人：________。

根据公司2019年2月10日的股东会决议，将原注册资本________万元变更为________万元，原股东持股比例不变，即××投资有限公司出资300万元，占注册资本的60%；兰州东方盈和资产管理有限公司出资200万元，占注册资本的40%，公司于2019年4月22日完成工商注册变更登记。

截至2019年6月30日，公司实收资本如下：

股东名称	实际出资金额	实际出资比例
××投资有限公司	3000000.00	75.00%
兰州东方盈和资产管理有限公司	1000000.00	25.00%
合计	4000000.00	100.00%

（二）公司母公司及工商登记信息

公司母公司为××投资有限公司。

公司统一社会信用代码/注册号：________。

法定代表人：________。

注册地址：中国（上海）自由贸易试验区________号________幢________层________室。

营业期限：2014年1月10日至2044年1月9日。

经营范围：货物和技术进出口业务，转口贸易，区内企业间的贸易及贸易代理，商务咨询，金属材料及制品、炉料、煤炭、焦炭、燃料油（除危险品）、珠宝首饰、化工原料及产品（除危险化学品、监控化学品、烟花爆竹、民用爆炸物品、易制毒化学品）、塑料制品、矿产品、建材、机械设备、食用农产品、原糖（除食用）、食品、汽车及配件、橡胶及制品、五金交电、机电产品、办公用品、体育用品、纺织用品、日用百货、服装、鞋帽的销售。

（三）公司执行的重要会计政策

公司以持续经营为基础，根据实际发生的交易和事项，按照财政部颁布的《企业会计准则——基本准则》和具体企业会计准则、企业会计准则应用指南、企业会计准则解释及其他相关规定进行确认和计量；并在此基础上编制财务报表。公司执行的重要会计政策说明如下。

（四）外币业务和外币报表折算

1. 外币业务。外币业务交易在初始确认时，采用交易发生日的即期汇率作为折算汇率折合成人民币记账。

资产负债表日，外币货币性项目按资产负债表日即期汇率折算，由此产生的汇兑差额，除属于与购建符合资本化条件的资产相关的外币专门借款产生的汇兑差额按照借款费用资本化的原则处理外，均计入当期损益。以历史成本计量的外币非货币性项目，仍采用交易发生日的即期汇率折算，不改变其记账本位币金额。

以公允价值计量的外币非货币性项目，采用公允价值确定日的即期汇率折算，由此产生的汇兑差额作为公允价值变动损益计入当期损益。如属于可供出售外币非货币性项目的，形成的汇兑差额计入其他综合收益。

2. 外币财务报表的折算。资产负债表中的资产和负债项目，采用资产负债表日的即期汇率折算；所有者权益项目除“未分配利润”项目外，其他项目采用发生时的即期汇率折算。利润表中的收入和费用项目，采用交易发生日的即期汇率折算。按照上述折算产生的外币财务报表折算差额计入其他综合收益。

处置境外经营时，将资产负债表中其他综合收益项目中列示的、与该境外经营相关的外币财务报表折算差额，自其他综合收益项目转入处置当期损益；在处置部分股权投资或其他原因导致持有境外经营权益比例降低但不丧失对境外经营控制权时，与该境外经营处置部分相关的外币报表折算差额将归属于少数股东权益，不转入当期损益。在处置境外经营为联营企业或合营企业的部分股权时，与该境外经营相关的外币报表折算差额，按处置该境外经营的比例转入处置当期损益。

（五）应收款项

对外销售商品或提供劳务形成的应收债权，以及公司持有的其他企业的

（不包括在活跃市场上有报价的债务工具），包括应收账款、其他应收款、应收票据等，以向购货方应收的合同或协议价款作为初始确认金额；具有融资性质的，按其现值进行初始确认。

收回或处置时，将取得的价款与该应收款项账面价值之间的差额计入当期损益。

（六）存货

1. 存货的分类。存货是指公司在日常活动中持有以备出售的产成品或商品、在提供劳务过程中耗用的材料和物料等。主要包括原材料、库存商品、低值易耗品等。

2. 存货的计价方法。存货在取得时，按成本进行初始计量，包括采购成本、加工成本和其他成本。存货发出时按个别认定法计价。

3. 存货的盘存制度。采用永续盘存制。

4. 低值易耗品的摊销方法。

（1）低值易耗品采用一次转销法；

（2）其他周转材料采用一次转销法。

5. 存货可变现净值的确定依据及存货跌价准备的计提方法。期末对存货进行全面清查后，按存货的成本与可变现净值孰低提取或调整存货跌价准备。产成品、库存商品和用于出售的材料等直接用于出售的商品存货，在正常生产经营过程中，以该存货的估计售价减去估计的销售费用和相关税费后的金额，确定其可变现净值；需要经过加工的材料存货，在正常生产经营过程中，以所生产的产成品的估计售价减去至完工时估计将要发生的成本、估计的销售费用和相关税费后的金额，确定其可变现净值；为执行销售合同或者劳务合同而持有的存货，其可变现净值以合同价格为基础计算，若持有存货的数量多于销售合同订购数量的，超出部分的存货的可变现净值以一般销售价格为基础计算。

期末按照单个存货项目计提存货跌价准备；但对于数量繁多、单价较低的存货，按照存货类别计提存货跌价准备；与在同一地区生产和销售的产品系列相关、具有相同或类似最终用途或目的，且难以与其他项目分开计量的存货，则合并计提存货跌价准备。

以前减记存货价值的影响因素已经消失的，减记的金额予以恢复，并在原已计提的存货跌价准备金额内转回，转回的金额计入当期损益。

（七）固定资产

1. 固定资产确认条件。固定资产指为生产商品、提供劳务、出租或经营管理而持有，并且使用寿命超过一个会计年度的有形资产。固定资产在同时满足下列条件时予以确认：

（1）与该固定资产有关的经济利益很可能流入企业；

（2）该固定资产的成本能够可靠地计量。

2. 固定资产初始计量。公司固定资产按成本进行初始计量，其中：

（1）外购的固定资产的成本包括买价、进口关税等相关税费，以及为使固定资产达到预定可使用状态前所发生的可直接归属于该资产的其他支出。

（2）自行建造固定资产的成本，由建造该项资产达到预定可使用状态前所发生的必要支出构成。

（3）投资者投入的固定资产，按投资合同或协议约定的价值作为入账价值，但合同或协议约定价值不公允的按公允价值入账。

购买固定资产的价款超过正常信用条件延期支付，实质上具有融资性质的，固定资产的成本以购买价款的现值为基础确定。实际支付的价款与购买价款的现值之间的差额，除应予资本化的以外，在信用期间内计入当期损益。

3. 固定资产后续计量及处置。

（1）固定资产折旧

除已提足折旧仍继续使用的固定资产和单独计价入账的土地之外，固定资产折旧采用年限平均法分类计提，根据固定资产类别、预计使用寿命和预计净残值率确定折旧率。

利用专项储备支出形成的固定资产，按照形成固定资产的成本冲减专项储备，并确认相同金额的累计折旧。该固定资产在以后期间不再计提折旧。

公司根据固定资产的性质和使用情况，确定固定资产的使用寿命和预计净残值。并在年度终了，对固定资产的使用寿命、预计净残值和折旧方法进行复核，如与原先估计数存在差异的，进行相应的调整。

各类固定资产折旧年限和年折旧率如下：

类别	折旧年限（年）	残值率（%）	年折旧率（%）
电子设备	3	5	31.67
办公设备	5	5	19.00

（2）固定资产的后续支出。与固定资产有关的后续支出，符合固定资产确认条件的，计入固定资产成本；不符合固定资产确认条件的，在发生时计入当期损益。

（3）固定资产处置。当固定资产被处置、或者预期通过使用或处置不能产生经济利益时，终止确认该固定资产。固定资产出售、转让、报废或毁损的处置收入扣除其账面价值和相关税费后的金额计入当期损益。

4. 固定资产的减值测试方法、减值准备计提方法。公司在每期末判断固定资产是否存在可能发生减值的迹象。

固定资产存在减值迹象的，估计其可收回金额。可收回金额根据固定资产的公允价值减去处置费用后的净额与固定资产预计未来现金流量的现值两者之间较高者确定。

当固定资产的可收回金额低于其账面价值的，将固定资产的账面价值减记至可收回金额，减记的金额确认为固定资产减值损失，计入当期损益，同时计提相应的固定资产减值准备。

固定资产减值损失确认后，减值固定资产的折旧在未来期间作相应调整，以使该固定资产在剩余使用寿命内，系统地分摊调整后的固定资产账面价值（扣除预计净残值）。

固定资产的减值损失一经确认，在以后会计期间不再转回。

有迹象表明一项固定资产可能发生减值的，企业以单项固定资产为基础估计其可收回金额。企业难以对单项固定资产的可收回金额进行估计的，以该固定资产所属的资产组为基础确定资产组的可收回金额。

（八）长期待摊费用

1. 摊销方法。长期待摊费用，是指公司已经发生但应由本期和以后各期负担的分摊期限在 1 年以上的各项费用。长期待摊费用在受益期内按直线法分期摊销。

2. 摊销年限。

类别		摊销年限	备注
装修费		按受益期	

（九）借款费用

1. 借款费用资本化的确认原则。公司发生的借款费用，可直接归属于符合资本化条件的资产的购建或者生产的，予以资本化，计入相关资产成本；其他借款费用，在发生时根据其发生额确认为费用，计入当期损益。

符合资本化条件的资产，是指需要经过相当长时间的购建或者生产活动才能达到预定可使用或者可销售状态的固定资产、投资性房地产和存货等资产。

借款费用同时满足下列条件时开始资本化：

(1) 资产支出已经发生，资产支出包括为购建或者生产符合资本化条件的资产而以支付现金、转移非现金资产或者承担带息债务形式发生的支出；

(2) 借款费用已经发生；

(3) 为使资产达到预定可使用或者可销售状态所必要的购建或者生产活动已经开始。

2. 借款费用资本化期间。资本化期间，指从借款费用开始资本化时点到停止资本化时点的期间，借款费用暂停资本化的期间不包括在内。

当购建或者生产符合资本化条件的资产达到预定可使用或者可销售状态时，借款费用停止资本化。

当购建或者生产符合资本化条件的资产中部分项目分别完工且可单独使用时，该部分资产借款费用停止资本化。

购建或者生产的资产的各部分分别完工，但必须等到整体完工后才可使用或可对外销售的，在该资产整体完工时停止借款费用资本化。

3. 暂停资本化期间。符合资本化条件的资产在购建或生产过程中发生的非正常中断、且中断时间连续超过 3 个月的，则借款费用暂停资本化；该项中断如是所购建或生产的符合资本化条件的资产达到预定可使用状态或者可销售状态必要的程序，则借款费用继续资本化。在中断期间发生的借款费用确认为当期损益，直至资产的购建或者生产活动重新开始后借款费用继续资本化。

4. 借款费用资本化金额的计算方法。专门借款的利息费用（扣除尚未动用的借款资金存入银行取得的利息收入或者进行暂时性投资取得的投资收益）及其辅助费用在所购建或者生产的符合资本化条件的资产达到预定可使用或者可销售状态前，予以资本化。

根据累计资产支出超过专门借款部分的资产支出加权平均数乘以所占用一般借款的资本化率，计算确定一般借款应予资本化的利息金额。资本化率根据一般借款加权平均利率计算确定。

借款存在折价或者溢价的，按照实际利率法确定每一会计期间应摊销的折价或者溢价金额，调整每期利息金额。

（十）职工薪酬

职工薪酬，是指公司为获得职工提供的服务或解除劳动关系而给予的各种形式的报酬或补偿。职工薪酬包括短期薪酬、离职后福利、辞退福利和其他长期职工福利。

1. 短期薪酬。短期薪酬是指公司在职工提供相关服务的年度报告期间结束后十二个月内需要全部予以支付的职工薪酬，离职后福利和辞退福利除外。公司在职工提供服务的会计期间，将应付的短期薪酬确认为负债，并根据职工提供服务的受益对象计入相关资产成本和费用。

2. 离职后福利。离职后福利是指公司为获得职工提供的服务而在职工退休或与企业解除劳动关系后，提供的各种形式的报酬和福利，短期薪酬和辞退福利除外。

公司离职后福利计划分类为设定提存计划。离职后福利设定提存计划主要为参加由各地劳动及社会保障机构组织实施的社会基本养老保险、失业保险等；在职工为公司提供服务的会计期间，将根据设定提存计划计算的应缴存金额确认为负债，并计入当期损益或相关资产成本。

3. 辞退福利。辞退福利是指公司在职工劳动合同到期之前解除与职工的劳动关系，或者为鼓励职工自愿接受裁减而给予职工的补偿，在公司不能单方面撤回解除劳动关系计划或裁减建议时和确认与涉及支付辞退福利的重组相关的成本费用时两者孰早日，确认因解除与职工的劳动关系给予补偿而产生的负债，同时计入当期损益。

（十一）终止经营

公司将满足下列条件之一的，且该组成部分已经处置或划归为持有待售类别的、能够单独区分的组成部分确认为终止经营组成部分：

（1）该组成部分代表一项独立的主要业务或一个单独的主要经营地区。

（2）该组成部分是拟对一项独立的主要业务或一个单独的主要经营地区进行处置的一项相关联计划的一部分。

（3）该组成部分是专为转售而取得的子公司。

终止经营的减值损失和转回金额等经营损益及处置损益作为终止经营损

益在利润表中列示。

二、公司截止日财务报表审计情况

（一）截至2019年6月30日公司账面资产、负债和所有者权益情况

项目	账面数
流动资产合计	
其中：货币资金	
应收票据及应收账款	
预付款项	
其他应收款	
存货	
其他流动资产	
非流动资产合计	
其中：固定资产	
长期待摊费用	
资产总计	
流动负债合计	
其中：预收账款	
应付职工薪酬	
应交税费	
其他应付款	
负债合计	
所有者权益合计	
其中：实收资本	
盈余公积	
未分配利润	

（二）审计调整后资产、负债和所有者权益情况

1. 截至2019年6月30日公司资产、负债和所有者权益审定情况。

项目	未审数	调整数	审定数
流动资产合计	59081732. 92	-1853027. 08	57228705. 84
其中：货币资金	472747. 14	19412. 94	492160. 08
应收票据及应收账款			

续表

项目	未审数	调整数	审定数
预付款项			
其他应收款			
存货			
其他流动资产			
非流动资产合计			
其中：固定资产			
长期待摊费用			
资产总计			
流动负债合计			
其中：预收账款			
应付职工薪酬			
应交税费			
其他应付款			
负债合计			
所有者权益合计			
其中：实收资本			
盈余公积			
未分配利润			

2. 影响所有者权益的审计调整事项说明。

（1）调整银行手续费未达账项515.26元，导致未分配利润调减515.26元。

（2）调整已实现销售尚未结转营业收入及营业成本50343.34元，导致未分配利润调减50343.34元。

（3）调整因计提增值税销项税额而产生的城市建设维护税及教育费附加47616.29元，导致未分配利润调减47616.29元。

（4）调整外币汇兑损益2070.89元，导致未分配利润调减2070.89元。

（5）调整多结转的营业成本2608.40元，导致未分配利润调增2608.40元。

（6）根据2019年7月2日公司股东会决议约定，调整应由兰州东方盈和资产管理有限公司承担的相关费用536305.54元，导致未分配利润调增536305.54元。

三、公司截止日财务报表需要说明事项

无。

四、房屋及土地权属情况

截至2019年6月30日，公司无自有房屋和土地情况，经营及办公用房为经营租赁。

五、其他重要事项说明

（一）资产抵押情况

截至2019年6月30日，公司无资产抵押情况。

（二）对外担保和诉讼情况

截至2019年6月30日，公司无对外担保和诉讼情况。

（三）其他事项说明

股东兰州东方盈和资产管理有限公司于2019年8月将100万元出资款以货币资金方式转入公司银行账户，截至审计报告日，公司已收到全部注册资本。

六、报告的使用范围

本报告仅供××投资有限公司决策层用于子公司××贸易有限公司国有股权挂牌转让之参考，非法律、行政法规规定，报告的全部或部分内容不得提供给其他任何单位和个人，不得见诸于公开媒体。因使用不当而造成的后果与本会计师事务所及注册会计师无关。

立华会计师事务所（特殊普通合伙）　　　　中国注册会计师：

年　月　日

第七章

改制资产评估指南

第一节 什么是国有资产评估

《中华人民共和国资产评估法》将资产评估定义为“评估机构及其评估专业人员根据委托对不动产、动产、无形资产、企业价值、资产损失或者其他经济权益进行评定、估算，并出具评估报告的专业服务行为”。

改制财务审计认定了改制企业资产、负债、所有者权益余额的真实性、准确性，解决了改制企业资产范围边界确定和财务信息准确性问题，改制资产评估则确定改制企业资产价值，为国有资产转让、增资入股、投资折股的价格提供依据。《中华人民共和国企业国有资产法》第四十二条规定，“企业改制应当按照规定进行清产核资、财务审计、资产评估，准确界定和核实资产，客观、公正地确定资产的价值”。改制资产评估对企业改制具有以下重要作用和意义。

一、为改制提供价值咨询意见

评估从第三方专业机构角度、市场比较分析角度、功能用途角度，给出确定国有资产价格的参考意见，为国有企业改制决策提供依据，有利于发现国有资产价值，避免国有资产流失。

二、有利于改制成功和企业发展

通过评估可以纠正财务报表对企业财产价值的扭曲反映，如计提折旧的房产经过评估可以还原真实的市场价值，评估也可以发现资产被闲置忽略的功能性价值，比如闲置的设备，通过评估发现价值有利于盘活利用。通过评估也能发现国有资产存在的瑕疵漏洞等重大减值风险，避免国有资产流失。

三、对改制的鉴证作用

评估机构作为第三个机构给出的价格意见，不仅佐证了国有资产的价值，有利于促成投资者参与混合所有制改革，而且对改制程序的客观公正，尤其是国有资产价值确定的合理性起到了鉴证的作用。

第二节　资产评估的情形和委托主体

根据《企业国有资产评估管理暂行办法》的规定，国有企业改制涉及下列情形的需要进行资产评估：整体或者部分改建为有限责任公司或者股份有限公司；以非货币资产对外投资；合并、分立、破产、解散；非上市公司国有股东股权比例变动；产权（股权）转让；资产转让、置换；收购非国有单位的资产（股权）；接受非国有单位以非货币资产出资等。

企业改制中涉及下列情形的，可以不对相关国有资产进行评估：经各级人民政府或其国有资产监督管理机构批准，对企业整体或者部分资产实施无偿划转；国有独资企业与其下属独资企业（事业单位）之间或其下属独资企业（事业单位）之间的合并、资产（产权）置换和无偿划转。

国有资产评估由其产权持有单位委托具有相应资质的资产评估机构进行评估。针对不同经济行为，资产评估工作的委托按以下情况处理：经济行为事项涉及的评估对象属于企业法人财产权范围的，由企业委托；经济行为事项涉及的评估对象属于企业产权等出资人权利的，按照产权关系，由企业的出资人委托。企业接受非国有资产等涉及非国有资产评估的，一般由接受非国有资产的企业委托。

法律政策依据：改制评估主要参考《企业国有资产评估管理暂行办法》（国务院国有资产监督管理委员会令第 12 号）。

第三节　资产评估项目的核准与备案

企业国有资产评估项目实行核准制和备案制。经各级人民政府批准经济行为的事项涉及的资产评估项目，分别由其国有资产监督管理机构负责核准。经国务院国有资产监督管理机构批准经济行为的事项涉及的资产评估项目，由国务院国有资产监督管理机构负责备案；经国务院国有资产监督管理机构所出资企业（以下简称中央企业）及其各级子企业批准经济行为的事项涉及的资产评估项目，由中央企业负责备案。地方国有资产监督管理机构及其所出资企业的资产评估项目备案管理工作的职责分工，由地方国有资产监督管理机构根据各地实际情况自行规定。

一、关于资产评估报告核准

1. 应核准的评估项目在评估前需要向核准机关报告下列事项：（1）相关经济行为批准情况；（2）评估基准日的选择情况；（3）资产评估范围的确定情况；（4）选择资产评估机构的条件、范围、程序及拟选定机构的资质、专业特长情况；（5）资产评估的时间进度安排情况。

2. 申请国有资产评估核准，应给核准机关预留充足的审核时间，一般要求在评估基准日 8 个月内报送审核。评估期间核准机关可以进行现场检查指导评估工作。

3. 提出资产评估项目核准申请时，应当报送下列文件材料：（1）资产评估项目核准申请文件；（2）资产评估项目核准申请表；（3）与评估目的相对应的经济行为批准文件或有效材料；（4）所涉及的资产重组方案或者改制方案、发起人协议等材料；（5）资产评估机构提交的资产评估报告（包括评估报告书、评估说明、评估明细表及其电子文档）；（6）与经济行为相对应的审计报告；（7）资产评估各当事方的相关承诺函；（8）其他有关材料。

4. 核准资产评估报告主要审核以下内容：（1）资产评估项目所涉及的经

济行为是否获得批准；（2）资产评估机构是否具备相应评估资质；（3）评估人员是否具备相应执业资格；（4）评估基准日的选择是否适当，评估结果的使用有效期是否明示；（5）资产评估范围与经济行为批准文件确定的资产范围是否一致；（6）评估依据是否适当；（7）企业是否就所提供的资产权属证明文件、财务会计资料及生产经营管理资料的真实性、合法性和完整性作出承诺；（8）评估过程是否符合相关评估准则的规定；（9）参与审核的专家是否达成一致意见。

二、关于资产评估报告备案

1. 资产评估项目备案需报送下列文件材料：（1）国有资产评估项目备案表；（2）资产评估报告（评估报告书、评估说明和评估明细表及其电子文档）；（3）与资产评估项目相对应的经济行为批准文件；（4）其他有关材料。

2. 资产评估报告是否备案要审核下列事项：（1）资产评估所涉及的经济行为是否获得批准；（2）资产评估机构是否具备相应评估资质，评估人员是否具备相应执业资格；（3）评估基准日的选择是否适当，评估结果的使用有效期是否明示；（4）资产评估范围与经济行为批准文件确定的资产范围是否一致；（5）企业是否就所提供的资产权属证明文件、财务会计资料及生产经营管理资料的真实性、合法性和完整性作出承诺；（6）评估程序是否符合相关评估准则的规定。

3. 评估报告备案需要在评估基准日起 9 个月内提出申请。

第四节　资产评估基准日、范围、方法、程序

一、评估报告基准日

评估报告基准日一般为按照改制预方案确定的改制基准日。由于评估报

告有效期只有一年，所以实践中要根据改制整体时间计划，合理确定改制基准日，尽可能与改制完成日接近，为后续改制工作预留时间。改制基准日通常为做出改制重大决策日期前后一个月。

二、评估对象与范围

评估对象一般为改制方案确定的改制企业整体价值或者企业股东权益价值（整体或部分），与此对应的评估范围是评估对象涉及的资产及负债，包括房产、土地、机器设备、股权投资、债权债务等，企业的专利权、非专利技术、商标权、商誉等无形资产必须纳入评估范围。以被投资企业经营为基础采用收益法评估股东部分权益价值时，法人资产和负债全部属于评估范围，但是并不是评估对象。

三、评估方法

评估方法的选择对国有资产评估结果的影响巨大，评估机构要根据企业实际选择最能反映企业价值的评估方法，科学选取评估参数。

1. 评估方法包括收益现值法、重置成本、现行市价法、清算价格法、国务院国有资产管理行政主管部门规定的其他评估方法。

收益现值法通过估算被评估资产的未来预期收益并折成现值，以此确定被评估资产价值；重置成本法是指按被评估资产的现时重置成本扣除其各项损耗来确定被评估资产价值的方法；现行市价法是指通过比较被评估的资产与最近出售的类似的资产的异同，并将类似资产的市场价格进行合理调整，从而确定被评估资产价值的一种资产评估方法；清算价格法根据企业清算时其资产可变现的价值，评定资产重估价值的方法。

2. 评估企业国有资产应当以企业持续经营为前提，选择两种以上评估方法，经综合分析，形成评估结论，并分别说明选取每种评估方法的理由和确定评估结论的依据。

四、评估程序

国有资产评估一般按照以下程序开展：

1. 与评估机构对接委托事项，明确评估目的、评估对象、评估范围、评估基准日、评估计划、评估依据的权属资料和决策文件。

2. 签订评估业务委托合同，明确评估机构权利义务。

3. 评估机构制订评估方案，内容包括评估目的、方法、计划等。

4. 进入改制企业开展资产核实和现场调查。

5. 评定估算，汇总评估结果，出具评估初步结果。

6. 就初步结果与国有资产监督管理机构、委托人、资产占有单位沟通，修改评估报告。

7. 评估结果公示、核准或者备案。

法律政策依据：国有企业改制评估工作应该执行《国有资产评估管理办法》。

第五节　如何阅读使用改制资产评估报告

改制资产评估报告是国有企业改制最重要的基础性文件，是国有资产保值增值的关键一环，读懂用好改制资产评估报告需要关注以下问题。

1. 关注企业重大资产评估结果的合理性，尤其是房产、土地、商誉等资产的评估价格是否合理，评估结果是否公示接受企业职工监督。

2. 关注评估对象与评估范围是否准确，通过与改制方案、清查核资报告、改制财务审计报告进行比对，查缺补漏，防止国有资产流失。

3. 关注评估方法是否恰当，评估参数选择是否合理，一般要征求财务、法律、资产占有单位人员的意见，保证评估能客观反映国有资产价值。

4. 关注评估报告披露的或有重点事项是否影响改制资产价值和改制程序推进。包括保证、抵押、质押、融资租赁等担保情况，在途大额资产买卖情况，房屋、土地、大额固定资产的权属是否清晰，有无瑕疵，重大诉讼纠纷和行政处罚。划拨土地使用权评估是否经土地管理部门备案。

5. 关注审计报告、评估报告的价值差异。审计、评估按照不同方法标准对企业资产价值的认定和估算，其差异可以反映一些资产的真实状况和隐藏问题，有利于国有资产保值增值，有利于促成改制成功。

专栏7-1

孙长进改制评估中弄虚作假犯贪污罪、挪用资金罪

上诉人（原审被告人）孙长进，男，原江苏阳春集团有限公司董事长，江苏阳春面粉有限公司董事长。因涉嫌犯贪污罪，于2013年9月12日经滨海县人民检察院决定被监视居住，因涉嫌犯贪污罪、行贿罪，于2013年11月7日被刑事拘留，同月14日经滨海县人民检察院决定被监视居住，同月29日被刑事拘留，同年12月16日经盐城市人民检察院决定被逮捕。现羁押于滨海县看守所。

上诉人（原审被告人）唐根华，男，原江苏阳春集团有限公司副总经理，江苏阳春面粉有限公司总经理。因涉嫌犯贪污罪、虚开增值税专用发票罪，于2013年12月12日经滨海县人民检察院决定被监视居住，同月17日被刑事拘留，同月31日经盐城市人民检察院决定被逮捕。现羁押于滨海县看守所。

上诉人（原审被告人）李平，男，原江苏阳春集团有限公司会计，江苏阳春面粉有限公司会计。因涉嫌犯贪污罪，于2013年10月29日经盐城市亭湖区人民检察院决定被取保候审，同年11月27日经滨海县人民检察院决定被监视居住，同年12月17日经滨海县人民检察院决定被取保候审。2014年11月17日经滨海县人民法院决定被逮捕。现羁押于滨海县看守所。

本院经审理查明：

一、贪污

（一）上诉人孙长进、唐根华、李平共同贪污人民币6262222.96元的犯罪事实：

2002年上半年，国有企业江苏阳春集团有限公司（以下简称阳春集团）改制为民营企业江苏阳春面粉有限公司（以下简称阳春公司）期间，上诉人孙长进（时任阳春集团法定代表人）和上诉人唐根华（时任阳春集团副总经理）合谋，为降低改制企业净资产从而能够隐匿国有资产，转入改制后他们持有股份的公司，由上诉人唐根华指使上诉人李平（时任阳春集团会计）等人隐瞒了处置甲字粮收益人民币3758525.81元，出售两

个子公司收益人民币836000元，以及通过预提费用、虚增成本等方式隐瞒利润人民币1667697.15元，致使国有企业阳春集团改制时少计净资产合计人民币6262222.96元。三名上诉人均系改制后阳春公司股东。另查明，上诉人李平犯罪以后自动投案，如实供述自己的罪行并揭发他人犯罪。

（二）上诉人孙长进和裔传善（另案处理）合伙贪污人民币2626880元的犯罪事实：

上诉人孙长进在担任阳春公司法定代表人期间与担任盐城市登瀛粮库（国有企业）法定代表人的裔传善（另案处理）合谋，于2007年至2013年擅自将盐城市登瀛粮库附着在阳春公司沿河西路厂区上登瀛粮库的仓库等固定资产出售给蓝盾公司，后上诉人孙长进和裔传善隐瞒登瀛粮库固定资产已被出售的事实，多次以阳春公司和盐城市登瀛粮库名义向盐城市粮食局打报告要求核销登瀛粮库相关账面资产。至案发，阳春公司将盐城蓝盾建筑消防安装有限公司（以下简称蓝盾公司）将上述盐城市登瀛粮库资产出售款支付给阳春公司，被阳春公司收益、处分。经盐城市明达司法会计鉴定所鉴定，阳春公司在拆迁中处置的盐城市登瀛粮库固定资产价值为人民币2626880元。滨海县人民检察院扣押了瞿某华经手保管的人民币480000元。

二、虚开增值税专用发票

盐城市登瀛粮库与阳春集团均系由原盐城市面粉厂改制而成立的两家独立法人单位。2002年7月左右，阳春集团以登瀛粮库的名义向盐城市农业发展银行申请人民币5000000元贷款用于周转资金。至2003年4月份左右的时候，该笔贷款到期，阳春公司转了人民币516万余元到登瀛粮库账上，用于登瀛粮库归还贷款。为了使账面平整，在两家单位不存在真实交易的情况下，上诉人唐根华指使于某坚（已判刑）以登瀛粮库向阳春公司销售小麦的名义虚开6份增值税专用发票给阳春公司，金额合计人民币4574681.43元、税额合计人民币594708.59元、价税合计人民币5169390.02元，上述发票均已被抵扣税款。

三、挪用资金

上诉人孙长进于2011年8月至2012年1月，擅自将蓝盾公司支付给阳春公司的150万元拆迁安置补偿资金投资到盐城市瑞都投资有限公司进行营利活动。案发后，该投资款以及所得利息被查封、扣押人民币合计 1728000 元。

（此处略去部分质证内容）

本院认为，上诉人（原审被告人）孙长进、唐根华、李平利用职务上的便利，在国有企业改制过程中隐瞒公司收益，转为本人持有股份的改制后公司所有，使阳春集团在改制时净资产减少合计人民币 6262222.96 元，其行为均已构成贪污罪，且属共同犯罪，上诉人孙长进、唐根华在共同犯罪中起主要作用，系主犯，上诉人李平在共同犯罪中起次要作用，系从犯，依法应当从轻、减轻或者免除处罚。上诉人孙长进利用其他工作人员职务上的便利，与他人一起侵吞国有企业资产计人民币 2626880 元，构成贪污罪，且属共同犯罪，应当按照上诉人孙长进在共同犯罪中所起的作用予以处罚。上诉人孙长进身为阳春公司工作人员，利用职务上的便利，挪用本单位资金归个人使用，数额巨大，构成挪用资金罪。上诉人唐根华作为单位犯罪直接负责的主管人员，虚开增值税专用发票，数额巨大，其行为构成虚开增值税专用发票罪。上诉人孙长进、唐根华均一人犯数罪，应当予以并罚。上诉人李平犯罪以后自动投案，如实供述自己的罪行，系自首，依法可以从轻或者减轻处罚。上诉人李平揭发他人犯罪，具有立功表现，依法可以从轻或者减轻处罚。综合上诉人李平的犯罪情节，依法可对上诉人李平减轻处罚。根据上诉人孙长进、唐根华、李平的主观恶性及在改制后企业各自所占股金的比例等情况，本院在量刑时将予以综合考虑。出庭检察员提出的一审法院未适用虚开增值税专用发票罪的单位犯罪条款不当等出庭意见成立，本院予以支持。鉴于一审判决认定的部分事实中有关数额予以核减，以及未引用相关单位犯罪条款，本院依法予以改判。据此，依照《中华人民共和国刑法》第三百八十二条、第三百八十三条第一款第（一）项、第二款、第二百七十二条第一款、第二百零五条、第二十五条第一款、第二十六条第一款、第二十七条、第九十三条第二款、第六十七条第一款、第六十八条、第六十九条、第六十四条、《最高人民法院、最高人民检察院关于办理国家出资企业中职务犯罪案件具体应用法律问题若干问题的意见》第一条第一、二款以及《中华人民共和国刑事诉讼法》第二百二十五条第（二）项、第（三）项之规定，判决如下：

一、撤销滨海县人民法院（2014）滨刑二初字第 0063 号刑事判决。

二、上诉人孙长进犯贪污罪，判处有期徒刑十二年六个月，并处没收财产人民币三十万元；犯挪用资金罪，判处有期徒刑四年六个月；决定执行有期徒刑十三年，并处没收财产人民币三十万元；

（刑期从判决执行之日起计算。判决执行以前先行羁押的，羁押一日折抵刑期一日，监视居住二日折抵刑期一日，即自二〇一三年十一月二十九日起至二〇二六年十月十五日止。财产刑限判决生效后一个月内履行。）

上诉人唐根华犯贪污罪，判处有期徒刑十一年六个月，并处没收财产人民币二十五万元；犯虚开增值税专用发票罪，判处有期徒刑十年；决定执行有期徒刑十四年，并处没收财产人民币二十五万元。

（刑期从判决执行之日起计算。判决执行以前先行羁押的，羁押一日折抵刑期一日，监视居住二日折抵刑期一日，即自二〇一三年十二月十七日起至二〇二七年十二月十三日止。财产刑限判决生效后一个月内履行。）

上诉人李平犯贪污罪，判处有期徒刑四年。

（刑期从判决执行之日起计算。判决执行以前先行羁押的，羁押一日折抵刑期一日，监视居住二日折抵刑期一日，即自二〇一四年十一月十七日起至二〇一八年十一月五日止。）

三、扣押在案的涉案财物由扣押单位依法处置；未退赃款继续予以追缴。

本判决为终审判决。

资料来源：摘录自江苏省盐城市中级人民法院（2015）盐刑二终字第00009号刑事判决书。

第六节　资产评估师在国有企业改革中发挥的作用

一、注册资产评估师与评估师事务所

评估师是指通过评估师资格考试的评估专业人员。评估专业人员从事评

估业务，应当加入评估机构，并且只能在一个评估机构从事业务。评估机构依法采用合伙或者公司形式，聘用评估专业人员开展评估业务。设立评估机构，应当向工商行政管理部门申请办理登记，资产评估机构应当自领取营业执照之日起30日内，通过备案信息管理系统向所在地省级财政部门备案。评估行业协会是评估机构和评估专业人员的自律性组织，依照法律、行政法规和章程实行自律管理。政府财政部门对资产评估行业的监督管理。评估师事务所可以设立分支机构，不受行政区域、行业限制。

二、评估师事务所在改制中的作用

首先，评估师根据评估准则和评估经验，从市场比较分析角度、功能用途角度，给出确定国有资产转让价格的参考意见。评估师凭借对项目的理解，对资产市场价值的经验判断，为国有企业改制决策提供价格依据，有利于国有资产保值增值。

其次，通过评估师对国有资产的盘点和评估，纠正财务报表对企业财产价值的扭曲反映，比如计提折旧的房产经过评估可以还原真实的市场价值，评估也可以发现资产被闲置忽略的功能性价值，如闲置的设备，通过评估发现价值有利于盘活利用。通过评估也能发现国有资产存在的瑕疵漏洞等重大减值风险，避免国有资产流失。

三、混合所有制改革中涉及证券业务对评估师事务所的资质要求

依据《中华人民共和国证券法》第十章“证券服务机构”第一百六十条规定，会计师事务所、律师事务所以及从事资产评估、资信评级、财务顾问、信息技术系统服务的证券服务机构从事证券服务业务，应当报中国证监会和国务院有关主管部门备案。评估师事务所从事国有企业混合所有制改革中，涉及上市公司证券业务的，应当按照《证券服务机构从事证券服务业务备案管理规定》，登录证监会评估师事务所备案系统备案。

四、评估师事务所的具体工作和工作成果

为客观反映混合所有制改革中国有资产的价值，评估师事务所应当指定至少两名相应专业类别的评估师承办改制资产评估。评估师应当根据评估业务具体情况，对评估对象进行现场调查，搜集权属证明、财务会计信息和其他资料并进行核查验证、分析整理，作为评估的依据。评估专业人员应当选择两种以上适当的评估方法，经综合分析，形成评估结论，编制评估报告。评估机构应当对评估报告进行内部审核。评估报告应当由至少两名承办该项业务的评估师签名并加盖评估机构印章。评估师事务所的工作成果主要是资产评估报告。

专栏 7-2

会计师事务所、评估师事务所从事证券业务的备案要求和内容

依据《证券服务机构从事证券服务业务备案管理规定》，证券服务机构备案分为首次备案、重大事项备案、年度备案三种。首次备案是证券服务机构首次从事证券服务业务，应当在签订服务协议之日起 10 个工作日内备案；重大事项备案是在证券服务机构发生重大事项之日起 10 个工作日内备案。年度备案是每年 4 月 30 日前进行年度备案。

会计师事务所、评估师事务所备案内容包括：

（一）证券服务机构备案表；

（二）证券服务机构营业执照、在行业主管部门取得的执业许可或者备案文件；

（三）证券服务机构及其依照本规定备案的从业人员因执业行为涉嫌违法违规被立案调查，或者被司法机关立案侦查，以及近三年因执业行为受到刑事处罚、行政处罚、监督管理措施、自律监管措施和纪律处分的情况；

（四）中国证监会和国务院有关主管部门规定的其他材料；

（五）从事证券服务业务质量控制制度等内部管理制度及执行情况说明；

（六）截至备案上月末注册资产评估师情况；

（七）截至备案上月末合伙人（股东）情况；

（八）上一年度财务报表审计报告；

（九）职业责任保险保单信息（如有）。

第七节　国有资产评估报告模板

××集团拟转让持有的××贸易有限公司股权项目资产评估报告

中×华评报字（2019）第958号

目　录

声明

一、本资产评估报告依据财政部发布的资产评估基本准则和中国资产评估协会发布的资产评估执业准则和职业道德准则编制。

二、本资产评估机构及其资产评估师遵守法律、行政法规和资产评估准则，坚持独立、客观、公正的原则，并对所出具的资产评估报告依法承担责任。

三、委托人或者其他资产评估报告使用人应当按照法律、行政法规规定和资产评估报告载明的使用范围使用资产评估报告；委托人或者其他资产评估报告使用人违反前述规定使用资产评估报告的，资产评估机构及其资产评估师不承担责任。

本资产评估报告仅供委托人、资产评估委托合同中约定的其他资产评估报告使用人和法律、行政法规规定的资产评估报告使用人使用；除此之外，其他任何机构和个人不能成为资产评估报告的使用人。

本资产评估机构及资产评估师提示资产评估报告使用人应当正确理解评估结论，评估结论不等同于评估对象可实现价格，评估结论不应当被认为是对评估对象可实现价格的保证。

四、评估对象涉及的资产、负债清单及企业经营预测资料由委托人、被评估单位申报并经其采用签名、盖章或法律允许的其他方式确认；委托人和其他相关当事人依法对其提供资料的真实性、完整性、合法性负责。

五、资产评估师已对评估对象及其所涉及资产进行现场调查；已对评估对象及其所涉及资产的法律权属状况给予必要的关注，对评估对象及其所涉及资产的法律权属资料进行了查验，对已经发现的问题进行了如实披露，并且已提请委托人及其他相关当事人完善产权以满足出具资产评估报告的要求。

六、本资产评估机构及资产评估师与资产评估报告中的评估对象没有现存或者预期的利益关系，与相关当事人没有现存或者预期的利益关系，对相关当事人不存在偏见。

七、本资产评估机构出具的资产评估报告中的分析、判断和结果受资产评估报告中假设和限制条件的限制，资产评估报告使用人应当充分考虑资产评估报告中载明的假设、限制条件、特别事项说明及其对评估结论的影响。

资产评估报告正文

××集团：

中×华资产评估有限责任公司接受贵公司的委托，按照法律、行政法规和资产评估准则的规定，坚持独立、客观、公正的原则，采用资产基础法、收益法，按照必要的评估程序，对××集团拟转让持有的××贸易有限公司股权涉及的××贸易有限公司的股东全部权益在评估基准日的市场价值进行了评估。现将资产评估情况报告如下：

一、委托人、被评估单位和资产评估委托合同约定的其他资产评估报告使用人

本次评估的委托人为××集团，被评估单位为××贸易有限公司，资产评估委托合同未约定其他资产评估报告使用人。

（一）委托人简介

企业名称：××集团

住所：经营场所：法定代表人：注册资本：企业类型：有限责任公司（非自然人投资或控股的法人独资）经营范围：

（二）被评估单位简介

1. 公司简况

公司名称：________住所：________经营场所：________法定代表人：________注册资本：________企业类型：________其他有限责任公司：________经营范围：________

2. 公司股东及持股比例、股权变更情况

3. 公司产权和经营管理结构

4. 被评估单位近三年的资产、财务和经营状况

被评估单位评估基准日及前三年的财务状况如下表（略）。

被评估单位评估基准日及前三年的经营状况如下表（略）。

被评估单位评估基准日经大华会计师事务所（特殊普通合伙）审计，并发表了大华核字××号无保留意见的审计报告。

5. 委托人与被评估单位之间的关系

委托人××集团是被评估单位××贸易有限公司的控股股东。

（三）资产评估委托合同约定的其他资产评估报告使用人

资产评估委托合同未约定其他资产评估报告使用人。

二、评估目的

××集团拟转让持有的××贸易有限公司股权，为此需对××贸易有限公司的股东全部权益进行评估，为上述经济行为提供价值参考依据。该经济行为已经××市国资委批准。

三、评估对象和评估范围

（一）评估对象

评估对象是××贸易有限公司的股东全部权益价值。

（二）评估范围

评估范围是被评估单位的全部资产及负债。评估基准日，评估范围内的资产包括流动资产、固定资产及长期待摊费用。总资产账面价值为4553.59万元，总负债账面价值为4363.08万元，净资产账面价值为190.51万元。

委托评估对象和评估范围与经济行为涉及的评估对象和评估范围一致。评估基准日，评估范围内的资产、负债账面价值已经大华会计师事务所（特殊普通合伙）审计，并发表了无保留意见。

（三）评估范围内主要资产的情况如下：

评估基准日，评估范围内的电子设备包括电脑、打印机、办公桌椅等办公设备。其主要购建于2014—2018年期间，维修保养正常，均在正常使用中。

（四）企业申报的表外资产情况

无。

（五）引用其他机构出具的报告结论

本次评估利用了大华会计师事务所（特殊普通合伙）出具的大华字××号无保留意见的审计报告。

四、价值类型

根据评估目的，确定评估对象的价值类型为市场价值。

市场价值是指自愿买方和自愿卖方，在各自理性行事且未受任何强迫的情况下，评估对象在评估基准日进行正常公平交易的价值估计数额。

该资产评估业务对市场条件和评估对象的使用等并无特别限制和要求，因此本次评估选择市场价值作为评估对象的价值类型。

五、评估基准日

本报告的评估基准日为：2019年8月31日。

评估基准日由委托人确定。

确定评估基准日主要考虑了如下因素：

（一）选定的评估基准日应尽可能与评估目的实现日接近，使评估结论较合理地为评估目的服务；

（二）评估基准日选定会计期末并与审计截止日保持一致，能够较全面完整地反映委估资产及负债的账面情况，便于资产清查核实等工作的开展。

六、评估依据

（一）经济行为依据

××市国资委《关于同意××集团转让××贸易公司股权的批复》。

（二）法律法规依据（略）

（三）评估准则依据（略）

（四）权属依据

电子设备购置合同、发票。

（五）取价依据

（六）其他参考依据

七、评估方法

收益法，是指将评估对象预期收益资本化或者折现，确定其价值的评估方法。

市场法，是指将评估对象与可比上市公司或者可比交易案例进行比较，确定其价值的评估方法。

资产基础法，是指以评估对象在评估基准日的资产负债表为基础，评估表内及可识别的表外各项资产、负债价值，确定其价值的评估方法。

《资产评估执业准则——企业价值》规定，执行企业价值评估业务，应当根据评估目的、评估对象、价值类型、资料收集等情况，分析收益法、市场法和资产基础法三种基本方法的适用性，选择评估方法。对于适合采用不同评估方法进行企业价值评估的，资产评估专业人员应当采用两种以上评估方法进行评估。

本次评估选用的评估方法为：资产基础法、收益法。评估方法选择采用理由如下：

根据评估目的、评估对象、价值类型、资料收集情况等相关条件，以及三种评估基本方法的适用条件，市场上与被评估单位目前生产经营状况类似的企业的交易案例极少，不适用市场法。

被评估单位具备可利用的历史资料，未来收益及收益对应的风险可以预测，适用于收益法；同时被评估单位在评估基准日不存在对评估对象价值有重大影响且难以辨识和评估的资产和负债，同样适用于资产基础法。

八、评估程序实施过程和情况

评估人员于2019年7月21日至2019年11月28日对评估对象涉及的资产和负债实施了评估。主要评估程序实施过程和情况如下：

（一）接受委托

（二）前期准备

1. 拟定评估计划。按照本次委托评估资产的特点以及时间上的总体要求，制定资产评估工作计划。

2. 组建评估团队。组建评估项目组，确定项目负责人和项目组人员。

3. 实施项目培训。

（1）对被评估单位人员培训；

（2）对评估人员培训。

（三）现场调查

1. 资产核实。

（1）指导被评估单位填表和准备应向评估机构提供的资料。

（2）初步审查和完善被评估单位填报的资产评估明细表。

（3）现场实地勘查。根据纳入评估范围的资产类型、数量和分布状况，评估人员在被评估单位相关人员的配合下，按照资产评估准则的相关规定，对各项资产进行了现场勘查，并针对不同的资产性质及特点，采取了不同的勘查方法。

（4）补充、修改和完善资产评估明细表。评估人员根据现场实地勘查结果，并和被评估单位相关人员充分沟通，进一步完善“资产评估明细表”，以做到账、表、实相符。

（5）查验产权证明文件资料。评估人员对纳入评估范围的设备等资产的产权证明文件资料进行查验，对权属资料不完善、权属不清晰的情况提请企业核实或出具相关产权说明文件。

2. 尽职调查。评估人员为了充分了解被评估单位的经营管理状况及其面临的风险，进行了必要的尽职调查。尽职调查的主要内容如下：

（1）被评估单位的历史沿革、主要股东及持股比例、必要的产权和经营管理结构；

（2）被评估单位的资产、财务、生产经营管理状况；

(3) 被评估单位的经营计划、发展规划和财务预测信息;

(4) 评估对象、被评估单位以往的评估及交易情况;

(5) 影响被评估单位生产经营的宏观、区域经济因素;

(6) 被评估单位所在行业的发展状况与前景;

(7) 其他相关信息资料。

(四) 资料收集

评估人员根据评估项目的具体情况进行了评估资料收集，包括直接从市场等渠道独立获取的资料，从委托人等相关当事人获取的资料，以及从政府部门、各类专业机构和其他相关部门获取的资料，并对收集的评估资料进行了必要分析、归纳和整理，形成评定估算的依据。

(五) 评定估算

评估人员针对各类资产的具体情况，根据选用的评估方法，选取相应的公式和参数进行分析、计算和判断，形成了初步评估结论。项目负责人对各类资产评估初步结论进行汇总，撰写并形成初步资产评估报告。

(六) 内部审核

根据我公司评估业务流程管理办法规定，项目负责人在完成初步资产评估报告后提交公司内部审核。项目负责人在内部审核完成后，与委托人或者委托人同意的其他相关当事人就资产评估报告有关内容进行沟通，根据反馈意见进行合理修改后出具并提交资产评估报告。

九、评估假设

本资产评估报告分析估算采用的假设条件如下:

(一) 一般假设

1. 假设国家现行的有关法律法规及政策、国家宏观经济形势无重大变化，本次交易各方所处地区的政治、经济和社会环境无重大变化;

2. 针对评估基准日资产的实际状况，假设企业持续经营;

3. 假设和被评估单位相关的利率、汇率、赋税基准及税率、政策性征收费用等评估基准日后不发生重大变化;

4. 假设评估基准日后被评估单位的管理层是负责的、稳定的，且有能力担当其职务;

5. 除非另有说明，假设被评估单位完全遵守所有有关的法律法规;

6. 假设评估基准日后无不可抗力及不可预见因素对被评估单位造成重大

不利影响。

（二）特殊假设

1. 假设评估基准日后被评估单位采用的会计政策和编写本资产评估报告时所采用的会计政策在重要方面保持一致；

2. 假设评估基准日后被评估单位在现有管理方式和管理水平的基础上，经营范围、方式与目前保持一致；

3. 假设评估基准日后被评估单位的现金流入为平均流入，现金流出为平均流出。

本资产评估报告评估结论在上述假设条件下在评估基准日时成立，当上述假设条件发生较大变化时，签名资产评估师及本评估机构将不承担由于假设条件改变而推导出不同评估结论的责任。

十、评估结论

（一）收益法评估结果

××贸易有限公司评估基准日总资产账面价值为4553.59万元；总负债账面价值为4363.08万元；净资产账面价值为190.51万元。

收益法评估后的股东全部权益价值为-1132.09万元，减值额为1322.60万元，减值率为694.24%。

（二）资产基础法评估结果

××贸易有限公司评估基准日总资产账面价值为4553.59万元，评估价值为4554.11万元，增值额为0.52万元，增值率为0.01%；总负债账面价值为4363.08万元，评估价值为4363.08万元，无评估增减值；净资产账面价值为190.51万元，资产基础法评估价值为191.03万元，增额为0.52万元，增值率为0.27%。

资产基础法具体评估结果详见下列评估结果汇总表：

资产基础法评估结果汇总表

评估基准日：2019年8月31日　　　　金额单位：万元

项目		账面价值	评估价值	增减值	增值率%
		A	B	C=B-A	D=C/A×100%
一、流动资产	1	4536.84	4536.84	0.00	0.00
二、非流动资产	2	16.75	17.27	0.52	3.10
固定资产	3	8.30	8.82	0.52	6.27

续表

项目		账面价值	评估价值	增减值	增值率%
		A	B	C = B - A	D = C/A × 100%
其他非流动资产	4	8.45	8.45	0.00	0.00
资产总计	5	4553.59	4554.11	0.52	0.01
三、流动负债	6	4363.08	4363.08	0.00	0.00
负债总计	7	4363.08	4363.08	0.00	0.00
净资产	8	190.51	191.03	0.52	0.27

（三）评估结论

收益法评估后的股东全部权益价值为 -1132.09 万元，资产基础法评估后的股东全部权益价值为 191.03 万元，两者相差 1323.12 万元，差异率为 692.62%。

收益法评估结果与资产基础法两种评估方法考虑的角度不同，资产基础法是从资产再取得途径考虑的，反映的是企业现有资产的重置价值。收益法是从企业的未来获利能力角度考虑，从企业资产未来经营活动所产生的净现金流角度反映企业价值，受企业资产及相关业务未来盈利能力、资产质量、管理人员经营能力、经营风险以及宏观经济、等多种因素的影响，不同的影响因素导致了不同的评估结果。

本次评估选取资产基础法结果，具体分析如下：

近两年受政策、经济环境等因素影响，贸易收入下降较大；汽车平行进口试点地区竞争较激烈，对于企业有一定的影响；同时企业未来年度投资计划、经营策略存在的不确定性，导致企业收益实现的不确定性较大。

因此，本资产评估报告评估结论采用资产基础法评估结果，即：××贸易有限公司的股东全部权益价值评估结果为 191.03 万元。

本资产评估报告没有考虑由于具有控制权可能产生的溢价（没有考虑流动性）对评估对象价值的影响。

十一、特别事项说明

以下为在评估过程中已发现可能影响评估结论但非评估人员执业水平和专业能力所能评定估算的有关事项：

（一）根据《资产评估法》、相关评估准则以及《资产评估对象法律权属指导意见》，委托人和相关当事人委托资产评估业务，应当对其提供的权属证明、财务会计信息和其他资料的真实性、完整性和合法性负责。执行资产评估业务的目的是对资产评估对象价值进行估算并发表专业意见，对资产评估对象法律权属确认或者发表意见超出资产评估专业人员的执业范围。资产评估专业人员不得对资产评估对象的法律权属提供保证。

（二）本资产评估报告中，所有以万元为金额单位的表格或者文字表述，如存在总计数与各分项数值之和出现尾差，均为四舍五入原因造成。

（三）本次评估利用了大华会计师事务所（特殊普通合伙）出具的大华核字××号无保留意见的审计报告。资产评估专业人员根据所采用的评估方法对财务报表的使用要求对其进行了分析和判断，但对相关财务报表是否公允反映评估基准日的财务状况和当期经营成果、现金流量发表专业意见并非资产评估专业人员的责任。

（四）根据公司2019年2月22日股东会决议及后续补充决议：公司于2019年2月28日至6月30日期间发生的各项管理费用、销售费用以及财务费用共计536305.54元，全部由股东大连东方盈和资产管理有限公司承担。另外公司2019年预收大连东方盈和资产管理有限公司购车款30329008.90元人民币。

资产评估报告使用人应注意以上特别事项对评估结论产生的影响。

十二、资产评估报告使用限制说明

（一）资产评估报告使用范围

1. 资产评估报告的使用人为委托人和国家法律、行政法规规定的资产评估报告使用人。

2. 资产评估报告所揭示的评估结论仅对本项目对应的经济行为有效。

3. 资产评估报告的评估结论使用有效期为自评估基准日起一年。委托人或者其他资产评估报告使用人应当在载明的评估结论使用有效期内使用资产评估报告。

4. 未经委托人书面许可，资产评估机构及其资产评估专业人员不得将资产评估报告的内容向第三方提供或者公开，法律、行政法规另有规定的除外。

5. 未征得资产评估机构同意，资产评估报告的内容不得被摘抄、引用或者披露于公开媒体，法律、行政法规规定以及相关当事人另有约定的除外。

（二）委托人或者其他资产评估报告使用人未按照法律、行政法规规定和资产评估报告载明的使用范围使用资产评估报告的，资产评估机构及其资产评估专业人员不承担责任。

（三）除委托人、资产评估委托合同中约定的其他资产评估报告使用人和法律、行政法规规定的资产评估报告使用人之外，其他任何机构和个人不能成为资产评估报告的使用人。

（四）资产评估报告使用人应当正确理解和使用评估结论，评估结论不等同于评估对象可实现价格，评估结论不应当被认为是对评估对象可实现价格的保证。

（五）资产评估报告系资产评估机构及其资产评估师遵守法律、行政法规和资产评估准则，根据委托履行必要的资产评估程序后出具的专业报告，本报告经承办该评估业务的资产评估师签名并加盖评估机构公章，经国有资产监督管理机构或所出资企业备案（核准）后方可正式使用。

十三、资产评估报告日

本资产评估报告提出日期为：2019 年 11 月 28 日。

资产评估师：

中×华资产评估有限责任公司

二〇一九年十一月二十八日

第八章

国有企业混合所有制改革中的无偿划转工作

第一节 什么是国有产权无偿划转

企业国有产权无偿划转，是指企业国有产权在政府机构、事业单位、国有独资企业、国有独资公司之间的无偿转移。无偿划转是我国公有制为主体的经济模式的特定产物，对于我国国有经济布局和结构调整以及优化产业结构和提高企业核心竞争力，有以下重要的现实意义。

一、保证国民经济均衡发展的有力工具

凯恩斯关于国家资本主义的理论认为，完全自由的市场经济会导致资本过度投资和生产能力过剩，最终导致经济危机，发达资本主义国家政府越来越多的对自由市场经济进行干预，但是受制于私有产权的约束，根本上并不能克服自由市场经济的弊端。我国实行社会主义公有制为主体的市场经济，宏观调控和计划从未缺席中国经济，在国有企业中进行无偿划转，能够高效率促成企业重组整合，解决生产过剩问题，是我国政府调整国民经济，以实现均衡发展的有力工具。

二、在国有企业改革中使用无偿划转可以减税降本

在国企整合及产业布局调整过程中，无偿划转能够享受土地房产方面的税收政策优惠，降低了企业改革整合成本。

三、无偿划转是国有企业改革剥离资产的便捷方式

国有企业改革改制中，一方面需要剥离非经营性资产，实现主辅分离，另一方面，需要按照投资者要求，对企业资产中非主业的资产和低效资产进行调整，在国有独资企业中，无偿划转是资产调整剥离的主要方式。

专栏8－1

中国旅游集团无偿划转、重组变革创建世界一流企业

根据党中央、国务院关于深化改革的决策部署，原中国港中旅集团（以下简称“港中旅集团”）、中国国旅集团（以下简称“国旅集团”）于2016年7月11日实施战略重组，重组后的中国港中旅集团更名为中国旅游集团有限公司（以下简称“中国旅游集团”）。近3年来，特别是2017年12月底新领导班子上任以来，中国旅游集团坚决落实党中央、国务院关于全面深化国有企业改革的各项要求，围绕做强做优做大国有企业的战略发展方向，聚焦旅游文化主业，积极稳妥地推进两集团的战略重组，加快了深改、快改的步伐，并按照市场导向和旅游消费属性重组重构了内部业务单元，取得了积极成效。

一、主要做法

（一）坚持步步为营，扎实做好职能对接

2016年8月3日，旅中集团与国旅集团召开战略重组大会，全面推动两集团实质性整合工作，按照“总体规划、分步实施、步步为营、扎实推进”的总体原则，从管控、制度、流程、人员和工作五个方面实施具体对接。一是管控对接，解决怎么管的问题；二是制度对接，解决依法治企的问题；三是流程对接，解决如何有序开展工作的问题；四是人员对接，解决责任对口的问题；五是工作对接，解决责任主体的问题，经过3周的现场对接和有序工作，两集团扎实地完成了职能管理对接，为推进后续的战略整合、业务整合等工作打下了良好的基础。

（二）坚持战略引领，推进新集团战略整合

基于新的形势、新的起点和新的使命，重点结合重组整合推进的情况，中国旅游集团于2016年下半年全面启动了集团“十三五”规划编制工作，出台了《集团“十三五”发展规划》，勾画了未来发展的蓝图。党的十九大后，中国旅游集团积极把握新时代的新机遇，主动贯彻党中央、国务院有关培育具有全球竞争力的世界一流企业的要求。2018年7月聘请国际知名的战略咨询公司对集团发展战略进行了优化，确立了“成为拥有卓越产品创新能力与资源禀赋，具备全球竞争力的世界一流旅游产业集

团”的发展愿景；明确了构建旅游服务、旅游投资和运营、旅游零售、旅游金融、酒店运营、战略创新孵化业务六大事业群的方向，明确了集团新的战略定位，发展目标和关键举措。

（三）坚持统筹安排，推进新集团业务整合

2016 年 12 月，原国旅集团持有的国旅股份全部股权无偿划转给中国旅游集团，并完成各项手续。原港中旅集团所属资产经营公司，整体并入原国旅集团本部（管理国旅集团非上市业务，主要包括天马汽车、物业管理等），重组形成了新国旅集团。2017 年 3 月，原港中旅集团所属中国旅行社总社托管给国旅股份。在此基础上，根据重组整合推进的情况，2018 年 5 月，中国旅游集团新设整合管理办公室，启动并实施了旅行服务业务、旅游投资和运营业务等第一批涉及全局和核心业务的两个重组整合项目。2019 年 4 月，中国旅游集团又启动了旅游零售业务、旅游金融业务两个重组整合项目，加快围绕集团旅游产业链一体化重构业务单元，形成旅游业务占据绝大多数份额的产业格局。

（四）坚持问题导向，推进两总社重组整合

两集团的旅行社业务（中旅总社和国旅总社）整合是中国旅游集团重组的关键点和难点。2016 年 12 月，经过充分酝酿，中国旅游集团完成中旅总社和国旅总社董事长和总经理的交叉任职，解决了重组整合中的一致性领导问题。2017 年 3 月，中国旅游集团完成中旅总社托管给国旅股份的协议签署，解决了整合发展的合规性问题。2018 年 5 月，中国旅游集团主导成立了专门的工作组，历时 3 个多月集中办公，制定了中旅总社、国旅总社、香港中旅社等旅行社业务与证件业务重组整合的方案，搭建了旅行服务事业群。中国旅游集团从顶层设计入手，系统优化整个旅行服务业务的战略定位、发展规划、商业模式、管控体系、产权架构、业务布局、人员配置和体制机制，着力打造具有强业务能力的运营管控型事业群总部，强化旅行服务业务在集团旅游产业链中的集客、送客功能。2018 年 10 月，重组方案正式实施，目前经营管理已实现一体化运作，中旅总社已更名为中国旅游旅行服务有限公司，成为事业群总部平台，并入了国旅总社、香港中旅社，为下一步的混合所有制改革奠定了坚实的基础。

二、改革成效

中国旅游集团坚决落实党中央、国务院关于全面深化国有企业改革的各项要求，围绕做强做优做大国有企业的战略方向，稳妥有序地推进重组工作，取得了一定的成效。

（一）集团综合实力明显提升

2018年年末，中国旅游集团总资产达1008亿元，比2016年年末同口径增长了26.2%。2018年，中国旅游集团实现营业收入669.4亿元，比2016年同口径增长32.9%；实现利润总额64.7亿元，比2016年同口径增长27.2%。2018年，中国旅游集团旅游文化主业营业收入、利润总额占比均超过90%，主业更加聚集，产业结构更加优化。2019年1月至5月，中国旅游集团实现营业收入306.5亿元，同口径同比增长20.2%；实现利润总额41.8亿元，同口径同比增长24.3%，继续保持了较快增长态势。

（二）市场竞争力显著增强

经过重组，旅行服务业务进一步巩固了传统旅行社行业经营规模国内第1名的地位，产品研发能力、集中采购能力、业务运营能力、线上线下一体化营销和平台整合能力不断提升，出境游、入境游、商旅航服和会展等聚焦发展业务市场竞争力不断增强，“红色旅游”等创新业务影响力不断扩大；旅游投资和运营业务打通了旅游目的地开发和旅游地产开发产业链，解决了原来2个业务板块定位趋同、业务交叉的问题，实现了优势互补，投资和运营两大核心能力得到明显提升，新增宁波杭州湾海泉湾、宁波杭州湾文旅小镇和广西德天瀑布3个旅游目的地加快了对国内旅游资源的投资布局。中国旅游集团免税业务依托重组后集团产业链优势，并购了日上中国、日上上海和海南省免税品有限公司51%的股权，成功中标北京大兴国际机场、上海机场（虹桥和浦东）、香港和澳门国际机场以及歌诗达邮轮的免税经营权。2018年，免税业务营业收入比2016年增长262%，利润总额增长109%。中免集团已成为中国最大的免税运营商，世界免税行业排名也从2016年年末的第12位跃升至2018年年末的第4位，预计2021年实现“进三争一”。国旅股份市值现已突破1600亿元，成为国内市值最高的旅游类上市公司。

（三）服务国家战略的能力有效提升

在集团旅游主业能力提升基础上，中国旅游集团各业务发展主攻方向更加聚焦，服务国家战略的能力进一步增强。

中国旅游集团积极落实“一带一路”倡议：旅行服务业务发挥“国之交，在于民相亲”的独特作用，推进“一带一路”沿线和最受中国游客欢迎的前十五大目的地的布局，与43个国家建立业务联系，打造了50余条“一带一路”国际精品旅游线路，获得“一带一路”国际商贸合作最佳助力奖；在新加坡、土耳其、罗马尼亚等10多个国家增设海外签证服务中心，为来华的旅游、商务人员往来提供达270多万人次的签证服务。中国旅游集团旅游投资和运营业务积极研究吴哥窟、西哈努克港投资机遇，并与其他央企结伴“出海”，推进斯里兰卡项目。

中国旅游集团免税业务正在加快国际化进程，聘请专业机构进行了调研，筹划在“一带一路”沿线和国人出游热门的东南亚、欧洲城市，投标免税店或开设旅游退税商店，并积极寻求针对海外免税运营商、国际邮轮免税业务的并购机会。支持海南自贸区和国际旅游消费中心建设集团国内总部迁册海南，确立了“以集团（区域）总部建设为标志，以旅游零售、旅行服务等优势业务为龙头，以旅游目的地、美丽乡村、海洋旅游开发建设等核心业务为基础，将海南业务培育成集团新的业务增长极”的战略发展思路。中国旅游集团免税业务国际运营总部在海口综合保税区注册成立，海口、博鳌2家市内免税店开业，在成功打造世界最大的免税综合体项目三亚海棠湾国际免税城的基础上，又新开工建设海口新海港国际免税城综合体项目，被海南省评价为“与海南合作关系最紧密、推进项目落地最扎实、取得合作成果最丰硕、双方合作前景最广阔”的企业。

资料来源：国务院国资委《国资国企改革试点案例集》。

第二节　哪些情况下国有产权可以无偿划转

国有企业产权无偿划转应符合下列条件：

1. 被划转企业国有产权的权属应当清晰，权属关系不明确或存在权属纠纷的企业国有产权不得进行无偿划转；

2. 划转应当在政府机构、事业单位、国有独资企业等完全国有主体之间进行；

3. 应当组织被划转企业按照有关规定开展审计或清产核资；

4. 有下列情况之一的，不得实施无偿划转。（1）被划转企业主业不符合划入方主业及发展规划的；（2）中介机构对被划转企业划转基准日的财务报告出具否定意见、无法表示意见或保留意见的审计报告的；（3）无偿划转涉及的职工分流安置事项未经被划转企业的职工代表大会审议通过的；（4）被划转企业或有负债未有妥善解决方案的；（5）划出方债务未有妥善处置方案的。

第三节　国有产权无偿划转要履行什么程序

国有企业产权无偿划转基本程序如下：

第一步：进行可行性研究论证。

国有产权无偿划转需要先进行可行性论证报告，就下列事项展开调研论证：

1. 被划转企业所处行情况及国家有关法律法规、产政策定；

2. 被划转企业主业情况及与划入、划出方发展规划的关系；

3. 被划转企业的财务状况及或有负债情况；

4. 被划转企业的人员情况；

5. 划入方对被转企业的重组方案，包括业务整合、资金来源、效益预测、重组风险等。

第二步：按照内部决策程序进行审议，并形成书面决议。

1. 划出（入）方为国有独资企业的，应当由总经理办公会议审议；2. 划出（入）方为国有独资公司的，应当由董事会审议；3. 所涉及的职工分流安置事项，应当经被划转企业（代表）大会审议通过；4. 国有独资企业、事业单位、国有独资企业设立的一人有限责任公司，可作为划出（入）方；5. 国有一人公司作为划出（入）方的，无偿转事项由董事会审议，不设董事会的，由股东作出书面决议并加盖印章。

第三步：通知债权人。

划出方应当就无偿转事项通知本企业（单位）债权人，并制订债务处置方案。

第四步：财务审计或清产核资。

划转双方应当组织被划转企业按照有关规定开展审计或清产核资，以中介机构出具的审计报告或经划出方国资监管机批准清产核结果作为企业国有产权无偿划转的依据。

第五步：签订国有产权《无偿划转协议》。

划转双方应当签订《无偿划转协议》，划转协议应当包括下列主要内容：双方的名称与住所；被划转企业的基本情况；被划转企业国有产权数额及基准日，涉及职工的要有职工分流安置方案；被划转企业涉及的债务以及或有负债的处理方案等。

第六步：履行国有产权无偿划转的批准程序。

1. 企业国有产权在同一监管机构所出之间无偿划转的，由企业共同报国资监管机构批准。

2. 企业国有产权在不同资监管机构所出之间无偿划转的，依据双方的产权归属关系，由所出资企业分别报同级国监管机构批准。

3. 下级政府国资监管机构所出资企业产权无偿划转上级政府国资监管机构所出资企业，由下级政府和上级国监管机构分别批准。

4. 企业国有产权在所出资企业内部无偿划转的，由所出资企业批准并抄报同级国资监管机构。

第七步：账目调整与工商登记。

划转双方依据相关批复文件及划转协议，进行账务调整，按规定办理产权登记。

政策法律依据：无偿划转主要参考规范为《企业国有产权无偿划转管理暂行办法》。

专栏 8－2

华星公司无偿划转资产损害债权人利益赔偿纠纷案

阅读导语：企业国有产权无偿划转，是指企业国有产权在政府机构、事业单位、国有独资企业、国有独资公司之间的无偿转移。企业国有产权无偿划转应当做好可行性研究，划转双方在可行性研究的基础上，按照内部决策程序进行审议，并形成书面决议。本案例其无偿划转行为历经吉林市、吉林省、国务院国资委三级审批，但因企业资不抵债、濒临破产时无偿划转股权给他人，具有逃废债务故意，接收人未支付合理对价的，被判定接收人对债权人承担赔偿责任。

参考案例：最高人民法院（2017）最高法民终 181 号民事判决书

案例来源：中国裁判文书网

最高人民法院二审认为：

……

（二）中小企业担保公司应否承担侵权责任

根据长城资产公司吉林分公司的诉讼请求和理由，长城资产公司吉林分公司主要请求中小企业担保公司承担侵权责任。一般来说，债权发生在特定的当事人之间，缺乏公示性，第三人往往无法预见，通常不属于侵权法的保护范围，当然，侵权责任法亦未将债权排除在保护范围之外。故，债权保护主要通过合同法等法律制度救济，如认定合同当事人以外的第三人承担侵权赔偿责任，应当从严把握。

1. 中小企业担保公司是否存在主观过错。根据一审查明的事实，2006 年 1 月 16 日，华星公司向吉林市国资委请示，因华星公司资不抵债，申请改制。方案为华星公司将其持有的案涉股权交由吉林市人民政府处理，吉林市人民政府负责接收安置华星公司职工。吉林市国资委批复同意并向吉林市人民政府提出建议，将案涉股权无偿划入中小企业担保公司。故上述股权无偿划转方案，属华星公司企业改制方案的组成部分。国务院国有资产监督管理委员会《关于规范国有企业改制工作意见的通知》《关于进一步规范国有企业改制工作实施意见的通知》，明确强调在企业改制过程中，必须保全金融债权、落实金融债务，防止利用企业改制逃废金融债务。虽然案涉股权无偿划转形式上经由吉林市人民政府及其相关部门批准，但实质是吉林市国资委履行出资人职责，改制单位华星公司无偿划转国有资产给中小企业担保公司，三方配合落实改制方案。《中华人民共和国企业国有资产法》第三十条规定，“国家出资企业合并、分立、改制、上市，增加或者减少注册资本，发行债券，进行重大投资，为他人提供大额担保，转让重大财产，进行大额捐赠，分配利润，以及解散、申请破产等重大事项，应当遵守法律、行政法规以及企业章程的规定，不得损害出资人和债权人的权益”。华星公司在改制过程中对案涉股权的处分，属于国有企业无偿转让重大财产，依法不得损害债权人的合法权益。国务院国有资产监督管理委员会于2005年8月29日发布实施的《企业国有产权无偿划转管理暂行办法》第六条规定，“企业国有产权无偿划转应当做好可行性研究。无偿划转可行性报告一般应当载明下列内容……（三）被划转企业的财务状况及或有负债情况”；第七条规定，“划转双方应当在可行性研究基础上，按照内部决策程序进行审议，并形成书面决议”；第八条规定，“划出方应当就无偿划转事项通知本企业（单位）债权人，并制定相应的债务处置方案”。上述规范性文件明确规定，划转方无偿划转应当通知债权人，华星公司作为划出方应当依规制定债务处置、划转方案，中小企业担保公司作为接收方应当研究审议并形成书面决议。华星公司向政府有关部门请示无偿划转案涉股权资产时企业已资不抵债，对此，中小企业担保公司知道或者应当预见。《民法通则》第五条规定，“公民、法人的合法的民事权益受法律保护，任何组织和个人不得侵犯”。长城资产公司吉林分公司的担保债权属于债权人依法享有的财产权益，受法律保护。在债权债务关系中，债务人应当遵循诚实信用原则，履行合同义务，积极促进实现债权的清偿。同时，债务人之外的第三人，对于依法成立并生效的债权，亦应秉持善意，不得随意侵犯。华星公司在资不抵债、濒临破产的情形下无偿划转案涉股权给他人，具有逃废债务的主观故意。中小企业担保公司未能提供证据证明其取得股权财产支付了合理对价。中小企业担保公司配合华星公司逃废债务行为违反了法律和规范性文件规定，违背公序良俗，具有侵犯他人财产权的主观过错。中小企业担保公司、吉林市国资委一、二审主张，案涉股权的划转名为无偿、实为有偿，中小企业担保公司接收股权转让的对价是政府有关部门对华星公司职工进行安置，安置职工的费用超过两个亿，但均未提供证据证明。此外，中小企业担保公司和吉林市国资委又称，华星公司7000余万元的第一顺位劳动债权尚未获得清偿，一审判决将引发职工维权。中小企业担保公司关于接收股权已支付对价的陈述前后不一，本院不予采信。中小企业担保公司关于其无偿接收案涉股权并无过错的上诉理由，不能成立。

2. 无偿划转案涉股权行为直接损害了华星公司债权人财产利益。华星公司将案涉股权划转至中小企业担保公司后即进入破产程序。吉林高新区法院（2011）吉高新民破字第1—4号裁定查明，2011年8月23日，根据破产管理人的清核，华星公司的破产财产仅包括4台车辆、3台电脑和现金322.12万元总计371.86万元，尚不足以清偿第一顺位劳动报酬债权。案涉股权的无偿划转与接收客观上导致华星公司偿债能力降低，与涉案担保债权不能实现具有直接因果关系，长城资产公司吉林分公司通过不良资产转让形式继受取得的担保债权无法依据担保法、合同法等合同之债途径突破合同相对性向合同当事人以外的第三人，即无偿接收财产的中小企业担保公司，主张权利。据此，根据本案实际情况，适用侵权责任法作为保护财产权益的补充手段，是必要的；否则，享有合法财产权益的债权人，难以通过法定路径予以救济，有违公平正义。

综上所述，因中小企业担保公司配合华星公司划转案涉股权的行为具有过错，其无偿接收案涉股权侵害长城资产公司吉林分公司的合法财产权益，依据《民法通则》第一百零六条“公民、法人由于过错侵害国家的、集体的财产，侵害他人财产、人身的，应当承担民事责任”的规定，中小企业担保公司应当承担民事责任。

3. 长城资产公司吉林分公司向中小企业担保公司主张权利不违反债权公平受偿原则。长城资产公司吉林分公司自受让案涉担保债权以来，一直多方寻求救济途径。第一，长城资产公司吉林分公司在吉林省国资公司起诉主债务人及华星公司履行担保责任一案中主张权利，但因华星公司进入破产程序，该案仅对华星公司担保债权予以确认，并未判令华星公司履行保证义务。第二，长城资产公司吉林分公司在华星公司进入破产程序后，积极申报债权，但非因自身原因未被列为破产债权人，其意图通过破产程序救济的努力未果。第三，长城资产公司吉林分公司几乎在受让案涉担保债权的同时，亦就案涉股权无偿划转行为行使了债权人撤销权，但因该案经最高法院二审并由吉林高新区法院立案实体审理时，距华星公司破产程序终结超过两年，案涉股权已不能被追加分配，亦未果。综上，长城资产公司吉林分公司提起本案财产侵权诉讼，系因权利救济途径已经基本穷尽，其并非怠于主张合同权利或规避破产程序以追求个别清偿或者优先受偿。中小企业担保公司关于长城资产公司吉林分公司的普通债权个别受偿，侵害了华星公司其他债权人的财产权益的主张，不能成立。

（三）一审判决中小企业担保公司承担连带清偿责任依据不足

本案难以认定中小企业担保公司与华星公司构成共同侵权。《民法通则》第一百三十条规定，二人以上共同侵权造成他人损害的，应当承担连带责任。2008 年 11 月 18 日，吉林市国资委向吉林省国资委提交的《关于将吉林华星电子集团有限公司国有法人股无偿划入吉林市中小企业信用担保公司的请示》载明，案涉股权划转系为“进一步增强中小企业担保公司的实力，为吉林市中小企业发展提供融资平台”，故案涉股权的无偿划转具有国有企业改制背景，并且是在政府主管部门指导和批准后完成，中小企业担保公司作为国有出资设立的企业接受案涉股权，存在一定的被动性，不具有与华星公司意思联络共同侵犯他人财产权益的主观故意，长城资产公司吉林分公司并未提交充分的证据证明华星公司与中小企业担保公司属于共同侵权，故一审判令中小企业担保公司承担连带责任不当，本院予以纠正。

（四）中小企业担保公司应承担相应的赔偿责任

2009 年 1 月，案涉股权由华星公司无偿划转至中小企业担保公司，此时的债权人中国东方资产管理公司长春办事处、吉林省国资公司客观上可以密切关注债务人华星公司重大资产变动而未发现上述情况。上述事实均发生于长城资产公司吉林分公司受让案涉担保债权之前。债务人的清偿能力、债权人对权利瑕疵的知情、把握等情况，会对债权的实现产生影响。长城资产公司吉林分公司作为专门从事不良债权收购和处置的企业法人，对收购标的物债权的实现风险应当具备专业核查和判断能力。中国东方资产管理公司长春办事处、吉林省国资公司的行为导致其案涉担保债权实现的困难和风险加大，亦具有过错，其法律后果应由债权受让人长城资产公司吉林分公司承担。《民法通则》第一百三十一条规定，“受害人对于损害的发生也有过错的，可以减轻侵害人的民事责任”。长城资产公司吉林分公司不得在中小企业担保公司无偿接收股权范围内主张全部损失。此外，还考虑到中小企业担保公司在接收案涉股权后履行股东职责，以及中小企业担保公司接收案涉股权具有一定的被动性等因素，本院酌定其在无偿接收案涉股权80%的范围内承担相应的赔偿责任。

长城资产公司吉林分公司诉讼请求为中小企业担保公司承担连带责任，中小企业担保公司上诉主张其不应承担民事责任，本院认为一审判决中小企业担保公司承担连带责任不当。鉴于连带责任与赔偿责任均为承担侵权责任的方式，在不违反本案纠纷定性的前提下，根据两便原则，本院依法予以改判。

资料来源：《法务工具包》，作者徐丹。

第四节　国有产权无偿划转应准备哪些材料

国有企业产权无偿划转过程中，划转双方需要准备材料如下：

1. 无偿划转的申请文件；
2. 总经理办公会议或董事会有关无偿划转的决议；
3. 划转双方及被划转企业的产权登记证；
4. 无偿划转的可行性论证报告；
5. 划转双方签订的无偿划转协议；

6. 中介机构出具的被划转企业划转基准日的审计报告或同级国资监管机构清产核资结果批复文件；

7. 划出方债务处置方案；

8. 被划转企业职工大会通过的职工分流安置方案；

9. 其他有关文件。

第五节　无偿划转可行性研究报告模板、无偿划转协议模板

关于无偿划转××工程有限公司股权项目可行性论证报告（模板）

××市国资委

为优化整合集团所属工程建设力量，提升集团工程公司市场竞争力，实现××市水务工程一体化、专业化、集团化运营管理，拟将××集团持有的××工程有限公司全部股权无偿划转至××投资公司（以下简称本次划转）。根据《企业国有产权无偿划转管理暂行办法》，××投资公司就本次划转进行了可行性论证，报告如下。

为便于阅读，本次划转涉及的相关主体简称如下：

全称	简称
××集团	划出方或××集团
××投资公司	划入方或××投资公司
××工程有限公司	被划转企业或××工程公司

一、划出方、划入方及被划转企业基本情况

（一）划出方基本情况

××集团现持有东方市工商行政管理局2017年12月27日核发的统一社会信用代码为的《营业执照》，证载信息如下：

企业名称：××集团类型：有限责任公司（法人独资）法定代表人：注册资本：成立日期：营业期限：住所：经营范围：

××集团是××投资公司即划入方全资子公司。

（二）划入方基本情况

××投资公司现持有东方市工商行政管理局2018年5月21日核发的统一社会信用代码为91210UMLY9T的《营业执照》，证载信息如下：

企业名称：________××投资公司类型：________有限责任公司（国有独资）法定代表人：________注册资本：________成立日期：________营业期限：________住所：________经营范围：________

××投资公司是东方市人民政府国有资产监督管理委员会（以下简称市国资委）出资的国有独资公司。

（三）被划转企业基本情况

××工程公司现持有东方市西岗区市场监督管理局2018年9月26日核发的统一社会信用代码为91210200716《营业执照》，证载信息为：

企业名称：类型：其他有限责任公司法定代表人：________注册资本：________成立日期：________营业期限：________住所：________经营范围：________××工程公司股东为××集团、××工程有限公司职工持股会、东方机电有限公司，持股比例分别为65%、25%、10%。

××工程公司下属七个分公司，分别为：________。

（四）划出方、划入方及被划转企业股权关系

被划转企业股权无偿划转前，划出方、划入方及被划转企业股权关系图如下：

本次划转后，被划转企业拟更名为东方市××投资公司工程建设有限公司（简称××投资公司工程公司），股权结构拟变更为：________

二、被划转企业所处行业情况及国家有关法律法规、产业政策规定

（一）被划转企业所处行业情况

××工程公司所属行业为管道工程建筑，根据《国民经济行业分类》（GB/T 4754—2017），管道工程建筑归属于建筑业—土木工程建筑业—架线和管道工程建筑。

（二）国家有关法律、行政法规（略）

（三）相关产业政策（略）

三、被划转企业主业情况及与划入、划出方企业主业和发展规划的关系

（一）被划转企业主业情况

××工程公司主业为政府自来水工程项目，住宅配套自来水工程项目，集团内部自有资金大修、维修、抢修工程。

（二）划入方主业情况及发展规划

1. 主业情况。××投资公司是大型公益类企业，担负东方市主城区的原水供应和市内五区的净水供水任务。

2. 2018—2020 年发展规划。××投资公司到“十三五”末期，在坚持党对国有企业领导下，进一步增强国有资产规模及运营效益：基本实现原水、引水、制水、供水、排水、污水、中水、雨水、海水、地下水“十水共治”发展蓝图，构建水务综合服务商、水务项目投资商、水务工程提供商、水务新产品开发商等四大版块，组建水资源管理集团、供排水集团、投融资集团、工程建设集团、研发集团、综合经营集团六大集团；城乡一体化供水格局初具规模，集团资产总额超过 150 亿元，销售收入超过 14 亿元。实现相关产业跨越式发展，力争 2020 年实现非主营业务收入占总收入比重超过 15%。建立健全现代企业管理制度。

（三）划出方主业及发展规划

“十三五”期间，××集团积极探索水务市场整合。一是收购周边中小供水企业，推动城乡供水一体化，扩大××集团在本地供水服务的市场占有率；二是拓展原水和供水一体化整合减少中间交易环节，降低交易成本，推动供水主业向产业链上下游延伸，提升企业的综合竞争力；三是供水、排水一体化整合，通过协商研讨，在供水企业、排水企业和决策部门之间达成整合共识。

（四）被划转企业主业与划入、划出方企业主业和发展规划的关系

××工程公司划入××投资公司后，将成为集团工程建设板块的载体，整合××投资公司内部工程建设资源，实现集团公司各类工程建设项目的统一管理，以及××投资公司工程建设的一体化、专业化，提高企业效益。××集团作为××投资公司的子公司，将重点推动城乡供水一体化，实现原水、供水、排水一体化整合。

四、被划转企业的财务状况及或有负债情况

（一）被划转企业财务状况（略）

（二）被划转企业或有负债情况

××工程公司无或有负债。

五、被划转企业的人员情况

××工程公司（含下属分公司）现有在册职工人，均签订劳动合同、缴纳社会保险和公积金。企业目前有劳务派遣人员人。××工程公司无离休职工。××工程公司退休职工中人享受每月100元至300元不等的洗理费、采暖费补差外，其他退休人员均实现社会化管理。本次无偿划转不涉及人员安置问题。

六、划入方对被划转企业的重组方案

（一）投入计划

××工程公司无偿划入××投资公司后，实行集团工程项目统一建设管理。以自来水给水工程有限公司为基础，拟组建××投资公司工程公司，实现集团各类工程建设项目的统一实施、管理。组建方案已确定，2019年完成组建工作。围绕××投资公司“八区统筹”“十水共治”发展战略，整合水务工程建设资源，全面参与城乡供水、排水、中水回用、污水处理、河道治理、生态治理、地下水保护、水特色小镇等社会工程建设，发挥水务建设的功能。

（二）资金来源

××投资公司将以自有资金为基础，积极引进社会资本，并进一步争取优惠金融政策，解决项目建设资金。

（三）效益预测（略）

本次划转后，××工程公司将在××投资公司的领导下，实现集团各类工程建设项目的统一实施、管理。逐年降低企业亏损，直至企业扭亏为盈，持续发展。

（四）风险对策

由于水务项目存在公益性特征，在公共事业市场化上存在经验不足，市场化存在一定政策风险；水务项目建设周期长，投资大，建设资金短缺，融资渠道亟待拓宽；受经济形势和房地产市场及政府投资项目建设规模影响，给水工程配套建设规模具有不确定性。

在国家各项经济政策和产业政策的指导下，××投资公司将借鉴先进地区市场化经验，结合本地区给水工程特征，积极争取政策支持，合理确定××工程公司发展目标和战略；积极寻求民间资本投入，争取金融政策支持，形成多元投入的融资体系；加强企业内部管理、提高企业管理水平，降低运营成本、提高经营效率，增强企业抵御市场竞争政策风险的能力。

七、其他需说明的情况

1. ××工程公司《公司章程》记载的持股比例存在误差（略）。

2. ××工程公司实收资本少于注册资本（略）。

本次无偿划转后将及时完善和整改上述问题。

八、结论

本次无偿划转是企业国有产权在所出资企业内部无偿划转，划出方、划入方均为100%国资公司。本次无偿划转不会对被划转企业的股东权益、偿债能力产生不利影响；也不会影响被划转企业的正常经营活动；不会对债权人产生不利影响，符合法律法规、规范性文件的规定；不存在导致国有资产流失的情形；本次无偿划转总体是可行的。

××投资公司

年　月　日

企业国有产权无偿划转协议（模板）

甲方（划出方）：

住所地：

法定代表人：

乙方（划入方）：

住所地：

法定代表人：

鉴于

1. 甲方系投资设立的全民所有制企业，乙方系投资设立的国有独资公司。

2. 为充分利用市城市资源，提高国有资产运营效益，加快城市发展，提高城市品位，按照市政府“经营城市、盘活资产”的要求，甲、乙方一致同意将××有限责任公司（被划转公司）的国有产权整体（或部分股权）无偿划转给乙方。

3. 甲乙双方决策机构已经对本次划转作出决议，同意本次划转，被划转公司的职工安置方案已经该公司职工代表大会审议通过。

根据《中华人民共和国合同法》《中华人民共和国公司法》《企业国有产

权无偿划转管理暂行办法》等法律法规和规范性文件的规定，甲、乙双方经充分协商，达成本协议。

第一条　被划转公司基本情况：

被划转公司是由甲方出资________万元于____年____月____日在工商行政管理局注册成立的国有公司，公司注册资本为________万元人民币，住所地在________号，法定代表人________，公司经营范围为：________。清产核资报告情况：________。审计资产负债情况：________。

第二条　被划转产权及划转基准日

（一）甲方同意将对被划转公司享有的100%产权整体（或部分股权）无偿划转给乙方，乙方同意接受。

（二）被划转公司总资产为________元，负债为________元，所有者权益为________元（附件1：《审计报告》或资产负债表）；被划转公司已经拥有的城市资产经营权范围详见附件2；正在申报的经营权范围详见附件3；本次划转基准日为____年____月____日。划转资产价格为________万元。

（三）产权划转后，被划转公司仍然继续合法存续，并由乙方享有出资人权利，承担出资人义务。

第三条　职工安置

截至本次划转基准日，被划转公司有正式职工名，不解除劳动合同，甲乙丙三方共同协商办理劳动关系转移相关事宜；合同制职工名，均为固定期限劳动合同，本次划转划转完成后，乙方继续按照已签订的劳动合同履行上述职工的劳动关系。

第四条　被划转企业的债权、债务

本次划转完成后，被划转公司在基准日之前的债权、债务仍然由其自身按照《公司法》的规定享有或承担（也可剥离或核销）。

第五条　产权登记

（一）本协议签署后日内，甲、乙双方向市国有资产监管部门申请批准。

（二）市国有资产监管部门批准本次划转后，甲、乙双方办理工商变更登记及其他相关变更登记事宜。

（三）市国有资产监管部门批准本次划转后，甲方向乙方移交与被划转公司经营管理相关的一切资料。

第六条　协议生效

本协议自甲、乙、丙三方签字盖章之日起成立，自市国有资产监督管理部门批准后生效。

第七条　协议文本数量

本协议一式份，甲方、乙方和丙方各持份，其他在办理报批手续和变更登记时使用。

甲方：有限公司（盖章）　法定代表人或授权代表（签字）：

乙方：有限公司（盖章）　法定代表人或授权代表（签字）：

年　月　日

第九章

混合所有制改革中的职工安置

第一节　为什么改制必须做好职工安置

2009 年 7 月 24 日，通化钢铁集团股权调整引发了群体性事件，建龙集团派到通钢担任总经理的陈某被工人打死。该案的起因是通钢集团在国有企业改制，引入民营股东的过程中，透明度不高，没有严格履行改制程序召开职工大会，改制方案没有经职工大会审议，职工安置方案没有经职工大会通过，没有妥善安置职工。通钢事件的教训和启迪就是，在实行公有制的国有企业中，职工作为企业成员有权利参与改制重组等重大决策，职工的合法利益必须予以保障。国有企业改制职工工作包括让职工参与监督改制和进行职工安置两部分，做好职工工作具有以下重要意义：

一、履行职工监督程序有利于国有资产保值增值

民主管理、依靠职工群众办厂一直是我国国有企业的重要方针，通过职工大会让职工参与企业重大决策，有利于监督企业管理。将改制程序、清产核资、财务审计、资产评估等情况向职工充分通报，让职工参与决策，不是走形式、走过场，职工监督有利于实现国有资产保值增值，防止国有资产流失。

二、职工支持改制有利于解决历史遗留问题，保障改制成功

国有企业改制涉及的历史问题复杂，很多与职工利益切身相关，国有企业改制的目的之一也是为了让企业职工获得更多收入，过上幸福的生活，只有解决好职工安置问题，使职工合法利益得到保障，改革才能得到支持，改制才能成功。

三、唯有职工的支持改制企业才能真正实现长久发展

混合所有制改革不是目的，实现国有企业经营机制体制的根本变革，实现企业发展才是改革目的。国有企业改制过程中只有广泛听取职工意见，保护职工利益，点燃职工心中为企业奋斗的火，企业才能转危为机，真正实现长久的发展。

第二节　如何制定职工安置方案

采取产权（股权）转让、增资扩股、兼并重组、破产重整等方式实施混合所有制改革的国有企业，在制定改制方案时应当明确职工安置工作，并制定职工安置方案，其中涉及改制为非国有控股企业的，改制企业被兼并重组的或破产重整的，需要对分流员工进行安置补偿。职工安置方案的内容一般包括以下内容。

1. 企业的人员状况及分流安置意见；
2. 职工劳动合同的延续、变更、解除及重新签订办法；
3. 解除劳动合同职工的经济补偿金来源和支付办法；
4. 社会保险关系接续；
5. 拖欠职工的工资等债务和企业欠缴的社会保险费处理办法；
6. 遗属、离退休职工管理和费用渠道；
7. 其他特殊人员的安置办法；
8. 职工安置方案实施安排和人员保障。

第三节　职工安置方案模板

某国有企业改制安置方案

根据××市《关于深化国企混合所有制改革做好职工安置的指导意见》等文件精神，结合××集团实际情况，依据《中华人民共和国劳动合同法》《中华人民共和国劳动法》《事业单位人事管理条例》等文件，特制定××集团混合所有制改革人员安置方案。

一、人员基本情况

截至20××年××月××日，××集团共有人员××人，包括：

1. 事业编制职工××人，其中在职人员××人，离退休人员××人。

2. 企业编制人员××人，其中：

（1）在职职工××人，其中拟留用人员××人，拟安置人员××人；

（2）一级至四级工伤致残人员××人，五级至六级工伤致残人员××人，七级至十级工伤致残人员××人；

（3）退休人员××人；

（4）离休干部及已故离休干部配偶××人；

（5）六十年代精简退职人员××人。

二、职工安置原则

1. 平稳操作原则。正确处理改革、发展、稳定之间的关系，充分考虑职工、企业和社会的承受能力，充分挖掘就业岗位，尽可能不将职工推向社会，稳定就业。

2. 依法操作，分类处置原则。以现行法律法规为依据，按照市委市政府《关于进一步深化国有企业改革的实施意见》（市党发〔2016〕5号）及相关配套政策，规范操作分类处理改制企业与职工的劳动关系。

3. 公开、公平、公正原则。根据实际情况并按照规定计算并支付职工各项费用，维护职工合法权益，保证国有资产不流失。

4. 民主程序、民主审议原则。要充分保障企业职工对国有企业混合所有制改革的知情权和参与权，混改方案必须提交企业职工代表大会或职工大会审议，并按照相关规定和程序向广大职工公布。职工安置方案必须经职工代表大会或职工大会审议通过。涉及职工利益调整、可能造成企业和社会不稳定的，必须严格按照程序进行社会稳定风险评估。

三、职工安置范围

20××年××月××日（混改时间点）前，××集团所属企业、事业单位的在册职工、离休干部及已故离休干部配偶、六十年代精简退职人员。

四、职工安置方案的政策文件依据

1.《中华人民共和国劳动法》；

2.《中华人民共和国劳动合同法》；

3.《中华人民共和国社会保险法》；

4.《工伤保险条例》（国务院第375号令）；

5.《女职工劳动保护特别规定》；

6.《劳动部关于印发〈企业职工工伤保险试行办法〉的通知》劳动部发〔1996〕266号；

7.《国务院关于修改（工伤保险条例）的决定》（国务院第586号）；

8.《关于贯彻执行〈中华人民共和国劳动法〉若干问题的意见》劳动部发〔1995〕第309号；

9.《关于深化国企混合所有制改革做好职工安置的指导意见》。

五、人员安置办法

1. 在职职工的安置。企业混合所有制改革的，劳动合同应当继续履行，企业可以根据实际情况变更劳动合同中单位名称、法定代表人等事项，职工在混合所有制改革前企业工作年限合并计算为混改后企业工作年限，不支付经济补偿。经劳动者同意，从原企业被安排到新的企业工作的，按照法律有关规定处理。

混改时拟分流人员解除劳动合同的，应当符合《劳动合同法》解除劳动合同的有关情形，并依照法律及我市的有关规定支付经济补偿。劳动者在本单位2007年12月31日前的工作年限，计发经济补偿依照《中华人民共和国劳动法》及2007年12月31日以前出台的现行有效的相关规定执行；劳动者在本单位2008年1月1日后的工作年限，计发经济补偿依照《劳动合同法》

执行，即按劳动者在本单位工作的年限，每满一年支付一个月工资的标准向劳动者支付，六个月以上不满一年的，按一年计算，不满六个月的，向劳动者支付半个月工资的经济补偿，劳动者月工资高于本市上年度职工月平均工资三倍的，向其支付经济补偿的标准按职工月平均工资三倍的数额支付，向其支付经济补偿的年限最高不超过十二年。月工资是指劳动者在劳动合同解除或者终止前十二个月的平均工资，低于本市最低工资标准的，按照本市最低工资标准计算。

解除劳动合同关系人员最多可享受24个月失业保险金，在此期间灵活就业的人员，可按规定享受社会保险补贴。

2. 工伤致残人员的安置。工伤或者患职业病的人员按照《工伤保险条例》和《××市工伤保险条例》的相关规定，按以下办法安置：

一级至四级工伤人员，继续保留与原用工主体的劳动关系，退出原工作岗位，由工伤保险基金按月发放伤残津贴，达到法定年龄并办理退休手续后，停发伤残津贴，享受基本养老保险待遇。基本养老保险金低于伤残津贴标准的，由工伤保险基金补足差额。

五级至六级工伤人员，混合所有制改革后的企业应与职工履行或变更原劳动合同，并为其妥善安排适当工作岗位，难以安置工作的，可由用人单位依照规定按月支付伤残津贴。职工本人提出解除劳动、聘用合同的，由工伤保险基金支付一次性工伤医疗补助金，由用人单位支付一次性伤残就业补助金。

七级至十级工伤人员，混合所有制改革后的企业应与职工履行或变更原劳动合同，并为其妥善安排适当工作岗位，劳动、聘用合同期满终止或者职工本人提出解除劳动、聘用合同的，由工伤保险基金支付一次性工伤医疗补助金，由用人单位支付一次性伤残就业补助金。

3. 退休人员的安置。实施混改的企业，其退休人员关系保持不变，仍由混改企业提供管理和服务，退休人员原由企业发放的统筹外费用和待遇保持不变，费用来源应该企业混改时约定，确保退休职工待遇不降低。

4. 离休干部及已故离休干部配偶的安置。混改后国有仍然控股的企业，其离休干部及已故离休干部配偶仍由原单位管理和服务，管理服务及经费原渠道解决；混改后国有不再控股的企业，其离休干部及已故离休干部配偶转入混改后国有股权的持有单位，由混改后国有股权持有单位提供管理和服务，相关关系转移接收、服务管理经费预留办法等有关问题，需与市委老干部局、市人力社保局、市财政局及市卫计委等相关部门沟通协调，共同研究，另行制定实施细则。

5. 六十年代精简退职人员的安置。混改企业的六十年代精简退职人员，按照《关于调整六十年代精简退职人员生活困难补助费标准的通知》（市劳局〔2005〕141号）要求，一次性支付六十年代精简退职人员的生活困难补助费，或者按照人均余命预留资金，由职工托管中心代为管理发放。

6. 其他人员的安置

……

六、工作实施程序

1. 职工安置方案编制小组提前向工会、公司办公会议作公司职工安置方案的说明，听取工会、公司办公会议的意见后，修订、完善本方案。

2. 公司将本方案报××市人力资源和社会保障局进行合法性审查，审查通过后送××市总工会备案。

3. 召开职工代表大会讨论通过本方案。

4. 将职工档案报人力资源和社会保障局审核，公示每个职工的补偿年限、经济补偿金、是否特殊工种、工伤人员及工伤级别等信息。

5. 公司与内退人员签订内部退养协议，办理退出工作岗位手续；

6. 公司为符合退休条件的职工申办退休手续；

7. 公司与职工办理解除（终止）劳动合同（关系）手续，出具解除（终止）劳动关系证明，职工确认收取经济补偿的银行账户，如本人无异议，即为本人工资银行账户；

8. 职工办理工作、资料、财务、物品交接手续，并结清尚欠公司的欠款等。办理完毕上述全部手续后，公司按本方案发放经济补偿金；

9. 公司为职工办理“五险一金”的停保、人事档案转移、社会保险转移、失业保险等手续。

第四节　职工安置必须履行哪些程序

职工安置工作一般按照如下程序展开。

第一步：制定职工安置方案，一般由企业改制领导小组（或者企业工会）在制定改制方案时一并制定。

第二步：征求企业工会和职工的意见。要充分听取职工群众意见，深入细致地做好思想工作，争取广大职工群众对改制的理解和支持。

第三步：职工大会审议。职工安置改制方案必须提交企业职工代表大会或职工大会审议，并按照有关规定和程序及时向广大职工群众公布。应当向广大职工群众讲清楚国家关于国有企业改革的方针政策和改制的规定，讲清楚改制的必要性、紧迫性以及企业的发展思路。职工安置方案必须经职工代表大会或职工大会审议通过，企业方可实施改制。

第四步：国有企业实施改制前，原企业应当与投资者就职工安置费用、劳动关系接续等问题明确相关责任。

第五步：改制完成后，落实职工安置方案，完成支付经济补偿金，续签变更劳动合同等工作。

第五节　职工安置政策有哪些

一、改制后不再继续留用的职工安置办法

国有企业改制过程中确需裁减的人员，企业应当与其解除劳动合同，按《劳动合同法》的规定支付经济补偿金。

1. 经济补偿按劳动者在本单位工作的年限，每满 1 年支付 1 个月工资的标准向劳动者支付。6 个月以上不满 1 年的，按 1 年计算；不满 6 个月的，向劳动者支付半个月工资的经济补偿。

2. 月工资是指劳动者在劳动合同解除或者终止前 12 个月的平均工资。劳动者月工资高于用人单位所在直辖市、设区的市级人民政府公布的本地区上年度职工月平均工资 3 倍的，向其支付经济补偿的标准按职工月平均工资 3 倍的数额支付，向其支付经济补偿的年限最高不超过 12 年。

3. 职工有下列情况的，一般可计算为本企业工作年限：

（1）政策性安置人员，在安置前的连续工龄与其在首次签订劳动合同单位的工作年限合并计算；（2）原固定职工转为劳动合同制职工时，其改制前的连续工龄与其在首次签订劳动合同单位的工作年限合并计算；（3）职工因原单位合并、被兼并、合资、单位改变性质、法人单位改变名称等原因而改变工作单位或因成建制调动、组织调动等原因改变工作单位，原单位未支付经济补偿金的，其在原单位的工作年限可以计算为本单位工作年限；（4）职工因组织决定从国家机关、事业单位、社会团体调入企业且没有领取经济补偿金的，其在原单位的连续工龄与其在首次签订劳动合同单位的工作年限合并计算；（5）其他符合有关政策规定的工作年限。

二、继续留在改制后企业职工劳动关系的处理办法

1. 对继续留在改制企业工作的职工，改制后企业继续履行改制前企业与留用的职工签订的劳动合同，留用的职工在改制前企业的工作年限应合并计算为在改制后企业的工作年限。原企业可不向继续留用的职工支付经济补偿金。改制后企业与职工解除劳动关系时，经济补偿金按职工在原国有企业工作年限与在改制后企业工作年限合并计算，由改制后企业按规定一并支付。

2. 改制企业对距法定退休年龄不足 5 年（含 5 年）或工龄已满 30 年的职工，改制企业难以安排的，如本人申请，可实行内部退养，由企业发给生活费，并按规定继续缴纳社会保险费，待达到退休年龄时按规定正式办理退休手续并由改制后企业按月或一次性发给独生子女父母退休补助费等。内退人员的生活费标准不得低于本地区最低工资标准的 70%，同时不得高于本企业平均工资的 70%，并应与企业原有内退人员待遇条件相衔接。职工在改制前已经办理内部退养手续的，由改制后企业继续履行原企业与职工签订的内部退养协议。

内退人员的安置费用可以进行预提，预提费用应按照安置人员退休年限和通胀因素综合考虑，作为改制企业成本，预提费用由改制企业或者改制企业的上级单位统一管理，改制为非国有企业的，为保证资金安全，预提费用应当由上级单位管理。

3. 改制后企业要按照有关规定按时足额为职工缴纳社会保险费，及时为

改制职工接续养老、失业、医疗、工伤、生育等各项社会保险关系。

第六节　企业拖欠职工债务的处理办法有哪些

改制企业因为历史原因拖欠的职工各种费用款项在改制过程中首先要做好甄别确认工作，由财务、工会、人力资源等部门齐心协力，将拖欠费用搞准确，为改制方案提供准确的成本测算。把拖欠职工的费用要列为优先支付的改制成本，保证职工利益，争取政府、国资部门支持，拓宽资金来源。

其次，企业改制时，对经确认的拖欠职工的工资、集资款、医疗费和挪用的职工住房公积金以及企业欠缴的社会保险费，原则上要一次性付清，并从转让国有产权的价款中优先支付。一次性偿还确有困难的企业，应与职工协商偿还办法。经职工同意，可以企业有效资产作为抵押，约定偿还期限，分期偿还。实行分期偿还的，应签订偿还协议，并依法公证。

另外，企业改制前欠缴的养老保险费由改制企业和职工按规定比例分别予以补缴。企业对欠缴的养老保险费一次性补缴有困难的，经同级国资、财政、税务和劳动保障部门审核同意，可采取以有效资产抵押限期予以缓缴，如在限期内未能缴纳，可将抵押资产评估变现后予以补缴；也可在企业缴费划入个人账户部分和职工个人缴费按规定足额缴纳的前提下，由改制企业制定缴费计划，采取缓缴的方式解决。

第七节　职工安置疑难问题有这些办法解决

很多国有企业改制过程中的职工安置情况非常复杂，尤其是一些历史悠久、人员复杂的企业，这里就分享一些特殊情况，供参考。

一、改制前已经离岗人员的处理

有些企业因为历史原因，存在改制前已经离岗的职工，只发给最低生活保障或最低工资，针对这种情况，在改制中要一次性解除劳动关系，避免形成新的遗留问题。针对离岗后已经再就业的人员，可以按照其发放补贴标准计算经济补偿金。针对尚未就业的，可以参考最低工资标准计算经济补偿金。针对病残人员确实无法解除劳动合同的，能够移交社会化管理的就移交，不能移交的由出资人安排承接单位负责继续管理。

二、改制企业人员分流

改制企业在出资人的支持下，也可以将部分人员劳动关系整体转移至其他企业的方式进行人员分流安置，采取这种方式一方面满足了部分职工不愿意离开国企的诉求，一方面可以降低改制成本。转移劳动关系应当征得职工本人同意，签署劳动合同变更文书，劳动关系转移前后的工作年限要合并计算。

三、退休人员社会化管理

很多国有企业存在退休人员社保统筹外补助费用的情况，比如采暖、住房补贴等，针对这类型费用，一方面应争取当地政府、社保、社区的支持，争取一次性补缴费用后统一移交属地社区统一管理，补缴费用列入改制成本；如果无法移交的，由出资人指定专门机构进行管理，并预留费用。

四、因工伤残人员、因工死亡遗属、“两参”人员安置

因工伤残人员、因工死亡遗属、“两参”人员等享受国家特殊福利待遇的人员，国有企业改制时不能作为裁员对象，要保障他们的待遇不受改制影响，只要相关补贴待遇有政策依据，就应该预留相关费用，从改制成本中支出。

一至六级的因工伤残人员除伤残发生时支付一次性伤残补助金之外，改

制之前享受的伤残津贴待遇，由工伤保险基金支付，未缴纳工伤保险基金的，由用人单位支付，用人单位改制后应当继续支付，并且不得作为改制裁员对象。因工死亡人员供养亲属获得的抚恤金，由工伤保险基金支付，未缴纳工伤保险基金的，由用人单位支付，用人单位改制后不得停止支付。

专栏 9－1

澄江市财政局圆满完成国有企业退休人员社会化管理工作

推进国有企业退休人员实行社会化管理是党中央、国务院重要决策部署，是全面深化国有企业改革、加快剥离国有企业办社会职能和解决历史遗留问题的重要内容。对于提高国有企业市场竞争力，更好保障退休人员法定权益和服务需求，整合服务资源，提高服务水平，确保退休人员共享全面建成小康社会新成果等都具有十分重要的意义。澄江市财政局按照中央、省及市做好国有企业退休人员社会化管理工作的要求积极布置并推进，圆满完成各项工作。

一、国有企业退休人员社会化管理工作完成情况

截至 2020 年 12 月底，澄江市已签署《澄江市国有企业退休人员社区管理服务整体协议》《澄江市国有企业退休人员社区管理服务移交协议》的企业 28 家，移交总人数 635 人；签署《澄江市国有企业退休人员社会化管理党员组织关系转接协议》退休党员 127 人。其中，中央企业 14 家，移交总人数 258 人，党员 57 人；省属企业 11 家，移交总人数 97 人，党员 11 人；市属企业 1 家，移交总人数 37 人，党员 8 人；县属企业 2 家，移交总人数 243 人，党员 51 人。总体完成进度 100%。

二、提供的管理服务

（一）完善管理服务功能

进一步加强对企业退休人员基本情况的调查摸底，清楚掌握他们的家庭详细住址、联系电话、健康状况、政治面貌以及家属、直系亲属的情况，使退休人员管理服务工作更加规范统一。同时，各镇（街道）和村（社区）将企业退休人员社会化管理服务工作纳入议事日程，交接双方共同组织社区管理服务交接，明确相关事项，签订《澄江市国有企业退休人员社区管理服务移交协议》，为企业退休人员提供必要的活动学习场所和

各类管理服务资源。

（二）规范人事档案管理

按照人事档案实行属地集中统一管理的原则，签订《澄江市国有企业退休人员社会化管理人事档案移交协议》，完成国有企业退休人员人事档案的接收、管理和指导工作，规范整理各企业档案，及时存档入库，努力实现档案服务数字化、便捷化。

（三）及时接收组织关系

由各镇（街道）党工委积极对接各国有企业，按照有关规定及时做好党组织关系移交工作，签订《澄江市国有企业退休人员社会化管理党员组织关系转接协议》，及时将国有企业退休人员中的党员编入党支部，合理分配至退休人员居住地各村（社区）党小组，由村（社区）党小组做好接收党员的管理、服务和保障工作。鼓励采取党建共建、活动联办、场所共用等多种形式，加强国有企业党组织与街道和社区党组织的联系对接。

（四）社保管理有效衔接

国有企业退休人员实行社会化管理后，各类社会保障待遇要按时足额支付，确保待遇水平不降低。已参加基本医疗保险的国有企业退休人员按规定继续享受相应待遇，基本医疗保险未纳入地方管理的国有企业退休人员，有关企业和地方协商做好其医保关系转移衔接工作。国有企业退休人员原享受的补充医疗保险、医疗互助帮困等相关待遇仍按原渠道解决。

资料来源：澄江市政府信息公开网，澄江市财政局国资股谢鸿儒供稿。

专栏9－2

什么是两参人员

根据《民政部关于落实优抚对象和部分军队退役人员有关政策的实施意见》（民发〔2007〕102号）《关于做好部分原8023部队及其他参加核试验军队退役人员有关工作的通知》

参战退役人员是指曾在军队服役并参加过作战的退役人员。作战是指武装力量打击或抗击敌方的军事行动，具体界定为：我军为抵御外来侵略，完成祖国统一，为捍卫国家领土和主权完整，保卫国家安全而进行的武力打击和抗击敌方的军事行动，主要包括：自卫还击作战、防御作战、对逃离大陆的国民党军队的作战、出国支援作战、平息地区性武装叛乱作战，以及军委、总部认定的其他作战行动。参战退役人员包括直接参加战斗的人员和作战指挥人员、作战保障人员。

参加核试验军队退役人员：包括参加过核试验效应试验的退役人员，执行过核试验保障任务的退役人员、参加过核爆炸军事演习的退役人员，与原8023部队驻同一区域部队的退役人员、曾在核导弹、核潜艇部队涉核岗位服役的退役人员等。8023部队是原国防科工委21试验基地20世纪六七十年代的代号，从1964年至1996年，多次执行核试验任务。现为总装备部21基地，驻地在新疆马兰。

两参人员的身份认定按照属地原则组织实施，由参战退役人员、参加核试验军队退役人员本人户籍地村（居）委会、乡（镇、街道）和县（市、区）民政部门统一组织调查、申报和审定。

第十章

职工（代表）大会在国有企业改革中的作用

第一节　为什么国有企业公司治理离不开职工（代表）大会

著名的日本企业管理大师稻盛和夫认为：员工的积极性才是企业发展的原动力，只有员工具有主人翁意识，把公司当成自己的公司拼命，企业才能发展壮大，这就是企业经营的原点。在如何调动员工的积极性上，最重要的不是薪酬，稻盛和夫提出了七个关键，分别是：把员工当做经营伙伴，要多多诚恳和员工说“我就依靠你了”；让员工爱戴你，迷恋你；阐述工作的意义；揭示高目标，让员工认同企业的愿景和目标；明确企业的使命；不断讲述哲学，经营者将企业的使命与人生哲学结合起来，获得员工的尊敬，员工自然会为企业发展尽力；提升自身心性，即哲学水平。稻盛和夫用这种管理方法培育了京瓷和日航两家世界五百强企业，也让稻盛和夫经营哲学风靡世界。稻盛和夫的管理思想，核心就是与职工充分有效的沟通，获得员工的认可与支持。在国有企业，职工大会就是激发员工主人翁意识的最好方式。

职工代表大会制度可以追溯到 1949 年 8 月华北人民政府颁布的《关于在国营、公营企业中建立工厂管理委员会和职工代表会议的实施条例》，条例规定职工通过职工大会监督企业经营管理，提出批评和建议。《人民日报》1950 年 2 月 6 日社论《学会管理企业》中这样论述工人群众的重要性“其次，新民主主义企业与官僚资本主义企业和一般资本主义企业的另一个根本区别，就在于一切旧的资本主义企业是依靠压迫方法来强制工人生产，是使‘工人成为机器的单纯的附属品，他们每天每小时都被机器、被监工，首先被各个有产者——工厂主本人奴役着’（《共产党宣言》）。这样必然造成工人对于劳动的日益增加的厌恶，新民主主义的人民企业的管理，则必须启发和依靠工人群众主人翁的感觉，发挥工人群众的生产积极性和创造性，以便工人群众能够自觉地进行劳动。把原来被机器支配的奴隶，变成管理机器的自觉的劳动者，这是一个真正的革命。机器和技术在被自觉的人所掌握的时候，才能进一步发挥效能，这就是为什么新民主主义和社会主义社会的劳动生产率会比资本主义国家的劳动生产率高得多的缘故”。这就是国有企业建立职工大会的初心。

国有企业公司治理中用好职工（代表）大会这个治理机构，有以下现实意义。

一、职工（代表）大会有利于激发职工积极性和原动力

职工大会是一个双向沟通机制，通过职工大会向职工讲清楚企业的战略、愿景、文化、使命，将企业的发展与职工的命运紧紧联系在一起；通过职工大会，职工参与到企业的管理中，建言献策，其中合理的意见被采纳到企业发展规划和管理中，增强了职工对企业经营目标的参与感与认同感，职工把企业当作自己的家，积极性自然就激发出来了。

二、职工（代表）大会有利于企业合规经营

实施职工（代表）大会制度是国有企业实现职工民主参与企业管理的基本形式，宪法第十六条，工会法第六条，公司法第十八条、劳动法第八条，都明确了国有企业实施职工（代表）大会制度，因此召开职工代表大会本身就是企业合规经营的一部分；另外，通过职工（代表）大会对改革改制等重大事件的审议，对事关职工利益的事项的审议通过，能够起到对国有企业经营的监督作用，防止出现国有资产流失和侵犯职工权益的现象，帮助企业管理者尽早发现问题，避免风险，更好地实现合规经营。

三、职工（代表）大会是国有企业现代公司治理机制中的重要组成

国有企业是中国共产党执政基础的重要组成，中国国有企业有职工四千万人，是党可以依靠的先进工人阶级群体，职工（代表）大会是党的群众路线的重要体现，通过职工代表大会让职工参与国有企业的管理中，既是企业经营的需要，也是政治的需要。同党委会、股东会、董事会、监事会、总经理等公司治理机构一样，职工（代表）大会为企业的管理者们提供了一个非

常好的治理工具，开明的国有企业现代公司治理应当发挥职工主人翁作用，用好职工（代表）大会。

第二节 职工（代表）大会职权有哪些

职工（代表）大会企业实行民主管理的基本形式，是职工行使民主管理权力的机构，是中国特色基层民主政治建设的成功经验。在国有企业改革过程中，职工（代表）大会有下列职权。

一、审议建议权

国有企业改制方案和重大改革措施应当经职工（代表）大会审议，职工可以提出意见和建议。另外，职工（代表）大会应听取企业工作报告，审议企业经营方针、中长期发展规划、年度计划、财务预决算等重要事项的报告；审议职工劳动安全卫生措施，职工教育培训计划，职工激励奖励方案和经费使用情况；听取企业经营方面的重大问题、制定重要规章制度的情况以及实行厂务公开及集体合同履行等情况的报告，并提出意见和建议。企业拟订的职务消费管理制度在履行内部决策程序前，应当通过职工（代表）大会等形式听取职工意见。

二、审议通过权

职代会应审议企业提出的企业改制中的职工安置方案、职工激励方案、职工奖惩办法及企业其他涉及职工切身利益的重要规章制度；应审议经企业和工会协商提出的集体合同草案、企业年金方案、住房制度改革方案等涉及职工切身利益的重大事项。在审议方案的基础上，进行投票表决，形成通过或不通过的决议。

三、监督评议权

职代会应在企业党组织领导下，在国资委企业领导人员管理部门的指导和参与下，每年或定期组织职工代表听取企业领导班子成员或已建立规范法人治理结构的企业的经营班子成员报告履行职责和廉洁自律的情况，并由职工代表进行民主评议。民主评议的结果可根据干部管理权限，报国资委企业领导人员管理部门或董事会。

四、民主选举权

职代会应依法选举、监督和罢免企业职工董事、职工监事；选举职代会专门委员会（小组）成员；选举企业劳动争议调解委员会中的职工代表。

五、法律法规赋予职代会的其他权利

第三节　职工代表是如何产生的

一般 100 人以下的企业、事业单位应当实行职工大会制度，100 人以上的企业、事业单位可以根据实际情况，实行职工代表大会制度。依法享有政治权利并与本企业建立劳动关系的职工，均可当选为本企业的职工代表。为保证企业职代会的运作质量，职工代表应有良好的品行和较好的群众基础，有一定的生产、管理知识和工作经验，具有较好的参与民主管理的能力。

职工代表的总人数根据企业规模等实际情况而定，既要保证职工代表的覆盖面和代表性，又要保证职代会制度的可操作性。

规模较小的企业的职工代表选举，应以班组（科室）、工段（作业区）或者分厂（车间）为选区进行，须有本选区全体职工 2/3 以上参加，候选人

获得应到人数过半数赞成票方可当选。其中有条件的企业，也可以按照职工自荐、竞职演说、群众信任投票和组织审定的基本程序，实行职工代表竞选制。规模较大的企业，其职工代表一般由所属子（分）企业职代会选举产生。

职工代表的结构应以一线职工（包括一线工人、技术人员和管理人员）为主体。子企业分布比较集中的中央企业的正副职负责人及所辖子企业正职负责人担任的职工代表，一般不超过代表总数的25%；子企业数量多、分布广的中央企业的正副职负责人及所辖子企业正职负责人担任的职工代表，一般不超过代表总数的35%。贸易型、高新技术型企业的职工代表，应以一线的贸易、科技人员等为主体。在职工代表中，劳模先进人物、青年职工和女职工应占适当比例。

职代会新建或换届，应建立职工代表资格审查小组，负责审查代表是否依法享有政治权利并与本单位建立了劳动关系，代表的产生是否符合民主程序，代表的结构比例是否符合相关规定，并向职代会报告审查结果。

企业的职工代表实行常任制，可连选连任。根据需要职代会可设置列席代表与特邀代表。

第四节　职工代表大会如何运作

一、职代会对民主选举和涉及职工切身利益的重大事项的表决方式

职代会进行民主选举和审议通过涉及职工切身利益的重大事项时，必须采用无记名投票表决方式；一般事项也可采用其他表决方式，但须获得应到职工代表过半数赞成票通过。

二、职代会主席团成员的选举产生程序

在征求职工代表意见的基础上，召开职工代表团（组）长会议，协商提

出主席团成员候选人名单。主席团成员必须在职代会的预备会议上由职工代表选举产生。

主席团成员应有一线职工、技术管理人员和企业负责人，人数可以根据企业的具体情况确定。劳模先进人物、青年职工和女职工的代表在主席团成员中应有适当名额。

三、职代会专门委员会（小组）成员的选举产生程序

职代会可设立若干个专门委员会（小组），受职代会领导，为职代会依法行使职权服务。

专门委员会（小组）应根据职代会职权内容与企业规模设立，如提案、民主评议干部等。专门委员会（小组）的成员人选，一般由职工代表担任，也可以推荐部分熟悉业务的非职工代表。专门委员会（小组）成员在职代会全体会议上由职工代表选举产生。

四、召开职代会临时会议的程序

职代会闭会期间，遇有重大事项，经经理层、工会或1/3以上职工代表的提议，并由企业党委（党组）审定同意后，可以召开职代会临时会议。

五、国有企业改革方案和职工安置方案应当由进行改制的企业职工（代表）大会审议通过

六、职工（代表）大会的监督

1. 省、市、县（含县级市、区，下同）总工会和产业工会对企业、事业单位实行职代会制度予以指导和监督。

2. 省、市、县人民政府通过与同级总工会召开联席会议或者其他方式，听取职工群众的意见和要求，研究解决开展职代会工作存在的问题。

3. 国有资产监管和教育、卫生、科技等有关行政部门在其职责范围内，配合总工会做好企业、事业单位实施职代会制度的监督工作。

法律政策依据：关于职工代表大会的事宜可以参考《国资委党委、国资委关于建立和完善中央企业职工代表大会制度的指导意见》（国资党委群工〔2007〕120号）、《国务院国有资产监督管理委员会办公厅关于开展职工代表大会制度建设和厂务公开民主管理工作督导检查的通知》（国资厅发群工〔2007〕68号）等。

第五节　职工（代表）大会召开程序

国有企业改制召开职代会一般按照如下程序进行：

一、会议前期准备工作

1. 成立筹备工作领导小组（一般由工会主席任组长，其他成员：工会、人力资源、改制办、办公室等部门和下属子企业工会、人力资源等相关负责人员）、下设代表资格审查组、组织秘书组、宣传会务组等，负责大会的事务工作。

2. 开展动员工作，将本次改制工作的目的、意义、任务、要求等相关内容向职工进行动员教育，同时就改制方案和职工安置方案征求工会和职工的意见，将职工意见反馈给出资人和方案制定机构，要在方案中体现职工的合理建议，保障职工合法权益和合理诉求。虽然动员宣传工作并非改制必要环节，但是因为混合所有制改革涉及国有产权性质变动，涉及经营机制体制的变革，职工作为人数最多的利益攸关方，也是改革必然的参与者，不争取他们的支持改革不可能成功，因此做好职工的思想工作，争取职工的支持关系到改革的成败。

3. 选举确定职工代表比例。具体职工代表的产生见本章第二节。

4. 推荐职工代表候选人：以选区为单位，充分发扬民主，积极推荐职工代表候选人。

5. 组织选举职工代表。

二、召开职代会预备会

首次召开职代会的，可以在正式召开职代会之前召开预备会议，听取会议筹备情况报告、选举会议主席团、通过会议议程和职工代表资格审查报告等有关事项。预备会议由工会主席主持，过半数职工代表参加。

三、正式召开职工（代表）大会

职工大会可参照如下程序召开：

1. 清点核对开会职工人数，符合出席人数方可开会。
2. 主持人宣布：符合出席人数可开会，宣布会议主题，宣布参会人员。
3. 董事长或总经理宣读改制方案。
4. 职工（职工代表）审议改制方案。
5. 工会主席宣读职工安置方案。
6. 主持人宣布监票候选人，职工（职工代表）举手表决通过监票人。
7. 职工（职工代表）以无记名投票方式表决职工安置方案监票人汇总表决票数。
8. 主持人宣布表决结果，会议结束。

四、职工大会结果备案

职工大会召开完毕后，大会表决结果要报请上级工会部门对职工大会结果进行备案。

第六节　职工（代表）大会决议等文件模板

一、职工（代表）大会会议议程

××职工大会会议议程

1. 核对本次大会代表（职工）到会情况。
2. 主持人宣布会议开始，宣读到会人员情况。
3. 讨论和审议《企业改制方案》和《职工安置方案》。
4. 宣读《投票表决办法》，举手表决通过《投票表决办法》。
5. 通过大会总监票人、监票人名单。
6. 对《企业改制方案》和《职工安置方案》进行无记名投票表决。
7. 宣布投票结果，宣读××××职工大会（职工大会）决议。
8. 会议结束

二、职工（代表）大会投票表决办法

某某企业职工（代表）大会投票表决办法

1. 某某企业职工（代表）大会，由企业工会主席主持。

2. 企业职工（代表）大会对《企业改制方案》和《职工安置方案》进行审议，并由职工代表（职工）对《职工安置方案》进行表决。

3. 参加表决的代表（职工）必须超过全体代表（职工）的2/3。因事因病请假的职工代表委托到会代表投票的，视为到会。表决采取无记名投票方式进行。收回的票等于或少于发出的票，表决有效；收回的票多于发出的票，表决无效，应重新表决。

4. 每个方案得票超过应到代表（职工）的半数，方能通过。

5. 本次表决设总监票人1名，监票人1名，由企业工会提名，提请大会举手表决通过。

6. 表决票上的表决符号可采取同意的划“○”，不同意的划“×”，弃权的不作任何符合的形式，也可采用同意的不作任何符号，不同意的划“×”，弃权的划“○”的形式。

7. 本次选举设1个票箱，总监票人、监票人先投票，然后代表（职工）依次投票。

8. 投票结束后，当场打开票箱，清点选票，由总监票人将实际收回的选票数报告主持人，由主持人宣布表决是否有效。

9. 计票完毕，由总监票人宣布计票结果，由主持人宣布表决是否通过。

10. 本表决办法，由某某企业职工（代表）大会通过后施行。

三、职工（代表）大会决议模板

××职工大会决议

（年　月　日通过）

职工（代表）大会于____年____月____日在________召开。会议主要议程是审议通过《企业改制实施方案》和《职工安置方案》。会议由主持。会议应到职工（代表）____人，因病因事请假____人，实到职工（代表）____人，职工（代表）人数和职工（代表）资格符合法定规定。

会议期间，与会职工（代表）认真听取了同志宣读的《企业改制实施方案》和《职工安置方案》。经过大会审议，会议认为，《企业改制实施方案》和《职工安置方案》符合国家相关法律、法规和政策规定，符合本公司的实际情况，较好地兼顾了各方面的利益，是切实可行的方案。经全体职工（代表）审议，一致同意《企业改制实施方案》，经全体职工（代表）投票，《职工安置方案》以____%赞成票获得通过。

会议号召，广大干部职工积极行动起来，团结一致，齐心协力，平稳积极地推进企业改制工作，为实现企业改革任务作出积极贡献。

年　月　日

第十一章

国有企业改革中的社会稳定风险评估

第一节　为什么国有企业改革必须开展社会稳定风险评估

社会稳定风险评估是指项目单位或其委托的专业机构对社会稳定风险进行调查分析，征询相关群众意见，查找并列出风险点、风险发生的可能性及影响程度，提出防范和化解风险的方案措施，确定社会稳定风险等级，编制评估报告的专业活动，是促进科学决策、民主决策、依法决策，预防和化解社会矛盾，规避社会风险的重要机制。

一、社会稳定风险的一般来源

社会稳定风险属于社会学、政治学理论研究的重要内容，按照学术界目前研究的情况，社会不稳定风险主要由收入分配不公平、两级分化严重造成，主要变量来源于通货膨胀、企业亏损、人口流动与腐败行为。剧烈的物价波动会对人民群众的生活造成困难，对人民的获得感产生巨大影响，造成不满情绪孳生。企业降薪裁员本是正常的经济现象，但是当一定时期社会中多数企业同时发生亏损和降薪裁员，或者某个企业进行人数众多的降薪裁员时，就会造成不稳定。流动人口由于缺少财产依附和社会关系依附，没有融入社会管理体系，自古以来就是社会不稳定风险的来源。腐败行为触动了人民对社会公平正义的要求，往往成为风险事件的导火索。社会稳定风险是是人民日益增长的美好生活需要和不平衡不充分的发展之间矛盾的体现，是我国处在百年未有之大变局，完成社会转型必须要克服的困难。

二、防治国有企业改革社会稳定风险的原则措施

坚持国有企业改革的正确方向，通过促进发展、促进公平解决问题。统

筹兼顾发展与稳定的关系，把改革的力度、发展的速度与职工和社会的可承受程度结合起来；兼顾企业与所在地区、行业的稳定风险情况；注重企业改革政策的统筹协调，相互衔接。

坚持以人为本，保障人民的根本利益，企业改革要着眼于企业的发展和职工的根本利益，处理好职工的眼前利益，保障职工各项民主权利；要争取职工支持改革、参与改革，让职工享受改革的成果。

坚持源头治理，注重改革政策的前瞻性和改革措施的协调性，建立重大改革事项决策的形成机制和科学公正公平的决策程序；进一步完善相关制度，做好社会稳定风险评估工作，把风险降到最低程度，从源头上预防和减少不稳定事件的发生。建立畅通有序的诉求表达、心理干预、矛盾调处、权益保障机制，使职工群众问题能反映、矛盾能化解、权益有保障。

第二节　国有企业改革开展社会稳定风险评估的范围、内容

依据《关于建立国有企业改革重大事项社会稳定风险评估机制的指导意见》（国资发〔2010〕157 号）的规定，国有企业改革对涉及企业职工群众切身利益且涉及面广、容易引发社会稳定问题的重大投资决策事项必须做好社会稳定风险评估工作。

国有企业改革风险评估范围，主要是指对国有企业改制重组、产权转让、关闭破产、厂办大集体改革、分离企业办社会职能等有关行为的风险评估。改革涉及职工切身利益，存在社会稳定风险，在实施前要对其内外部环境、利益相关方、改革方案、职工安置方案等重点环节和重要因素进行社会稳定风险评估。

一、风险评估应当关注以下方面内容

1. 企业外部环境。包括宏观经济和政策环境、社会舆论环境、企业所处行业、所在地区人民群众对改革的承受能力等因素。

2. 企业内部环境。包括企业经营情况、管理水平；职工观念以及对改革的接受程度，对改革紧迫性和必要性的认识；职工对引入战略投资者，特别是民营企业的认同程度；职工对改革未来的预期等因素。

3. 企业管理层。包括企业管理层行为的合规性、对改革的支持程度等。

4. 改制重组、产权转让、关闭破产方案、厂办大集体改革方案和决策实施程序的合规性和合理性。

5. 职工切身利益。职工分流安置、劳务关系调整、经济补偿金支付、社会保险关系接续和偿还拖欠职工债务、补缴欠缴的社会保险费以及离退休人员社会化管理、相关待遇落实等。

6. 职工民主权利。包括维护职工的知情权、参与权、表达权和监督权，企业改制、产权转让等重大问题听取工会和职工意见，以及职工安置方案由职代会或职工大会审议通过的情况。

7. 债权人合法权益。按照有关法律规定，需告知债权人或征得债权人同意的，企业在采取有关改革措施前，应当告知债权人或征得债权人同意。

8. 战略投资者或产权受让方。包括其自身实业、对企业发展的战略规划、职工接受程度等。

9. 其他可能存在稳定风险的事项。

二、社会稳定风险评估应从以下四个方面对上述内容进行风险评价预估

1. 合法性评估：是否符合国家有关法律法规，是否符合国有资产监管机构有关国有企业改革的政策规定。

2. 合理性评估：是否符合企业未来发展需要和职工的长期利益；是否兼顾不同群体的利益诉求；是否符合社会、企业和职工的承受能力；是否可能引起不同利益群体的攀比。

3. 可行性评估：是否经过可行性论证；改革和发展的人力、物力和财力成本是否在可承受的范围内；领导班子和各级负责人是否得力；职工群众是否接受和支持；实施方案是否周密、完善，具有可操作性和连续性。

4. 可控性评估：是否存在引发群体性事件的隐患；是否存在连带风险和隐患；是否有相应的风险监控措施和应急处置预案。

第三节　进行稳定性评估的主体、程序

实施国有企业改革，产权持有人是进行社会稳定风险评估的责任主体，对于需要进行社会稳定风险评估的重大改革项目，按照如下程序开展工作。

一、制订评估方案，成立评估小组

责任主体要把社会稳定风险评估作为实施重大改革事项的必要环节，在实施前制订科学、规范、详细、可操作的风险评估方案，吸收企业、企业所在地政府有关部门和专家参与，成立评估小组，负责具体评估工作的实施。

二、掌握有关情况，识别风险来源

责任主体要全面掌握评估事项的基本情况，并通过专家咨询、抽样调查、实地调研等形式广泛征求职工群众、维稳、信访等有关部门和社会有关方面的意见和建议。因地因企制宜，分类指导，找出可能引发不稳定的风险点。

三、进行分析评估，形成评估报告

责任主体要组织对风险来源进行认真分析预测。可采取定量和定性相结合的方式，建立设定参考指标体系，对评估事项的合法性、合理性、可行性和可控性进行全面分析研究；对于改革实施过程中可能引发的矛盾冲突的概率、负

面影响程度和可能涉及的人员数量、范围和反应作出评估预测，形成评估报告，确定风险等级，提出对策建议，并制定相应的防范、化解和应急预案。

四、确定风险等级

事项风险可分为四个参考等级；A 级事项：当前风险总体可控，实施过程中潜在风险较低，不存在明显的个别矛盾。B 级事项：当前风险总体可控，实施过程中存在一定潜在风险，存在明显的个别矛盾。C 级事项：当前存在明确的社会稳定风险，如实施可能引发一般不稳定问题。D 级事项：当前存在较大的社会稳定风险，如实施可能引发较大不稳定问题。

五、制订风险应对预案

责任主体根据风险评估报告进行决策前，应履行批准程序，听取企业所在地政府的意见，并协同有关部门制订风险应对预案，建立事前评估应对、事中跟踪监控、事后监督总结的全流程工作机制。对当前风险可控，实施过程中潜在风险较低的 A 级事项可付诸实施。对当前风险可控，实施过程中存在一定潜在风险的 B 级事项，可付诸实施并在实施过程中密切关注并尽量化解潜在风险，做好预案。对当前存在一定社会稳定风险，如实施可能引发一般不稳定问题的 C 级事项，要认真落实解决矛盾、消除风险的具体措施，待不稳定风险消除后方可实施。对风险较大，短期内无法消除的 D 级事项，应暂缓实施，并考虑修改实施方案。

第四节　国有企业改革稳定性评估报告模板

××公司改制社会稳定风险评估报告

省政府国资委：

根据《××省人民政府批转省政府国资委等部门关于规范省属国有非工业困难企业改制和职工安置工作实施意见（试行）的通知》（政发〔2013〕36号）和《省政府国资委关于在监管企业建立重大事项社会稳定风险评估机制的意见》（国维稳〔2011〕359号）文件的要求和相关规定，我们对集团所属的即将进行改制和职工安置工作的××公司的稳定风险进行了认真研究和评估，现报告如下：

一、改制企业基本情况

改制企业组建于1966年4月成立以来作出了较大的贡献。随着市场经济的发展，原企业市场竞争力逐步下降，企业的包袱越来越重，存在的问题和矛盾越来越突出。企业逐年亏损，累计亏损达5000万元，从1996年以来停产至今。

（一）企业资产、负债、所有者权益情况

（二）企业职工情况

（三）企业改制基本情况

1. 企业改制程序履行情况。

2. 企业改制方案主要内容。

3. 企业职工安置方案主要内容。

二、成立风险评估机构

根据省政府国资委下发的《省政府国资委关于在省属监管企业建立重大事项社会稳定风险评估机制的意见》（国维稳〔2013〕36号）文件要求，集团公司于2013年1月4日成立了集团重大事项社会稳定风险评估工作小组，组长由____担任，集团公司成员____任副组长，小组成员由____组成；风险评估工作小组的职责是：负责××企业重大事项社会稳定风险评估工作。此次企业改制是集团公司的一项重大决策，关系到广大职工群众的切身利益，因此必须进行社会稳定风险评估。

三、形成风险评估报告所做的工作

为了使企业改制稳妥进行，避免出现群体性上访、举报等事件，我们对准备改制的企业主要做了以下几个方面的工作。

1. 组织座谈。和改制企业领导班子进行座谈，了解领导班子对改制的看法，是否对改制积极主动，在改制过程中存在哪些困难和问题，从领导口中了解职工对改制的想法及支持程度。

2. 实地调研。从改制企业职工花名册中随机选择不同部门的职工进行调查，询问职工对改制的看法，是否拥护企业改制，企业在改制过程中将会遇到什么样的困难和问题，这些问题如何解决。

3. 发放问卷。向职工发放改革改制调查问卷，调查问卷中的主要问题涉及以下几个方面的问题：A. 是否支持企业改制？B. 希望原企业改制成什么形式的企业？C. 每一工龄年的经济补偿金你们认为多少金额合适？D. 改制后是否愿意到改制后的企业工作？E. 企业在改制过程中可能会存在什么样的困难和问题？F. 企业改制是否存在风险？这些风险是否可以化解？

4. 摸清财务底数。通过集团公司财务处了解改制企业的财务状况，并且到改制企业财务科了解改制资金筹措情况，改制缺口资金是多少。

四、对改制企业的社会稳定风险评估

1. 合法性评估。××企业的改制符合国家和我省的有关改制政策。《改制方案》和《职工安置方案》符合国家的法律、法规及改制的相关政策要求，特别是在职工身份置换补偿金标准、补缴医疗保险、预留离法定退休 5 年内职工工资及社保费用等均未突破政策红线。

2. 合理性评估。为了稳步推进企业改制，减少在改制过程中出现的震荡，企业在编制《改制预案》和《职工安置方案》之前，改制中存在的一些重大事项均与企业工会和部分职工代表进行了沟通，在不违背国家法律、法规的情况下，对个别困难职工在安置方面予以适当照顾，做到合理合法，总体而言《改制预案》和《职工安置方案》遵循了公开、公平、公正的原则，并且兼顾了国家、企业、职工和相关利益群体的共同利益。

3. 可行性评估。此次改制企业歇业多年，改制后原企业职工基本上都安排在新企业就业，对于解除劳动合同的在职工身份置换后进入社会自由执业；至于企业改制存在的缺口资金，依据文件规定：企业有效资产不足以安置职工的，由省财政予以适当补助。如果我们向省上报送的改制缺口资金能够得以落实，那么，这些职工的经济补偿金、欠缴的“三金一险”、拖欠的职工工资等一系列问题都可以得到解决，企业改制、职工安置基本上可以较为顺利推进。

4. 可控性评估。通过调查我们认为企业改制时，在以下问题的处理中存在一定风险。

（1）对置换职工身份每一个工龄 2000 元的补偿金太低，大部分职工认为十年以前国有企业职工的身份置换金补偿标准都超过了这个数额。

(2) 以前企业欠缴的“三金一险”在改制时只能按照当年全省社会平均工资的60%补交不太合理。

(3) 离、退休人员按照属地原则移交当地进行社会化管理，这一点在我市尚未实施，这在改制中也是一个难点问题。

(4) 家属院的维修和管理及经费来源是此次改制中的难题。

上述四个问题的化解，对于第一、二个问题的风险化解，我们将通过各级组织做好职工的思想工作，多做解释、说服工作，让职工顾全大局，积极支持企业的改制工作，这两个问题通过我们的努力应该基本上可以化解，对于第三、四个风险问题，我们将在改制过程中预留部分改制费用来化解这两个难题，使改制能够顺利进行下去。

5. 稳定风险评级。综上所述，尽管企业在改制过程中存在一定风险，但是，我们认为只要认真细致地对待改制，提前制定好各项不稳定因素的应急预案，各项风险应该在我们可以控制的范围之内，因此，我们将本次企业改制中存在的风险初步评估为B级风险。

五、下一步稳定工作预案

(一) 明确细化企业维护稳定责任

要按照“谁主管，谁负责”和“分级负责，归口办理”的原则，明确做好稳定工作的牵头责任主体、工作主体、配合主体，确保每一涉及稳定问题都有人抓、有人管。要按照各自职责分工和“一个问题一个班子、一个问题一套方案、一个问题一套要求”的办法，立即组织精干人员研究制定具体、过细、过硬的调处办法，采取切实有效的措施，把企业改制过程中不稳定因素化解基层，解决在萌芽状态。

(二) 深入开展不稳定因素排查调处

要坚持周、月、季、年度定期排查调处工作和重大节假日、重要敏感时期集中排查调处工作，实行定期与日常、集中与经常、重点与综合排查调处相结合的制度，确保不稳定因素排查调处工作收到实效。对已经排查出问题特别是上述的企业涉稳问题，要严格按照“五定一包”(即定领导、定部门、定人员、定任务、定时间、包解决)、“四个在当地”(即把政策和法律范围内该解决的问题解决在当地、把相关配套工作做在当地、把矛盾纠纷化解在当地、把重点人员稳控在当地)的要求和已制定的措施，一一落实责任，一一落实解决措施，一一跟踪督查督办，真正做到责任不落实不放过，工作不到位不放过，隐患不排出不放过，切实把各种隐患化解在企业内部，解决在基层。

（三）着力解决职工反映和关注的实际困难和问题

要满腔热情地解决企业职工反映和关注的实际问题，对职工的要求和意愿，凡属应该解决的，要及时解决，不能拖延；对一时难以解决的，要讲清缘由，求得理解；对有特殊困难的，通过送温暖、发放补贴等特殊方式，帮助其渡过难关，切实把党和政府的温暖送到职工手中，真正在解决问题中体现以人为本、执政为民的要求，体现构建和谐社会的要求。

（四）强化维护稳定教育工作

要充分发挥改制后进入新企业职工的作用，采取召开动员大会、新闻媒体宣传、板（墙）报宣传等形式，向职工宣传企业改制重组的重要意义，引导职工认清形势，正确对待企业改制重组；宣传企业改制重组的法规政策，引导职工用政策统一思想认识，消除其思想顾虑和错误认识；宣传维护稳定相关法律法规，引导职工自觉依法办事，自觉维护企业稳定。工青妇等群团组织要充分发挥职能作用，深入职工中去，采取面对面、一对一等方式，耐心细致地做思想政治工作，理顺职工群众情绪，确保他们思想稳定。

（五）做好来信来访工作

信访部门要高度重视来信来访接待、处理工作，热情接待职工每一次来信来访，耐心细致地做好释疑解惑，政策解答工作，千方百计地化解矛盾，防止矛盾激化。凡需相关部门配合做工作的，一旦接到通知，要主动到场，按要求做好接待处置工作。同时，要加强企业职工的法制教育，引导群众学会运用法律维护自身的合法权益，把矛盾和纠纷纳入法制渠道解决，避免遇事无理取闹和群体上访等问题的发生。

××集团

年　月　日

第十二章

国有企业改革与产权交易

第一节　什么是国有产权交易

作为世界上最大的公有制为主体的市场经济国家，我国有着最为庞大的国有资产体量，按照《国务院关于2019年度国有资产管理情况的综合报告》，2019年，全国国有企业资产总额233.9万亿元，国有金融企业资产总额293.2万亿元，行政单位资产总额10.7万亿元。为了管理如此庞大的国有资产，经过建国70多年的实践，我国建立了世界上最完备和高效的国有资产监督管理体系。理解国有产权交易，应当从我国国有经济为主体的基本经济制度开始，把国有资产监督管理体系弄清楚。按照《中华人民共和国宪法》《中华人民共和国企业国有资产法》的规定，国有资产基础管理制制度由主体组织体系、重大事项、法律体系制度三方面的内容构成，具体包括履行出资人职责的机构、国家出资企业管理者的选择与考核、关系国有资产出资人权益的重大事项、国有资本经营预算，国资监督等内容。产权交易是关于国有资产出资人的重大事项是重点内容，是国有资产监管的重要一环。

产权交易在西方资本主义国家就是企业的投资并购重组，但在中国却被更多地特指为国有企业的产权交易。从20世纪80年代后期国有企业发生兼并重组开始，国有产权和资产进入市场，在不同性质所有制主体之间进行交易，至今，每年产权交易市场交易额超过10万亿元（来自中国企业产权交易机构协会统计）。为了确保国有资产增值保值，避免流失，国家建立了有中国特色的产权交易场所，在国务院国有资产监督管理委员会和地方省级政府国资委的监督领导下进行专门的国有产权交易。经过多年整顿，目前全国有5家国家级产权交易所，可以交易央企国有产权，36家省级产权交易所，主要交易地方国有企业产权。这些产权交易场所是我国构建多层次资本市场的重要基础层，具有交易标的非标准，交易行为非连续、非集中交易，投资者非公开（不得超过200人）的特征，是重要的社会权益类生产要素交易市场，产权交易市场立足国有企业，面向全社会，服务与国有企业改革工作，发挥着重要的功能性作用，包括：

1. 价值发现功能。国有企业整体产权、股权、各类实物资产、债权资产通过进入产权交易市场公开挂牌交易，能够发现国有资产的市场价值，实现保值增值。

2. 规范交易，避免流失。国有资产有着完备的监督管理体系，国有产权的变动程序非常严格，比如清产核资、审计评估、召开职工大会等，进场交易是《企业国有资产法》的强制性规定，产权交易所在交易流程上发挥了规范改制操作，避免因为简化程序造成的国有资产流失。

3. 服务于国民经济调整和国有企业改革。国家对国民经济的调整很重要的一方面是国有企业的兼并重组布局，主要通过产权交易方式实现，国有企业的改革中涉及产权混合变动的，也主要通过产权交易实现，因此产权交易市场在国民经济调整和国有企业改革中发挥着非常重要的功能性作用。

第二节　国有产权（股权）转让程序

国有企业混合所有制改革如涉及产权转让，且不符合非公开协议转让和场外交易的条件，混改企业应在履行完毕前述清产核资、财务审计、资产评估、职工安置方案制定、决策首批等程序后，向产权交易机构提交产权进场转让申请，通过产权交易机构将产权转让信息进行公告，再由产权交易机构登记受让意向，组织交易双方签约，结算交易资金，出具交易凭证，最终完成产权交易。参照中国国有企业产权交易机构协会制定的规范指引，国有产权（股权）转让程序如下。

一、预披露转让信息

产权转让原则上通过产权市场公开进行。转让方可以根据企业实际情况和工作进度安排，采取信息预披露和正式披露相结合的方式。但是因产权转让导致转让标的企业的实际控制权发生转移的，转让方应当在转让行为获批后 10 个工作日内，通过产权交易机构进行信息预披露，时间不得少于 20 个工作日。

转让方应当按照要求向产权交易机构提交预披露信息内容的纸质文档材料，并对预披露的内容和所提交材料的真实性、完整性、准确性负责。

产权交易机构对转让方提交的产权转让信息预披露的内容及相关材料进行规范性审核。符合信息预披露要求的，产权交易机构予以受理，并依据转让方提交的信息预披露申请对外发布信息预披露公告；不符合信息预披露要求的，产权交易机构将审核意见及时告知转让方。

信息预披露公告包括但不限于以下内容：

1. 转让标的基本情况；

2. 转让标的企业的股东结构；

3. 产权转让行为的决策及批准情况；

4. 转让标的企业最近一个年度审计报告和最近一期财务报表中的主要财务指标数据，包括但不限于资产总额、负债总额、所有者权益、营业收入、净利润等（转让参股权的，披露最近一个年度审计报告中的相应数据）；

5. 受让方资格条件（适用于对受让方有特殊要求的情形）；

6. 其他需要预披露的事项。

因产权转让导致转让标的企业的实际控制权发生转移应当进行信息预披露的，预披露公告时间应当不少于 20 个工作日，以产权交易机构网站发布之日为起始日。

二、受理转让申请

转让方应当向产权交易机构提交信息披露申请，按照要求提交披露信息内容的纸质文档材料，并对披露内容和所提交材料的真实性、完整性、准确性负责。

产权交易机构对转让方提交的信息披露申请和材料进行规范性审核，重点审核材料的齐全性与合规性、信息披露内容的完整性与准确性、交易条件设置的公平性与合理性、受让方资格条件设置是否履行备案手续，以及竞价方式的选择等内容。

符合信息披露要求的，产权交易机构予以受理，并依据转让方提交的信息披露申请的主要内容对外发布产权转让信息披露公告；不符合信息披露要求求的，产权交易机构将审核意见及时告知转让方。

信息披露公告包括但不限于以下内容：

1. 转让标的基本情况；

2. 转让标的企业的股东结构；

3. 产权转让行为的决策及批准情况；

4. 转让标的企业最近一个年度审计报告和最近一期财务报表中的主要财务指标数据，包括但不限于资产总额、负债总额、所有者权益、营业收入、净利润等（转让参股权的，披露最近一个年度审计报告中的相应数据）；

5. 受让方资格条件（适用于对受让方有特殊要求的情形）；

6. 交易条件、转让底价；

7. 企业管理层是否参与受让，有限责任公司原股东是否放弃优先购买权；

8. 竞价方式，受让方选择的相关评判标准；

9. 其他需要披露的事项。

竞价方式包括拍卖、招投标、网络竞价以及其他竞价方式，且不得违反国家法律法规的规定。

三、发布转让信息

企业国有产权转让信息应当在产权交易机构网站和省级以上公开发行的经济或者金融类报刊上进行公告。

中央企业产权转让信息由相关产权交易机构在其共同选定的报刊以及各自网站联合公告，并在转让标的企业注册地或者转让标的企业重大资产所在地选择发行覆盖面较大的经济、金融类报刊进行公告。

信息披露公告时间应当不少于20个工作日，并以省级以上报刊的首次信息公告之日为起始日。

信息披露公告期间，转让方不得变更公告中公布的内容。因非转让方原因或其他不可抗力因素导致可能对转让标的价值判断造成影响的，转让方应当及时调整补充信息披露公告内容，并相应延长公告时间。

产权转让项目首次信息披露的转让底价不得低于经核准或备案的转让标的评估结果。如在信息披露公告期间未征集到符合条件的意向受让方，转让方可以在不低于评估结果90%的范围内设定新的转让底价重新进行信息披露。

降低转让底价或变更受让条件后重新披露信息的，披露时间不得少于 20 个工作日。如新的转让底价低于评估结果的 90%，转让方应当经转让行为批准单位书面同意后，重新进行信息披露。

产权转让项目自首次信息披露之日起超过 12 个月未征集到合格受让方的，转让方应当重新履行审计、资产评估及信息披露等产权转让工作程序。

四、登记受让意向

产权交易机构负责意向受让方的登记工作，对意向受让方是否符合受让条件提出意见并反馈转让方。产权交易机构与转让方意见不一致的，由转让行为批准单位决定意向受让方是否符合受让条件。

意向受让方应当在信息披露公告期内向产权交易机构提交受让申请，按照要求提交受让申请内容的纸质文档材料，并对申请内容和所提交材料的真实性、完整性、准确性负责。

产权交易机构对意向受让方逐一进行登记。

信息披露公告期间，转让方应当接受意向受让方的咨询，意向受让方可以通过产权交易机构查阅信息披露公告所涉内容的相应材料。经转让方同意，意向受让方可以复印相关材料。

产权交易机构对意向受让方提交的申请及材料进行齐全性和合规性审核，并在信息披露公告期满后 5 个工作日内，将意向受让方的登记情况及其资格确认意见书面告知转让方。

转让方在收到产权交易机构的资格确认意见后，应当在 5 个工作日内予以书面回复。转让方与产权交易机构意见不一致的，由转让行为批准单位决定意向受让方是否符合受让条件。

转让方逾期未予回复的，视为同意产权交易机构作出的资格确认意见。

经征询转让方意见后，产权交易机构以书面形式将资格确认结果通知意向受让方。

转让方在信息披露公告中提出交纳交易保证金的，意向受让方应当按照要求，在指定期限内将交易保证金交纳至产权交易机构指定结算账户。逾期未交纳交易保证金的，视为放弃受让资格。

五、组织交易签约

信息披露公告期满，产生符合条件的意向受让方的，由产权交易机构按照相关规定组织交易。产生两个及以上符合条件的意向受让方的，由产权交易机构按照公告的竞价方式组织实施公开竞价；只产生一个符合条件的意向受让方的，由产权交易机构组织交易双方按挂牌价与买方报价孰高原则直接签约。涉及转让标的企业其他股东依法在同等条件下享有优先购买权的情形，按照有关法律规定执行。

产权交易机构应当在确定受让方后的次日起 3 个工作日内，组织交易双方签订产权交易合同。

交易双方不得以交易期间企业经营性损益等理由对已达成的交易条件和交易价格进行调整。

产权交易合同条款包括但不限于：

1. 产权交易双方的名称与住所；
2. 转让标的企业的基本情况；
3. 产权转让的方式；
4. 转让标的企业职工有无继续聘用事宜，如何处置；
5. 转让标的企业的债权、债务处理；
6. 转让价格、付款方式及付款期限；
7. 产权交割事项；
8. 合同的生效条件；
9. 合同争议的解决方式；
10. 合同各方的违约责任；
11. 合同变更和解除的条件。

产权转让涉及交易主体资格审查、反垄断审查、特许经营权、国有划拨土地使用权、探矿权和采矿权等情形，需经政府相关部门批准的，交易双方应当将产权交易合同及相关材料报政府相关部门批准。产权交易机构依据交易双方申请，协助出具政府相关部门审批所需的交易证明文件。

产权转让导致国有股东持有上市公司股份间接转让的，应当同时遵守上市公司国有股权管理以及证券监管相关规定。

受让方为境外投资者的，应当符合外商投资产业指导目录和负面清单管理要求，以及外商投资安全审查有关规定。

六、结算交易资金

产权交易资金包括交易保证金和产权交易价款，交易价款应当以人民币计价，通过产权交易机构以货币进行结算。因特殊情况不能通过产权交易机构结算的，转让方应当向产权交易机构提供转让行为批准单位的书面意见以及受让方付款凭证。

受让方原则上应当自产权交易合同生效之日起 5 个工作日内将交易价款一次性支付到产权交易机构指定结算账户。受让方交纳的交易保证金可以按照相关约定转为交易价款。

交易价款金额较大、一次付清确有困难的，可以采取分期付款方式。采取分期付款方式的，首期付款金额不得低于总价款的 30%，并在产权交易合同生效之日起 5 个工作日内支付；其余款项应当提供转让方认可的合法有效担保，并按同期银行贷款利率支付延期付款期间的利息，付款期限不得超过 1 年。

七、出具交易凭证

交易双方签订产权交易合同，经产权交易机构审核通过，受让方依据合同约定将全部交易价款支付至产权交易机构指定结算账户，且交易双方支付交易服务费用后，产权交易机构在 3 个工作日内出具交易凭证。实践中，如果交易双方没有完成付款或者其他合同履行义务，产权交易所因为监督产权交易合同履行的原因，有可能不给发放交易凭证，所以交易双方应当在成交后及时履行交易合同。

产权转让涉及交易主体资格审查、反垄断审查、特许经营权、国有划拨土地使用权、探矿权和采矿权等审批情形时，产权交易机构在交易行为获得政府相关部门批准后出具交易凭证。

交易凭证应当载明：项目编号、转让标的名称、转让底价、挂牌起止日、交易方式、签约日期、转让方名称、受让方名称、转让标的评估结果、成交价格、交易价款支付方式、产权交易机构审核结论等内容。

交易凭证应当使用统一格式打印，不得手写、涂改。

产权交易机构在出具交易凭证后，将交易结果通过网站对外公告，公告内容包括转让标的名称、转让标的评估结果、转让底价、交易价格等，公告期不少于5个工作日。

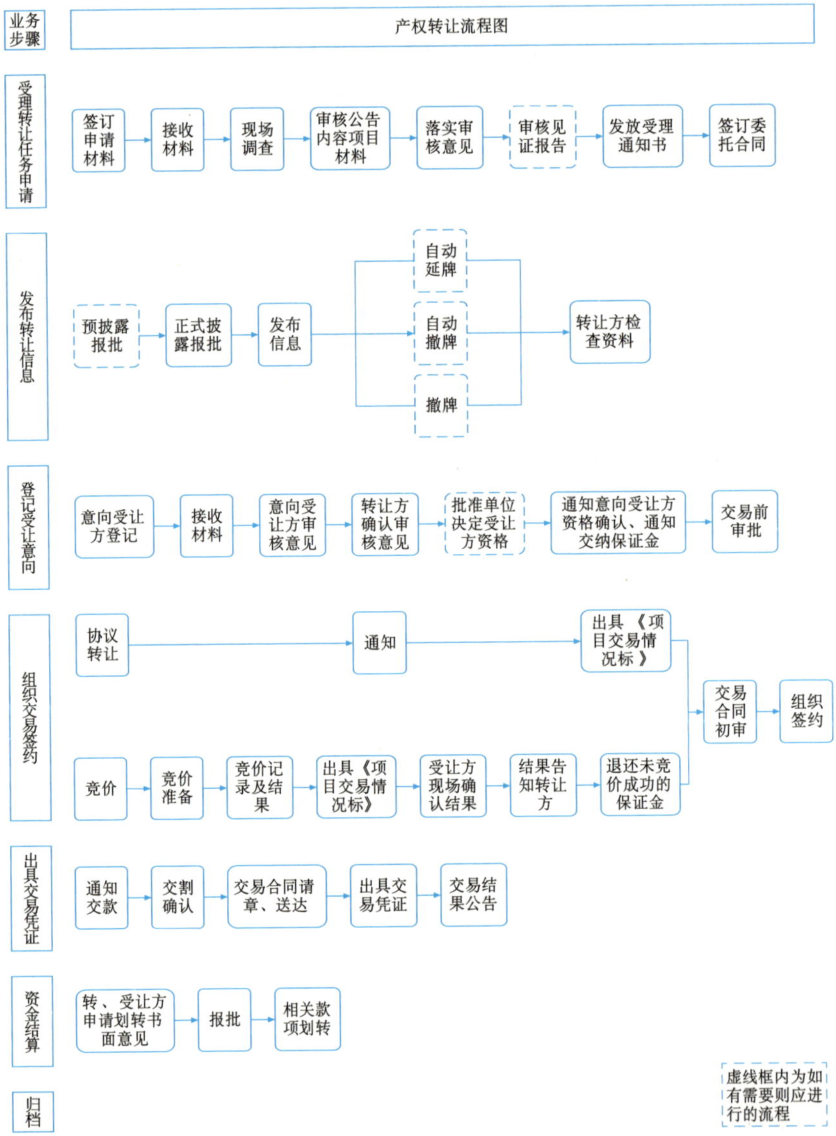

图12－1　国有产权转让流程

第三节 国有企业增资扩股程序

国有企业混合所有制改革如涉及增资行为，且不符合非公开协议方式进行增资的条件，混改企业应在履行完毕前述清产核资，财务审计，资产评估，职工安置方案制定、决策审批等程序后，通过产权交易机构网站对外披露信息公开征集投资方，产权交易机构在企业增资活动中受理增资申请、披露增资信息、登记投资意向、协助遴选投资方、出具增资凭证、公告增资结果。

一、信息预披露

融资方可以根据需要，向产权交易机构提交《增资信息预披露申请书》及相关材料，申请进行信息预披露。融资方也可直接申请信息正式披露。产权交易机构依据融资方提交的信息预披露申请，在产权交易机构网站上发布信息预披露公告。

信息预披露公告一般包括融资方基本情况、增资目的、拟增资额（含区间）、对投资方的要求或条件等内容，也可由融资方根据项目具体情况确定披露内容。预披露时间原则上不少于10个工作日，以产权交易机构网站发布当日为起始日。

信息预披露期间，产权交易机构应当及时向融资方反馈意向投资方征集情况。

二、受理增资申请

融资方向产权交易机构提交信息正式披露（以下简称“信息披露”）申请，应当向产权交易机构提交如下材料：

1. 《增资信息披露申请书》；
2. 营业执照或其他主体资格证明文件；

3. 公司章程或其他章程性文件；
4. 企业增资行为的决策及批准文件；
5. 企业国有资产产权登记表（证）；
6. 近三年年度审计报告；
7. 涉及职工安置的，需提交职工安置方案、职工（代表）大会决议；
8. 其他需要的材料。

在确认最终投资方之前，融资方还应提交资产评估报告核准或备案文件。

产权交易机构在收到信息披露申请材料之日起3个工作日内，对融资方提交的材料进行规范性审核。符合信息披露要求的，产权交易机构予以受理，并依据融资方提交的《增资信息披露申请书》的主要内容对外发布增资信息披露公告（以下简称“增资公告”）。不符合信息披露要求的，产权交易机构可要求融资方进行调整。

产权交易机构披露的增资公告内容包括但不限于：

1. 融资方基本情况；
2. 融资方目前的股权结构；
3. 增资行为的决策及批准情况；
4. 融资方近三年企业审计报告中的主要财务指标；
5. 融资方拟募集资金金额和增资后的企业股权结构；
6. 募集资金用途；
7. 投资方的资格条件，以及投资金额和持股比例要求等；
8. 投资方的遴选方式；
9. 增资终止的条件；
10. 其他需要披露的事项。

对于特殊项目的披露增资公告内容有要求的，不能完全披露上述内容的，可根据实际情况确定披露内容，但须报国资监管部门批准。

融资方要求意向投资方交纳保证金的，增资公告中应明确保证金的交纳要求及其处置方式。

三、发布增资信息

产权交易机构应在其网站上发布增资公告，时间不得少于40个工作日，以产权交易机构网站发布当日为起始日。

信息披露期间未征集到足够的符合条件的意向投资方的，产权交易机构可以按照增资公告的要求或融资方的申请，延长信息披露时间，每次延长时间不少于5个工作日。

信息披露期间，融资方股权结构、财务状况、经营管理等发生重大变化，可能对增资企业价值判断产生重大影响时，融资方应当及时书面通知产权交易机构。产权交易机构可以根据融资方的申请补充、中止或者终结信息披露。

四、登记投资意向

信息披露期间，意向投资方可以到产权交易机构查阅增资项目相关材料。意向投资方应当在信息披露期间，向产权交易机构提交如下投资意向申请材料：

1. 《投资意向申请书》；
2. 营业执照或其他主体资格证明文件；
3. 公司章程或其他章程性文件；
4. 投资行为的决策及批准文件；
5. 《增资公告》要求的相关材料；
6. 其他需要提交的材料。

产权交易机构对提交申请材料的意向投资方逐一进行登记，并将登记情况通知融资方。产权交易机构对意向投资方提交的申请资料进行规范性审核，并协助融资方开展意向投资方资格审核。

产权交易机构在信息披露期满后之日起5个工作日内，将意向投资方资格审核意见书面告知融资方。融资方在收到审核意见之日起10个工作日内，以书面的形式向产权交易机构出具对意向投资方资格的确认意见。

产权交易机构应当以书面形式将资格确认结果通知各意向投资方。

增资公告中设定保证金条款的，获得资格确认的意向投资方应当按照增资公告要求，将保证金交纳至产权交易机构指定账户，成为合格意向投资方。意向投资方未按规定交纳保证金的，视为放弃投资资格。

五、遴选投资方

信息披露期满后，产权交易机构协助融资方按照增资公告中披露的遴选方式以及产权交易机构发布的竞价、竞争性谈判、综合评议等方式的操作细则制定遴选实施方案，择优确定投资方。融资方一般应在增资公告期满前向产权交易机构提交遴选实施方案。

融资方按照遴选实施方案实施遴选活动。产权交易机构负责统一接收意向投资方的投标和报价文件，根据遴选实施方案协助融资方开展遴选活动，并对遴选过程留痕，作为增资项目档案的重要组成部分，保证遴选活动的规范、公平、公正。

融资方在确定投资方后，将结果书面通知产权交易机构。产权交易机构在收到结果后之日起3个工作日内通知相关意向投资方。

六、出具增资凭证

投资方与融资方及其原股东或授权代表签订增资协议，须由产权交易机构备案。投资方根据增资协议的约定缴付出资，交易资金可以通过产权交易机构进行结算。增资协议生效后，产权交易机构在收到交易费用后，应当在5个工作日内出具增资凭证。产权交易机构在出具增资凭证后，将增资结果通过其网站对外公告，公告内容包括项目名称、投资方名称、投资金额、持股比例等，公告期不少于5个工作日。

七、中止和终结

在企业增资过程中，出现以下情形足以影响增资活动正常进行的，产权交易机构可以中止增资或待影响确认消除后，恢复增资活动进程：

1. 融资方的经营、资产发生重大变化或发生可能对经营、资产造成重大影响的情形，足以影响增资活动进程；

2. 相关主体提出异议申请并经产权交易机构同意；

3. 相关监管机构要求中止的；

4. 其他足以影响增资活动正常进行的情形。

如相关情形导致增资活动无法继续开展的，产权交易机构应当终止增资活动。

增资过程中出现中止或终结情形的，产权交易机构应当在其网站上予以公告。

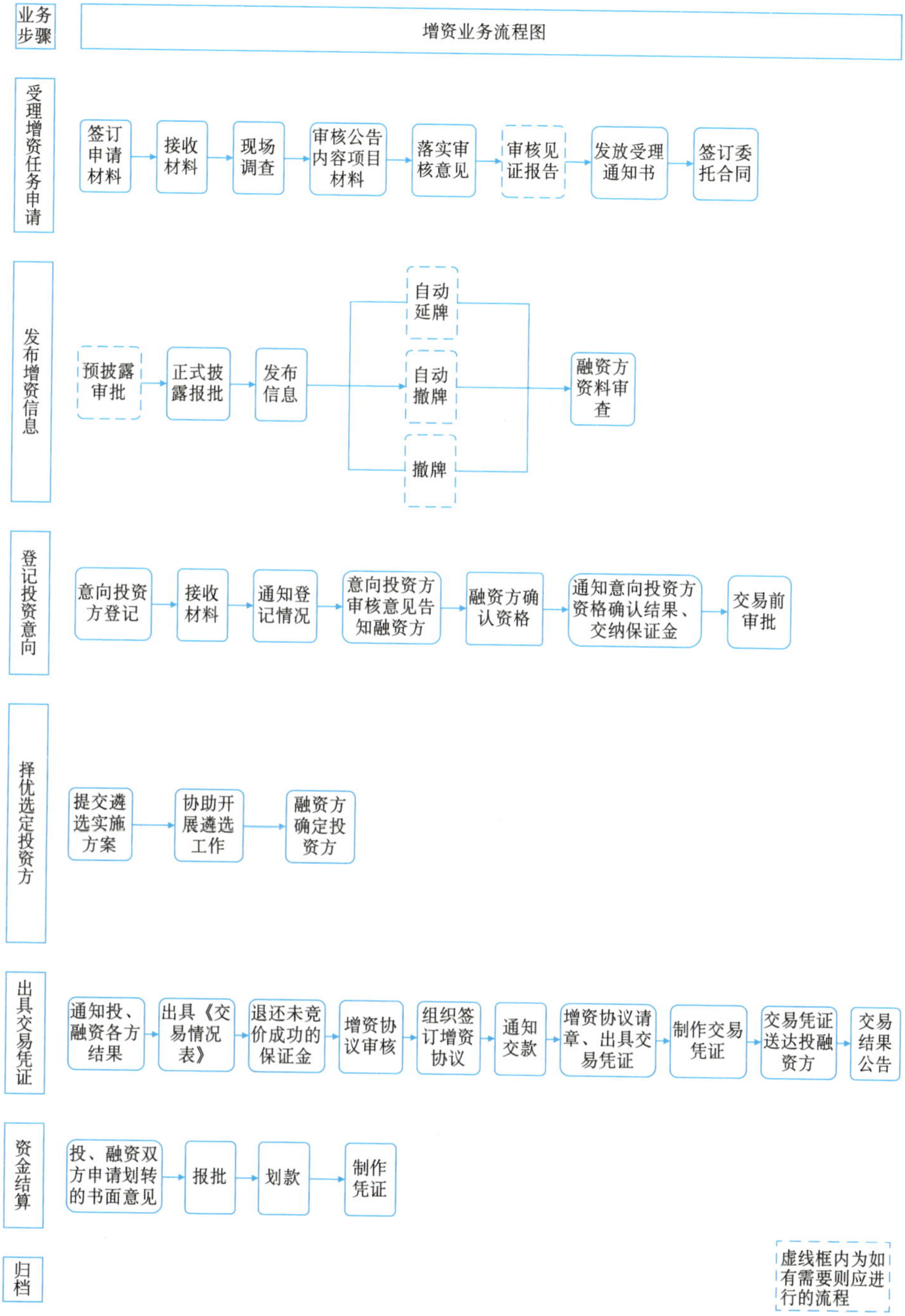

图 12－2　国有企业增资产权交易流程

第四节　国有资产转让程序

国有资产转让区别于股权转让和增资扩股，主要指的是实物资产转让，国有企业改革中资产剥离和处置环节涉及实物资产转让。转让方一般是改制标的企业，转让方应当具有转让该标的的主体资格，保证该标的可以合法转让，并应依照相关法律、法规和政策的规定履行内部决策、资产评估等相关程序。以下参考大连产权交易所的交易规则对资产转让程序进行介绍。

一、转让资产申请受理

转让方提出转让申请时，应当向交易所提交下列材料：

1.《资产转让信息发布申请书》（含《资产转让信息公告》）；

2. 转让方主体资格证明文件；

3. 转让标的权属证明文件；

4. 转让标的涉及共有或转让标的上设置其他权利的，提供有关合同及相关权利人的书面意思表示；

5. 交易所要求提交的其他文件。转让方为非自然人的，还须提供转让方公司章程或其他章程性文件及内部决策文件；转让标的涉及国有资产监管的，还应提供有权批准单位同意转让的批准文件、转让标的资产评估报告及评估核准或备案文件。转让标的权属关系复杂的，交易所可要求转让方就转让事项提交《法律意见书》。

转让标的为房地产的，权属证明文件包括国有土地使用权证、房屋所有权证或具有法律效力的其他权属证明文件等。转让标的为机动车的，权属证明文件包括机动车登记证、机动车行驶证、购置附加费（税）证、保险单、车船使用税完税凭证等。转让标的为债权的，权属证明文件包括债权关系形成的相关法律文件、债权相关主体变更及延续文件等。

资产转让可以采取网络竞价、拍卖、招投标以及法律法规允许的其他交易方式。转让方应当明确所选择的交易方式。

转让方转让已对外租赁房屋且承租方有优先购买权的，以及转让共有物且其他共有人有优先购买权的，应当依法履行相应的程序。

转让方在提出转让申请时应当设置交易保证金条款，明确交易保证金的交纳金额、交纳时点、交纳方式、保证事项和处置方法等内容。

二、发布转让信息

交易所依据转让方提交的材料进行信息发布，信息公告期一般不少于10个工作日，以网站发布当日为起始日，按工作日计算，遇法定节假日以政府相关部门公告的实际工作日为准。涉及国有资产转让的，转让底价高于100万元（含100万元）、低于1000万元的项目，信息公告期应当不少于10个工作日；转让底价高于1000万元（含1000万元）的项目，信息公告期应当不少于20个工作日。国家、地方相关政策及国资监管对发布渠道、发布时间另有规定的，从其规定。

信息公告期间，转让方不得擅自变更资产转让公告中发布的内容。因转让方原因确需变更公告内容的，转让方应当取得转让行为批准单位书面同意。公告内容变更后，由交易所在原信息发布渠道重新予以公告，并重新计算公告时间。因非转让方原因或其他不可抗力因素导致可能对转让标的价值判断造成影响的，转让方应当及时调整补充信息公告内容，并相应延长信息公告时间。

转让方不得在信息公告期间擅自取消所发布信息，否则应负责赔偿给相关各方造成的损失。信息公告期间，意向受让方可以查阅转让标的相关资料。转让方应当接受意向受让方的查询洽谈。

信息公告期满未征集到符合条件的意向受让方，转让方可以按照信息公告的公示内容延长公告时间，或在变更转让底价、变更受让条件后重新进行公告。转让方延长公告时间且不变更公告内容的，每次延长时间一般不少于5个工作日。未在信息公告中明确延长公告时间的，公告到期自行终结。转让方变更转让底价、变更受让条件后重新进行公告的，公告时间按照本规则第十四条的相关规定执行。

国有资产转让项目首次信息公告的转让底价，不得低于经核准或备案的转让标的评估结果。如在信息公告期间未征集到符合条件的意向受让方，转让方可以在不低于评估结果 90% 的范围内设定新的转让底价再次进行公告。如新的转让底价低于评估结果的 90%，转让方应当经转让行为批准单位书面同意后，重新进行公告。

国有及国有控股企业、国有实际控制企业的资产转让项目自转让标的首次信息公告之日起超过 12 个月未征集到合格受让方的，转让方应当重新履行资产评估及信息公告等资产转让工作程序。

三、登记受让意向

意向受让方应在登记截止时间前向交易所提出受让申请。意向受让方应准备以下材料：1.《资产受让申请书》；2. 主体资格证明文件；3. 符合受让资格条件的证明文件；4. 交易所要求提交的其他文件。

四、组织交易签约

信息公告期满，只产生一个符合条件的意向受让方的，采取协议转让的方式（信息公告中明确排除协议转让的除外）确定受让方，除涉及权利人（如共有人）未放弃优先购买权的情形外，交易双方按照意向受让方的报价直接签约，意向受让方的报价不得低于转让底价；产生两个及以上符合条件的意向受让方的，按照信息公告的竞价方式组织竞价确定受让方。

受让方确定后，交易双方应当按照信息公告的要求及时签订《产权交易合同》，交易双方不得对合同条款做出与已发布的信息公告内容及交易结果有实质性区别的变动。

五、结算交易资金

交易资金包括交易保证金和交易价款，交易资金应当通过交易所以货币进行结算。涉及国有及国有控股企业、国有实际控制企业资产转让，交易双方因特殊情况不能通过交易所结算交易资金的，转让方应当向交易所提供转让行为批准单位的书面意见以及受让方付款凭证。

交易价款原则上一次性付清。分期付款应当在一年内付清，并提供抵押担保。

六、出具交易凭证

交易双方签订《产权交易合同》，双方交易结算完毕后，向交易双方出具交易凭证。转让标的权属移转需进行变更登记的，交易双方凭交易凭证等相关材料，按照国家有关规定及时到相关部门办理变更登记手续。交易所还会将交易结果通过网站对外公告，公告内容一般包括转让标的名称、转让标的评估结果、转让底价、交易价格等，公告期不少于5个工作日。

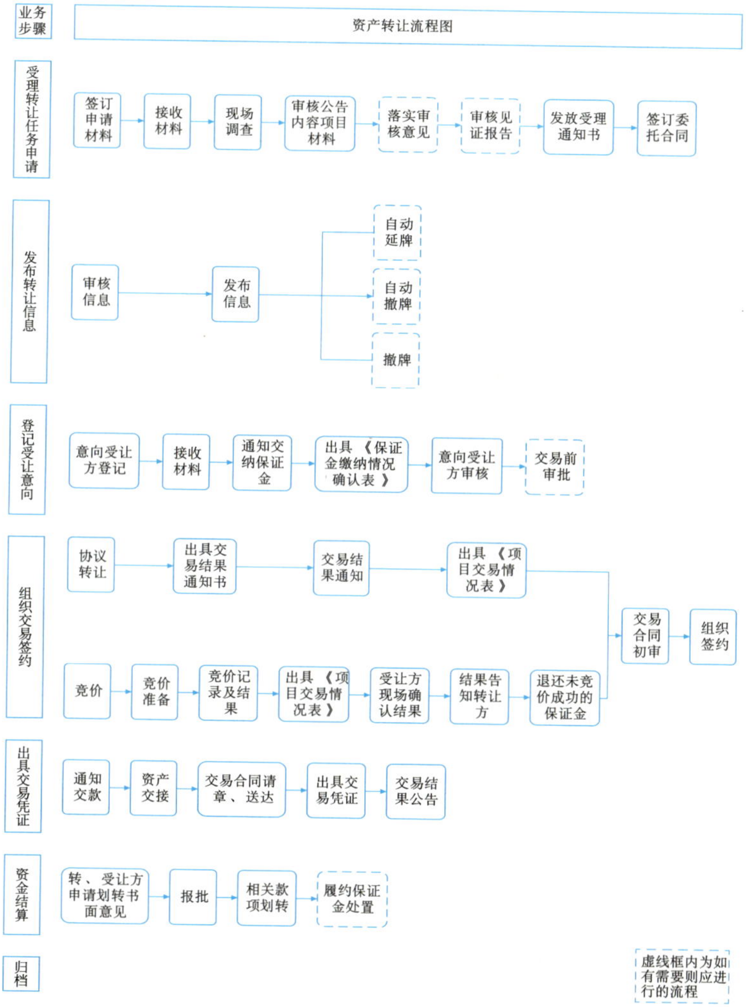

图12-3　国有企业资产转让交易流程

第五节　国有产权非公开协议转让

一、哪些国有产权转让可以非公开进行

依据《企业国有资产交易监督管理办法》，符合以下两种情况的国有产权转让可以采取非公开协议方式进行：

1. 涉及主业处于关系国家安全、国民经济命脉的重要行业和关键领域企业的重组整合，对受让方有特殊要求，企业产权需要在国有及国有控股企业之间转让的，经国资监管机构批准，可以采取非公开协议转让方式；

2. 同一国家出资企业及其各级控股企业或实际控制企业之间因实施内部重组整合进行产权转让的，经该国家出资企业审议决策，可以采取非公开协议转让方式。

二、非公开协议转让的价格

采取非公开协议转让方式转让企业产权，转让价格不得低于经核准或备案的评估结果。以下情形按照《中华人民共和国公司法》、企业章程履行决策程序后，转让价格可以资产评估报告或最近一期审计报告确认的净资产值为基础确定，且不得低于经评估或审计的净资产值：

1. 同一国家出资企业内部实施重组整合，转让方和受让方为该国家出资企业及其直接或间接全资拥有的子企业；

2. 同一国有控股企业或国有实际控制企业内部实施重组整合，转让方和受让方为该国有控股企业或国有实际控制企业及其直接、间接全资拥有的子企业。

三、非公开协议转让审批程序

国资监管机构批准、国家出资企业审议决策采取非公开协议方式的企业

产权转让行为时，应当审核下列文件：

1. 产权转让的有关决议文件；

2. 产权转让方案；

3. 采取非公开协议方式转让产权的必要性以及受让方情况；

4. 转让标的企业审计报告、资产评估报告及其核准或备案文件。其中属于同一国家出资企业内部实施重组整合，转让方和受让方为该国家出资企业及其直接或间接全资拥有的子企业的或同一国有控股企业或国有实际控制企业内部实施重组整合，转让方和受让方为该国有控股企业或国有实际控制企业及其直接、间接全资拥有的子企业的，可以仅提供企业审计报告；

5. 产权转让协议；

6. 转让方、受让方和转让标的企业的国家出资企业产权登记表（证）；

7. 产权转让行为的法律意见书；

8. 其他必要的文件。

第六节　国有企业非公开增资

一、哪些国有企业增资可以非公开进行

依据《企业国有资产交易监督管理办法》，以下情形经同级国资监管机构批准，可以采取非公开协议方式进行增资：1. 因国有资本布局结构调整需要，由特定的国有及国有控股企业或国有实际控制企业参与增资；2. 因国家出资企业与特定投资方建立战略合作伙伴或利益共同体需要，由该投资方参与国家出资企业或其子企业增资。

依据《企业国有资产交易监督管理办法》，以下情形经国家出资企业审议决策，可以采取非公开协议方式进行增资：1. 国家出资企业直接或指定其控股、实际控制的其他子企业参与增资；2. 企业债权转为股权；3. 企业原股东增资。

二、非公开增资价格

采取非公开方式增资，转让价格不得低于经核准或备案的评估结果。国家出资企业直接或指定其控股、实际控制的其他子企业参与增资，或者企业原股东同比例增资的，可以资产评估报告或最近一期审计报告确认的净资产值为基础确定，且不得低于经评估或审计的净资产值。

三、非公开增资审批程序

国资监管机构批准、国家出资企业审议决策采取非公开协议方式的企业增资行为时，应当审核下列文件：

1. 增资的有关决议文件；
2. 增资方案；
3. 采取非公开协议方式增资的必要性以及投资方情况；
4. 增资企业审计报告、资产评估报告及其核准或备案文件。其中属于增资企业原股东同比例增资的；履行出资人职责的机构对国家出资企业增资的；国有控股或国有实际控制企业对其独资子企业增资的；增资企业和投资方均为国有独资或国有全资企业的，可以仅提供企业审计报告；
5. 增资协议；
6. 增资企业的国家出资企业产权登记表（证）；
7. 增资行为的法律意见书；
8. 其他必要的文件。

第七节　如何考察战略投资者

为了选到最适合的战略投资者，国有产权持有人应当组织改革领导小组成员、改制企业负责人组成考察小组，对潜在的意向投资者进行考察。考察行为一般在产权交易公告（或预公告）发布之后，正式交易之前。有些混合所有制改革项目为了吸引更多的战略投资者参与，可能还需要进行混合所有制改革项目路演，即将混改项目基本情况做成 PPT，整理出介绍资料，发给目标投资者，并邀请目标投资者听取混改项目介绍。进行混合项目路演的同时，可以一并对意向战略投资者进行实地考察。

考察战略投资者程序内容如下：

一、沟通确定考察计划

考察计划一般包括考察目的、考察对象、参与考察领导及成员、考察内容、行程时间安排、接待考察领导及成员、参观工厂或项目安排等。

二、考察内容

考察内容围绕混合所有制改革目的和战略投资者遴选要求进行，重点关注战略投资者产品、业务、营业规模、资产负债、利润、资金实力、行业地位、管理水平、公司治理、战略方向、地域布局、合作意向，等等。对于战略投资者的考察一般停留在投资者介绍和收集材料层面上，主要是建立基本的了解和信任，为判断投资者参与混改项目的可行性，以及是否存在同业竞争、关联交易风险提供依据，并邀请投资者参与项目。对投资者深度资信状况的调查，还需要委托律师事务所进行专项尽职调查，并出具尽职调查报告。

三、进行考察

考察投资者重点要做好三方面工作，一是谈好，与投资者主要负责人、项目负责人、业务人员做充分的沟通，围绕混改做到知己知彼；二是注意通过投资者提供、网络搜索、新闻报道等多种收集有关投资者的产品介绍、业务资料、历史介绍、财务信息等，为考察报告撰写提供素材；三是做好现场考察的文字记录、照片、视频记录，为考察存工资底稿。

四、撰写考察报告

所谓考察就是深入投资者实际当中去掌握大量的第一手资料，从而摸清情况，了解事实，而考察报告则是将调研之后得到的一些材料经过定性、定量的分析概括，寻找出事物之间的联系，总结出具有深刻意义和满足需求的重要信息，并以文稿的方式来将调研研究成果体现出来。因此考察报告的写作，除了介绍考察基本情况之外，主要分为两个部分，一部分是考察掌握的投资者各种情况的描述，以搜集掌握资料原文陈述为主，多用数据等量化内容；另一部分是在考察描述内容基础上的总结分析，主要围绕投资者是否契合混合所有制改革的目的，是否与改制企业存在业务上的互补和资源上的赋能，是否存在同业竞争和关联交易，投资者信用情况、投资实力，是否符合对投资者的遴选要求，否有有其他不能参与投资的禁忌事项，等等。

第八节　与战略投资者的谈判如何争取主动

混合所有制改革在产权交易程序确定最终的战略投资者之前，需要和投资者进行商务谈判，确定双方合作的具体条件。谈判可以发生在产权交易遴选投资者环节，有时也发生在公告挂牌期间，谈判是一个长时间的磋商过程或者一系列的会谈组成，很少能在一次谈判中解决混改的全部问题。通过商务谈判确定混改投资协议的合同条款，进而为双方开展合同奠定基础。以下为混合所有制改革的商务谈判内容和流程。

一、改革谈判准备阶段

混改谈判准备阶段主要任务是进行混改调研，搜集混改相关信息、熟悉混改方案、改革条件、职工安置、债权债务处置、资产负债、决策审批程序等情况，组织谈判人员，制定与意向投资者的谈判方案与计划，做到“知己”；选择适合的意向投资者作为谈判对象，考察意向投资者，搜集意向投资者者信息，建立与意向投资者的关系等，做到“知彼”。

明确谈判国有企业混合所有制改革谈判原则，通常包括：1. 实事求是原则，国有企业改革要向意向投资者如实披露信息和问题，隐瞒和遗漏企业瑕疵容易引发改制遗留问题，甚至导致改制失败；2. 依法合规原则，国有资产管理责任重大，国资监管法律严密，要依法合规谈判，不能任意突破制度底线；3. 保密原则，有些国有企业改革项目涉及社会稳定风险，改制谈判磋商要注意保密，避免给企业管理造成负面影响，而且在正式的产权交易结果之前，很多谈判内容也不具有法律效力。

准备阶段是混改谈判最重要的阶段之一，良好的谈判准备有助于增强改革者谈判的实力，建立良好的信任和互动关系，影响意向投资者的期望，为改革谈判的进行和成功创造良好的条件。

二、谈判开始阶段

谈判开始阶段是指谈判开始以后到实质性谈到混改内容之前的阶段，是谈判的前奏和铺垫。虽然这个阶段不长，但它为谈判奠定了一个氛围和格局，影响和制约着以后谈判的进行。因为这是谈判双方的首次正式亮相和谈判实力的首次较量，直接关系到谈判的主动权。开始阶段的主要任务是围绕实现改革目的，促成混改合作，与投资者建立良好的第一印象和信任关系、创造合作气氛、鼓励投资者参与改革等。

三、摸底试探阶段

摸底阶段是指意向投资者展现出合作诚意之后，双方开始就具体的混合所有制改革条件进行磋商，进行报价，商谈职工安置、资产剥离、债权债务承接、改制审批交易程序等问题。在这个阶段，双方通常会交流各自对改革的意图和想法，试探对方的需求和虚实，并首次对双方无争议的问题达成一致，同时评估报价和讨价还价的形势，为其做好准备。摸底阶段，虽然不能直接决定谈判的结果，但是它却关系着双方对混改最关键问题谈判的成效；同时，在此过程中，双方通过互相的摸底，也在不断调整自身对改革的期望与策略。作为改革者，在此阶段应当做到将影响改制的遗留问题和解决方案客观实际地披露给意向投资者，争取投资者理解，不建议隐瞒，更不应该遗漏。否则有可能造成改制遗留问题和纠纷。

四、谈判磋商阶段

磋商阶段是混合所有制参与各方在了解对方基本想法之后，进行互相沟通说服，最后混改全部问题形成共识的过程，是整个谈判的核心阶段，也是谈判中最艰难的阶段，是谈判策略与技巧运用的集中体现，直接决定着谈判的结果。磋商阶段与摸底阶段往往不是截然分开的，是相互交织的。国有企业改革者在此阶段要特别注意坚持国有资产监督管理的底线，国有资产交易程序上不能随意让步，国有资产价值要客观反映和体现，防止被意向投资者套路，造成国有资产损失。其实，国有企业改革，主要障碍困难在职工安置和债权债务处置，资产价格方面与意向投资者的谈判空间并不大，必须按照国有资产评估规定进行。

五、成交阶段

因为国有产权交易必须进场交易，所以参与混改的各方就改革条件基本达成共识后，应当履行产权交易遴选投资程序，在产权交易机构的主持下，完成最后的产权交易程序，并签订产权交易合同。在此阶段，主要任务围绕改革方案中的内容，和前期双方谈判达成的共识，拟定合同条款及对合同进行审核与签订等，必须要做到不遗漏问题，并且协议内容合法合规，符合国有资产监督管理要求。不涉及进场交易的混合所有制投资项目，需要双方自行签订投资协议，并组织履行合同。

第九节 战略投资者择优方案模板

择优实施方案

一、基本情况介绍

经中国中信股份有限公司批准，××铝业股份有限公司（以下简称“融资方”）拟对外公开募集增发1.68亿股股份（每股面值人民币1元），××铝业股份有限公司增资项目（以下简称“本项目”）采用竞争性谈判方式遴选合格的投资方。现邀请意向投资方参加报价和谈判。本项目申报审批程序合法、合规，符合《公司法》、《企业国有资产交易监督管理办法》（国务院国资委财政部令第32号）、《关于进一步明确国有金融企业增资扩股股权管理有关问题的通知》（财金〔2019〕130号）等相关法律、法规规定。

（一）融资方基本情况

融资方成立于2002年9月26日。注册地址：____省____市____区____路1号。经营范围：____。注册资本人民币____万元，股东出资人民币____万元，占总股本76.37%；股东出资人民币____万元，占总股本23.63%。

（二）本项目基本情况

增资价格不低于人民币3.405元/股；总募集股数不低于8400万股股份，不超过16800万股股份；拟征集投资方数量不超过8家。

（三）募集资金用途

本项目增资募集资金，将用于融资方新增产能建设及补充流动资金。

（四）意向投资方资格条件

意向投资方分为以下三类：

甲类投资方（原股东或原股东关联单位）：

意向投资方须为融资方原股东或原股东关联单位。［原股东关联单位释义：原股东全资/控股子公司或原股东所在集团的全资/控股子公司］

乙类投资方（行业投资者）：

1. 意向投资方须为中国境内依法注册并合法有效存续的从事铝矾土行业

（铝矾土生产除外）的企业法人或其股东，具体为铝矾土研发、原材料供应、铝矾土使用或销售方。

2. 意向投资方应具备良好的商业信誉和支付能力，参与本次增资的资金来源合法。

丙类投资方（财务投资者）：

1. 意向投资方须为中国境内依法注册成立并有效存续3年（即36个月）及以上，从事股权类业务投资且注册资本不低于4000万元的企业法人。

2. 意向投资方应具备良好的商业信誉和支付能力，参与本次增资的资金来源合法。

上述三类意向投资方不得从事与融资方存在同业竞争的业务。

（五）本项目达成条件

1. 意向投资方分为以下三类：（1）甲类投资方持股数量为8400万股，拟征集1家。（2）乙类单个投资方持股数量为400万至1500万股，拟征集不超过5家，意向投资方若存在关联关系，其合计认购股数不超过增资后总股本的5%，总募集股数不超过5000万股。（3）丙类单个投资方持股数量为1000万至3000万股，拟征集数量根据甲、乙两类投资方征集情况确定（甲、乙、丙三类投资方总数不超过8家），总募集股数根据甲、乙两类投资方认购情况确定（甲、乙、丙三类投资方总认购股数不超过16800万股）。

2. 本项目至少产生一个符合条件的投资方且合计认购股份数量不少于8400万股。

3. 增资价格不低于3.405元/股。

（六）交易方式

1. 信息披露公告期满，如只产生一个符合条件的意向投资方，认购股份数量不少于8400万股，由大连产权交易所组织交易双方按增资底价与意向投资方报价孰高原则直接签约。

2. 信息披露公告期满，如产生两个及以上符合条件的意向投资方，合计总认购股份数量不少于8400万股，则采取竞争性谈判方式确定投资方。投资方征集优先级别按照甲类→乙类→丙类顺序进行。

3. 除上述两种情况外，信息披露公告期满，则不变更信息披露公告内容，按照5个工作日为一个周期延长，直至征集到的拟募集资金金额、对应持股比例（股份数）及符合条件的意向投资方数量满足本项目公告要求。

（七）择优实施方案的主要内容

本项目竞争性谈判需通过包括但不限于以下各方面因素对意向投资方进行遴选：

1. 意向投资方的投资报价。

2. 认购股份数量。

3. 综合能力，包括但不限于：（1）意向投资方与融资方未来发展方向的契合程度，对融资方战略发展、价值观、经营管理的认可度高的意向投资方优先；（2）甲类意向投资方的行业声誉、资金实力、盈利状况；乙类意向投资方对融资方的业务支持能力（如铝矾土研发、原材料供应、铝矾土使用或销售等），具有铝矾土使用或销售的相关经验，具有铝矾土使用或销售的渠道，提升融资方铝矾土销售能力；丙类意向投资方的资金实力、资本运作的能力和经验、为融资方后续融资提供资金支持的能力。

二、择优实施方案遴选标准

（一）意向投资方的投资报价指标（见图 12 - 1）（30 分，按标准客观评价）

表 12 - 1　　意向投资方的投资报价指标

<table>
<tr><th colspan="5">甲类意向投资方综合能力第二部分打分标准</th></tr>
<tr><td rowspan="8">满分
40 分</td><td>项目</td><td>分项 1</td><td>打分细则（共同研讨制定，下列仅供参考）</td><td>备注</td></tr>
<tr><td rowspan="5">行业声誉</td><td rowspan="2">竞争态势，满分 8 分</td><td>意向投资方与融资方无同业竞争，得 4 分</td><td rowspan="5">根据意向投资方竞争性谈判时的面试情况及提供的相应证明材料，由竞争性谈判小组结合该类其他意向投资方的面试情况综合打分</td></tr>
<tr><td>意向投资方与融资方在销售和采购方面无关联交易，得 4 分</td></tr>
<tr><td rowspan="3">业内荣誉，满分 2 分</td><td>意向投资方或所属集团所获得的资质文件、荣誉文件较为良好的，得 2 分</td></tr>
<tr><td>意向投资方或所属集团所获得的资质文件、荣誉文件较为一般的，得 1 分</td></tr>
<tr><td>意向投资方或所属集团所获得的资质文件、荣誉文件较差的，不得分</td></tr>
<tr><td>资金实力</td><td>所有者权益（合计）情况，满分 15 分</td><td>所有者权益（合计）为零或负的，不得分；每增加 5000 万元多得 3 分</td><td rowspan="2">以提供的 2019 年度审计报告或财务报表为准</td></tr>
<tr><td>盈利状况</td><td>净利润情况，满分 15 分</td><td>净利润为零或负的，不得分；每增加 100 万元多得 1 分</td></tr>
</table>

续表

乙类意向投资方综合能力第二部分打分标准				
	项目		打分细则（共同研讨制定）	备注
满分40分	业务支持能力	铝矾土使用或销售量，满分20分	2019年度，氯化法铝矾土使用或销售量，每1000吨，得1分，满分5分	以提供的函证或对账单、进项税发票等有效证明文件为准。（意向投资方为自然人的，提供其所投资企业铝矾土使用或销售情况）
			2019年度，融资方生产的氯化法铝矾土使用或销售量，每1000吨，得1分，满分15分	
		其他，满分20分	意向投资方或意向投资方所投资企业为融资方与融资方无同业竞争，得4分	根据意向投资方竞争性谈判时的面试情况及提供的相应证明材料，由竞争性谈判小组结合该类别其他意向投资方的面试情况综合打分
			意向投资方或意向投资方所投资企业，非融资方股东的关联方，得4分	
			意向投资方资金充足、财务风险小，得4分	
			意向投资方或意向投资方所投资企业为融资方生产的氯化法铝矾土直接使用用户的，得8分； 意向投资方或意向投资方所投资企业为融资方生产的氯化法铝矾土经销用户的，独家经销融资方生产的氯化法铝矾土的，得8分	

丙类意向投资方综合能力第二部分打分标准				
	项目		打分细则（共同研讨制定，下列仅供参考）	备注
满分40分	资金实力	所有者权益（合计）情况，满分10分	所有者权益（合计）为零或负的，不得分；每增加1亿元多得2分	以提供的2019年度审计报告或财务报表为准
	资本运作的能力和经验、为融资方后续融资提供资金支持的能力	资金稳定性，满分10分	意向投资方存续期超过3年的，得3分，在3年基础上每增加1年，多得1分，满分5分	根据意向投资方竞争性谈判时的面试情况及提供的相应证明材料，由竞争性谈判小组结合该类别其他意向投资方的面试情况综合打分
			资金来源（能提供资金来源的或经基金业协会备案的），得5分	
		专业的投资能力，满分10分	专业持牌金融机构或存在成功投资案例，得1~5分	
			管理规模大小，得1~5分	
		股权架构，满分10分	股权清晰，不存在信托和代持关系的，得10分	

甲、乙、丙三类意向投资方投资报价不低于3.405元/股，意向投资方在竞投文件中递交投资报价，意向投资方的投资报价为竞投文件的重要组成占重要分值。竞投价格不得低于增资底价，低于增资底价的竞投文件将视为作废。

计分方法：

投资报价为3.405元/股的，得10分；投资报价超过3.405元/股的，每增加0.01元多得0.05分；投资报价为7.405元/股及以上的，得满分30分。

（二）拟认购股份数量指标（20分，按标准客观评价）

拟认购股份数量，满分20分。意向投资方在竞投文件中递交拟认购股份数量，拟认购股份数量为竞投文件的重要组成，占重要分值。拟认购股份数量须符合下述要求，拟认购股份数量不符合下述的竞投文件将视为作废。

甲类投资方：单一意向投资方拟认购股份数量为8400万股股份。

乙类投资方：单一意向投资方拟最低认购股份数量为400万股股份，拟最高认购1500万股股份。

丙类投资方：单一意向投资方拟最低认购股份数量为1000万股股份，拟最高认购3000万股股份。

计分方法：

1. 甲类投资方拟认购股份数量为8400万股股份的，计20分。

2. 乙类投资方拟认购股份数量为400万股股份的，得5分；拟认购股份数量为1500万股股份的，计20分。拟认购股份数量超过400万股股份的，每增加1万股股份多得0.0136分。

3. 丙类投资方拟认购股份数量为1000万股股份的，得5分；拟认购股份数量为3000万股股份的，计20分。拟认购股份数量超过1000万股股份的，每增加1万股股份多得0.0075分。

（三）综合能力指标（50分，按标准客观评价）

综合能力，满分50分。意向投资方根据综合能力打分细则所述提供相应的证明文件或响应文件。综合能力分以下两部分，具体如下：

第一部分：意向投资方与融资方未来发展方向的契合程度，对融资方战略发展、价值观、经营管理的认可度（意向投资方须在竞投文件中自我表述上述问题并形成纸质材料，由专家小组根据意向投资方的自述材料结合融资方实际情况进行打分）。[满分10分]

三、评分和表决方式

（一）评分阶段

竞争性谈判小组合计5人，合格意向投资方的各项得分按照竞争性谈判小组所有人的算术平均数取得，最终通过各项分数的相加形成总分。该总分作为合格意向投资方的参考依据。

（二）表决阶段

最终投资方由竞争性谈判小组各成员参考评分结果进行表决，表决采取票决方式。竞争性谈判小组每名成员1票，以少数服从多数原则形成决议，确定最终投资方候选人报送增资方确认。

四、意向投资方的排名和认购顺序

（一）意向投资方排名

竞争性谈判小组根据投资方递交的竞投文件，依据谈判要点及标准对竞投文件打分，并对各类投资方分别进行排名。

（二）意向投资方认购顺序

意向投资方认购股份优先级别按照甲类→乙类→丙类顺序进行，即优先满足甲类投资方的认购需求，其次是乙类、丙类。意向投资方的类别相同，按照排名顺序进行，优先满足排名靠前的意向投资方认购需求。

五、增资价格确定

增资价格将采用三类意向投资方的投资报价加权平均数计算，具体为：

［甲类投资方（得分第一名）投资报价×其申报认购股份数量+乙类投资方（得分前五名）投资报价×其各自申报认购股份数量+丙类投资方（得分前两名）投资报价×其各自申报认购股份数量］/上述投资方总申报认购的股份数量。

六、认购股份数量的确定

增资价格确定后，意向投资方分两轮认购股份，即首轮认购阶段和第二轮认购阶段。

首轮认购阶段：

竞争性谈判小组按照投资方优先级别和排名顺序依次约谈意向投资方。认购原则如下：

1. 首轮认购阶段，意向投资方投资报价大于或等于增资价格的且剩余可认购股份数量满足意向投资方申报需求数量时，须按照增资价格和申报数量强制性认购。

2. 首轮认购阶段，意向投资方投资报价低于增资价格或剩余可认购股份数量未能满足意向投资方申报需求数量时，可按照增资价格重新申报认购数量（重新申报认购数量不得少于该类投资方最少认购股数，不得超过原申报的认购股份数量）。

3. 首轮认购阶段，如甲、乙、丙三类投资方已征集到8家，但股份数量仍有剩余，竞争性谈判小组可根据实际情况将剩余股份流转到第二轮认购阶段。

第二轮认购阶段：

1. 第二轮认购阶段，竞争性谈判小组按照原认购顺序轮番依次约谈已征集到的8家意向投资方，意向投资方在第二轮认购阶段单次认购区间为100万—500万，直至股份认购完毕或无人认购，则认购结束。

2. 为满足股份全部能够得到有效认购，在第二轮认购阶段，意向投资方认购股份数量不再受单个投资方持股数量上限和该类投资方总认购数量上限的约束。

3. 第二轮认购阶段结束，如因股份数量募集不全最终导致存在关联关系的意向投资方合计认购股数超过增资后总股本的5%，存在关联关系的意向投资方须减少合计认购股数至增资后总股本的5%（原则上由所有存在关联关系的意向投资方协商解决，协商不成的按认购股数的比例做相应减少）。

第十节　产权交易中的注意事项和疑难问题

一、进场交易前改制程序要履行到位，材料要完备

国有产权交易是国有企业改革的收口程序，为进行混合所有制改革所开展的清产核资、审计评估、职工安置、决策审批等所有程序都将在这里进行汇总，并因为国有股权公开挂牌而找到投资者，签订股权转让合同或者增资

合同，混合所有制改革结出正果。所以，混合所有制改革不应该急于进场，在进场之前要做好充分的准备，这里面既包括改革程序的履行，也包括投资者的前期沟通，与改革相关的业务领域的调整布局。只有改制前期程序履行全部履行完毕，并且取得相应文件和批复材料后，产权交易程序才能启动。进场挂牌之后，交易将在 20 天或者 40 天后完成，投资者将很快实质性地参与进企业的产权、管理中来，如果没有事前充分投资者沟通，可能没有投资者登记摘牌，并可能影响到国有企业改革的成败。

专栏 12－1

《企业国有资产交易监督管理办法》规定的进场交易信息披露内容

第十五条转让方披露信息包括但不限于以下内容：

（一）转让标的基本情况；

（二）转让标的企业的股东结构；

（三）产权转让行为的决策及批准情况；

（四）转让标的企业最近一个年度审计报告和最近一期财务报表中的主要财务指标数据，包括但不限于资产总额、负债总额、所有者权益、营业收入、净利润等（转让参股权的，披露最近一个年度审计报告中的相应数据）；

（五）受让方资格条件（适用于对受让方有特殊要求的情形）；

（六）交易条件、转让底价；

（七）企业管理层是否参与受让，有限责任公司原股东是否放弃优先受让权；

（八）竞价方式，受让方选择的相关评判标准；

（九）其他需要披露的事项。其中信息预披露应当包括但不限于以上（一）、（二）、（三）、（四）、（五）款内容。

第三十九条企业增资通过产权交易机构网站对外披露信息公开征集投资方，时间不得少于40个工作日。信息披露内容包括但不限于：

（一）企业的基本情况；

（二）企业目前的股权结构；

（三）企业增资行为的决策及批准情况；

（四）近三年企业审计报告中的主要财务指标；
（五）企业拟募集资金金额和增资后的企业股权结构；
（六）募集资金用途；
（七）投资方的资格条件，以及投资金额和持股比例要求等；
（八）投资方的遴选方式；
（九）增资终止的条件；
（十）其他需要披露的事项。

二、进场交易前如何处理与意向投资者的沟通

虽然法律规定国有产权交易应当公开公平进行，不能定向转让，但是混改实际操作中，前期进行意向投资者路演、考察还有非常有必要的。进行混改的投资者考察调研一方面有利于寻找更多感兴趣的投资者参与国有企业改革，更重要的是通过市场调研，可以进一步明确企业改革的方向，发现国有企业的价值，合理确定改革后公司的股权结构比例。但是改制前与意向投资者的沟通不能变相为指定投资者。虽然对投资者的考察调研，协商投资条件，接受投资者的尽职调查等工作是有必要的，但是收取改制定金、意向金是不合适的。签订会议纪要、意向合作协议等也要慎重，要明确应当经过产权交易程序公开挂牌，并且不是定向转让。

三、产权交易可以设定受让资格条件和交易条件，但不能有明确指向性

企业国有产权转让和增资扩股，在产权公告中应当明确为达成交易需要受让方接受的主要交易条件，包括但不限于：1. 转让标的挂牌价格、价款支付方式和期限要求；2. 对转让标的企业职工有无继续聘用要求；3. 产权转让涉及的债权债务处置要求；4. 对转让标的企业存续发展方面的要求。

产权转让原则上不得针对受让方设置资格条件，根据标的企业实际情况确需设置受让方资格条件的，应当在信息披露前报同级国资监管机构备案，国资监管机构在 5 个工作日内未反馈意见的视为同意。受让方资格条件可以

包括主体资格、管理能力、资产规模等，但不得出现具有明确指向性或者违反公平竞争的内容。设定资格条件的转让方应当对受让方资格条件的判断标准提供书面解释或者具体说明，并在产权转让公告中一同公布。

除国家法律法规或相关规定另有要求之外，国有及国有控股企业、国有实际控制企业的资产转让不得对受让方设置资格条件，这不同于产权转让和增资扩股。

四、产权交易过程中国有产权价格能否调整

产权交易信息公告期间不得擅自变更产权转让公告中公布的内容和条件。因特殊原因确需变更信息公告内容的，应当由产权转让批准机构出具文件，由产权交易机构在原信息发布渠道进行公告，并重新计算公告期。受让方确定后，转让方与受让方应当签订产权交易合同，交易双方不得以交易期间企业经营性损益等理由对已达成的交易条件和交易价格进行调整。

企业国有产权转让首次信息公告时的挂牌价不得低于经备案或者核准的转让标的资产评估结果。如在规定的公告期限内未征集到意向受让方，转让方可以在不低于评估结果 90% 的范围内设定新的挂牌价再次进行公告。如新的挂牌价低于评估结果的 90%，转让方应当重新获得产权转让批准机构批准后，再发布产权转让公告。

五、国有产权交易中的股东优先购买权问题

根据《中华人民共和国公司法》司法解释四第二十二条第二款的规定，在依法设立的产权交易场所转让有限责任公司国有股权的，公司原股东在同等条件下有优先购买权。原股东的优先购买权如何行使，涉及“书面通知”原股东，“同等条件”购买应该按照产权交易所的具体规定进行。结合目前大多数产权交易机构的交易规则，原股东优先购买权行使分为场内行权和场外行权两种方式。近些年在司法案件中已经出现股东优先购买权纠纷案件，因此国有产权转让中要特别注意通知保障原股东优先购买权。

场内行权就是其他股东按照产权交易所规则提交受让意向，支付保证金，参与到进场交易环节之中；而场外行权则是在参与交易的非股东意向方竞价

完成确定价格之后，其他股东在收到转让股东通知后确认是否行使优先购买权，如确认行使优先购买权，则需向产权交易所缴纳保证金并按照产权交易所的要求完成有关交易。表 12－2 是北京产权交易所场内行权时的规则。

表 12－2

其他股东	非股东意向方	处理方式
1 名	0 名	因不存在非股东意向方，则不涉及优先购买权问题，由该名其他股东以挂牌底价购买拟转让股权
1 名	1 名	非股东意向方在挂牌底价基础上进行一次报价并据此确定最终价格，其他股东以此确认是否行权
1 名	2 名及以上	非股东意向方在挂牌底价基础上进行竞价并据此确定最终价格，其他股东以此确认是否行权

六、哪些交易可以采取非公开协议方式进行？

《企业国有资产交易监督管理办法》规定以下情形经同级国资监管机构批准，可以采取非公开协议方式进行增资：（一）因国有资本布局结构调整需要，由特定的国有及国有控股企业或国有实际控制企业参与增资；（二）因国家出资企业与特定投资方建立战略合作伙伴或利益共同体需要，由该投资方参与国家出资企业或其子企业增资。

七、产权交易中分期付款注意事项

交易价款金额较大、一次付清确有困难的，可以采取分期付款方式。采取分期付款方式的，首期付款金额不得低于总价款的 30%，并在产权交易合同生效之日起 5 个工作日内支付；其余款项应当提供转让方认可的合法有效担保，并按同期银行贷款利率支付延期付款期间的利息，付款期限不得超过 1 年。

第十一节　境外国有企业产权交易的规定

国有企业以通过新设、并购、合营、参股及其他方式对境外企业出资所形成的权益称为境外国有产权。境外企业指国有企业在我国境外以及香港特别行政区、澳门特别行政区和台湾地区依据当地法律出资设立的企业。参考《中央企业境外国有产权管理暂行办法》《国有企业境外投资财务管理办法》等规定，境外国有产权交易应注意以下问题。

一、境外国有企业的产权管理

境外国有产权应当由境内国有企业或者其各级子企业持有。境内国有企业是其境外国有产权管理的责任主体，应当依照我国法律、行政法规建立健全境外国有产权管理制度，同时遵守境外注册地和上市地的相关法律规定，规范境外国有产权管理行为。境外国有企业所持有的境内国有产权的管理，比照国内国有产权管理的相关规定执行。

境外企业注册地相关法律规定须以个人名义持有的，中央国有企业应当统一由国有企业依据有关规定和授权决定或者批准，依法办理委托出资等保全国有产权的法律手续，并以书面形式报告国资监管机构。地方国有企业境外国有产权由个人名义持有的应当根据地方人民政府的规定，有地方国资监管机构决定或者批准。

境外国有产权发生投资、分立、合并、新设、收购等行为的；境外企业名称、注册地、注册资本、主营业务范围等企业基本信息发生改变，或者因企业出资人、出资额、出资比例等变化导致境外企业产权状况发生改变的；境外企业解散、破产，或者因产权转让、减资等原因不再保留国有产权的；其他导致国有产权发生变动的，应当及时向国有产权登记管理部分进行产权变更登记。

二、境外国有产权评估与转让价格确定

境外企业在境外发生转让或者受让产权、以非货币资产出资、非上市公司国有股东股权比例变动、合并分立、解散清算等经济行为时，应当聘请具有相应资质、专业经验和良好信誉的专业机构对标的物进行评估或者估值，评估项目或者估值情况应当由境内企业备案；涉及重要子企业由国有独资转为绝对控股、绝对控股转为相对控股或者失去控股地位等经济行为的，评估项目或者估值情况应当报国资委备案或者核准。境外企业在进行与评估或者估值相应的经济行为时，其交易对价应当以经备案的评估或者估值结果为基准。实施内部重组的转让价格可以审计确认的净资产值为底价确定。

国有企业以其拥有的境内国有产权向境外企业注资或者转让，或者以其拥有的境外国有产权向境内企业注资或者转让，应当依照《企业国有资产评估管理暂行办法》（国资委令第12号）等相关规定，聘请具有相应资质的境内评估机构对标的物进行评估，并办理评估备案或者核准。

三、境外国有产权转让程序

国有企业转让境外国有产权，要多方比选意向受让方。具备条件的，应当公开征集意向受让方并竞价转让，或者进入产权交易所挂牌。境外国有产权转让价款应当按照产权转让合同约定支付，原则上应当一次付清。确需采取分期付款的，受让方须提供合法的担保。

专栏 12－2

上海电力股份有限公司投资马耳他案例

上海电力股份有限公司（以下称上海电力）是一家集清洁能源、新能源、综合智慧能源科技研发、现代电力供应和服务业于一体的现代能源企业，是世界500强国家电力投资集团有限公司最主要的上市公司之一，也是上海地区最主要的电力能源企业之一。截至2019年年底，公司资产总额1110亿元，营业收入237亿元，资产及业务分布20个省份、近10个国

家，员工人数达6330人，电力装机1582万千瓦，清洁能源占比46%。

2013年3月马耳他政府组建后，为推进优化能源结构、降低电力成本、保障岛上的供电安全性和稳定性，积极寻求有实力的战略伙伴，为其国家电力公司——马耳他能源公司的转型升级提供技术及资金支持。为响应国家“一带一路”发展倡议，上海电力与马耳他能源部于2014年12月12日签署一揽子投资协议。

一揽子投资协议主要实施四大项目：一是投资1亿欧元，参股EMC；二是与EMC合资并控股成立国际可再生能源发展有限公司，拓展马耳他周边新能源市场；三是参股成立国际能源服务中心，扩展马耳他周边电站服务市场；四是控股马耳他最大的发电厂D3发电公司。同时，设立上海电力（马耳他）控股有限公司作为在马耳他项目运作的平台。

……

（一）输出先进技术和管理，提升项目所在国基础设施

上海电力马耳他项目通过输出先进的技术和管理，促进了马耳他能源转型升级。

一是挖潜增效。2014年，EMC已濒临破产。2015年，上海电力参股伊始，即向EMC派出高管并主导设立预算委员会、审计委员会及技术委员会。同时积极发挥技术和管理优势，加强内部管理，挖掘经营潜力，合理降低线损，提高供电可靠性。由于资金和管理经验的注入，马耳他能源公司实现扭亏为盈，公司顺利转型，助力公司可持续的财务表现使评级也得以上调。

二是技改升级。上海电力控股马耳他最大电厂D3发电有限公司，实现境外融资5150万欧元，主导成功完成该厂机组油改气改造工程。改造完成后机组排放值远低于马耳他政府的排放限值，达欧盟排放标准，整体运行指标处于领先水平。

（二）坚持互利共赢，实现组队出海“协同效应”

上海电力发挥自身优势，探索走出去新模式，以马耳他为区域发展平台，携手EMC，并联合我国设备制造商、工程承包、技术咨询、金融保险相关企业，组建国际三方合作架构，积极践行“组队出海”。

2019年年底上海电力联合EMC及国内相关企业合作开发的黑山风

电项目顺利竣工投产。黑山风电项目是马耳他政府与上海电力以马耳他为投资平台，携手进军欧洲能源市场的首个海外风电项目，成为马耳他提升国际影响力的重要举措。该项目也帮助了黑山改善能源结构，履行加入欧盟发展绿色能源义务的承诺。同时充分响应国家“一路一带”倡议，“17+1”号召，有助于带动中国设备、标准、服务等相关产业走出去。

……

（一）社会效益

上海电力在马耳他树立了良好的企业形象，获得了政府、公众及各方的高度认可和评价，马耳他总理称之为“马中经贸合作双赢的典范”。2015年上海电力马耳他项目被评选为上海电力先进集体。2016年上海电力马耳他项目被国资委评选为“走出去”优秀案例，同时被评选为国家电投先进集体。公司党支部荣获2016—2018年度先进基层党组织。国资委监事会熊维平主席对马耳他项目作出“投资不大影响大、体量不大潜力大、起步较晚经验好”的评价；2017年，“上海电力优化马耳他能源结构”作为经典案例入选由联合国开发计划署、国家商务部和国资委共同发布的《2017年中国企业海外可持续发展报告》。

（二）经济效益

通过与马耳他国有企业的合作，公司提高了合作层次和抗风险能力，同时以马耳他企业身份进入欧盟发展，充分利用了马耳他作为欧盟国家在法律、税收、投资保护等方面的优势，有效避免了“走出去”政治法律等风险。

上海电力参与马耳他电力运营发展后，电网安全性、稳定性、可靠性大幅提升。上海电力也取得了稳定的投资回报，截至目前累计向母公司贡献收益4.87亿人民币。

黑山莫祖拉风电项目投产后，将帮助黑山实现“新能源装机容量翻番”目标，每年可提供1.1亿度清洁电力，约占黑山全国发电总量5%，每年可为黑山减少约9.5万吨温室气体排放，将有力推动黑山实现其“在2020年前全国可再生能源发电占比达33%”的能源发展战略，对黑山政府履行加入欧盟承诺具有重大战略意义。

资料来源：国务院国资委网站《国家电力投资集团有限公司：扎根海外枝繁叶茂》。

第十二节　产权交易公告模板

1. 产权交易所预挂牌公告（以北京产权交易所为例）。

北京产权交易所 CHINA BEIJING EQUITY EXCHANGE 规范高效的产权资本市场

输入关键词、搜项目、公告、规则… 搜索

首页 项目 公告 竞价 专栏 规则 服务 会员 我们

首页 > 项目 > 产权转让 > 预披露

中航工业南充可再生能源有限公司65%股权　　点击量：691次

请关注：北交汇投【优质项目精准推送】　　我要报名

标的名称	中航工业南充可再生能源有限公司65%股权	项目编号	G32020BJ1000559-0
预披露起始日期	2020-10-09	预披露公告期	自公告之日起不少于20个工作日
所在地区	北京市	所属行业	生态保护和环境治理业
委托会员	机构名称：中航咨询（北京）有限公司 | 联系人：覃女士 / 联系电话：18611619518		
交易机构	项目负责人：吴宇 / 联系电话：010-66295643 | 部门负责人：郭智宇 / 联系电话：010-66295658		

转让标的基本情况 | 决策及批准情况 | 受让方资格条件 | 其他披露事项

一、转让方承诺

本转让方拟转让持有标的企业产权，并委托北京产权交易所公开预披露信息和组织交易活动。依照公开、公平、公正、诚信的原则作如下承诺：点击查看承诺全文

二、转让标的基本情况

标的企业名称	中航工业南充可再生能源有限公司			
标的企业基本情况	注册地（住所）	北京市南充市嘉陵区李渡镇（南充化学工业园区内）		
	法定代表人	钟蓉	成立日期	2010-03-09
	注册资本	20916.54万元(人民币)	实收资本	
	经济类型	国有控股企业		
	企业类型	有限责任公司	所属行业	生态保护和环境治理业
	统一社会信用代码或组织机构代码	91511300551020382D		
	经营规模	中型		
	经营范围	焚烧可燃生活垃圾及工业垃圾发电、售电；销售焚烧后废金属；炉渣的综合利用；环境污染防治专项工程咨询、工程咨询；污水处理承包运营、污泥处理处置。（以上经营范围国家法律法规限制的除外，涉及许可经营的凭许可证经营）（依法须经批准的项目，经相关部门批准后方可开展经营活动）		
	导致标的企业的实际控制权发生转移	是		
标的企业股权结构	前十位股东名称			持有比例
	中国航空工业新能源投资有限公司			65
	中国环境保护集团有限公司			35
主要财务指标（单位：万元）	2019年度审计报告数据			
	营业收入	营业利润		净利润
	7956.57	546.06		470.8
	资产总计	负债总计		所有者权益
	53322.09	36556.16		16765.93
	审计机构	信永中和会计师事务所（特殊普通合伙）		
	2020年08月31日财务报表			
	营业收入	营业利润		净利润
	5216.86	858.02		798.11
	资产总计	负债总计		所有者权益
	53761.99	34321.98		19440.01

三、决策及批准情况

基本情况	转让方名称	中国航空工业新能源投资有限公司		
	经济类型	国有控股企业		
	持有产（股）权比例	65%	拟转让产（股）权比例	65%
产权转让行为批准情况	国资监管机构	国务院国资委监管		
	国家出资企业或主管部门名称	中国航空工业集团有限公司		
	统一社会信用代码或组织机构代码	91110000710935732K		
	转让方决策文件类型	董事会决议		
	批准单位名称	中国航空规划设计研究总院有限公司		
	批准日期	2020-09-30		
	批准单位决议文件类型	批复		
	决议文件名称	关于进场转让中航工业南充可再生能源有限公司65%股权进行信息预披露的批复		
预披露公告期	自公告之日起不少于20个工作日			

四、受让方资格条件

受让方资格条件	1、意向受让方应为在中国境内（不含港澳台地区）依法注册并有效存续的内资企业法人或其他经济组织。2、意向受让方应具有良好的财务状况和支付能力。3、意向受让方应具有良好的商业信用。4、国家法律行政法规规定的其他条件。

五、其他披露事项

其他披露事项	其他事项以正式披露为准。

2. 产权交易所正式挂牌公告（以北京产权交易所为例）。

北京产权交易所 CHINA BEIJING EQUITY EXCHANGE 规范高效的产权资本市场　　输入关键词，搜项目、公告、规则… 搜索

首页　项目　公告　竞价　专栏　规则　服务　会员　我们

首页 > 项目 > 产权转让 > 正式披露

天津电力交易中心有限公司40%股权　　点击量：151次

请关注：北交汇投【优质项目精准推送】　　我要报名

项目名称	天津电力交易中心有限公司40%股权	项目编号	G32020BJ1000880
转让底价	4017.136万元	披露公告期	自公告之日起20个工作日
信息披露起始日期	2021-01-04	信息披露结束日期	2021-01-29
所在地区	天津市	所属行业	商务服务业
委托会员	机构名称：北京华夏道和国际投资管理有限公司 | 联系人：刘志远 / 联系电话：13910813078		
交易机构	项目负责人：陈高楷泽 / 联系电话：010-83143014 | 部门负责人：郭智丰 / 联系电话：010-66295658		

转让标的基本情况 | 转让方基本情况 | 交易条件与受让方资格条件 | 信息披露期 | 竞价方式

一、转让方承诺

本转让方拟转让持有标的企业产权，并委托交易机构公开披露产权转让信息和组织交易活动，依照公开、公平、公正、诚信的原则作如下承诺：点击查看承诺全文

二、转让标的基本情况

标的企业名称	天津电力交易中心有限公司			
标的企业基本情况	注册地（住所）	天津市(天津自贸试验区（东疆保税港区）亚洲路6865号金融贸易中心北区1-1-1103-1)		
	法定代表人	蒋英	成立日期	2016-04-11
	注册资本	10002.123955万元(人民币)	实收资本	10002.123955万元(人民币)
	经济类型	国有控股企业		
	企业类型	有限责任公司	所属行业	商务服务业
	统一社会信用代码或组织机构代码	91120118MA05JEFRX4		
	经营规模	小型		
	经营范围	负责电力市场交易平台的建设、运营和管理；组织开展天津市内电力直接交易、合同转让交易、容量交易等电力交易；提供与上述交易相关的电力交易合同管理、结算、信息披露、规则研究、咨询、培训等服务。（企业依法自主选择经营项目，开展经营活动；依法须经批准的项目，经相关部门批准后依批准的内容开展经营活动；不得从事本市产业政策禁止和限制类项目的经营活动）***（依法须经批准的项目，经相关部门批准后方可开展经营活动）。		
	其他股东是否放弃优先受让权	否		
	企业管理层是否参与受让	否		
	是否涉及职工安置	否		
	导致标的企业的实际控制权发生转移	否		
标的企业股权结构	前十位股东名称		持有比例（%）	
	国网天津市电力公司		80	
	天津能源投资集团有限公司		5	
	华电国际电力股份有限公司		3	
	华能国际电力股份有限公司		3	
	国电华北电力有限公司		2	
	大唐国际发电股份有限公司		3	
	国投电力控股股份有限公司		3	
主要财务指标（单位：万元）	2019年度审计报告数据			
	营业收入	营业利润	净利润	
		40.15	30.11	
	资产总计	负债总计	所有者权益	
	8032.35	0.35	8032	
	审计机构	北京大地泰华会计师事务所有限公司		
	2020年11月30日财务报表			
	营业收入	营业利润	净利润	
		8.68	6.25	
	资产总计	负债总计	所有者权益	
	10047.08		10047.08	
其他披露的内容	1.天津电力交易中心有限公司定位于按照公司章程和政府批准的市场规则为电力市场交易提供服务，不以营利为目的。2.其他信息详见北交所备查文件。			

三、转让方基本情况

基本情况	转让方名称	国网天津市电力公司		
	注册地（住所）	天津市(天津市河北区五经路39号)		
	经济类型	国有独资公司（企业）/国有全资企业		
	法定代表人	赵亮	成立日期	1989-01-30
	注册资本（万元）	3011338.807574万元(人民币)	实收资本（万元）	
	企业类型	有限责任公司	所属行业	电力、热力生产和供应业
	统一社会信用代码或组织机构代码	911200001030612954	经营规模	大型
	持有产（股）权比例	80%	拟转让产（股）权比例	40%
产权转让行为批准情况	国资监管机构	国务院国资委监管		
	国家出资企业或主管部门名称	国家电网有限公司		
	统一社会信用代码或组织机构代码	9111000071093123XX		
	转让方决策文件类型	其他		
	批准单位名称	国务院国有资产监督管理委员会		
	批准日期	2020-12-21		
	批准单位决议文件类型	批复		
	决议文件名称	关于进场公开转让天津电力交易中心有限公司等8家电力交易机构部分国有股权有关事项的批复		

第十三节　产权交易合同模板（股权转让、增资）

产权交易（转让）合同示范文本

合同使用说明

一、本合同文本是根据《中华人民共和国民法典》等有关法律、行政法规的规定制定的示范文本，供当事人约定采用。签订合同前，请仔细阅读。

二、为更好地维护自身权益，当事人在订立本合同时应当慎重，条款内容的表述力求具体、严密。无须约定的条款可以“本合同不涉及此条款”或“本合同对此条款无须约定”等加以载明。

三、“转让方”是指持有标的产权并能够依法转让产权的法人、自然人和非法人组织。

四、“受让方”是指在产权交易市场内，通过合法程序并支付交易价款获得标的产权的法人、自然人和非法人组织。

五、“产权交易标的”是指转让方所有或者依法有处分权的产权，也是本合同当事人权利和义务共同指向的对象。“产权交易标的”条款必须清楚地写明标的名称，以使标的特定化，从而能够界定权利义务。

六、“标的企业”是指合同标的所依存的组织载体，即转让方自行或与他人合资设立的企业法人或非法人组织等。

七、确定企业国有产权转让价格，应当以经核准或备案的资产评估结果作为参考依据。未经资产评估，直接以竞价或协议方式确定交易价格的，一般只适用于非公有性质的产权。

八、产权转让涉及职工安置的，应当符合国家相关法律、行政法规的规定，约定妥善安置标的企业职工的有关事项，职工安置方案需经企业职工（代表）大会审议的，该职工安置方案应作为本合同之附件。

九、产权转让涉及债权、债务承继和清偿办法的，应当对标的企业相关债权、债务（包括拖欠职工的相关费用）处理进行约定，并将相关的债权债务协议或承继、清偿办法作为本合同之附件。

十、产权交易涉及相关资产处理的，可根据不同的标的作具体约定，包括对产权转让涉及的房地产、设备、车辆、技术项目、商标权、专利权等标的物的处理进行约定。

十一、“产权交易费用”包含：转让方、受让方向产权交易机构支付的交易服务费以及办理相关权证的费用等。

十二、“交易凭证”是指产权交易机构为产权交易各方出具的证明产权交易标的通过产权交易机构履行相关程序后达成交易结果的凭证。

十三、涉及国有产权交易的，合同当事人应当按照国有产权转让的有关规定，对相关的合同条款进行约定。

十四、本合同文本涉及的相关材料应作为本合同附件列明。

十五、本合同未尽事宜，甲、乙双方协商一致，可订立补充条款。补充条款及附件均为本合同组成部分，与本合同发生冲突的，以本合同条款约定为准。

本合同当事人

转让方（以下简称甲方）：

注册地址/住所：

法定代表人/负责人：单位类型：

电话：邮编：

开户银行：账号：

受让方（以下简称乙方）：

国籍（自然人填写）：中华人民共和国

身份证号（自然人填写）：

注册地址/住所：

法定代表人/负责人：单位类型：

电话：邮编：

开户银行：账号：

根据《中华人民共和国民法典》等有关法律、行政法规的规定，甲、乙双方遵循平等、自愿、公平、诚实信用的原则，协商一致，订立本合同。

第一条产权交易标的

1.1 本合同标的为甲方所有的(标的名称)。甲方将该产权交易标的有偿转让给乙方。

1.2 (标的企业名称) 成立于____年____月____日，注册资本人民币____万元，系(出资人/股东名称) 出资人民币____万元，占____%股权。【出资人/股东是多名的应分别载明】

1.3 根据(评估机构名称) 出具的以____年____月____日为评估基准日的《资产评估报告》【文号：____】、(审计机构名称) 出具的以____年____月____日为基准日的《审计报告》【文号：____】，截至评估基准日，(标的企业名称) 资产合计人民币____万元，负债合计人民币____万元，所有者权益合计人民币____万元，产权交易标的对应价值为人民币____万元。该评估结果已获核准/备案【文号：____】。

1.4 除甲方已向乙方披露的事项外，产权交易标的和标的企业不存在资产评估报告、审计报告中未予披露或遗漏的、可能影响评估结果或对标的企业及其产权价值产生重大不利影响的事项。

第二条产权交易方式

2.1 本产权交易采取以下第____种方式：

2.1.1 本合同项下产权交易于____年____月____日至____年____月____日，经大连产权交易所公开挂牌，挂牌期间征集到乙方一个符合条件的意向受让方，按照公告要求和产权交易规则确定乙方为产权交易标的受让方，乙方同意依法受让本合同项下产权交易标的。(非延牌)

或

2.1.1 本合同项下产权交易于____年____月____日至____年____月____日，经大连产权交易所公开挂牌，挂牌期间未征集到符合条件的意向受让方，按照公告约定以5个工作日为一个周期延长挂牌，在____年____月____日至年月日的延牌周期内征集到乙方一个意向受让方，按照公告要求和产权交易规则确定乙方为产权交易标的受让方，乙方同意依法受让本合同项下产权交易标的。(延牌)

2.1.2 本合同项下产权交易于____年____月____日至____年____月____日，经大连产权交易所公开挂牌，挂牌期间产生两个以上（含）符合条件的意向受让方，并于____年____月____日以【网络竞价、拍卖、招投标、其他________】方式组织实施竞价，按照公告要求和产权交易规则确定乙方为产权交易标的受让方。(非延牌)

或

2.1.2 本合同项下产权交易于____年____月____日至____年____月____日，经大连产权交易所公开挂牌，挂牌期间未征集到符合条件的意向受让方，按照公告约定以5个工作日为一个周期延长挂牌，在____年____月____日至____年____月____日的延牌周期内征集到两个以上（含）符合条件的意向受让方，并于____年____月____日以【网络竞价、拍卖、招投标、其他________】方式组织实施竞价，按照公告要求和产权交易规则确定乙方为产权交易标的受让方。（延牌）

2.1.3 本合同项下产权交易经________【甲方有权决策机构或上级批准机关】决定，甲方同意在大连产权交易所内采取协议转让方式，将本合同项下产权交易标的依法转让给乙方。

第三条交易价款

3.1 交易价款为人民币（小写）万元【即人民币（大写）】。

第四条支付方式

4.1 乙方已支付至大连产权交易所的交易保证金计人民币（小写）万元【即人民币（大写）________元整】，在本合同生效后直接转为本次交易价款等额部分。

4.2 甲、乙双方约定按照以下第4.2.1种方式支付交易价款：

4.2.1 一次性付款。乙方应在本合同生效之日起个工作日内，将（剩余的）交易价款人民币（小写）万元【即人民币（大写）________元整】一次性支付至大连产权交易所指定结算账户【账户名称：________，账号：________】。

4.2.2 分期付款（适用于非国有产权交易）。首期付款（含交易保证金）为乙方应支付的本次交易价款总额的________%，计人民币（小写）________万元【即人民币（大写）________元整】，乙方应在本合同生效后________个工作日内支付至大连产权交易所指定结算账户【账户名称：________，账号：________】；剩余交易价款人民币（小写）________万元【即人民币（大写）________元整】，乙方应在____年____月____日前向甲方付清。

分期付款（适用于国有产权交易）。首期付款（含交易保证金）为乙方应支付的本次交易价款总额的________%（不低于30%），计人民币（小写）________万元【即人民币（大写）________元整】，乙方应在本合同生效之日起5个工作日内支付至大连产权交易所指定结算账户【账户名称：

________，账号：________】；剩余交易价款人民币（小写）________万元【即人民币（大写）________元整】，乙方以________（保证、抵押、质押等）方式提供担保（具体另附担保合同），并按同期银行贷款利率向甲方支付延期付款期间的利息，且在____年 __月____日（不超过本合同生效后1年）前付清。

4.2.3 其他方式。

第五条产权交易涉及的职工安置

5.1 标的企业的职工情况【按照职工安置方案填写】

5.2《职工安置方案名称》经标的企业年月日召开的第届第次职工（代表）大会审议通过。【该决议业经(地市级工会) 审核确认。】

5.3 甲、乙双方同意依据《职工安置方案名称》的要求妥善安置职工。

第六条产权交易涉及的债权债务的承继和清偿办法

6.1 乙方受让产权交易标的后，标的企业原有的债权债务由本次产权交易后的标的企业继续享有和承担。【甲、乙双方及债权债务人关于债权或债务另有协议的，可以作为本合同附件】

第七条产权交易涉及的资产处理

7.1 产权交易涉及的资产作如下处理：【按照股权转让方案或改制方案填写】。

第八条产权交割事项

8.1 甲、乙双方应当共同配合，于本合同生效后个工作日内【或____年____月____日前】完成产权持有主体的权利资产交接，交接事项包括但不限于产权转让标的的资产及清单、权属证书、财务报表、档案资料、印章印鉴等，并在获得大连产权交易所出具的交易凭证后个工作日内【或____年____月____日前】，配合标的企业办理产权交易标的的权证变更登记手续。

8.2 交易双方应凭本合同及大连产权交易所另行出具的交易凭证，按照国家有关规定办理相关变更登记手续。如未凭大连产权交易所出具的交易凭证，办理产权相关变更登记手续，由办理方承担法律责任。

8.3 产权交易涉及需向有关部门备案或审批的，甲、乙双方应共同履行向有关部门申报的义务。

8.4 在受让方确定之日至产权持有主体完成权利交接期间发生的与产权交易标的相关的盈利或亏损由乙方享有和承担，甲方对本合同项下的产权交易标的、股东权益及标的企业资产负有善良管理的义务。

第九条产权交易的税赋和费用

9.1 产权交易中涉及的税赋，按照国家有关规定缴纳，双方约定由甲、乙双方各自承担。

9.2 本合同项下产权交易标的在交易过程中所产生的产权交易费用，双方约定由承担。

第十条甲、乙双方的承诺

10.1 甲方对本合同项下的产权交易标的拥有合法、有效和完整的处分权，没有隐匿资产或债务的情况。

10.2 甲方保证就转让标的所设置的可能影响产权转让的任何担保或限制，甲方已取得有关权利人的同意或认可。

10.3 乙方具备合法的主体资格，无欺诈行为。

10.4 乙方受让本合同项下转让标的符合法律、法规规定。

10.5 甲、乙双方提交的涉及产权交易的各项证明文件及资料均真实、完整、有效，不存在故意隐瞒对本合同构成重大不利影响的任何债务、争议、诉讼等情况。

10.6 甲、乙双方签订本合同所需的包括但不限于授权、审批、内部决策等在内的一切手续均合法有效，本合同成立和产权转让的前提条件均已满足。

10.7 未经对方事先书面许可，任何一方不得泄露本合同及附件中的内容，但依照国家有关规定要求披露的除外。

第十一条违约责任

11.1 乙方若逾期支付交易价款，每逾期＿1＿日应按逾期部分交易价款的＿＿＿＿‰向甲方支付违约金，逾期超过＿＿＿＿日的，甲方有权解除合同，并要求乙方赔偿损失。

11.2 甲方若逾期不配合乙方完成产权持有主体的权利交接，每逾期1日应按交易价款的＿＿＿＿‰向乙方支付违约金，逾期超过＿＿＿＿日的，乙方有权解除合同，并要求甲方赔偿损失。

11.3 本合同任何一方若违反本合同约定的义务和承诺，给另一方造成损失的，应当承担赔偿责任；若违约方的行为对产权交易标的或标的企业造成重大不利影响，致使本合同目的无法实现的，守约方有权解除合同，并要求违约方赔偿损失。

11.4 其他违约责任：________。

第十二条合同的变更和解除

12.1 甲、乙双方按照规定协商一致，可以变更或解除本合同。

12.2 出现本合同第十一条所述违约情形的，一方当事人可以解除本合同。

12.3 本合同解除或变更合同主要条款的，大连产权交易所出具的交易凭证失效，甲、乙双方需将合同解除或变更的事项通知大连产权交易所，并将交易凭证交还大连产权交易所。

第十三条争议解决方式

13.1 本合同及产权交易中的行为均适用中华人民共和国法律。

13.2 甲、乙双方之间发生争议的，可以协商解决，也可向大连产权交易所申请调解，或选择以下第____种方式解决：

13.2.1 向大连仲裁委员会申请仲裁；

13.2.2 向________人民法院提起诉讼。

第十四条附则

14.1 除依法律、行政法规规定需要报审批机构批准后生效的情形以外，本合同自甲、乙双方签字或盖章之日起生效。

14.2 本合同壹式__伍__份，甲、乙双方各执__贰__份，大连产权交易所留存壹份用于备案，其余用于办理产权交易的审批、登记等手续。

第十五条本合同附件

15.1 挂牌公告：【年第____号】。

15.2 其他附件：________。

转让方（甲方）（盖章）：

法定代表人或代理人

（签字或盖章）：

受让方（乙方）（盖章）：

法定代表人或代理人

（签字或盖章）：

签约地点

年　月　日

产权交易（增资）合同示范文本

挂牌编号：

合同编号：

原出资人（以下简称甲方）：	
住所：	电话：
法定代表人：	职务：
企业类型：	邮编：
开户银行：	账号：
原出资人（以下简称乙方）：	
住所：	电话：
法定代表人：	职务：
企业类型：	邮编：
开户银行：	账号：
新增投资人（以下简称丙方）：	
住所：	电话：
法定代表人：	职务：
企业类型：	邮编：
开户银行：	账号：

根据中华人民共和国法律、法规有关规定，涉及当事人应遵循自愿、公平、诚实信用的原则订立本合同，以资共同遵守。

鉴于：

1. A公司系一家于____年____月____日在________注册成立的公司，经营范围：________，注册资本为人民币。为增强公司实力，经________年度公司第________次股东会决议，通过了增资扩股决议；

2. 甲方及乙方为A公司本次增资扩股前的股东。增资扩股前，A公司出资结构为：甲方出资________万元，占注册资本的________%，乙方出资________万元，占注册资本的________%；

3. 经评估（审计），截止____年____月____日，A公司总资产为人民币________万元，总负债为________万元，净资产为________万元；

4. 丙方同意按照本合同规定的条款和条件对A公司投资入股；

5. 本合同内（包括“鉴于”中的内容）下列的字句应做以下解释：

增资扩股：指公司原股东或（和）原股东之外吸收新的股东投资入股，增加公司注册资本。

投资总额：指在本次增资扩股中，投资方为获取A公司股权而实际支付的对价。

出资：指股东在A公司注册资本中所占有的资本份额。

溢价：指在本次增资扩股中，投资方的投资总额高出其在公司中的出资部分。

原A公司：指本次增资扩股前的A公司。

新A公司：指本次增资扩股后的A公司。

各方本着自愿、公平、公正的原则，经友好协商，就对A公司增资扩股事宜达成协议如下：

第一条 增资扩股内容

1. 原A公司进行增资扩股，将公司注册资本由________增加至人民币________万元，新增投资人合计出资________万元，占新A公司注册资本________%；实际投资总额________万元，溢价________万元，溢价将计入新A公司资本公积。

2. 丙方投资入股A公司，出资________万元，其出资占新A公司注册资本的________%，丙方投资总额为________万元；

3. 增资扩股完成后，新A公司股东由甲方、乙方、丙方三方组成。修改原A公司章程，重组新A公司董事会。

第二条 增资依据

各方认可以（审批或备案核准机关）核准/备案的净资产评估值为本次增资作价依据。

第三条 增资方式

丙方以现金方式对A公司进行出资。（丙方以实物资产作为出资，实物资产为________，详细清单见评估报告________，评估基准日为________，资产评估值为________。）

第四条 增资的支付期限

（一次性付款）丙方保证在本合同签署之日起________日内将出资全部汇入A公司账户。（资产方式出资的，应在本合同签署之日起________日内将所出资资产过户到A公司)。溢价部分汇入A公司指定账户。

(分次付款)丙方保证在本合同签署之日起________日内将出资款____%,即人民币________元汇入A公司账户,剩余出资款自合资公司成立起1年之内汇入A公司账户。

第五条 增资扩股前后各方的比例

新A公司注册资本为________万元,本次增资扩股后各方的比例如下:

第六条 增资扩股涉及的企业职工安置

经甲、乙、丙方协商约定,采用如下方式处理:

(本合同所涉及企业职工安置的,约定必须与原A公司职工安置方案一致。对情况复杂的也可另立合同附件予以载明。)

第七条 增资第期间损益处理

各方同意,A公司评估基准日至新A公司工商登记完成日期的损益,由增资前全体股东享有或承担。

第八条 增资扩股的税收和费用

增资扩股中涉及的有关税收,按照国家有关法律规定缴纳。

增资扩股中涉及的有关费用,经各方当事人共同协商约定,由________方(或各共同承担)支付。

(亦可针对支付的具体税收和费用进行详细约定。)

第九条 增资后的事项约定

1. 重组后的新A公司董事会由________人组成,其中,甲方提名________人,乙方提名________人,丙方提名________人,为促进公司治理结构的完善,设立独立董事________名,由本合同各方共同选定。

2. 董事长由________方提名并由董事会选举产生,副董事长由________方提名并由董事会选举产生,总经理由________方提名并由董事会聘任,财务总监由________方提名并由董事会聘任。

3. A公司评估基准日至本合同生效日期间的损益由原A公司股东(新A公司股东)享有或承担。

第十条 各方的陈述和承诺

1. 本合同任何一方向本合同其他各方陈述如下:

(1)其有完全的民事权利能力和民事行为能力参与、订立及执行本合同,或具有签署与履行本合同所需的一切必要权力与授权,并且直至本合同所述增资扩股完成，仍将持续具有充分履行其在本合同项下各项义务的一切必要权力与授权；

(2) 签署本合同并履行本合同项下的各项义务并不会侵犯任何第三方的权利。

2. 本合同任何一方向本合同其他各方做出承诺和保证如下：

(1) 本合同一经签署即对其构成合法、有效、具有约束力的合同；

(2) 其在合同内的陈述以及承诺的内容均是真实、完整且无误导性的。

3. 未经对方事先书面许可，任何一方不得泄露本合同中的内容。

第十一条 违约责任及纠纷处理

1. 任何一方发生违约行为，都必须承担违约责任。

2. 丙方未能按期支付增资扩股的投资总额，每逾期________天，应按出资额的________%向非违约方支付违约金；丙方逾期________天未履行义务，甲、乙方有权解除本合同。

3. 经本合同各方协商，也可约定其他赔偿方式。

甲、乙、丙方在履行本合同过程中若发生争议，可协商解决；可向大连产权交易所申请调解；调解不成的，可依法向A公司所在地人民法院提起诉讼。

第十二条 合同的变更和解除

发生下列情形的，可以变更或解除合同：

1. 因情况发生变化，各方当事人经过协商同意，且不损害国家和社会公益利益的；

2. 因不可抗力因素致使本合同的全部义务不能履行的；

3. 因一方当事人在合同约定的期限内，因故没有履行合同，其他当事人予以认可的；

4. 因本合同中约定的变更或解除合同的情况出现的。

本合同各方同意解除本合同，A公司应将已付款项全额返回。

本合同需变更或解除，各方必须签订变更或解除合同的协议，并报大连产权交易所备案。

第十三条 其他

1. 本合同作为解释新A公司股东之间权利和义务的依据，长期有效，除非各方达成书面合同修改；本合同在不与新A公司章程冲突的情况下，视为对新A公司股东权利和义务的解释并具有最高效力。

2. 本合同自各方签署后生效。国家法律、法规对本合同生效另有规定的，从其规定。

3. 本合同所必备的附件，与本合同具有同等的法律效力。

4. 本合同一式________份，甲、乙、丙、A公司各执________份，大连产权交易所执________份，工商行政管理部门执________份。

（以下无正文）

附件：视每宗案例的不同列明所需的附件材料

A公司：（盖章）

法定代表人：（签字）

甲方：（盖章）

法定代表人：（签字）

乙方：（盖章）

法定代表人：（签字）

丙方：（盖章）

法定代表人：（签字）

签署地点：

签署时间：　　　　年　月　日

第十三章

国有企业改革中的法律服务

第一节　律师事务所在国有企业改革中能做什么

一、律师和律师事务所

律师是指依法取得律师执业证书，接受委托或者指定，为当事人提供法律服务的执业人员。律师事务所是律师的执业机构。律师事务所可以是合伙制律师事务所，也可以是个人律师事务所，还有国家出资设立的律师事务所（实践中极少见）。合伙律师事务所可以采用普通合伙或者特殊的普通合伙形式设立。设区的市级或者直辖市的区人民政府司法行政部门是律师事务所的登记部门和监督管理部门。律师事务所可以设立分所。律师执业没有行业和地域的限制。

二、律师和律师事务所在改制中的作用

国有企业混合所有制改革，律师的作用不可或缺，产权变动和投资项目都需要律师出具法律意见书或者尽职调查。律师在国有企业混改中的作用主要体现在以下几个方面。

（一）严格履行程序，为企业改革把关

本轮国有企业改革非常注重顶层设计，国务院国资委出台了“1＋N”系列改革文件，国有企业改革程序非常完备，无论是哪一种混合所有制改革方式，都有复杂的决策审批、产权交易程序，对于企业管理者而言，这些程序并不常见，有些甚至闻所未闻，改革工作容易“漏程序、差材料”。党的十八大之后，党和政府加强了对国有企业的纪律监督工作，各级国资委都出台了国有资产责任监督和追究的办法，改革工作不仅要有大刀阔斧的魄力，还需要有认真细致的基础工作。律师职业天生就是程序正义的维护者，专业改革律师参与改革工作，并且出具法律意见书，能够帮助管理者完整履行改革程

序，规避渎职过失责任。

（二）防范改革风险的践行者

国有企业混合所有制改革是一件有风险的事情，混合所有制改革要动产权，要调整公司治理结构，本质是通过利益的调整，促成企业组织的重生，激发出大多数人的工作热情，因此必然有阻力，有难度，会遭到各种反对甚至攻击，所以管理者这应当作好风险预判，建好风险隔离墙。专业的改革律师，一方面具有法律知识和诉讼纠纷处理经验，能够比较准确地把握改革中矛盾事件的法律关系本质，预见纠纷最终演变的风险后果；另一方面熟悉国有企业改革政策，对于职工安置、资产处置、债权债务等敏感事件，提出有法律依据的解决方案，真正起到预防风险，规避风险的作用。

（三）制定改革方案的智囊

国有企业改革虽然不是新鲜事，但是对于个体的国有企业改革，却实实在在不多，因为涉及产权层面和组织结构的变动，对于企业是伤筋动骨，必然是较长周期才会发生的，国有企业管理者在任期内并不都熟悉改革工作。专业的国有企业改革律师，专门研究企业改革的法律法规政策，有丰富的国有企业改革经验，能够为管理者提供不同的改革路径、案例参考，结合企业实际有针对性地提出适合的改革方案，并且对于改革中遇到的国有划拨土地、职工安置、债权债务处置等特殊问题，提出可供借鉴的方法和案例，供管理者决策。因此，专业的改革律师，绝不仅仅是出具法律意见书，而应该是管理者的改革参谋。

三、律师在改革中的具体工作和成果

律师参与混合所有制改革具体工作包括：

1. 提供混合所有制改革法律法规和政策解读咨询服务；
2. 对改制标的企业开展尽职调查，出具尽职调查报告；
3. 参与国有企业改制方案（含预案）、职工安置方案的起草制定；
4. 对资产评估、债权债务确认、资产核销处置等出具法律意见；
5. 出具改制法律意见书，作为审批机关批复依据；
6. 协助完成改革项目内部决策，外部审批程序；

7. 辅助产权交易，对产权（股权）交易信息披露、公告条件、交易合同等出具法律意见；

8. 参与战略投资者遴选和商务谈判；

9. 改制后公司章程制订、公司治理的设计咨询；

10. 协助完成工商、产权变更登记。

律师参与混合所有制改革主要成果包括：尽职调查报告、国有企业改制方案（含预案）、改制法律意见书，以及其他由律师起草的改制法律文件，如产权交易合同、改制公司章程、请示批复等。律师事务所出具法律意见书，应当由执业律师签字。

四、混改涉及证券业务对律师事务所的要求

（一）律师事务所从事证券活动应当进行备案

律师事务所为下列证券活动提供证券服务业务，制作、出具法律意见书，应当按照本规定向中国证监会和国务院有关主管部门备案：

1. 首次公开发行股票、存托凭证及上市；

2. 上市公司发行证券及上市；

3. 上市公司及非上市公众公司收购、重大资产重组及股份回购；

4. 上市公司合并、分立及分拆；

5. 上市公司及非上市公众公司实行股权激励计划或者员工持股计划；

6. 公开发行公司债券及上市交易；

7. 境内企业直接或者间接到境外发行证券或者将其证券在境外上市交易（包括后续增发股份）；

8. 股份有限公司股票向特定对象转让导致股东累计超过 200 人，以及股份有限公司申请股票在全国中小企业股份转让系统挂牌并公开转让；

9. 股份有限公司向特定对象发行股票导致股东累计超过 200 人，股东人数超过 200 人的非上市公众公司向特定对象发行股票，以及向不特定合格投资者公开发行股票。

（二）律师事务所备案资料

律师事务所进行证券业务备案应当准备以下资料：

1. 证券服务机构备案表；

2. 证券服务机构营业执照、在行业主管部门取得的执业许可或者备案文件；

3. 证券服务机构及其依照本规定备案的从业人员因执业行为涉嫌违法违规被立案调查，或者被司法机关立案侦查，以及近三年因执业行为受到刑事处罚、行政处罚、监督管理措施、自律监管措施和纪律处分的情况；

4. 中国证监会和国务院有关主管部门规定的其他材料；

5. 从事证券法律业务风险控制制度等内部管理制度；

6. 负责证券法律业务风险控制的人员配备情况；

7. 截至备案上月末从事证券法律业务的合伙人、执业律师情况。

（三）律师事务所备案的三种情况

律师事务所备案分为首次备案、重大事项备案、年度备案三种。首次备案是律师事务所首次从事证券服务业务，应当在签订服务协议之日起 10 个工作日内备案；重大事项备案是在律师事务所发生重大事项之日起 10 个工作日内备案。年度备案是每年 4 月 30 日前进行年度备案。

第二节　法律尽职调查做什么与如何做

律师参与改制项目首要任务是为改制程序把关，防范改制风险，像代理诉讼案件一样，律师必须对改制企业进行法律尽职调查，把企业情况查清查实，把各方面法律关系理顺，改革才能把握主动，才能做到合法合规有效。法律尽职调查不同于企业调研活动，调研活动主要为解决问题寻找线索，尽职调查主要为防范法律风险，保障改革程序合法而进行。

一、法律尽职调查的作用

1. 摸清企业家底，了解企业情况，梳理法律关系，为改制方案制定提供依据。法律尽职调查要核实准确企业的资产、负债、重大或有事项、历史沿革、股权结构等，保证改制过程中提供给审批机关、产权交易机构、战略投资者、职工、债权人等各方的资料真实、准确、有效，避免因为信息不真实导致的法律纠纷；通过尽职调查，律师要梳理改革中各个法律主体的法律关系，如职工与企业的劳动法律关系，债权人债务人与企业的债权债务法律关系，股东与企业的股权法律关系，依据法律关系整理法律法规政策，用法律法规政策的规定度量改革措施的合法合规性，从而达到保证改革合法有效成功。

2. 发现企业存在的各种问题，为改制提出课题，探明改革方向。律师通过尽职调查，可以发现企业经营管理中存在的各种问题，通过分析这些问题背后的体制机制原因，提出化解这些问题的办法措施，能为国有企业改革探明路径指明方向。

3. 防缺补漏，保证改制合法合规。国有企业改革涉及方方面面，很多企业不熟悉改革工作，非常容易造成缺项漏事的情况，律师通过严谨细致的尽职调查，能够起到完善程序和材料、保证改制合法合规的作用。

二、法律尽职调查的对象

法律尽职调查从调查对象上分为对改制标的企业的尽职调查和对战略投资者的尽职调查两种。对改制标的企业的尽职调查主要是为改制方案制定、产权交易等做准备，调查范围包括改制标的的企业及其子企业，也会间接涉及改制企业出资人、债权人。对战略投资者的尽职调查，主要是为确定战略投资者的主体资格和是否满足投资者条件，调查范围主要是战略投资者的主体自身的主体资格、商业信用、投资实力等，一般不涉及其子公司。

三、对改制标的企业法律尽职调查的内容

改制标的企业的尽职调查内容主要包括以下内容：

1. 改制企业基本情况、设立、沿革和变更情况。主要来源于企业工商登记信息资料，改制企业的营业执照，改制企业历次变更的章程及目前有效的章程，与改制企业设立相关的政府有权部门的批文，与业务经营相关的批准、许可或授权，如业务特许经营许可证书，企业取得的资格认定证书，如工程

施工、检测检验等行业等级资质，企业变更登记事项的申请与批准文件，企业成立时及成立后历次验资报告。

2. 企业股权结构、公司治理、下属企业情况。企业目前的股本结构或出资人出资情况，治理结构，有关企业内部管理制度与风险控制制度的文件，股权有无质押或其他形式权利行使障碍的情况，有关股东出资方式、出资金额。股东大会、董事会、监事会、党委会议事规则及规范运作，董事、监事和高级管理人员介绍及其变化。企业对外投资情况，投资企业的介绍、资产负债所有者权益、股权比例、管理方式、是否纳入改革范围，等等。

3. 企业资产、负债、所有者权益情况。企业的房产、土地、知识产权、商誉、主要设备、车辆等资产情况，重点关注权属是否清晰，是否存在抵押担保融资租赁，是否存在无偿划拨情况，是否存在租赁经营授权使用情况，是否存在有账无物或有物无账情况，关注澡堂、幼儿园等非经营性资产；企业债权情况，重点关注应收账款、其他应收款的真实性及完整性、合法有效性；公司负债情况重点关注金融机构债务，金融机构名单、贷款金额、期限情况，关注债务是否合法有效，应付款项是否与业务相关，有无异常负债，有无其他或有事项，有无因债权债务事项而可能引发的纠纷，与职工相关债权债务；企业重大资产变化及收购兼并；公司保证担保事项。可以通过清产核资报告、审计报告、评估报告，甚至查账落实资产负债情况。

4. 业务情况。企业登记的营业范围、主营业务构成、产品介绍、企业经营相关的批准、许可、备案、质量认证等文件。提供主要业务合同模板，介绍上下游主要合作客户情况。关注企业特许经营资质、行业资格资质认证，改制后能够接续和变更。关注企业是否存在企业办社会情况，如幼儿园、锅炉房、物业公司、澡堂等，考虑是否进行主辅分离、资产剥离。

5. 职工情况。员工花名册、企业缴纳社会保险费的情况、企业和职工签订的劳动合同样本、保密协议、竞业限制协议、集体劳动合同、企业工会组织的情况、劳动纠纷法律文书、离退休人员名册、企业职工福利政策等。重点关注职工人数、职工参加工作时间以及在改制企业连续工作时间、工资以及职务、职位的基本情况，不在岗（包括内退、借调、留职停薪或以其他任何形式分流的）职工的基本情况，改制企业与职工之间签订的劳动合同是否有违反法律规定的内容或条款，改制企业是否存在拖欠职工工资或欠缴社会保险以及住房公积金的情况，改制企业职工工伤及职业病情况，职工与改制企业之间是否有已发生或可能发生的仲裁或诉讼，改制后有可能受到影响或发生变更的有关福利制度，改制企业的劳动纪律和规章制度是否符合劳动法的有关规定，烈士遗属、军转干部等特殊群体情况。

6. 重大诉讼纠纷。企业未了结的诉讼、仲裁、行政处罚、索赔要求及政府部门之调查或质询的详细情况，企业违反或被告知违反卫生、防火、建筑、规划、安全、环保等方面之法律、法规、通知的情况，企业所知晓的将来可能涉及诉讼、仲裁、行政处罚、索赔要求、政府部门的调查或质询的事实。

7. 关联交易及同业竞争。改制企业与出资人或者关联企业之间存在的关联交易，尤其是国有大集体的下属国有企业或者厂办大集体企业，主营业务依附集团公司的，改制后业务如何存续，是否影响企业发展。主营业务与集团或关联企业从事同行业同类业务的，关注改制后如何避免同业竞争。

8. 优惠政策和补贴。改制企业之前从政府获得的财政补贴、技改资金等优惠政策情况，从银行获得低息优惠贷款、贴息贷款情况，提供优惠政策文件和贷款合同等文件。

四、对战略投资者尽职调查的内容

对战略投资者的尽职调查服务于改革遴选投资者，关注投资者主体资格和是否具备投资条件，具体内容包括：

1. 投资者基本情况。工商登记信息资料、营业执照、公司章程、股权结构、公司架构、治理结构说明、企业征信报告、对外投资情况、下属企业介绍、本次改革对战略投资提出的行业资质、业务资格证书。

2. 投资者高级管理人员情况。投资者创始人、领导人、管理团队介绍，董事、监事和高级管理人员简历，本次改革需要关注的战略投资者管理团队其他情况。

3. 投资者资产、负债、所有者权益情况。投资者审计报告，最近一期的资产负债表，了解投资者的资产负债所有者权益情况，关注投资者的资产是否真实，负债是否健康，是否具备投资所需的资金实力，近期有无重大资产变化及收购兼并。

4. 业务情况。投资者的营业范围、主营业务构成、产品介绍、企业经营相关的批准、许可、备案、质量认证等文件。关注战略投资者资产规模、营业收入、利润在所处行业的地位。关注战略投资者业务领域是否与本次改制企业相关，是否能发挥协同配合互补等积极作用。

5. 重大诉讼纠纷、行政处罚。投资者未了结的诉讼、仲裁、行政处罚、索赔要求及政府部门之调查或质询的情况，违反或被告知违反卫生、防火、建筑、规划、安全、环保等方面之法律、法规、通知的情况，所知晓的将来可能涉及诉讼、仲裁、行政处罚、索赔要求、政府部门的调查或质询的事实。关注投资者的信用情况，是否曾被列为失信被执行人。

6. 关联交易及同业竞争。投资者与改制企业之间存在的关联交易情况，同业竞争情况，关注关联交易、同业竞争对国有企业改制的影响。

五、法律尽职调查的方法

律师进行法律尽职调查的方法一般包括收集企业资料文件、访谈、问卷调查、查询函证、现场走访，等等。

1. 尽职调查清单。向改制标的企业、投资者直接收集资料文件是最主要的调查方式和最基本的信息来源。企业几乎掌握有关主体资格、资产负债、经营活动的全部信息，律师通过给企业尽职调查清单，有规范、有技巧地向企业索取资料，获得信息，这是最快速便捷的调查方法。尽职调查清单的制作要注意条理清晰、分类明确、全面覆盖、针对性强，切忌眉毛胡子一把抓，把标准的尽调清单扔给企业准备，这样一方面不专业，更重要的是会造成调查事实的遗漏。尽调清单除了内容，还应当对材料的规范性提出要求，这样方便律师后期工作，调高效率。

2. 调查问卷和表单。向特定对象发送调查问卷和表单有利于发现问题、聚焦问题，适用于了解企业的存在的体制机制问题，适用于了解职工的诉求和民意。调查问卷和表单的设计需要对被调查对象有一定的了解，对改革的方向方法有一定的预判，针对性强，效果才好。

3. 访谈。访谈是尽职调查必需的形式方法，改制访谈对象包括企业法定代表人、总经理，财务部、资产管理部、人事部等部门负责人。访谈的作用在于通过当事人亲口陈述，去印证企业提供资料所反映的情况是否真实准确全面，去发现材料所无法直接反映的企业管理存在的体制机制问题，去找出适合标的企业的改革方式，去感知民意和民心所向。

4. 现场走访。通过现场参观企业车间、生产流程、工作环境，可以核对企业资产情况、业务合同情况，了解到材料无法反映的现场存在的问题，掌握企业职工的民意情况。现场走访出了要看，也要多听多问，这样才能增强认识，发现很多超出预期的事情。

5. 调查函证。对于事关企业主体资格、产权信息、抵押质押担保、融资租赁、法律纠纷等重要信息，律师应当向工商、税务、房产、土地、海关、金融、司法等政府部门函证调查，以确保披露信息的真实性、准确性、完整性。

6. 网络等媒体搜集信息。互联网等媒体信息高度发达的今天，很多企业信息主动或被动的都上了网，被各种媒体记录和公布，运用搜索引擎、行业网站、爬虫等工具或技术手段，已经是越来越多的律所律师调查必备手段。网络调查的优点在于方便快捷，对于当事人不配合的尽调工作非常有意义，但是缺点是准确性存疑，必须通过其他调查方式进行印证。

7. 出具承诺函。尽职调查过程中，对于一些必须要获得信息材料，由于客观原因无法获得的，律师也可以要求企业出具“情况说明”“承诺函”“声明函”等，但是这种信息的采用应在尽职调查报告中披露信息来源，请使用者关注。

六、法律尽职调查的程序

律师开展法律尽职调查一般按照如下程序展开。

1. 前期沟通与委托立项。就企业改革基本情况与企业负责人进行沟通，了解改革思路方式和进度安排，根据产权人需求和改制企业情况，拟定律师参与改革项目的方式和工作范围，工作成果，与客户建立委托合同关系，律师事务所完成改制尽职调查项目立项。

2. 材料准备阶段。准备阶段主要工作有获取客户基本信息，确定改制企业对接人，制作改制项目企业名录联系人名录，制作尽职调查工作计划，确定尽职调查项目组成员，项目组内部沟通会，制作尽职调查清单和访谈问卷，提前发送尽职调查清单给改制企业，参加改革领导小组或产权人召集的改革项目协调会。

3. 开展尽职调查阶段。律师进场开始调查后，主要工作包括内部收集资料、进行访谈和外部政府有关部门调查函证，网络舆情调查。具体内容有：按照尽职调查材料清单收集材料，与改制企业财务人员访谈，与管理层访谈，现场查验重要资产情况，现场查验企业生产经营情况，调查工商登记材料，查询企业房产土地登记情况，查询企业抵押、质押、融资租赁等资产首先登记情况，网络调查企业舆情，查询企业知识产权登记情况，查询企业诉讼、仲裁案件情况，查询企业行政处罚和企业信用，查询税费缴纳情况，查询社保缴纳情况。对于缺少的资料和情况，可以制作补充调查清单，要求企业继续提供。

4. 撰写尽职调查报告阶段。尽职调查现场工作完毕后，进入报告撰写阶段，首先要仔细阅读各个渠道收集的资料，按照尽职调查内容和尽职调查报告的体例要求，归纳、总结调查结论，特别注意比对分析不同渠道资料、访谈和现场勘验中存在的差异，将存在的问题、影响改制的情况做重点的讨论和披露，从法律角度提示客户注意改制风险。除了尽职调查报告，同时要制作改制尽职调查工作底稿，以备律师协会抽查和政府改制项目审计。

5. 尽职调查报告出具阶段。尽职调查报告初稿形成后先发给客户征求客户意见，客户对其中有异议的事实进行核验，确实错误的进行更正。改制尽职调查报告出具后将作为改革方案制定、改制法律意见书出具的基础文件。

第三节　改制尽职调查报告模板

××律师事务所
关于电器集团改制法律尽职调查报告

目　录

（三）股权关系结构图

（四）股东信息和监管机构情况

（五）国有产权登记情况

二、财务情况

（一）年度财务审计情况

（二）当期财务状况

（三）银行征信状况

三、资产情况

（一）资产构成

（二）资产及权益受限情况

四、债务情况

（一）金融债务

（二）经营性债务

五、业务情况

（一）业务介绍

（二）正在履行的大额合同

六、税务情况

（一）主要税种、税率及优惠政策

（二）欠税情况

七、诉讼执行、行政处罚、失信及联合惩戒情况

（一）诉讼及执行案件情况

（二）行政处罚情况

（三）失信及联合惩戒情况

八、职工情况

九、对外投资情况

律师声明

一、本所及本所律师依据《民法典》等法律法规及本尽职调查报告出具日以前已经发生或者存在的事实，严格履行了法定职责，遵循了勤勉尽责和诚实信用原则，进行了充分的核查验证，保证本尽职调查报告所认定的事实真实、准确、完整，所发表的结论性意见合法、准确，不存在虚假记载、误导性陈述或者重大遗漏。

二、本所律师对目标公司提供的文件、资料作为判断依据，并佐以调查核实；对个别事项如无该等文件、资料，则以相关负责人员接受访谈时的陈述为参考。本所及本所律师对目标公司提供信息的真实性、完整性和准确性均予以重点关注。但如目标公司提供的相关文件、资料、陈述因故意隐瞒或者疏忽致使其不真实、不准确或不完整，则本尽职调查报告内容应进行相应修正，本所不应因此承担责任。

三、在本尽职调查报告中对审计等内容的描述，均为对有关中介机构出具的文件的引述，并不代表本所律师对该等内容的真实性和准确性的判断或做出任何明示或默示的保证。

四、本尽职调查报告中的任何结论系本所律师基于对目标公司提供材料、所做陈述和法律的理解作出，不能替代任何司法判决或证据依据使用。

五、本尽职调查报告仅供改制使用，未经本所律师书面同意，不得用作任何其他目的，或由任何其他人予以引用和依赖。

致：××投资集团

××律师事务所接受贵司委托，就电器集团改制事宜进行前期法律尽职调查，并出具本法律尽职调查报告。

一、基本情况

（一）基本信息

电器集团现持有华锦市市场监督管理局于2018年12月19日登记核发的《营业执照》，统一信用代码912107025056W，具体信息如下：略

（二）历史沿革

1. 电器集团的设立。电器集团设立时企业名称为有限责任公司。

2000年6月____日，××政府下发《关于成立开关有限责任公司的批复》，批准有限责任公司。

2000年7月____日，有限责任公司登记设立，设立时股东、出资和股权比例为________，法定代表人为________；经营范围为高低压开关柜、机电产品（除汽车）、电子产品、铜铝母线生产销售。

根据会计师事务所有限责任公司2000年7月3日出具的《验资报告》，截至2000年7月3日，有限责任公司已收到其股东投入的资本万元，其中实收资本总额为万元，与上述投入资本相关的资产总额为万元。实收资本中固定资产万元，实物资产万元。

2. 电器集团股权及注册资本变更。

（1）电器集团第一次增资。2004 年 5 月 19 日，电器集团召开股东会并形成股东会决议，经全体股东研究决定，将注册资本增加至________万元，其中出资人民币 4380 万元，占注册资本的 73%；出资人民币________万元，占注册资本的 27%；全部股东均以其净资产或实物形式投入。

同日，会计师事务所华锦分所出具《验资报告》，截至 2004 年 5 月 20 日，电器集团变更后的注册资本实收金额为人民币万元。

2004 年 5 月 25 日，本次增资行为完成工商变更登记。

（2）电器集团的第二次增资及股权变动（略）。

（三）股权关系

改制企业股权关系图如下：（略）

（四）改制企业出资人与国资监管机构

根据《××政府关于同意成立的批复》（政〔2005〕18 号），××政府作为投资集团的出资人，委托投资集团对国有资产进行经营与管理。投资集团作为电器集团投资主体，承担国有资产保值增值的责任。

本所律师认为：根据《公司法》以及其他现行法律、行政法规的有关规定，改制企业具有企业法人资格，依法有效存续。投资集团是电器集团出资人，省国资委作为省人民政府的代表，是电器集团实际控制人。

（五）国有产权登记情况

根据××国资委于 2013 年 5 月 23 日核发的《企业产权登记表》（编号：21000125），电器集团国有产权登记情况如下：

单位（万元）

企业名称	
国家出资企业	
注册资本	
序号	
1	
2	
合计	

二、财务情况

（一）年度财务审计情况

中衡会计师事务所有限责任公司于 2018 年 9 月 28 日出具《电器集团审

计报告》(辽中衡会审〔2018〕38号)(以下称《电器集团2017年度审计报告》)。《电器集团2017年度审计报告》包含电器集团公司下设电器集团(单户)、华锦新生变压器有限责任公司、华锦锦开电炉有限责任公司、华锦电炉有限责任公司、华锦腾兴服装服饰有限公司、华锦锦开电器集团低压电器有限责任公司、华锦输变电技术开发中心、华锦新生线材总厂等八家二级核算单位。

《电器集团2017年度审计报告》披露，截至2017年12月31日，电器集团账面资产总计为万元、负债合计为万元、所有者权益合计为万元。具体情况如下：

1. 资产明细表。

单位：万元

序号	科目	期末账面余额
1	货币资金	
2	应收票据	
3	应收账款	
4	预付账款	
5	其他应收款	
6	存货	
7	其他流动资产	
8	长期股权投资	
9	固定资产原值	
10	固定资产净值	
11	在建工程	
12	固定资产清理	

2. 负债明细表。

单位：万元

序号	科 目	期末账面余额
1	短期借款	
2	应付票据	
3	应付账款	

续表

序号	科 目	期末账面余额
4	预收账款	
5	应付职工薪酬	
6	应交税费	
7	其他应付款	
8	专项应付款	

3. 所有者权益明细表

单位：万元

序号	科目	期末账面余额
1	实收资本净额	
2	资本公积	
3	专项储备	
4	盈余公积	
5	未分配利润	

（二）当期财务状况

根据电器集团提供的《资产负债表》，截至2020年3月，电器集团五户企业合并资产负债为：资产总计209745159.14元，负债总计121698059.76元，所有者权益总计88047099.38元。

（三）银行征信情况

根据电器集团《企业信用报告》（NO.2020041010191617664338），截至2020年4月10日，电器集团尚有未结清信贷交易，其中短期借款1笔，授信信息1笔，具体如下：

短期借款：见下表（略）

授信信息：见下表（略）

电器集团为其他借款人承担的相关还款责任信息如下：（略）

除贴现外的其他业务1：（略）

金融借款与担保信息详见本报告“四、债务情况（一）金融债务”。

三、资产情况

（一）资产构成

1. 不动产。根据华锦市不动产登记中心于2020年4月22日出具的《说明》，五户企业名下无房屋所有权登记记录。

2. 车辆。根据电器集团出具说明，电器集团名下登记有一辆车牌号为辽G5K891华泰牌机动车；新生变压器名下登记有一辆牌号为辽G7M836丰田牌机动车。

另经核查，根据（2019）鄂0114执1119号《执行裁定书》，电器集团在车辆管理部门登记有号牌号码为辽G5899大众牌、辽G5891华泰拉卡牌汽车各一辆，裁定查封上述两辆汽车，查封期间可以使用被查封车辆但不得转移被查封的车辆，不得对查封车辆设立权利负担。查封期限自2019年11月4日至2021年11月3日。

3. 商标信息。经本所律师登录国家知识产权局商标局中国商标网（http：//wcjs. sbj. cnipa. gov. cn/）核查，改制企业商标信息如下：

电器集团商标信息。电器集团持有注册商标1项，申请/注册号为203169，状态为注册，专用权期限为2014年1月15日至2024年1月14日。

4. 专利信息。经本所律师登录国家知识产权局中国及多国专利审查信息查询系统（http：//cpquery. cnipa. gov. cn/）核查，改制企业专利信息如下：

5. 其他资产构成。根据电器集团提供的2020年3月资产负债表，电器集团（五户合并）资产构成情况如下表（略）。

6. 需要说明的情况。根据前期审计情况，电器集团存货项目存在重大账实不符情况，具体金额以本次审计结果为准。

电器集团185项机器设备处于抵押状态，账面净值19855459.80元，评估值24117900元。抵押具体情况详见本报告“四、债务情况（一）金融债务”。

（二）资产及权益受限情况

1. 股权出质情况。经查询国家企业信用信息系统，截至本报告出具日，电器集团股权均处于出质状态，具体情况如下：

登记日期	登记编号	出质人	出质股权数	质权人	状态
2019. 5. 9	A210711201901599		万股		有效
2019. 5. 9	A210711201901600		万股		有效

2. 股权冻结情况。经查询国家企业信用信息系统，截至本报告出具日，电器集团股权均处于冻结状态，具体情况如下：

序号	被执行人	股权数额	执行法院	执行通知书	公示日期	冻结期限至
			人民法院			
			人民法院			

3. 动产抵押情况。经核查国家企业信用信息系统，截至本报告出具日，电器集团在华锦市太和区市场监督管理局动产抵押情况如下：

序号	登记编号	登记日期	被担保债权数额	抵押权人	主债务履行期限	抵押物

4. 车辆查封情况。根据（2019）鄂0114执1119号《执行裁定书》，电器集团在车辆管理部门登记有号牌号码为辽G5K89大众牌、辽G5K91华泰拉卡牌汽车各一辆，裁定查封上述两辆汽车，查封期间可以使用被查封车辆但不得转移被查封的车辆，不得对查封车辆设立权利负担。查封期限自2019年11月4日至2021年11月3日。

四、债务情况

（一）金融债务

截至本报告出具日，电器集团在华锦银行的贷款本金余额3654.73万元，其中电器集团银行贷款本金余额1144.73万元，新生变压器银行贷款本金余额2510万元。具体情况如下：

2019年5月7日，电器集团与华锦银行股份有限公司山西路支行签订编号为锦银［华锦山西路支］行［2019］年流借字第［029］号《流动资金借款合同》，借款金额为人民币1200万元，借款期限为自2019年5月7日至2020年5月6日，年利率为6.525%。

同日，双方签订编号为锦银［华锦山西路支］行［2019］年抵字第［029］号《抵押合同》，为前述债权提供抵押担保，担保主债权本金、利息、复利、罚息、违约金、损害赔偿金、汇率损失以及抵押权人实现债权和抵押权的费用。经查询国家企业信用信息网，本次抵押物为185项机器设备，评估价值2411.79万元。抵押物详见《固定资产—机器设备评估明细表》（评估基准日：2019年4月17日）

同日，新生线材厂与华锦银行股份有限公司山西路支行签订编号为锦银

[华锦山西路支]行[2019]年质字第[029－1]号《质押合同》，新生线材厂以其持有的电器集团35.76%占股比例所对应的3576万元股权数量，为电器集团前述贷款提供质押担保，担保主债权本金、利息、复利、罚息、违约金、汇率损失以及质权人实现债权和质权的费用。

同日，输变电中心与华锦银行股份有限公司山西路支行签订编号为锦银[华锦山西路支]行[2019]年质字第[029－2]号《质押合同》，输变电中心以其持有的电器集团64.24%占股比例所对应的6424万元股权数量，为电器集团前述贷款提供质押担保，担保主债权本金、利息、复利、罚息、违约金、汇率损失以及质权人实现债权和质权的费用。

（二）经营性债务

根据电器集团提供的《应付账款明细表》（2020年3月），五户企业应付款账款合计75196429.61元，其中1至3年应付款账款合计60372713.48元，3年以上应付款账款合计14823716.13元。

五、业务情况

（一）业务介绍

目前，电器集团处于经营状态。

1. 业务范围。电器集团内部包括两个独立核算非法人单位：高压开关厂与电器成套厂。高压开关厂主要生产为35kV及以下高压成套开关设备装置中的配套的电器元件——高压真空断路器，以及配套断路器专用的各类型操动机构（包括弹簧、电磁、永磁等型）。电器成套厂主要生产35kV及以下成套电器设备。

2. 行业地位。电器集团现任中国电器工业协会高压开关分会常务理事单位和副理事长单位、中国电器工业协会电控配电设备分会常务理事单位和副理事长单位、国家高低压设备标准化技术委员会委员单位。

3. 主要产品。高压开关厂主要产品是各种真空断路器即开关产品，共计4大类，13个品种系列，56个规格的电器产品。

电器生产成套厂主要产品：kyn28－12铠装移开式交流金属封闭开关设备、kyn61－40.5铠装移开式交流金属封闭开关设备、gbc－40.5交流金属封闭开关设备、kyn40.5 kyn72－40.5铠装移开式交流金属封闭开关设备、mns、gcs、gck、ggd低压开关柜。

4. 工艺流程。

（1）真空断路器生产工艺流程；

（2）高低压成套开关柜壳体加工生产工艺流程；

（3）高低压成套开关柜装配生产工艺流程。

（二）正在履行的大额合同

本所律师从三户企业合同额在50万元以上尚未履行完毕的交易合同中，各抽取前10份作为样本进行分析。受篇幅影响，具体合同情况详见本报告附表。现就合同中存在的普遍问题提示如下：

1. 延迟付款违约责任约定不足。本次抽取的合同样本均为电器集团、新生变压器、华锦电炉已经交付货物，但合同向对方未按合同约定支付货款，从而形成应收账款。但是，在大部分合同中，违约责任条款约定简单，例如，按合同法执行等，并且鲜有对延迟付款行为的违约责任约定，这导致合同向对方违约成本极低。

2. 验收标准约定不清晰。本次抽取的合同样本中，存在货物质量不合格而合同相对方拒绝付款的情况。在大部分合同中，验收标准条款约定仅为按国家标准、按行业标准，没有具体的验收标准和验收流程，导致双方扯皮。

六、税务情况

（一）主要税种、税率及优惠政策

五户企业主要税种、税率及享受的优惠政策如下：

税种	具体税率情况
增值税	销售商品业务销项税率为17%，按销项税额扣除当期允许抵扣的进项税额后的差额缴纳增值税
城市维护建设税	按实际缴纳的流转税的7%计缴
教育费附加	按实际缴纳的流转税的5%计缴
企业所得税	按实际缴纳计缴
房产税	根据《财政部税务总局关于对司法部所属的劳改劳教单位征免房产税问题的通知》（［1987］财税地字第21号）：对劳改工厂、劳改农场等单位，凡作为管教或生活用房产均免征房产税；凡作为生产经营用房产应征收房产税。生产经营用房产，采用从价计征方法，扣除比例30%，税率1.2%
土地使用税	免征城镇土地使用税
其他税项	按国家有关的具体规定计缴

（二）欠税情况

根据国家税务总局华锦市太和区税务局新民税务分局2020年4月28日出具的

《不欠税证明》，电器集团、锦开电炉、新生变压器、低压电器不存在欠税情形。

根据电器集团提供的情况说明，华锦电炉也不存在欠税情形。

七、诉讼执行、行政处罚、失信情况

（一）诉讼及执行案件情况

序号	债权人名称	诉讼金额	企业账目	查封账户	解决方式
1					被执行中
2					被执行中
3					和解结案
	小计	5026453.64	3482609.52		

根据电器集团提供的数据，截至本报告出具日，五户企业作为债务人，涉诉金额共计19948583.83元，企业账目金额合计14240303.21元，案件信息列表如下：

（二）行政处罚情况

经查询国家企业信用信息系统，截至本报告出具日，五户企业均无行政处罚情形。

（三）失信被执行人情况

经查询中国执行信息公开网，截至本报告出具之日，电器集团有7条失信被执行人信息，华锦电炉有3条失信被执行人信息，其他企业无失信被执行人信息。

经查询中国执行信息公开网，截至本报告出具之日，电器集团共有7条失信被执行人信息：见下表

具体情况（略）

八、职工情况

根据《电器集团及其下属企业企业改制职工安置方案》，截至2018年5月31日，改制企业在职职工517人，其中工伤（职业病）职工16人；改制企业退休人员718人，其中事转企享受社保统筹项目外补贴538人（以下称特殊退休人员），包括军转干部1人、53前老兵3人、“两参”人员16人；其他人员23人，包括职工遗属10人、精减人员13人。企业改制职工安置，原则上由华锦服饰有限公司接收全部职工。根据职工意愿，对于调转到华锦服饰公司的职工，由华锦服饰公司与其签订劳动合同，执行国家、省、市有关劳动保障等相关规定，保证职工工资及福利待遇，足额缴纳各项社会保险和住房公积金；对于提出解除劳动合同的职工，改制企业按照国家、省、市有

关规定支付经济补偿金。

截至本报告出具日，仍有三名员工未按照职工安置方案办理职工手续变更事宜，该三名员工具体信息如下（略）。

九、对外投资情况

经核查，除本报告已披露的五户企业股权情况（详见本报告“一、基本情况（二）股权结构图”）外，电器集团尚有一下属企业华锦新生有限责任公司（以下简称新生公司）处于吊销状态。

新生公司成立于2001年3月，注册资本700万元，法定代表人，股东为华锦新生有限责任公司（系电器集团更名前企业名称）、孟某，认缴出资分别为630万元、70万元，持股比例分别为90%、10%。根据电器集团提供的材料，经向原经办人了解，新生公司因未取得建设许可证而未取得营业执照，也没有办理印鉴，未利用该公司从事任何生产经营活动，也未形成债权债务及其他契约关系。新生公司于2004年被华锦市工商局吊销营业执照，目前处于吊销未注销状态。

××律师事务所

年　月　日

第四节　改制法律意见书写什么与如何写

国有企业改革应当依法依规，法律意见书从主体资格、产权结构、职工安置、债权债务处置、改革方案、产权交易等各个维度，依据法律法规和政策规定，对改制工作做了法律评价，是国有企业改革内部决策，上级审批不可或缺的核心法律文件。

一、改制法律意见书意义和依据

出具法律意见书的首要意义在于对改革行为的一种鉴证，改革是国有企业从产权制度、治理结构、资产负债、劳动用工、薪酬制度等一系列的革故鼎新活动，打破旧的制度与环境，建立新的关系与生态，这个过程每个企业都是独特的，不可能完全相同，但是这些企业的改革都要符合《企业国有资产法》等法律法规。法律意见书就起到这样一种鉴证作用，对改制企业实际情况进行确认，对改制的措施方法进行合法性评价，对改制的程序进行规范，落实法律法规和政策被遵照执行的情况。

依据《关于进一步规范国有企业改制工作实施意见的通知》国办发〔2005〕60号："企业改制必须对改制方案出具法律意见书。法律意见书由审批改制方案的单位的法律顾问或该单位决定聘请的律师事务所出具，拟改制为国有控股企业且职工（包括管理层）不持有本企业股权的，可由审批改制方案的单位授权该企业法律顾问出具。"实践中，由于很多国有企业总法律顾问制度不健全，或者因为改制法律审查工作量很大，法律顾问无法实际完成尽调等原因，多数情况下，法律意见书均由外部聘请的律师事务所出具。另外，虽然改制法律意见书是为审批机关出具的，但是也常常用来作为改制企业内部决策的法律依据。

法律意见书依据《中华人民共和国公司法》《中华人民共和国企业国有资产法》《企业国有资产监督管理暂关于深化国有企业改革的指导意见行条例》等全部现行有效的法律、行政法规、地方法规、部门规章、改革政策等规定，对改制行为进行评价规范。

二、改制法律意见书的内容

国有企业改制内部决策时，需要出具法律意见书，改制审批单位批准改制方案时，需要出具法律意见书，由于法律意见书出具的时间点不同，改制进度不同，使用者需求也不同，所以改制法律意见书的繁简不同，内容也不完全相同，这里按照最全面的原则，总结以下法律意见书的内容。

（一）改制企业的主体资格及历史沿革

该部分内容包括企业工商登记信息：公司名称、公司类型、公司地址、法定代表人、注册资本、营业期限、登记状态、经营范围，特许经营许可证、行业等级资质资格、企业设立、历次变更登记情况；企业股权关系、实际控制人；律师根据《公司法》等法律规定，对改制企业是否具有企业法人资格，是否依法有效存续，是否存在影响改制的情形发表法律意见。

（二）改制企业国有产权登记情况

该部分内容包括：改制企业是否办理《国有产权登记证》，登记信息情况，律师对国有产权登记情况发表法律意见，是否存在影响改制的情形。

（三）改制企业的资产、负债、所有者权益情况

该部分内容包括改制企业资产情况：资产总额、房产、土地、无形资产、知识产权等，改制企业负债情况：债务总额、金融机构债务、职工债务、关联企业债务；改制企业净资产，影响所有者权益的特别事项，对外担保情况，律师对改制企业资产负债所有者权益是否存在影响改制的情形发表法律意见。

（四）改制的审计、评估情况

该部分内容包括：审计、评估机构的选聘程序、资质资格、改制审计开展情况、离任审计开展情况、改制资产评估开展情况、审计评估结论，律师对审计评估是否存在影响改制的情形发表法律意见。

（五）本次改制内部决策程序

该部分内容包括已经完成的改制工作，总经理办公会、董事会、股东会关于改制的决议情况，上级机关的批复情况，律师对改制企业内部决策程序合法合规性发表法律意见，对改制需要履行的审批程序进行明确。

（六）关于改制方案内容

该部分内容包括本次改制方案内容、改制方式、改制基准日、改制资产范围、资产剥离情况、国有产权转让底价、产权交易、改制后企业股权结构等，律师对改制方案内容完整性、合法合规性发表法律意见。

（七）关于债务处置

该部分内容包括金融机构债务情况及处置方式、处置情况、金融机构债权人意见，职工债权情况和处置方式、处置情况、职工意见，其他债务情况及处置方式，律师对本次改制债务处置方案是否损害债权人利益，尤其是金融机构债权，是否违反法律、行政法规禁止性强制性规定发表法律意见。

（八）关于职工安置方案

该部分内容包括职工情况、职工安置方式、安置程序、安置方案内容、职工（代表）大会召开决议情况，律师就职工安置方案是否符合《中华人民共和国劳动合同法》《中华人民共和国劳动合同法实施条例》等相关规定，是

否存在损害职工利益的情形等发表法律意见。

（九）关于划拨土地使用权

对于改制企业涉及无偿使用划拨土地的，法律意见书应陈述改制中划拨土地使用权情况、处置方式、处置程序、土地评估备案情况等，律师对国有划拨土地处置是否影响改制发表法律意见。

（十）关于党组织、工会机构

对于改制后仍然保持国有企业性质的，该部分需要对党组织的设立、地位进行表述，对于改制后企业的工会机构建设，应当进行表述。律师对党组织和工会机构的建设情况发表法律意见。

（十一） 结论意见

法律意见书的最后，律师需要对本次改制主体资格、权属关系，资产负债、改制方案、职工安置、内部决策、审批程序，尚需履行的产权交易程序、工商变更登记、国有产权变更登记等改制涉及的全部内容是否真实完整、是否合法有效、应当继续完成的工作等进行总结陈述，并发表法律意见。

第五节　改制法律意见书模板

××律师事务所
关于××电器集团有限公司及下属企业改制方案
之
法律意见书

编号

致：××投资集团有限公司

××律师事务所接受××投资集团有限公司（以下简称投资集团）委托，

就《××电器集团有限公司及下属企业改制方案》（以下称《改制方案》）出具法律意见书。

本法律意见书所依据的我国现行有效的法律、行政法规及有关规定包括但不限于：《公司法》《企业国有资产法》《企业国有资产监督管理暂行条例（国务院令第588号）》《中共中央、国务院关于深化国有企业改革的指导意见》《企业国有资产交易监督管理办法》（国务院国资委财政部令第32号）《国有企业清产核资办法》（国务院国资委令第1号）《国有企业清产核资工作规程》（国资评价〔2003〕73号）《关于进一步规范国有企业改制工作的实施意见》（国办发〔2005〕60号）。

本所对××电器集团有限公司（以下称电器集团）及下属企业有限责任公司、有限责任公司、有限责任公司、有限责任公司（以下称改制企业）进行了调查，查阅了本所认为出具法律意见书所需查阅的文件。

在前述调查过程中，本所得到改制企业如下保证，即改制企业已经提供了本所认为出具法律意见书所必需的、真实的书面材料，书面材料副本或复印件与正本或原件一致，改制企业对其提供之书面材料的合法性、真实性、完整性负责。

本所仅就与本次改制相关事宜所涉法律问题发表意见，并不对有关审计报告、资产评估报告等文件发表意见。

本法律意见书用于改制企业向国有资产监督管理部门或母公司申请批准《改制方案》时作为报批配套文件使用。非经律师及其所在律师事务所书面同意，本法律意见书不得用于企业改制以外的其他目的或用途。

根据以上审查，本所出具如下法律意见：

一、改制企业的主体资格及历史沿革

（一）基本信息

经核查，电器集团现持有市工商行政管理局于2018年12月19日核发的《营业执照》，统一信用代码，该证照载明：

公司名称	
公司类型	
公司地址	
法定代表人	
注册资本	
营业期限	
登记状态	
经营范围	

（二）历史沿革

1. 电器集团的设立。电器集团设立时企业名称为有限责任公司。

2000 年 6 月____日，××政府下发《关于成立开关有限责任公司的批复》，批准有限责任公司。

2000 年 7 月____日，有限责任公司登记设立，设立时股东、出资和股权比例为，法定代表人为；经营范围为高低压开关柜、机电产品（除汽车）、电子产品、铜铝母线生产销售。

根据会计师事务所有限责任公司 2000 年 7 月 3 日出具的《验资报告》，截至 2000 年 7 月 3 日止，有限责任公司已收到其股东投入的资本万元，其中实收资本总额为万元，与上述投入资本相关的资产总额为万元。实收资本中固定资产万元，实物资产万元。

2. 电器集团股权及注册资本变更。

（1）电器集团第一次增资。2004 年 5 月 19 日，电器集团召开股东会并形成股东会决议，经全体股东研究决定，将注册资本增加至____万元，其中出资人民币 4380 万元，占注册资本的 73%；出资人民币____万元，占注册资本的 27%；全部股东均以其净资产或实物形式投入。

同日，会计师事务所华锦分所出具《验资报告》，截至 2004 年 5 月 20 日止，电器集团变更后的注册资本实收金额为人民币万元。

2004 年 5 月 25 日，本次增资行为完成工商变更登记。

（2）电器集团的第二次增资及股权变动（略）。

（三）股权关系

改制企业股权关系图如下：略

（四）改制企业出资人与实际控制人

根据《××政府关于同意成立的批复》（政〔2005〕18号），××政府作为投资集团的出资人，委托投资集团对国有资产进行经营与管理。投资集团作为电器集团投资主体，承担国有资产保值增值的责任。

本所律师认为：根据《公司法》以及其他现行法律、行政法规的有关规定，改制企业具有企业法人资格，依法有效存续。投资集团是电器集团出资人，省国资委作为省人民政府的代表，是电器集团实际控制人。

二、改制企业国有产权登记情况

根据××国资委于2013年5月23日核发的《企业产权登记表》（编号：21000125），电器集团国有产权登记情况如下：

单位（万元）

企业名称	
国家出资企业	
注册地点	
注册资本	
序号	
1	
2	
合计	

本所律师认为，电器集团系国有企业，已依法办理并取得《企业产权登记证》，符合《企业国有资产监督管理暂行条例（国务院令第588号）》《企业国有资产产权登记管理办法》（国务院令〔1996〕第192号）等相关规定。根据《企业国有资产产权登记管理办法》第九条，企业转让全部产权或者企业被划转的，应当自该情形发生之日起30日内办理注销产权登记。本次改制后，电器集团不再为国有企业，需依据上述规定办理产权注销登记。

三、本次改制的审计、评估情况

本次采取公开招标方式，确定会计师事务所（普通合伙）（以下简称信恒联合会计师事务所）为改制项目财务审计机构；确定会计师事务所（特殊普通合伙）为改制企业负责人离任审计机构；确定资产评估（北京）有限公司

（以下简称中瑞世联评估公司）为改制项目资产评估机构。

（一）财务审计情况

2018 年 11 月 5 日，会计师事务所出具《××电器集团有限公司等五家企业（合并）净资产情况专项审计报告》（专字〔20〕第 10 号），该报告载明：经对原电器集团等五家企业截至 2018 年 5 月 31 日的整体资产负债情况进行相关调整后，对外转让的电器集团等五家企业 2018 年 5 月 31 日净资产为元，相应的资产总额为元，负债总额为元。

经核查，会计师事务所现持有沈阳市沈河区工商行政管理局年月日核发的《营业执照》（统一社会信用代码：960096519U）；持有财政部 2016 年 1 月 21 日核发的《会计师事务所执业证书》（证书编号 7802）；审计师现持有编号为 210432 号注册会计师证书；审计师现持有编号为 210103 号注册会计师证书。

（二）资产评估情况

2018 年 12 月 5 日，中瑞世联评估公司出具《资产评估报告》（中瑞评报字〔2018〕第 0080 号），评估结论为：改制企业评估基准日（2018 年 5 月 31 日）总资产账面价值为万元，评估价值为万元；总负债账面价值为万元，评估价值为万元；净资产账面价值为万元，净资产评估价值为万元。

经核查，中瑞世联评估公司现持有北京市工商管理局西城分局 2018 年 6 月 4 日核发的《营业执照》，统一社会信用代码 2678011336A。中瑞世联评估公司于 2018 年 1 月 11 日取得北京市财政局备案。资产评估师现持有编号为 111300 号《资产评估师执业资格证书》；资产评估师现持有编号为 21172 号《资产评估师执业资格证书》。

（三）离任审计情况

2018 年 8 月 30 日，华健会计师事务所（特殊普通合伙）就本次改制企业负责人同志任期经济责任进行了审计，并出具《经济责任审计报告》（会专字〔2019〕LN 00 号）。

本所律师认为，本次改制审计机构、评估机构依照国家有关规定审计、评估。审计评估结论待投资集团核准备案后可以作为确定股权转让价格的作价依据。

四、本次改制内部决议程序

2017 年 12 月 1 日，电器集团向投资集团报送《关于整体转让公司及所属有限责任公司的请示》（企办〔2017〕45 号）：1. 请示整体转让电器集团及所属××有限责任公司、××有限责任公司；2. 请示对三家工业企业有形及无形资产进行评估。

2018 年 4 月 3 日，投资集团出具《关于同意转让电器集团所属三家企业全部股权的批复》（复〔2018〕12 号）。

2018 年 4 月 23 日，电器集团向投资集团报送《关于新增两家企业纳入转让的请示》（企财〔2018〕11 号）：1. 请示将有限责任公司、电器集团低压电器有限责任公司列入整体转让范围中；2. 企业的整体转让家数由原来的三家增加到五家，分别是：

2018 年 5 月 30 日，投资集团出具《关于同意转让电器集团所属两家企业全部股权的批复》（辽振兴复〔2018〕10 号）：1. 同意电器集团向投资集团报送的《关于新增两家企业纳入转让的请示》内容；2. 依法、依规选聘律师事务所出具法律意见书，聘请省国资委入围的中介机构开展清产核资、审计和资产评估，认真制定股权转让方案及职工安置方案；3. 指导有限责任公司拟转让公司依法、依规制定股权转让方案，并统一报送集团审批。

2019 年 1 月 9 日，职工代表大会审议通过《改制方案》和《××电器集团有限公司及下属企业改制职工安置方案》。

2019 年 2 月 11 日，电器集团股东作出《总经理办公会决议》，决议通过本次《改制方案》等事项。

本所律师认为，改制企业已就本次改制按照内部决策程序进行审议，并形成书面决议，符合《公司法》及相关法律规定关于内部决策程序的相关要求。

五、关于改制方案内容的合法性

（一）关于改制方式

本次改制拟在产权交易所，采取公开挂牌、整体转让改制企业 100% 股权方式进行。

本所律师认为，根据《关于规范国有企业改制工作意见的通知》（国办发〔2003〕96 号），国有企业改制包括转让国有控股、参股企业国有股权或者通过增资扩股来提高非国有股的比例。本次改制采取股权转让方式，符合上述相关规定。

（二）关于评估基准日

本次改制以2018年5月31日为评估基准日。

2018年4月3日，投资集团出具《关于同意转让电器集团所属三家企业全部股权的批复》（复〔2018〕12号）；

2018年5月30日，投资集团出具《关于同意转让电器集团所属两家企业全部股权的批复》（辽振兴复〔2018〕16号）。

本所律师认为，根据《企业国有资产评估项目备案工作指引》（国资发产权〔2013〕64号），本次评估基准日的选择接近评估目的对应的经济行为即投资集团复〔2018〕12号批复的出具日，符合上述相关规定。

（三）关于改制资产范围

根据《改制方案》，本次改制不转让的资产范围包括：土地、房屋、建筑物、车辆以及供水、供暖、供电等附属设施。

本所律师认为，本次改制企业资产范围符合上述资产划分原则。

另经核查，除本次改制企业外，电器集团其他下属企业情况如下：

1. ××有限公司（以下称××公司）。根据投资集团于2018年5月30日出具的《关于同意将××电器集团有限公司持有××公司全部股权无偿划转给××投资集团有限公司的批复》（发〔2018〕186号），本次改制前××公司已获准划转至投资集团。2018年6月21日，××公司已完成相应股权变动工商变更登记程序。

2. ××有限责任公司（以下简称××新生公司）。××新生公司不属于本次改制企业范围。××新生公司成立于2001年3月，注册资本700万元，法定代表人辛廷权，股东为有限责任公司（系电器集团更名前企业名称）、孟某，认缴出资分别为630万元、70万元，持股比例分别为90%、10%。根据改制企业提供书面材料，经向原经办人了解，××新生公司因未取得建设许可证而未取得营业执照，也没有办理印鉴，未利用该公司从事任何生产经营活动，也未形成债权债务及其他契约关系。××新生公司于2004年被华锦市工商局吊销营业执照，目前处于吊销未注销状态。本次改制企业股权转让后，拟由××公司承担××新生公司全部债权债务。

本所律师认为：

1. ××公司股权无偿划转后不再属于电器集团下属企业，不列入本次改制范围符合《公司法》等相关规定；

2. ××新生公司系由于历史原因处于吊销未注销状态，在××公司出具承诺承接××新生公司全部债权债务的情况下，本次改制企业不包含××新生公司未损害债权人利益，对本次改制不构成重大影响。

（四）关于债权债务处理

1. 金融债务。2018 年 12 月 14 日，中国银行业监督管理委员会监管分局出具《金融债权保全证明》，确认银行对电器集团 1200 万元金融债权。

本所律师认为，根据《关于进一步规范国有企业改制工作实施意见的通知》（国办发〔2005〕60 号），本次金融债务处理方案已征得金融机构债权人的同意，符合上述相关规定。

2. 其他债权债务。本次改制企业债权债务原则上由改制后企业承继。

改制企业对政府的欠款、对××公司的欠款，由国有产权受让方承担。电器集团已经垫付的大集体工人的各类政策内的保险费在 2018 年 5 月 31 日前核销。在 5 月 31 日以后，由××公司按照国家对大集体企业的有关政策执行。

本所律师认为，本次改制债权债务处置方案未损害债权人利益，不存在违反法律、行政法规禁止性强制性规定的情形。

（五）关于职工安置方案

本次职工安置原则上由××公司接收改制企业全部职工。方案主要内容：

1. 在职职工根据自愿原则，对于调转到××公司的职工，由××公司与职工签订劳动合同，执行国家、省、市有关劳动保障等相关规定，保证职工工资及福利待遇，足额缴纳各项社会保险和住房公积金；对于提出解除劳动合同的职工，改制企业按照国家、省、市有关规定支付经济补偿。

2. 本次企业改制后，全部退休职工由××公司接收并管理，依法缴纳相关费用；特殊退休人员由××公司按照原改制企业统筹外费用和待遇标准发放各项补助费用，确保退休职工待遇不降低。

本所律师认为，本次职工安置方案符合《中华人民共和国劳动合同法》《中华人民共和国劳动合同法实施条例》等相关规定，不存在损害职工利益的情形。

（六）关于改制后电器集团的股权结构

本次改制采用国有股权整体转让方式，改制后国有资本完全退出，改制后的企业将由受让方完全控股。

本所律师认为，本次改制企业的股权变动，符合相关法律、行政法规的规定，不存在违反国家强制性规定的情形。

（七）关于改制企业国有产权转让底价的确定

本次改制企业国有产权转让底价以经核准的评估值为准。

本所律师认为，本次转让底价以经核准的评估值为准，符合《国有资产评估管理办法施行细则》（国资办发〔1992〕36号）《关于加强企业国有产权转让监督管理工作的通知》（国资产发〔1995〕54号）等相关规定。

六、结论意见

综上所述，本所律师认为：电器集团系依法设立合法存续的国有企业，改制企业国有产权权属关系明晰，产权之上没有设置任何担保，也无异常债权债务发生。《改制方案》内容符合法律、行政法规及相关政策规定；《改制方案》已经履行的内部决策程序符合《公司章程》《公司法》等相关规定，待由投资集团审批后，改制企业尚需依法履行产权交易程序，并依法办理相应变更登记手续后，整个转让行为将是合法有效的。

××律师事务所

律师

年　月　日

第六节　改制后公司治理法律服务

改革的目的是发展，选择最有利于发展的公司治理机制是混合所有制改革从头开始就要谋划的重要事项。公司治理是为实现资源配置的有效性，所有者（股东）对公司的经营管理和绩效进行监督、激励、控制和协调的一整套制度安排，它反映了决定公司发展方向和业绩的各参与方之间的关系。公司治理在产权层面表现为股权结构、公司章程、股东大会，公司治理在决策管理层面表现为董事会、监事会、总经理，公司治理在公司运营层面表现为劳动人事制度、用工制度、用人制度，近年来很多企业采用事业合伙人制度、员工股权激励制度、经销商持股制度，将公司发展密切相关的供应商、经销商、人才都纳入了公司治理机制的范畴，让他们参与公司治理，共享公司发展红利。无论是哪一个层面的公司治理，都需要制订相应的章程、议事规则、合同协议，依据法律和协议约定赋予的权利、责任、利益，公司治理各参与方相互分工，并相互制衡。律师参与混改公司治理，主要工作内容包括：

一、制订改制后企业公司章程、股东会、董事会议事规则

改制后企业如何治理受到多方面因素的影响，包括改制企业以往的企业文化、治理管理方式，股东各方关于公司治理方式的愿望和要求，公司所处的行业竞争烈度，公司的产品和业务模式，等等。制定改制企业的章程、股东会、董事会议事规则可以从一份模板开始，但是真正实用好用，还是要结合企业实际情况，对管理层进行必要的访谈，文件初稿要经过股东和董事讨论修改。

二、参与改制后企业新老三项制度制订

产权层面实现混合所有制改革后，要进一步实现企业机制的改变，机制变革主要体现在老三项制度（用工制度、用人制度、薪酬制度）、新三项制度（员工持股、期权授予、超额利润分红）的制定完善和实施上。律师参与老三项制度的工作主要包括员工守则、奖惩办法、职业经理人聘用协议、劳动合同、保密协议、竞业限制协议等制度文件的拟定，还有改制劳动纠纷的处理。企业通过新三项制度授予员工股东身份或者部分股东权益，实现企业利益与员工利益的深度捆绑，进一步激发管理团队和员工的积极性，新三项制度的激励方案需要按照《企业国资资产法》和国务院国资委出台的员工股权激励的规范性文件进行操作，律师参与制度设计，尤其是股权激励协议、员工持股方案的拟定，既保证了法律效力又有利于规避风险。

三、参与改制后企业关联交易、同业竞争规则、协议的制订

参与混合所有制的各方很多在同行业和同地域有着相同或近似的业务，有不少企业存在关联交易和直接的竞争关系，因此企业改制后，有必要规范企业的关联交易和同业竞争。规范关联交易主要是制定关联交易的规则，签署关联交易的承诺书，落实关联交易程序公开，关联股东回避决策，关联交易条件一视同仁，关联交易价格公允市场决定。规范同业竞争，主要是股东承诺放弃与公司进行同业竞争，采取有效措施消除同业竞争，如竞争业务合并，进行竞争行业竞争地域的划分等。

第十四章

国有企业改革中的风险与防范

第一节　国有企业改革的法律风险

债权债务处置要依法合规，否则改制后企业会官司缠身影响发展，甚至让改革者深陷囹圄，改革风险的根本在于矛盾没有处理好，利益没有协调好。

一、人员安置风险

因为人员安置导致的劳动纠纷、职工上访、经营不稳是国有企业改革中最常见的风险。国有企业改革涉及国有企业性质变更，国有失去控股地位，必须要进行职工安置，一些老国有企业实行主辅分离、下岗分流，更是容易引发职工不稳定。

职工安置风险主要表现为：职工向改制企业出资人、国资监管部门、主办主管单位、当地政府信访部门上访；职工向劳动仲裁机关、人民法院提出劳动纠纷仲裁和诉讼；职工个人在单位、政府部门、公共场所采取极端自残或暴恐行为；职工群体在单位、政府部门采取集体停工、群体性上访，干扰冲击政策的生产秩序和社会治安。

职工安置引发社会风险的主要原因包括：职工不满意安置方式，对企业有感情有依赖，不愿意被解除劳动合同，不愿意被调动分流；职工不满意安置补偿费用标准，与其他国有企业或其他职工安置标准进行攀比；职工不满意国有企业改制方向和改制方式，认为损害企业利益和国有资产流失；职工不满意改制程序，认为改制存在渎职、腐败行为。

专栏 14－1

吉林通钢事件始末

2008 年冬天，通钢人迎来了最严酷的寒冬，七座高炉全部停产。在此期间，普通工人每月领取 300 元生活费。这样的严冬在通钢人的记忆里挥之不去，约12000名一线职工、近3万人的职工队伍嗷嗷待哺。3年前，通钢人满怀信心迎来的建龙集团，却在严冬时节离席。至于建龙缘何离开，众说纷纭。2009年3月末，通钢集团宣布与建龙集团实行股权分立。“逃跑”的建龙让通钢人失去信心。一位内部人士向记者提供的消息表明：建龙退出后，通钢对3月份经营情况进行评估，只亏损了5000万左右，而3月份报亏是2.7亿元，“通钢与建龙股权分立后，通钢负债高达80%。”

“通钢究竟是谁的？”

在省会长春作出的重大决策，被迅速传输到600里外的通化。愤懑的气氛已经在部分职工中酝酿，他们认为，建龙自3月份股权分立之后，在短短3个月后又能重新参与增资扩股、卷土重来，是对通钢的二次“蹂躏”。一位长期反映国有资产流失问题的老职工一字一顿地问记者：“通钢究竟是谁的？”至7月23日，吉林省国资委工作组（以下简称工作组）正式到通钢宣布建龙增资扩股的消息时，流言已充斥整个厂区。流言主要针对中层干部调整和裁员，一些人认为重组后“必将洗牌”，建龙已经准备好替换通钢干部。更为严重的是，一些人认为，建龙掌权后必将对通钢进行彻底整顿。一些附着在通钢上游和下游的产业，也感觉到了严重的危机。23日9时许，工作组进入通钢冶金区，分别召开通钢股份中层以上干部和集团公司所属子公司班子成员、在岗职工代表和内部退养人员座谈会。当晚，厂家属区发现大量小字报：召集群众第二天早8：00到广场聚集。

那个不断升温的上午

7月24日早上8时35分，通钢在公司后五楼召开干部大会，宣布建龙与通钢重组及干部任命等事宜，并宣布新通钢董事长由张志祥担任，总经理由李明东担任，党委书记由崔杰担任，通化钢铁总经理由陈国君担任。此时，通化钢铁办公楼前及广场上聚集人员达400人，周边尚有数百人围观。他们冲进办公楼院内，开始呼喊“建龙滚出去”的口号。后院外有人打出“建龙侵害国有资产，从通钢滚出去”的横幅，聚集人员开始通过厂区1号门涌向生产区。9时30分，派到现场的工作组人员传回“铁路运输线被堵，铁水运不出去，将导致1号、2号、3号高炉休风，进而会导致二炼分厂停产”的消息。10时01分，被派往现场做工作的通化市政府领导的随行人员遭到驱打，工作无法开展。11时05分，现场劝解无法奏效，1至6号炉休风停炉，7号炉也有停产之虞。11时30分，现场传来部分人员又向7号高炉及焦化厂聚集的信息，建龙集团派驻人员陈国君遭到围攻。一些人对他进行了第一次殴打，陈国君躲进焦化厂旧办公楼二楼化验室。

据一位目击者回忆，上午9时现场大约有3000人，到晚上7时则有1万人左右。下午，厂区五个门已被聚众人员封堵。此时，建龙集团人员收到陈国君电话求助，称已经被打，要求尽快营救。在现场参与维护秩序的一位警察向记者描述：“根本进不去，往前一走就是砖头和钢块，砸到盾牌上砰砰响。”“当时工人都红眼了。”一位目击者说，外围的聚众人员与警察对峙，有警方车辆被掀翻，里面的聚众人员则四处寻找陈国君。下午3点多，聚众人员发现陈国君躲藏在焦化厂旧办公楼，愤怒湮没了理性，聚众人员在二楼带有防盗门的房间里搜出陈国君，并再次进行殴打。现场的防暴警察在接到命令后，多次试图冲过聚众人群，强行救人未果。

通钢再次重组祸起“建龙”归来

建龙撤退后，有声音指责其利用通钢冷轧钢项目抵押贷款扩建吉林新区。记者获得了一份未经证实的股权分立方案：建龙对吉林新区拥有产权，对通钢的矿业集团控股20%；而通钢对通化钢铁拥有产权，对吉林新区持少数股份。第一次的牵手并不尽如人意，建龙缘何卷土重来？4年前的牵手，虽然也经历了重重阻力，但却被业内认为是一个钢铁业资源重组的经典之作。“新通钢”注册资本38.83亿元，其中吉林省国资委持股46.64%，建龙钢铁持股36.19%，华融资产管理公司持股14.6%，通钢集团管理层持有2.57%的股权。当时就有声音指出，这样的持股比例，因华融资产是转偿债务产生股份，如果建龙出资收购华融14.6%的股份，建龙将成为通钢第一大股东。这一预言正在逐渐变为现实。记者了解到，7月22日上午，吉林省政府召开专题会议，做出通钢集团增资扩股的决定。股权调整方案为：建龙集团子公司以10亿元现金和其持有的通钢矿业公司股权向通钢集团增资控股。重组后的通钢，建龙持股65%，吉林省国资委直接持有通钢集团的股权变更为34%，其余小股东的股份为1%。

重组计划流产厂区鞭炮齐鸣

7月24日15时，吉林省国资委继续组织原通钢高层领导座谈，推进重组工作，遭到了参与座谈会者的一致反对。15时30分，经过与省级领导请示沟通，决定暂缓执行与建龙集团的合作。17时15分，吉林省国资委主任李来华在遭到聚集群众石块攻击的情况下，直接面对聚集人员，宣布终止建龙集团重组并控股通钢集团的决定。然而，聚集群众对工作组的信任已降至冰点，这个口头宣讲没能缓释聚众人员的情绪，也没能拯救处在危难之中的陈国君。19时56分，省国资委关于建龙集团不再入股通钢集团的通知正式文件传到，印刷后向群众发放，但聚集群众依然不同意医务人员对陈国君进行抢救。23时，白山市警力到达现场。现场目击者称："警察抬起已经死亡的陈国君，迅速从2号门撤退。"官方说法是，陈国君被送至通化市医院，经抢救无效死亡。当晚，当地电视台发布公告称，根据广大职工愿望，经省政府研究决定，建龙将永不参与通钢重组，希望广大职工保持克制，维护企业正常生产秩序，尽快撤离。至夜，通钢恢复生产，鞭炮齐鸣。

死者陈国君是谁

今年40岁的陈国君出生于河北省遵化市一个普通家庭。现有一双龙凤胎儿女。他的第一份工作就是在遵化市钢铁厂。1998年，不到30岁的陈国君就已经成为遵化市钢铁厂炼铁厂厂长。这一年，他与后来的老板、浙商张志祥结识。当时，张志祥成立了遵化建龙钢铁总厂，协议租赁遵化市钢铁厂。3年后，张的遵化建龙钢铁总厂买断遵化市钢铁厂，完成改制后更名为唐山建龙实业有限公司。陈国君被张志祥看中，进入建龙。3年后，张志祥在吉林省吉林市成立吉林建龙，陈国君就任吉林建龙总经理。那么，在7月24日那天，他是如何遭遇灭顶之灾的呢？

关键词之谣言有人煽动不满情绪

针对陈国君遭群殴致死事件，在吉林省政府新闻办公室7月27日的新闻发布会上，吉林省国资委副主任、新闻发言人王喜东称，此事系个别非在岗人员发起并鼓动一些不明真相的人员聚集所致，并肯定北京建龙重工集团有限公司对通钢集团增资扩股符合国家法律规定。

王喜东的说法是，7月24日，企业个别内退人员及退休人员有抵触情绪，制造谣言，利用一些人员，特别是非在岗人员“国有情结”较深，对通钢集团现状与长远发展、特别是即将实行大型化改造需要大量资金，所面临困难不了解的情况，激化企业原有矛盾。有些人挑拨、煽动群众不满情绪，将矛盾集中在建龙集团派驻通化钢铁股份公司总经理陈国君身上。目前，陈国君的死亡原因正在调查中。

关键词之说法道听途说引爆矛盾

然而，陈国君为何会被打死，坊间却有着不同的说法。一位自称是“通钢子弟”的网友说：“7月23日，各单位骨干开晨会，居然从各位厂长的口中听到了如下令人震惊的消息：‘建龙集团控股通钢65%！’之前，建龙集团主席陈国君曾放出过许多狠话：‘我要在三年之内让通钢姓陈！’‘等我上台，所有通钢原来的人一个不留，全滚蛋！’这次，通钢人真的愤怒了！”“7月24日下午，部分建龙高层开始出现在厂区，在劝阻队伍时大多被暴打，傍晚，陈国君出现，命令复工，愤怒的人群失去控制，陈国君被多人围殴，防暴警察和救护车都被人群阻拦。到晚上9时左右，传出了陈国君死亡的消息，整个二道江区开始了燃放鞭炮，厂区里，工人、警察、群众，上万人挤在一起，场面并没有继续混乱，人群开始陆续撤退。”据《瞭望东方周刊》报道。

资料来源：2009年8月4日搜狐新闻。

二、资产处置和产权交易中的风险

国有企业产权制度改革总要涉及国有资产的处置，国有资产处置过程中的风险包括未履行国有资产处置程序造成的风险，国有资产处置程序错误造成的风险，价格不公造成国有资产损失的风险、关联交易造成的风险。

未履行国有资产处置程序的风险主要表现形式有：未进行清产核资、审计、评估程序，未进入产权交易场所交易，未履行“三重一大”决策程序，未履行申报审批程序，未履行离任审计程序，未召开职工（代表）大会；错误执行国有资产处置程序的风险表现形式有：为国有资产处置设定不公平的交易条件，推动本不需要进行的资产处置，超越改制资产范围转让处置国有资产，透漏涉密产权交易信息给竞价人和投标人，为特定交易对象谋求成交机会或排除意向受让方，不落实改制方案中确定各安置政策和改制条件，在产权交易程序中任意加减转让标的而不履行相应程序；价格不公导致的国有资产损失风险主要表现为审计报告遗漏重要资产，评估结果与市场价格严重不符，评估报告漏评错评国有资产，国有资产转让价格未按照备案评估报告确定，国有资产转让价格打折超过行政规范等；关联交易造成的风险表现为：改制企业股东、董事、监事、高级管理人员的特点关系人（任职兼职企业、出资关联企业、亲属等）参与产权交易，未进行信息披露，未依法回避，交易条件和价格不公允的。

引发资产处置风险的主要原因包括：对国有资产法律法规不了解、不掌握，对国有企业改制政策不理解或者错误理解，对董监高的责任义务意识淡薄，又不愿意学习，也不听取中介机构的意见，这是造成未履行改制程序或者履行改制程序错误最普遍的原因，有些国企改革经办人员还因为不懂法律和政策，被人利用；贪腐渎职行为是造成国有资产处置风险的一大原因，负责国有企业改革和国有资产处置的企业人员收取利益相关方的各种好处利益，在资产处置程序中做不该做的事，开不该开的方便之门；人员流动也是造成国有企业改革中风险的一大原因，很多国有企业没有既没有专门的改革管理机构，也没有成立专项的改革领导小组，造成负责改制和资产处置的同志处于不稳定状态，经常换人造成工作不连续，遗漏改制程序；制度漏洞也是造成国有资产处置风险的原因，虽然从国家到地方出台了很多国有企业改革的监管文件，但是到具体的企业，特别是层级比较低的国有企业，只知道生产经营管理，根本不知道国有企业资产管理的特殊性，没有建立健全国有资产处置的规章制度，这导致了很多国有企业负责人稀里糊涂触犯渎职犯罪，结果令人唏嘘。

专栏 14 – 2

甘肃青旅违反产权交易程序转让国有资产纠纷案

【最高院观点】国有资产利益并非社会公共利益，违反国有产权转让程序签订的转让协议并非无效

【裁判要旨】

《全民所有制工业企业转换经营机制条例》《国有资产评估管理办法》以及《企业国有资产监督管理暂行条例》中关于国有资产转让应当进行评估、批准等程序的规定均属规范内部程序的管理性规定，而非效力性强制性规定，不应影响国有企业与第三人签订合同的效力。在市场经济条件下，国有企业参与市场交易与其他市场主体地位平等，其资产利益不能等同于社会公共利益。

【案情概述】

2008 年 11 月 28 日，甘肃青旅（作为卖方）、林嘉锋和陈国良（作为买方）签订《房地产买卖合同》约定，林嘉锋、陈国良购买甘肃青旅所有的土地上一层商铺及二至九层全部楼房，房价款总额为 1010 万元。办理该房地产买卖合同的产权过户、土地证时所涉及的相关费用双方约定由甘肃青旅全部承担。

2009 年 9 月，林嘉锋、陈国良向兰州仲裁委员会申请仲裁，请求甘肃青旅履行合同，交付房产并办理过户手续。甘肃青旅提出了反申请，要求确认《房地产买卖合同》无效。

2010 年 10 月 15 日，经仲裁庭主持调解，三方当事人最终达成如下调解协议：一、林嘉锋、陈国良购买甘肃青旅包括一层商铺及二至九层全部楼房，楼内所有办公物品（无偿）随楼房所有权一并转让给林嘉锋、陈国良，楼前、后院的使用权归林嘉锋、陈国良所有。二、全部房、地价款总额为 1270 万元。

2010 年 10 月 28 日，甘肃青旅收到林嘉锋、陈国良向其支付的购房款 960 万元整，但并未将房屋产权手续转移至林嘉锋、陈国良名下。

2011 年 1 月 13 日，甘肃省纪律检查委员会第一监察室以防止国有资产流失为由，致函要求一审法院暂中止执行。

2012年6月7日，一审法院作出（2012）兰法执字第143号执行裁定书，认为被执行人甘肃青旅为全民性质的国有企业，所涉房屋系国有资产，为维护公共利益，防止国有资产的流失，裁定对兰州仲裁委员会兰仲调字（2009）第50号仲裁调解书（以下简称50号调解书）不予执行。

甘肃青旅一审起诉称，甘肃青旅系团省委下属全民所有制企业。2008年11月28日，其与林嘉锋、陈国良签订《房地产买卖合同》，约定转让案涉房产。但由于该转让未征得上级主管单位团省委的同意，未经集体讨论决定，也未对转让标的物进评估，未在依法设立的产权交易机构公开交易，转让价格明显低于市场价格。该合同应系无效合同。故请求：1. 依法确认《房地产买卖合同》无效；2. 依法判令林嘉锋、陈国良返还案涉房产，并支付占用期间的房屋使用费；3. 本案诉讼费用由林嘉锋、陈国良承担。

一审法院作出判决：《房地产买卖合同》无效。

二审法院作出判决：驳回上诉，维持原判。

最高院终身判决：撤销一、二审判决，改判《房地产买卖合同》有效。

解读：根据目前最高院的裁判观点，相关法律法规对国有产权转让需经评估、审批、进场等程序的要求是仅对国有资产的监督管理机构及相关的责任人的单方程序性要求，并非是对产权受让人的程序要求，是防止国有资产流失、贪污受贿等情形发生的一种手段。因此，国有产权转让中的程序性规定属于管理性效力性规范，而非效力性强制性固定。并且，国有资产利益不能等同于社会公共利益。所以，转让人与受让人签订的转让协议并不会因未经上述审批、评估、进场等流程而无效。虽然最高院司法判决未经国有产权转让程序所签订的合同有效，但是该判决是从承认合同的效力角度进行的裁决，转让人并非不承担责任。在实践中，违规转让国有产权，相关责任人可能会承担行政责任甚至刑事责任。

资料来源：微信公众号《法务工具包》。

三、经营稳定风险

国有企业改革牵一发而动全身，尤其是混合所有制改革涉及国有产权变动，几乎必然要涉及企业经营的方方面面，对生产经营管理不产生影响是不可能的，做好国有企业改革工作必须要对这种影响有预判有预案。经营稳定风险一般有合同债务风险、供应链风险、安全生产风险、政策补贴风险、资质资格风险，等等。

合同债务风险的表现形式有：银行贷款等融资债务无法展期续贷，或者被要求提前偿还，贷款担保被要求更换或者补充，企业租赁使用的土地、房产、设备被要求终止，企业签署的对合同主体的国有企业性质有特殊要求的合同；供应链风险，主要是上游供应商对企业供货额度、货款账期的影响，下游商户或用户对产品质量、数量、价格提出新的要求，有些甚至提出变更合作条件的要求；国有企业享受的很多优惠政策、技术补贴、利息补贴被要求取消的风险；对于矿山、医院、建筑、交通、海运、航空、公共产品企业等安全生产任务责任较大的国有企业，改制期间安全生产压力将显著增加，一旦有事故发生将直接影响改制的推进；改制企业已经取得的各种行业资质等级，比如建筑设计、施工、检测等资质，各种业务特许经营资格，比如供热、供水、环保特许经营资质，一些商业机构特许的供应商资格，比如苹果产业链、特斯拉产业链公司等，会被要求重新审查资格，甚至取消资格资质。

造成经营稳定风险的原因主要包括：（1）改革中来自员工的风险是最主要的风险，改革可能造成职工人心浮动，工作不专心，甚至消极怠工停工，更严重的会上访群访，直接造成改制企业的生产经营不能正常进行；（2）国有企业改革后一旦丧失国有企业身份，企业商业信用就会发生变化，如果企业自身能力不强，将直接造成金融机构、产业链上下游企业对公司主体信用等级的重新评估，造成企业金融债务和业务合同变动甚至暴雷；（3）改制调研不细致，可行性研究论证不充分，也会造成改制后企业发展预判错误，市场前景预判错误。改制调研不充分还会造成企业资质资格因为企业性质变更而丧失。

专栏 14-3

在改革中消亡的健力宝和科隆电器

在一场没有底线和边界的财富游戏中，成王败寇，都在转瞬之间。这中间，有弹冠相庆的得意人，自然也有令人扼腕的失落客。

这年夏天，“饮料大王”李经纬把他的办公室从三水搬到了新建成的广州健力宝大厦。坐在38层宽敞、豪华的大办公室里，他可以俯瞰广州全景和终年绿意葱葱的越秀公园。这时候，公司形势十分喜人，上年实现了50亿元的销售额，健力宝入选国家工商总局宣布的第一批“中国驰名商标”，在中国饮料协会公布的行业排名中，健力宝在产量、总产值、销售收入和税利四项均排名第一，它还被媒体评选为“90年代中国公众心目中的十大知名品牌之一”。然而就在这样的时刻，李经纬的心情却好不起来。

从1994年——创业的第十个年头开始，李经纬就已经在考虑健力宝产权归属问题。在三水，他享受了最高的“政治待遇”。在很多地方活动的仪式上，县委书记、县长坐中间，旁边坐的就是他，再下去才轮到政府的其他官员。但是，这种一时无二的尊崇和厚爱还是无法解开他内心那个产权之结。1997年，“国退民进”的舆论渐热，国有资本将从竞争性领域逐渐退出，经营者被允许以各种方式购买企业的资产。在李经纬看来，饮料行业无疑是百分之百的竞争性领域，将健力宝的产权清晰化完全符合中央政策。李经纬的方案是通过股票上市来实现股权激励。在李经纬的精心策划下，健力宝谋求在香港联交所上市。在此案中，包括了经营层的股权分配。然而，出乎他意料的是，就在上市方案行将通过的时候，三水政府以李经纬团队“没有香港暂居证，因而不得够买H股原始股票”为理由，拒绝批准这个方案。

在三水官员看来，健力宝的发展固然有李经纬的创始之功，但是与政府多年来的全力扶持也是分不开的，凭什么给你个人呢？况且，健力宝每年上缴的利税是三水财政的支柱，一旦私有化后，地方建设的钱袋子就不见了。还有一个理由是，李经纬哪来那么多钱买健力宝的股份，会不会有用公司的钱买公司股份的嫌疑？

政府的态度让李经纬极度失望，他一怒之下放弃上市，然后把健力宝总部搬到了广州。从此，矛盾浮出水面。在政府看来，总部迁址很可能就意味着税收的流失。从1998年开始，三水政府加大了对健力宝资金的掌控，集团每开发出一种新产品必须通过政府审批，经过政府财政预算，然后划拨经费。知情者解释说，“这事因为三水非常警惕李经纬借开发新产品之名转移资产，因此几乎每一个新的招商引资项目，政府都要亲自审批，资金卡得很紧，还主动要求替健力宝寻找合作对象”。

1999年，三水政府大换届，一些与李经纬有交情的老官员全数退休或换岗。一层因历史渊源形成的温情脉脉的薄纱也最终淡去，他的处境日益艰险。便在这一时刻，李经纬提出了第二套改制方案，由管理层理层自筹资金买下政府所持有的股份。李经纬开出的价格是4.5亿元，将在3年内分期付清。三水政府断然拒绝，理由据称是“风险很大，有用健力宝资金买健力宝之嫌。”李经纬还不甘心，他接着聘请深圳一家咨询公司又设计出第三套方案，李经纬团队持股75%，三水政府再给李经纬个人5%的股权奖励。这个方案也迥到政府方而的否决，理由依然是“担心经营层的钱来历不明”。

在这样的拉锯中，政府与管理层的关系近乎破裂，而企业效益也开始急速下滑。健力宝的经营业绩自1997年创造了54亿元的骄人纪录后，每年以锐减5亿至8亿元的幅度降低，上缴政府的利税也从1亿元降到两三千万元左右。

就这样，一家蒸蒸日上的企业因政府与经营者的产权博弈而变得前途无比莫测。

如果说，李经纬在产权清晰化的话语权争夺上招招被动的话，那么，华南的另一位明星企业家则显得更无能为力。

1998年12月，在没有任何预兆的情况下，科隆集团突然发布公告，潘宁辞去公司总裁职务。这时候的科隆正处在一个迅猛扩张的关键时刻，上年，科隆实现营业收入34亿元，利润6.6亿元，被香港《亚洲货币》杂志评为中国最佳管理公司和中国最佳投资者关系公司。潘宁辞职的两个月前，科隆还刚刚收购了广东另一家陷入困境的家电企业华宝空调。根据很多当事人的回忆潘宁对自己的“辞职”。并无思想准备。在整个1998

年，他一直在全国各地考察，他想收购成都一家军工厂的车间，将之改建成冰箱生产线，还到河北等省份洽谈建设北方生产基地的事宜。据这段时间与潘宁有数面之缘的北京大学教授周其仁观察，“潘宁下岗，其实他对此没有作好准备，在过去的二年多里，他-·直四处奔波”。

后来发生的一连串惊人的事实表明。潘宁辞职，意味着地方政府对他的产权改革思路的坚决否定。在过去几年潘宁一直试图说服政府把股份释放给管理层，他冒险新创科隆品牌也是其中一个战略性步骤。1997 年以来，市场竞争十分激烈的家电产业成为国有资产退出的领域，而惠州的 TCL 已经进行了产权改革试验，潘宁对改制的迫切性也越来越强烈。可是，他的突然辞职让科隆集团的产权改制走上了一条坎坷的道路。

辛苦创业 14 年、被没有任何理由地宣布“辞职”，潘宁几乎没有作任何“反抗”或解释，他迅速做出了移民加拿大的决定，从此不问科隆事。为表示自己的彻底隐退，他与科隆约法三章：“不保留办公室，不拿科隆一分钱退休金，不要科隆一股股份”。他对媒体记者发表的最后一段讲话是：“现在退下来，我觉得非常荣幸。因为好多知名的企业家，有的升了官，有的没有后继力，还有的犯了错误，极个别的上了刑场。像我这样干到 65 岁的企业家，屈指可数。我光荣退休，确实好荣幸。”他对外宣称有六个“退休计划”：学打高尔夫，学摄影，学开车，学太极拳，读点近代史，陪太太外游。一位科隆旧部曾记录一个细节：老潘临别科隆时，曾“口占一绝”留赠部下做纪念：“服务乡企数十年，纵横家电愤争先。闯破禁区成骏业，寄语同仁掌霸鞭。”有人指出，诗中的“愤争先”一句有点别扭，是不是“奋争先”或“纷争先”的笔误，潘宁肃然地说，就是这个“愤”，发愤图强的愤，悲愤的愤。

因产权变革而形成的政商博弈，让健力宝与科隆陷入了巨大的危机旋涡之中。在未来的几年内，围绕着这两家曾经创造过无数辉煌的企业将展开一场更为激烈的争夺战，最终，企业在多方利益群体的绞杀中奄奄一息。

资料来源：吴晓波著《激荡 30 年》。

四、合规诉讼风险

国有企业改革有严格的法律程序和规范，不严格遵照执行会直接带来行政处罚、民事责任、党纪处分，甚至是刑事责任。由于改革涉及企业产权等各方面利益关系的重新调整，因为利益冲突引发的诉讼风险大大提高。

合规诉讼风险的具体表现有：被国有资产监督管理部门问询、约谈、处分，被审计监察机关问询、调查、处分，被劳动监察部门监督、监察、处分，被员工申请劳动仲裁，被上下游企业起诉合同纠纷，改革过程中企业账户资产被查封冻结，被金融机构或者债权人起诉欠款，等等。

引发合规诉讼风险的原因主要有：对国有资产法律、法规、政策不熟悉，造成改制程序漏洞或错误，清产核资、审计、评估、产权交易、三重一大决策程序、职工大会等事项没有按照程序操作，被国资监管部门和审计部门监督的；对改制中引发的矛盾纠纷处置不及时不妥当，造成矛盾激化，演变为上访告状和诉讼纠纷。

五、战略投资者引入风险

混合所有制改革选择战略投资者也面临较大风险，这种风险包括战略投资者的主体信用风险，合作条件不对等不公平的风险，引入战略投资效果不及预期的风险，改制后公司治理的风险。

战略投资者的主体信用风险主要指的是参与混合所有制改革的投资者或其关联企业被列入失信被执行人，被发改委、人民银行等政府部门给予行政处罚或者列入重点监管对象，存在大量被起诉执行的案件且存在资产重大损失的情况，其他影响投资者参与混改的重大事件；合作条件不对等主要表现为双方向改制企业投入注册资金、实物资产、技术专利时，不贯彻价值对等原则，战略投资者虚构市场前景、采用虚假专利技术、过期设备资产等进行忽悠式出资，套取国有资产；引入战略投资者后，还存在市场开发不达预期，改革成本投入超出预期，双方合作不畅造成项目失败的风险；改制后公司治理的风险主要表现为，改制后公司治理机构缺失，国有股东没有派遣董事、监事、高级管理人员，没有依法建立党组织，没有落实合资协议约定的合作条件，造成国有股东对改制企业丧失话语权，甚至完全失控。

战略投资者引入风险的原因主要包括：一、改制调研不细致，调查渠道单一，中介机构不负责任，造成对战投投资者的尽职调查有遗漏和偏差；二、可行性研究论证不充分，造成改制后企业发展预判错误，市场前景预判错误；三、改制谈判中不负责任不较真，不坚持原则，导致谈判结果对国有企业不平等；四、没有认真领会改制的目的是为了发展，改制只是起点，而把改制当做完成任务，企业改制后就马放南山，对改制企业缺少监管，等风险爆发为时已晚。

专栏 14 -4

厦华电子引入战略投资者失败案例

一、厦华电子公司简介

厦华电子公司（Xiamen Overseas Chinese Electronic Co.，Ltd.）创立于1985年12月，是一家专门从事电视机生产的企业。厦华电子的大股东是建发集团和厦门华侨电子，建发集团又是华侨电子的大股东，所以厦华电子的实际控制人是建发集团，而建发集团的实际控制人是厦门国资委。所以归根结底厦华电子是厦门国资委控制的上市公司。主要起草和起草了数十项行业标准和国家标准，适用于中国电子信息产品环境标准。如今，厦华的营销服务网络覆盖五大洲的119个国家和地区，是中国最大的彩电出口商之一。公司拥有完整的质量管理和控制体系，并通过了节能，环保，安全，电磁兼容等认证，并获得了“免出口检验”。“中国海关最高信用管理水平AA级企业”以及“联合国采购供应商”资格可以为全球品牌运营商提供ODM服务，包括设计、制造、物流等。

二、公司引入战略投资者的动因

因为电器行业的市场已经饱和，整个市场成为了红海市场，且因为管理层制定企业战略的错误，将研究重点放在了等离子显示屏上而没有注意液晶显示屏的研发，导致在后来的液晶显示屏盛行的市场中难以分得一杯羹，而在市场战略商业错误的进行了盲目扩张，盲目的增加网点造成管理费用增加，在支出增加且销售额下降的情况下使得厦华电子的发展每况愈下，厦华电子的营业成本和营业净利率都在不断的下降，且公司的固定资产周转率和存货周转率也在下降。负债率不断提高，盈利能力不断减小，成长能力也在不断地下降。

三、战略投资方——华映科技简介

它是一家股份制公司，于1993年11月26日在深圳证券交易所上市，上市时总股本为1.1亿股。股票代码：000536，股票简称：华映科技。华映科技也是台湾第一家在A股市场上市的上市公司。华映科技从事新型平板显示器件，液晶显示器，模块和元件的研发、设计、生产、销售和售后服务。公司主营电机和房地产。公司与福建本田科技有限公司共同成立福建冀东本田发电机组有限公司，确定了稀土永磁电机的战略目标。该产品市场的技术性能指标已达到国际先进水平和国内领先水平，并获得国家专利。

四、战略投资方——当代东方简介

当代东方投资有限公司于1996年11月获山西省人民政府所授权的（1996）第107127号批准。1997年1月17日，公司在山西省工商行政管理局注册，公司由大同水泥集团有限公司（国有独资公司）成立。2013年2月4日更名为“当代东方投资股份有限公司”。是当代集团旗下的一个以广告媒体为主营业务的子公司。

当代东方属于当代系，当代东方是媒体生态的领军企业，以内容和渠道为核心。积极部署媒体大数据，媒体技术，文化和金融等新兴媒体，构建以电影电视内容，媒体平台运营，电影院等商业内容为中心的媒体产业生态。当代东方围绕媒体产业生态发展战略的构建，首先倡导并实施合作伙伴计划，并与当代路易、白影电影、当代互动、当代亚裔美国、河北当代、当代Moma等一同建立伙伴关系，并同步媒体平台、媒体大数据、电影、短视频、移动互联网、媒体技术、音乐会和爱情行业等业务部门的布局。

五、厦华电子引入战略投资者的过程

厦华电子和华映科技从2006年开始接触，而厦华电子最后决定了华映科技作为厦华电子的战略投资者。因为华映科技是首个在大陆借壳上市的台湾公司，有足够的能力和实力去充当一个战略投资者的角色，厦华电子控股股东建发集团认为华映科技具有足够专业的团队能力和经验去充当战略投资者厦华电子作为电视机的成品生产商需要上游供货商的稳定，而华映科技作为世界五大液晶面板的生产商之一，厦华与华映的合作使上下游产业链得以整合，大大提高了新产品的研发速度。互补的生产要素使两家公司互利共赢。厦华与华映科技可以在生产，营销，市场营销等方面紧密合作。

以厦门鑫汇王玲玲为代表的当代东方和厦华电子在2013年开始接触，双方都有合作的意向，而王玲玲与当代集团掌门人王春芳先生为兄妹关系，所以可以认为是当代东方与厦华电子的一次合作意向，当代东方属于无关型战略投资者，可能会为在2013年时经营不善的厦华电子带来新的机遇。

在2006年建发集团通过股权转让给华映科技1.09亿股，华映视讯以2.5678元的价格受让厦华电子百分之32.64的股权。从此以后华映科技成为厦华电子第一大股东，建发集团位居第二位。而在2012年11月28日通过定向增发将关联公司华映光电，华映显示拉入控股股东行列。

厦华电子2013年11月26日公告大股东华映光电将1.09亿股以3.66的价格以现金支付的方式转让给厦门鑫汇（王玲玲，北京德昌行）以及洪晓蒙，苏志民等，从此以后厦门鑫汇，德昌行，王玲玲共持有合计百分之14.07的股份（厦门鑫汇，北京德昌，王玲玲一致行动，厦门鑫汇系和北京德昌的法人是王玲玲。但其又是王春芳的妹妹，王春芳是A股上市公司当代东方的实际控制人，所以王玲玲也是当代东方的代表人。）

六、引入战略投资者之后存在的问题

华映科技采用“卖空”资本运作模式。没有重大的资产重组，如非公开发行股票，但在此期间存在大量相关交易。大量关联交易的存在将极大地影响上市公司的独立性，关联交易的存在对于企业有好处也有坏处。从好的方面而言，关联交易可以省去一些时间成本和人力成本，加快企业资产的周转率，加快企业的增长。从不好的地方而言，关联交易的存在可能会存在信息不平等性，造成以大股东为主对中小股东利益的坑害。从性质来看，关联方销售交易可能对上市公司更有利，但是通过将廉价资产以很高的价格出售给上市公司的关联方购买交易会大幅度的损害上市公司的权益。华映电子存在通过向上市公司销售产品来转移公司利益的问题。

然而，厦华的年度报告并未披露所购产品的实际成本。从公司所公开的财务报告中我们没有办法了解到华映科技通过与厦华电子的关联交易中向其销售了多少的商品，获得的利润有多少，我们就只好采取别的办法去测算华映科技在与厦华电子的交易中所得到的利润，我们得出华映科技在2010—2013年度报告中的毛利率分别为35.01%、55.67%、55.48%和38.78%。平均为46.24%，因为关联方交易价格一般会比市场价格有一定的折扣，我们采取华映科技2010—2013年，平均毛利率为46.24%，计算通过产品销售计算华映科技的毛利（关联交易具有一定折价）。在2006年至2008年的三年间，华映科技通过关联方采购向厦华出售的产品数量达到16.54亿元。通过我们估计的毛利率27.74%，通过关联交易可能获得约4.59亿元的毛利。同时，2008年至2009年，华映科技还通过委托贷款获得了约人民币5200万元的利息收入。可以看出，在控制权转让后的最初几年，华映科技及其关联方通过关联交易转移了上市公司的大量经济利益。上市公司为"捷径"的方式，厦华向华映科技及其关联方支付了人民币6.54亿元的"真金白银"。

七、总结

从上述分析我们可以看出引入战略投资者华映科技给厦华电子带来了负效应，从厦华电子的财务角度来看，在引入华映科技之后，厦华电子整个公司的净利润发生了断崖式的下跌，从盈利到巨额亏损，虽然在2009年时的净利润重回正值，但是我们要了解到在2006—2008年期间厦华电子已经连三年亏损，若2009年不能盈利那么在2009年厦华电子将被退市，基于这点我们可以断定2009年盈利水平的体现并不能真正的反映出厦华电子的真正盈利水平，且在2009年之后公司的净利润又开始了下跌。同时我们再去看厦华电子的资产情况，公司的固定资产在逐年的减少，说明公司每年都在变卖资产但是净利润并没有增加说明公司的营业成本和财务费用都在增加，而在偿债能力方面，在厦华电子引入战略投资者之间其资产负债的情况大体相仿，但是在引入战略投资者华映科技之后明显资产开始缩水，并在华映科技退出之前一直处于资不抵债的状态，偿债能力极差，无法解决公司的财务问题。在成长能力方面，厦华电子在引入战略投资之后的收入增长率和净利润增长率都是在同行业很低的水平，我们在考在考虑了行业环境因素后发现在同行业增长率都较为稳定甚至是增长的情况下，厦华电子的各项成长能力指标都有所下降，使得企业相对于整个行业提前跨入了衰退期，引入战略投资者对于企业的成长能力产生了负效应。在运营能力方面我们看到了企业在引入战略投资者前后变化并不大，这与当时引入战略投资者加快上下游合作加速企业发展的初衷是相违背的。华映科技通过厦华电子进行关联交易掏空公司的价值，转移了公司的资产，厦华电子在大股东控股股东变为华映科技之后的几年时间里就因为连续的亏损被证监会在2009年时中止了上市的权利，这三年里面共亏损了19亿元，但是其控股股东华映科技反而在这几年里面的净利润得到了快速的上升，三年累计盈利近10亿元。

所以我们从财务角度来看厦华电子引入华映科技作为战略投资者可以发现作为战略投资者华映科技并没有给厦华电子带来偿债能力，成长能力，运营能力和盈利能力的提升，反而带来了负的影响，所以这次厦华电子引入战略投资者对于企业价值有着明显的负作用。

八、厦华电子引入战略投资者失败的原因

（一）战略投资者方的原因

1. 企图占据国企

在2006年时厦华电子引入华映科技作为战略投资者时初衷不仅有自己当初的资本诉求，还想要和华映科技一起使自己的产业链得到整合完善融会贯通，这样就可以加速研发新产品的速度，但是当华映科技通过股权转让进入厦华电子之后，成为了厦华电子的第一大股东，于是在2012年11月28日实施了定向增发，将与自己所关联的华映显示，华映光电引入厦华电子的前十大股东之内，这说明华映科技作为战略投资者进入厦华电子时的初衷便不是强强联手，与厦华电子整合上下游资源一起协同发展，而是想着如何在国企混改中充分占据国企获得话语权。

而以王玲玲为代表的当代系除了通过资本运作从中获益之外，还有着挤出厦华电子原大股东占有国企的计划，我们可以看到在厦华电子最近披露的前六大股东中五大股东与以王玲玲为代表的当代系有着密切关系。如图我们得知现厦华电子第一大股东嘉兴融仁投资管理合伙企业（有限合伙）控股股东为当代系，赣州鑫域投资管理有限公司和北京德昌行的控股股东均为王玲玲，而王春芳与王玲玲也是有着直属亲戚关系。所以我们得知，厦华电子的控制权是在以王玲玲为代表的当代系手中的。而王玲玲也从一个战略投资者转变为企业的实际控制人，完成了对国有企业优质壳资源的占有。

2. 无意提高企业业绩，只注重资本运作

当华映科技入主厦华电子时，就并没有把其业务的重心放在其主业电视机上，而是放在了各种关联交易上以及资本运作上，从理性的经纪人的角度考虑，若是取得了一个企业的控股股东的权力之后，如果使用掏空的手段从企业中所获取的利益要大于控制这个企业所消耗的成本的话，那么作为理性的经纪人，一定会选择利用资本运作对于企业进行掏空。并且在2013年7月后于2013年11月26日复牌并发出公告，首先是华映视讯的股权转让（也属于华映光电），将1.09亿股转让给以王玲玲为一致行动人的当代系。

这是华映光电将所持有的除限售股以外所有的股份予以转让。第二就是与建发集团（厦门国资委）共同成立共管账户用于处理清偿员工费用和公司负债，华映出资64%，建发集团出资36%，出资日期是华映光电所出资金从王玲玲给予华映光电的股权转让款中支取，不足部分，华映光电在转让款结算结束后的3个工作日内补齐，建发集团在2014年2月前存入。华映光电做出这些的原因就是要留出半年时间去筹划下一步的动作（公告中提到在2014年6月30日前完成人员，资产清理工作），接着华映光电与王玲玲所签署了市值管理公告，其意义为在华映科技转让过1.09亿非限售股之后，还剩下1.04亿股，这所谓的市值管理就是对这1.04亿股进行市值管理。

目标股份基准市价 = 1.04亿股 × 3.66 = 2.66亿人民币

假如所预测的市值高于了目标股份基准市价的话，那么王玲玲索要的费用就是预测的市值减去目标股份基准市价的40%。让我们进一步解读华映科技的资本运作去了解这个预测市值是如何完成的：

在公告中华映科技和王玲玲签订了三种市值管理计算方法。

第一种计算方法：预测市值 = 实际售出成交价 × 目标股份数量（1.04亿股）假设售出价格为5则预测市值 = 5.2亿而此时乙收取（5.2 − 2.66）× 0.4，所以股价越高，乙得到的分成越多。

第二种计算方法：预测市值=2015年12月份该股交易均价×目标股份数量。同理，彼时股价越高，预测市值越高，乙得到的分成越多。（甲未售出股份）

第三种计算方法：预测市值=售出均价或当月交易均价谁高者×目标股份。（甲出售数量不满足4197到5245这个区间）

概括一下：华映系共持有厦华1.09亿+1.04亿股厦华，现在华映的目的是退出。第一步1.09亿股以3.66元转让给5方（主要转让给王玲玲系）剩下的1.04亿股因为当时是限售，所以无法卖，解禁日期是2015年11月28日，所谓市值管理就是对剩下的1.04亿股进行管理，所以设计了上述条款，最重要的是：是甲华映拥有1.04亿股的交易权，而不是乙王玲玲，而上市公司的市值管理，说白了，就是坐庄抬拉股价。

3个条件无论条件如何，这三个条件是2015年12月的股价越高，B收益越多，相应的A收益越多。假设在2015年12月，当股票价格为10时，A卖出该范围内的股票，然后B按比例收取佣金。如果A没有出售，将根据当时的股票价格收取费用。

于是华映科技与王玲玲制定了这个极其复杂，而且存在着相互制约并博弈的关系来进行最后的资本退出。所以我们可以知道华映科技加入厦华电子之初就并没有报着与厦华电子资源整合，携手共进的打算，只是单纯看到了厦华电子优质国有控股的壳资源，借其进行关联交易和资本运作，在退出时只留下一地鸡毛。

（二）国有企业大股东原因

1. 对于下游行业了解不够，企业策略失败

对于原国企大股东建发集团即厦门市国资委而言，其缺点在于对于下游市场不够了解，首先是盲目扩张销售网点，为了尽快的扩大市场占有率，提升企业效益，厦华电子在全国各地建立了很多的子公司，分销商和销售点，但是由于行业竞争的激烈使得电视机，移动电话等产品不断的降低其价格，毛利也在不断的减少，这样就使厦华电子的边际收益渐渐地趋于零，那么增加销售网点的净利润就慢慢的被经营成本抵消掉了，而在2001年时国内的视听，电子产品爆发出了通过不断的下降来争夺市场的恶性竞争，这使得企业销售出的很多的产品都出现了零盈利，管理层进行调

整，不再追求市场占有率和排名，去加快高端产品的研发，并改进公司的产销存模式并且将自己的手机业务剥离。在科技研发上厦华电子放弃研发液晶屏幕转去研发等离子屏幕，导致当液晶电视机风靡市场时只能望洋兴叹，即使在2008年推出国内首台裸眼3D电视，第一台无压缩高清无线传输平板电视也于事无补，在2011—2012年公司两年连续扣非净利润亏损，公司在彩电的路子上已经很难再有前途了。以海信、创维、TCL等已经牢牢占据国内彩电市场的第一梯队，以乐视为代表的新势力也已经在互联网电视领域瓜分蛋糕。

2. 与战略投资者暗箱操作，注重资本运作

厦华电子因为自身企业策略的不足，导致在电视机市场渐渐失去了主导地位，企业发生了大幅度亏损，无奈将通过股权转让将华映科技作为战略投资者引入到企业，之后通过与华映科技，王玲玲，洪晓蒙等人合谋在2013年11月29日发布公告：

内容大约概括为华侨电子（厦门国资委控股）将持有厦华电子的4177万股通过公开征集受让方的方式转融出去（类似古代大户人家比武招亲的方式），转让价格不低于3.66元，受让方条件是必须要配合公司进行重组（告诉大家厦华电子还可以重组）引入资产（医疗资产）。发出这样的公告的原因是在2013年11月26日的公告中华映科技将1.09以股权转让给了王玲玲系，苏志民与洪晓蒙，而洪晓蒙就是厦门科宏眼科的法人，以此在资本市场制造概念，因为以当时的医疗器械类上市公司的股价最低价格为20元，而厦华电子股价仅为4块，给了让中小股东无尽幻想，但是身为一个处在电视机行业的领先企业转型向医疗器械类发展，这个怎么想都是不现实的，所以这是厦华电子原股东的资本运作以便最后退出的计策而已。其实就是第一，华映和建发成立了一个共管账户，华映出资3.2亿，建发要出资1.8亿共计5亿来负责清偿厦华债务和人员，华映将1.09亿股转让给鑫汇，得到2.6亿转让款，这部分款项可以填充大部分资金。而建发通过大宗交易卖掉2610万股，得到1亿资金，这部分款项也可以填充大部分出资。通过这样的资本运作可以让建发系（厦门国资委控股）得以全身而退而且还有所盈余。这样却也是企业和中小股东价值不顾，身为厦门市国资委却只想自己如何安全退出，让人唏嘘。

3. 股权结构不合理，组织结构不科学

虽然我国已经实行股份制改革很长时间了，然而股权还是集中在大股东们的手中，根据查阅数据我们可以得知，在A股上市的国企大股东的持股比例的平均值在44%左右，第二大股东的持股比例却在平均8.2%左右，与大股东的持股比例相差甚远，根据统计，我们得知在A股上市的80家国企中的控股大股东均是国有集团，这样就造成了当国企通过转让自有股权来引入战略投资者的时候也很容易使引入的战略投资者的股份成为“一家独大”的尴尬情况。

如今我们国家的大多数企业都使用的现代企业的管理方式，使用二元化的治理结构，设立股东大会，监事会和股东大会等监督机构进行互相监管和制约，但实际上这三者之间彼此并没有形成真正的平衡和牵制的关系。股东大会名义上是代表着全体股东的利益，但是因为股权都集中在大股东手中，中小股东无法对大股东的决议产生影响，无法起到用手投票的作用，所以股东大会的作用也微乎其微了。董事会是平时公司作出决策的核心，但是董事会其实也是由持股比例较大的股东所组成的，所以也起不到代表中小股东的作用。监事会是具有一定监督权的组织，一般由股东代表和职工代表，工会代表所组成的，但是监事会无法任免董事会的成员，也没有办法参与管理层的决定，所以监事会所起到的作用是非常有限的。所以我们可以发现股东大会，监事会和董事会都无法真正的代表中小股东的利益，也没有办法真正的对管理层的经营决策进行监督。

（三）政府层面方面的原因

1. 监管制度有待完善，监控能力有待提高

无论是华映科技还是以王玲玲为代表的的当代系可以轻松的入主厦华电子并取得了其控制权，这表明了当原有企业大股东和战略投资者都有侵害公司利益的行为时，政府的监管措施和关联交易监控组织没有很好的去发现并制止这一点，这就造成了厦华电子的价值被损害并使得中小投资者的利益遭受了伤害，所以金融市场监管机构关于上市公司之间发生大量关联交易的监控和治理方面还有待提高。

2. 关于劣质企业的退市制度有待完善

由于信息的不对称性造成了中小投资者对于公司信息的了解并不完

善，就会造成只要还在A股上市的公司就是没有太大问题，还有人可以兜底的错觉，而像厦华电子这样的劣质公司并没有因为业绩的劣质而被退市，反而一直活跃在资本市场中寻求被借壳，这就给了投机者利用壳资源套利的机会，而这一系列行为所造成的苦果都是被中小投资者们所承担，所以政府监管层对于退市制度的制定有待完善。

资料来源：新疆大学韩书同、张忠俊《厦华电子引入战略投资者失败案例分析》。

六、员工持股风险

国有企业改革实施员工持股或者管理层持股的，有利于调动员工积极性，释放企业活力，但是也增加了改革的风险，这种风险主要包括：员工持股资金来源的风险，员工持股方式的风险，内幕交易的风险，股权分配纠纷的风险等。

员工持股资金来源风险主要指的是：管理层、员工持股保证收购资金来源合法，不得向包括本企业在内的国有及国有控股企业借款，不得以国有产权或资产作为标的物通过抵押、质押、贴现等方式筹集资金，不得要求与本企业有业务往来的其他企业为职工投资提供借款或帮助融资，也不得采取信托或委托等方式间接持有企业股权。

员工持股方式的风险主要表现为：员工直接持有改制后企业股权，容易造成的股东人数多、决策困难、管理不便的风险；采取设立投资公司或者有限合伙企业间接持股的，没有认真考虑所得税征收，造成的投资成本增大风险；不符合国家员工持股政策，擅自采用职工持股会、工会持股、信托持股方式进行员工持股，造成的违规风险；委托他人代为持股造成的隐名股东法律纠纷。

员工持股内幕交易的风险主要表现为：国有上市公司没有诚实履行信息披露义务，持股员工利用优先掌握的内幕信息进行股票交易，触犯了上市公司内幕交易、关联交易的红线；国有产权转让中，管理层或者员工利用掌握企业内幕的优势，通过控制审计评估和信息披露，影响甚至操控产权交易，侵占国有利益。

股权分配纠纷的风险指的是国有企业实施员工持股过程中，员工对管理层持股额度大，收购资金来源的质疑；参与持股的员工对股权分配比例的不满；员工发生离职、调动、退休、死亡等情况后，因为股权退出、变现、继承引发的法律纠纷。

造成员工持股风险的主要原因包括：对员工贡献能力考虑不周，利益分配不公平；员工思想工作做得不彻底，金钱至上导致追名逐利；对员工持股的法律法规和政策不熟悉不了解，因为无知而触犯红线。

专栏 14－5

江苏牧羊集团股东股权十年之争

2017 年 12 月 28 日，最高法宣布对三起涉产权案件进行再审，其中一起案件是原审李美兰与陈家荣、许荣华确认股权转让协议无效纠纷一案，另两起分别是顾雏军案、张文中案。目前李美兰案暂无结果。

2018 年 8 月 31 日，“李美兰案”的关联案件——许荣华诉牧羊集团陈家荣、第三人范天铭案一审胜诉，南京市中级人民法院判决返还许荣华股权。牧羊集团提起上诉。

许荣华是牧羊集团原股东之一，2002 年牧羊集团改制后，国有企业股份流转给五位业务骨干，许荣华与范天铭、李敏悦、徐有辉、徐斌成为五大股东，陈家荣则是公司工会主席。五人因改制被捏合在一起做事，理念不合、矛盾不断。

2008 年，许荣华因被举报商标侵权被抓，在看守所内签订股权转让协议。法院认为，该协议系许荣华受胁迫所签订。牧羊集团表示，股权转让过程中没有对许荣华进行胁迫。

双方围绕股权问题纠纷长达十年，改制后遗症下，五位股东之间矛盾不断，股权之争依然在持续，而牧羊集团则上市无望。

提起再审的涉产权案件

2017 年 12 月 28 日，最高人民法院对外宣布，依法重审三起重大涉产权案件。其中备受资本市场关注的张文中案与顾雏军案，由最高人民法院直接提审。目前，张文中案已宣判，顾雏军案已开庭，而“李美兰案”还没有任何开庭审理的消息。

有别于另外两起刑事案件，“李美兰案”是民事案件，也是三起案件中唯一不是最高法提审的案件，由江苏省高级人民法院指定南京市中级人民法院重审。

据了解，李美兰是许荣华的妻子，两人都是江苏扬州人。许荣华曾是江苏牧羊集团五大股东之一，2008年10月16日前后，许荣华以2400万元的价格，将持有牧羊集团15.51%的股权，转让给时任牧羊集团的工会主席陈家荣。

2009年，许荣华妻子李美兰以股权转让自己不知情为由起诉许荣华，认为股权转让无效。2011年1月26日，扬州市中级人民法院判决驳回李美兰的诉讼请求。当年10月，江苏省高级人民法院以股权权益与股权并非同一概念，许荣华的股权转让不违反《公司法》的相关规定，且许荣华与陈家荣之间不存在恶意串通，二审维持原判。

一审、二审败诉后，李美兰向江苏省高级人民法院提出申诉。2016年6月23日，江苏高院作出裁定，认为原判决基本事实认定不清，裁定撤销了原一、二审判决，指定南京市中级人民法院重审。

牧羊集团前任总裁范天铭、董事长李敏悦提供的录音显示，江苏高院立案二庭庭长介绍，李美兰诉许荣华案是从信访渠道被立案庭关注到，立案庭提出意见，经审判委员会讨论，院长签字，进行监督。

李美兰案至今仍未开庭。2018年8月31日，作为李美兰案的关联案件，许荣华诉牧羊集团陈家荣、第三人范天铭案一审胜诉，南京中院判决陈家荣、范天铭于判决生效之日起15日内将牧羊集团15.51%的股权返还给许荣华。

许荣华认为，这才是真正保护民营企业家，法律是公正的。而牧羊集团坚持认为，许荣华当初转让股权是其真实意思表示，法院判决没有考虑目前牧羊集团的职工利益，提起上诉，目前正在等待二审开庭。

“包办”下国企改制股东矛盾重重

牧羊集团法务部主任刘卫国介绍，牧羊集团的前身是国有企业邗江粮机厂，是中国最早定点生产粮食饲料机械的企业。2002年股权流转，改制成为一家民营股份制企业，主营饲料机械粉碎技术。2014年，牧羊集团完成65亿元销售额，被中国农业机械工业协会认定“亚洲第一、世界第二”。

在2002年股权流转中，牧羊集团国有股份从78.32%下降到了4.84%，另外73.48%的股份以1839.21万元的价格转让给当时公司领导班子中的五名成员。

之后国有股减持到3.87%，五个大股东继续购买这些转让的股份。在2008年许荣华股权转让之前，老厂长徐有辉持股24.05%、负责销售的徐斌持股15.74%、负责技术研发的许荣华持股15.51%、负责仓储业务的李敏悦持股15.74%、负责生产采购的范天铭持股15.61%，另有职工股9.48%。

刘卫国表示，五大股东价值观不同，也不是一起白手起家，而是因改制形成的“包办婚姻”，不是“自由恋爱”，在经营的过程中有很多观念差异。五位股东权力相对分散，决策过程中也有很多摩擦。

牧羊集团董事会由这五位大股东组成，第一届董事长是徐有辉，范天铭任总裁。2005年第二届董事会产生，李敏悦任董事长，范天铭为总裁，直至2008年换届。

刘卫国介绍，几人矛盾从董事会刚成立就开始了。2002年，股东徐斌因不满董事会人事安排，自己带人外出开公司，涉嫌侵犯牧羊集团的商业秘密，公司举报，引发司法机关介入调查。当时许荣华、徐有辉反对徐斌回归，范天铭、李敏悦极力挽回、化解矛盾。

许荣华表示，当时为了把牧羊集团的业务范围扩大，他与徐斌把公司行政职位辞掉，他成立了福尔喜公司。徐斌成立了迈安德公司，这两个公司都属于牧羊集团的成员企业。

经过略微平静的几年后，2008年五人矛盾再次爆发。2008年春节后，董事会月度例会不能正常召开，徐有辉称当时要对总裁范天铭进行考核，但业绩不好，范天铭不愿开例会。而范天铭则称，当时由于徐斌和许荣华在外开了公司，每次开会有什么提议，对方都要进行利益置换，很难做出决定。

当年5月份，董事会又因范天铭出差不能召开。同时，李敏悦和范天铭以公司名义向工商局举报迈安德公司和福尔喜公司违法利用牧羊商标。

6月份，因经济问题，李敏悦和范天铭向纪委举报徐有辉和徐斌，两人被纪委带走谈话。6月，董事长李敏悦发函拒绝召开董事会例会，理由是邗江区政府意欲介入调查集团董事间纷争，此时不宜召开董事会。

连续三个月没有召开董事会例会，2008年8月18日，许荣华向邗江区人民法院提起诉讼，诉请依法、依章程召开股东会。

多重矛盾之下，牧羊集团2008年上市的计划也暂且搁置。徐有辉透露，虽然都同意上市，当时五个人关于哪个板块上市意见也有所不同。

《上岛协议》与侵犯商标权之争

为解决5位股东之间的矛盾，2004年2月28日牧羊集团五位董事共同签署《上岛协议》，协议中规定，“董事设立的公司，可以有偿使用‘牧羊’注册商标，及在公司名称中使用‘牧羊’二字。”

这一看似“美好”的设想，为留在牧羊集团的董事与外出办企业董事之间埋下了更大的矛盾隐患。

2004年4月6日，许荣华向牧羊集团借款1200万元投资开办扬州福尔喜果蔬汁机械有限公司。2008年5月，牧羊集团向扬州市邗江工商行政管理局投诉福尔喜机械公司擅自假冒牧羊集团注册商标、开展不正当竞争，并于当年9月向法院起诉许荣华存在侵权行为。

范天铭表示，牧羊董事设立的公司可以有偿使用“牧羊”注册商标规定是需要满足条件的，根据商标法的规定，经牧羊公司董事会批准，由牧羊公司与新设公司签订商标许可使用合同，许可新设公司使用其“牧羊”商标。

此外，2008年2月份的《牧羊集团董事会决议》，其中有规定，如果股东违反法律或者侵害牧羊集团利益，就必须把股权转让给公司工会，转让价格为该股东最初出资额。

2008年、2016年许荣华都因涉嫌商标侵权被抓，最终结果都是存疑不起诉。关于是否侵权，双方争执不下。

范天铭表示，许荣华并没有签订《商标使用许可合同》，在被举报后，许荣华还曾与董事会秘书戚海兵串通伪造《商标使用许可合同》。戚海兵在接受公安机关询问时承认，当时许荣华批评他，叫他弄一份许可合同给他。戚海兵领会后，从电脑里打出一份商标使用许可合同，从以前文件中剪下徐有辉和许荣华的签字，粘贴到甲乙双方代表签字的空白处。

对此，许荣华表示，商标有偿使用的条件是新设公司出让8%的公共事业股给其他四位股东，公共事业股委托代管协议和商标使用许可合同在同一天签订，徐斌两份都有，而他那份商标使用许可合同在被抓后丢失。

对于这一细节，李敏悦表示当时只签了徐斌那份，后来认为公共事业股不妥，侵犯其他股东利益，没有签许荣华那份。而签订《上岛协议》允许股东向公司借钱出去创业，也是缓解董事矛盾之举。

"《上岛协议》是我提议的，想把牧羊业务范围做大，没想到最后却成了我商标侵权。"许荣华说。2010年1月27日，扬州市邗江工商行政管理局对福尔喜机械公司做出行政处罚决定，认定其利用广告宣传画册和网页弄虚作假，冒用了牧羊集团的商标、厂房照片等，违反了《反不正当竞争法》及《广告管理条例》，2010年8月26日扬州市邗江区人民法院一审判决维持该行政处罚决定，扬州市中级人民法院于2010年11月18日二审维持原判。

许荣华不服，因为徐斌的企业同样被牧羊集团起诉商标侵权，被最高院驳回，认定不侵权。他自己在甘肃被诉商标侵权，甘肃省高院判决同样认定不侵权，只有在扬州被认定是侵权。

范天铭表示，许荣华果蔬汁机械中的粉碎设备、清理设备与牧羊集团饲料机械基本是一样的，是同类产品。另外，许荣华在自己的产品上直接用牧羊的商标，而徐斌则只是宣传使用，两者是有区别的。

看守所内转让股权

许荣华被举报侵犯牧羊集团商标权一事，经扬州市工商局调查后，认为侵犯商标权涉案金额较大，移送至扬州市公安局邗江分局，2008年9月10日，许荣华被捕，当年10月16日，他在看守所签下股权转让协议。

许荣华回忆，当时股权转让，是在扬州市邗江区检察院原检察长王亚民的协调下进行的。他被抓后的35天，2008年10月15日，王亚民来到看守所与许荣华见面，劝说他转让股权事宜，并帮他与牧羊集团协商具体价格，最终以2300余万转让。在这个过程中，他认为受到来自公权力的胁迫。许荣华提到，2008年正值换届之年，几位股东因上市问题争议很大，他认为范天铭和李敏悦为了获得公司控制权，要求他转让股权。

2018年10月24日，新京报记者联系王亚民，对方表示“不方便接受采访”。2010年7月，王亚民就此事向上级汇报的情况说明里显示，他与许荣华因一次处理牧羊集团商业秘密案件相熟悉，同时牧羊集团与邗江区检察院属于对口挂钩关系，早在许荣华进看守所之前，区委书记就要求他以个人身份调解股东之间的矛盾，但没有具体要求他如何调解。

经调查，检察院决定对许荣华存疑不捕，但牧羊集团已向邗江区法院提起转让股权的民事诉讼。牧羊集团领导希望检察机关就许荣华股权转让的事帮助协调。

为了“案结事了”，王亚民前往看守所与许荣华协商，并告诉他检察院不批捕的消息。王亚民建议许荣华从牧羊董事矛盾中退出来，集中精力搞自己的企业，许荣华思考了一下询问退股能给多少钱。随后王亚民回去代表许荣华与牧羊集团商谈股权价格，初步达成一致后，当天晚上牧羊集团法律顾问起草了股权转让协议。

王亚民提到，10月16日签订协议时，许荣华对协议内容进行修改，出来后还曾试图给他送钱感谢，并多次发祝福短信。他在协调中从未有过胁迫之意。

此外，王亚民2010年1月31日接受扬州仲裁委调查的笔录显示，他在看守所会面时也说过：“就算把许荣华放出来，举报人还是不会放过他，还会用其他方式搞他，我就提醒他最好走人。”王亚民的这段话，是法院认定股权转让存在“胁迫”的关键。南京市中院判决书显示，法院认为，案涉股权转让协议系许荣华受胁迫所签订。

许荣华对送钱表示否认，并称祝福短信是群发的，“对王亚民，我一分为二来说，在刑事案件上，他把过关了，他做得很好，但是到看守所逼我卖股权，他做得不对，我后来举报过他。”

而牧羊集团这边，对王亚民也有怨言，“我当时根本不知道许荣华快出来了，当时我们还问王亚民，在看守所转让股权合适吗，他说没问题。”

李敏悦说。

判决书显示，许荣华进入看守所第二天，曾给当时的董事长李敏悦、总裁范天铭写过信，表示商标问题是他自己的责任，请区、市检察院和区委政府进行协调。许荣华在收到股权转让款后也提取使用，这些在牧羊集团范天铭等人看来，是不受胁迫的证据，许荣华一方坚称是出于被羁押的恐惧所为。

七年仲裁和十年诉讼

在许荣华看来，是因为公权力的介入导致他丧失了股权。而牧羊集团一方认为，一审判决要求返还股权，也有公权力的影响。

2009 年许荣华提出仲裁，要求撤销股权转让协议。仲裁期间，牧羊集团想要加价和解，但许荣华表示他要的不是钱，是股权和正义。

在牧羊集团看来，加价和解是为了息事宁人。“这件事给牧羊集团带来很大的负面影响，业务很难进行下去。后来许荣华要得价格太高，没有和解成。”牧羊集团法务部主任刘卫国说。

对于两种不同的说法，新京报记者联系到扬州市仲裁委相关工作人员，对方表示基于仲裁不公开的制度设定，不能披露相关内容。

2016 年 7 月 5 日，扬州仲裁委员会以不存在胁迫为由做出了驳回许荣华要求撤销股权转让协议的请求裁决书。

仲裁期间，许荣华妻子李美兰以股权转让自己不知情为由起诉许荣华，认为股权转让无效。被驳回后李美兰申诉，2016 年 9 月 12 日，李美兰案提起再审三个月后，江苏高院以内部电传方式，将涉及牧羊集团案件全部移送到南京法院审理。之后案件的发展，完全出乎牧羊集团意料。

2016 年 12 月 5 日，南京市中级人民法院以仲裁审理时间过长为由撤销扬州仲裁委的裁决。

仲裁法第二十九条规定，当事人申请执行仲裁裁决案件，由被执行人住所地或者被执行的财产所在地的中级人民法院管辖。牧羊集团法务部主任刘卫国认为，南京中院违反了仲裁法强制管辖规定。范天铭等人认为，江苏高院原院长许前飞可能操控了牧羊集团股权纠纷的案件。

据媒体报道，2017 年 5 月 23 日，许前飞被中纪委带走调查，同年 7

月24日中纪委正式通告，许前飞违反政治纪律和政治规矩，应与其关系密切的律师和私营企业主请托，干预和插手具体案件审判工作。通告中没有指明是牧羊集团股权案。

2018年10月25日，新京报记者电话联系许前飞，对于是否介入牧羊集团股权纠纷案，许前飞表示“不记得了”，记者询问中纪委通报是否涉及牧羊集团股权案，许前飞同样表示不记得了，随即挂断电话。

11月21日，江苏省高院召开牧羊案二审庭前会议，会议持续近9个小时，合议庭通知将于12月6日公开审理该案。范天铭透露，庭前会议中，江苏高院领导回应了“许前飞干预”之说，称许对该案并无干预，但不支持调取中纪委的审查报告，认为与本案关联性不够。

一审宣判后，北京国浩律师事务所合伙人孙敬泽律师向媒体表示，南京中院的一审判决既然提到公权力滥用问题，则本案就不再是简单的民事胁迫，而可能是刑事胁迫，那么就必须以刑事诉讼对公权力是否涉嫌刑事问题的查明和认定为前置条件，“只有查清后，才能在民事诉讼中解决股权转让协议应不应该撤销的问题。”

国有企业改制后遗症

许荣华认为“政府介入给牧羊集团这样的民营企业的营商环境造成了很大干扰”。范天铭则认为，牧羊集团并不是纯粹的民营企业，而是国有企业改制，如今也有国有股份，有问题政府介入很正常。

据媒体报道，东南大学法学院教授叶树理作为许荣华的代理人，曾约见过邗江区委书记程裕松。当问及为什么区委要插手民营企业的纠纷时，程裕松说了三个不得不管：虽然他们是民营企业，但也是我邗江区的重点企业，要是因为他们之间的纠纷影响了邗江的安定团结我不能不管；影响了邗江的经济发展，我不能不管；影响了邗江的形象，我不能不管。

新京报试图联系采访时任区委书记程裕松和区委副书记何广陵，对方电话没接、短信未回。

在一份2009年10月21日关于牧羊集团逐级反映的情况材料中，扬州市市长对该事件批示，要求邗江区委区政府领导“在弄清问题的情况下，教育引导几方，以和为贵，共谋发展，不再折腾”。

牧羊集团的确经不起折腾了。牧羊集团一位中层工作人员陈士金表示，国有企业改制后集团存在“后遗症”。改制前五大股东同为公司高管，各管一摊，都为国有企业打工，能够合作。改制后成为大股东后，出现个人利益冲突、矛盾愈演愈烈。

牧羊集团目前的安全总监张幸福告诉记者，董事之间矛盾闹大了之后他们才知道《上岛协议》的存在，很多股东认为是不公平的。“小股东向公司借钱出去做生意公司借不借呢?”张幸福说。

“掏空牧羊”，这一说法成为五位股东互相指责的说辞。2015 年范天铭成立了江苏丰尚智能科技有限公司，在徐斌、徐有辉、许荣华眼里，同样是掏空牧羊。范天铭则表示，这是许荣华争夺股权的无奈之举。“十年没有管过企业的许荣华等人回公司，对牧羊的发展没有好处。现在牧羊 8000 名员工怎么办，到时候人心就散了。”

范天铭坦言，他的做法如果被指违反了股东协议，为了牧羊他也愿意以原始出资额转让股权。

许荣华的代理律师陈有西在接受媒体采访时表示，“（股权争夺战的）后果很难恢复，该案历时多年，牧羊资产情况现在到底如何，有没有流失，每年应给的分红是多少都需要再核算，五个股东间可能还会有更多诉讼。”

国有企业改制的“后遗症”深度体现在牧羊集团股权争夺中。遗憾的是，如今的牧羊集团已经上市无望。

资料来源：《新京报》记者赵朋乐，实习生张慧。

第二节　国有企业改革的法律责任

历史一再证明，改革者九死而一生，前文所述改革风险巨大，风险之后就是责任，改革既要有魄力有勇气，也必须如履薄冰，谨慎行事。这里就刑法、行政法、公司法中关于国有企业改革法律责任的规定做一个集中的归类分析，希望能够为改革工作者指明红线所在和风险后果。

一、刑事责任

我国《刑法》贪污贿赂犯罪篇、渎职犯罪篇、破坏社会主义市场经济秩序犯罪篇中有多条罪名与国有企业改革中的经济行为有关，主要有贪污罪、受贿罪、私分国有资产罪、徇私舞弊低价出售国有资产罪、为亲友非法牟利罪、签订履行合同失职被骗罪、妨害清算罪、隐匿或者故意销毁会计凭证罪等，参与国有企业改革的国有企业负责人、国有资产监督管理机构工作人员、财务法务工作者、产权交易机构、审计评估中介机构工作人员都有可能成为这些犯罪的主体。以下对这些犯罪做具体分析。

1. 贪污罪。

受国家机关、国有公司、企业、事业单位、人民团体委托管理、经营国有财产的人员，利用职务上的便利，侵吞、窃取、骗取或者以其他手段非法占有国有财物的，以贪污论。与前两款所列人员勾结，伙同贪污的，以共犯论处。

贪污罪的构成要件：本罪侵犯的客体是复杂客体。既侵犯了公共财物的所有权，又侵犯了国家机关、国有企业事业单位的正常活动以及职务的廉洁性，但主要是侵犯了职务的廉洁性。本罪的犯罪对象一是公共财物；二是国有财物；三是非国有单位的财物。（指非国有公司、企事业单位和社会团体所有的财物）。本罪的客观方面表现为利用职务之便，侵吞、窃取、骗取或者以其他手段非法占有公共财物的行为。贪污罪的主体是国家工作人员或者受委托管理、经营国有财产的人员。贪污罪的主体包括国家机关工作人员、准国家工作人、受国家机关、国有公司、企业、事业单位、人民团体委托管理、经营国有财产的人员。本罪在主观方面必须出自直接故意，并具有非法占有公共财物的目的。过失不构成本罪。

相关法律规定：

《中华人民共和国刑法》第九十一条：本法所称公共财产，是指下列财产：（一）国有财产；（二）劳动群众集体所有的财产；（三）用于扶贫和其他公益事业的社会捐助或者专项基金的财产。在国家机关、国有公司、企业、集体企业和人民团体管理、使用或者运输中的私人财产，以公共财产论。

第九十三条：本法所称国家工作人员，是指国家机关中从事公务的人员。

国有公司、企业、事业单位、人民团体中从事公务的人员和国家机关、国有公司、企业、事业单位委派到非国有公司、企业、事业单位、社会团体从事公务的人员，以及其他依照法律从事公务的人员，以国家工作人员论。

第三百八十二条：国家工作人员利用职务上的便利，侵吞、窃取、骗取或者以其他手段非法占有公共财物的，是贪污罪。受国家机关、国有公司、企业、事业单位、人民团体委托管理、经营国有财产的人员，利用职务上的便利，侵吞、窃取、骗取或者以其他手段非法占有国有财物的，以贪污论。与前两款所列人员勾结，伙同贪污的，以共犯论处。

第三百八十三条：对犯贪污罪的，根据情节轻重，分别依照下列规定处罚：

（一）贪污数额较大或者有其他较重情节的，处三年以下有期徒刑或者拘役，并处罚金。

（二）贪污数额巨大或者有其他严重情节的，处三年以上十年以下有期徒刑，并处罚金或者没收财产。

（三）贪污数额特别巨大或者有其他特别严重情节的，处十年以上有期徒刑或者无期徒刑，并处罚金或者没收财产；数额特别巨大，并使国家和人民利益遭受特别重大损失的，处无期徒刑或者死刑，并处没收财产。

对多次贪污未经处理的，按照累计贪污数额处罚。

犯第一款罪，在提起公诉前如实供述自己罪行、真诚悔罪、积极退赃，避免、减少损害结果的发生，有第一项规定情形的，可以从轻、减轻或者免除处罚；有第二项、第三项规定情形的，可以从轻处罚。

犯第一款罪，有第三项规定情形被判处死刑缓期执行的，人民法院根据犯罪情节等情况可以同时决定在其死刑缓期执行二年期满依法减为无期徒刑后，终身监禁，不得减刑、假释。

2. 受贿罪。

受国家机关、国有公司、企业、事业单位、人民团体委托管理、经营国有财产的人员，利用职务上的便利，索取他人财物，或者非法收受他人财物，为他人谋取利益的行为构成受贿罪。本罪侵犯的是国家机关、国有公司、企事业单位、人民团体的正常管理活动和国家工作人员职务行为的廉洁性。本罪的犯罪对象是财物，如货币、有价证券、商品等。本罪在客观方面表现为行为人利用职务上的便利，索取他人财物，或者非法收受他人财物，为他人谋取利益。利用职务上的便利是指利用本人职务上主管、负责或者承办某项公共事务的权利所形成的便利条件。受贿罪的行为方式有两种：一是索贿；二是收受贿赂。受贿罪在客观方面除了有索贿和收受贿赂这两种基本行为形态外，还包括以下两种表现形式：（1）收受回扣、手续费。（2）斡旋受贿。本罪主观上行为人明知利用职务上的便利，索取他人财物或者非法收受他人财物为他人谋取利益的行为是违法的，却故意而为之。

相关法律规定：

《中华人民共和国刑法》第九十三条：本法所称国家工作人员，是指国家机关中从事公务的人员。国有公司、企业、事业单位、人民团体中从事公务的人员和国家机关、国有公司、企业、事业单位委派到非国有公司、企业、事业单位、社会团体从事公务的人员，以及其他依照法律从事公务的人员，以国家工作人员论。

第三百八十五条：国家工作人员利用职务上的便利，索取他人财物的，或者非法收受他人财物，为他人谋取利益的，是受贿罪。国家工作人员在经济往来中，违反国家规定，收受各种名义的回扣、手续费，归个人所有的，以受贿论处。

第三百八十六条：对犯受贿罪的，根据受贿所得数额及情节，依照本法第三百八十三条的规定处罚。索贿的从重处罚。

第三百八十八条：国家工作人员利用本人职权或者地位形成的便利条件，通过其他国家工作人员职务上的行为，为请托人谋取不正当利益，索取请托人财物或者收受请托人财物的，以受贿论处。

国家工作人员的近亲属或者其他与该国家工作人员关系密切的人，通过该国家工作人员职务上的行为，或者利用该国家工作人员职权或者地位形成的便利条件，通过其他国家工作人员职务上的行为，为请托人谋取不正当利益，索取请托人财物或者收受请托人财物，数额较大或者有其他较重情节的，处三年以下有期徒刑或者拘役，并处罚金；数额巨大或者有其他严重情节的，处三年以上七年以下有期徒刑，并处罚金；数额特别巨大或者有其他特别严重情节的，处七年以上有期徒刑，并处罚金或者没收财产。

离职的国家工作人员或者其近亲属以及其他与其关系密切的人，利用该离职的国家工作人员原职权或者地位形成的便利条件实施前款行为的，依照前款的规定定罪处罚。

3. 徇私舞弊低价出售国有资产罪。

徇私舞弊出售国有资产罪，是指国有公司、企业或者其上级主管部门直接负责的主管人员，徇私舞弊，将国有资产低价出售，致使国家利益遭受重大损失的行为。

本罪侵害的客体是国有公司、企业财产的国有所有权和国有资产管理制度。

本罪在客观上表现为违反国家规定，徇私舞弊，将国有资产低价折股或低价出售的行为。本罪是结果犯，行为人徇私舞弊，将国有资产低价折股或低价出售的行为只有在造成国家利益的重大损失结果时，才能构成本罪。本罪的主体为特殊主体，即国有公司、企业或者其上级主管部门直接负责的主管人员，除此不能构成本罪。本罪故意才构成，并有明确的徇私动机。如果不是出于故意，不具有徇私舞弊的动机，而是行为人由于思想知识水平低，专业知识不足，业务工作能力低，以致在国有资产折股和出售时发生错误而不构成本罪。

相关法律规定：

《中华人民共和国刑法》第一百六十九条：国有公司、企业或者其上级主管部门直接负责的主管人员，徇私舞弊，将国有资产低价折股或者低价出售，致使国家利益遭受重大损失的，处三年以下有期徒刑或者拘役；致使国家利益遭受特别重大损失的，处三年以上七年以下有期徒刑。

《中华人民共和国企业国有资产法》第七十一条第（三）项：国家出资企业的董事、监事、高级管理人员有下列行为之一，造成国有资产损失的，依法承担赔偿责任；属于国家工作人员的，并依法给予处分：在企业改制、财产转让等过程中，违反法律、行政法规和公平交易规则，将企业财产低价转让、低价折股的。

第七十五条：违反本法规定，构成犯罪的，依法追究刑事责任。

《中华人民共和国公司法》第八十一条：国有企业改建为股份有限公司时，严禁将国有资产低价折股、低价出售或者无偿分给个人。

第二百一十三条：违反本法规定，将国有资产低价折股、低价出售或者无偿分给个人的。对直接负责的主管人员和其他直接责任人员依法给予行政处分。构成犯罪的，依法追究刑事责任。

《关于公安机关管辖的刑事案件立案追诉标准的规定（二）》第十七条：[徇私舞弊低价折股、出售国有资产案（刑法第一百六十九条）]国有公司、企业或者其上级主管部门直接负责的主管人员，徇私舞弊，将国有资产低价折股或者低价出售，涉嫌下列情形之一的，应予立案追诉：

（一）造成国家直接经济损失数额在三十万元以上的；

（二）造成有关单位破产，停业、停产六个月以上，或者被吊销许可证和营业执照、责令关闭、撤销、解散的；

（三）其他致使国家利益遭受重大损失的情形。

4. 私分国有资产罪。

国有公司、企业、事业单位违反国家规定，以单位名义将国有资产集体私分给个人，数额较大的行为，构成私分国有资产罪。

本罪所侵犯的直接客体是国有资产的管理制度及其所有权。所谓国有资产，包括依法经由上述国家机关、国有公司、企业、事业单位、人民团体管理、使用或者运输中的国有资产。在客观方面，本罪行为法人实施了违反国家规定，以单位名义将国有资产集体私分给个人，数额较大的行为。以单位名义，是指由单位领导班子集体决策或者由单位负责人决定并由直接责任人员经手实施；集体私分给个人，是指行为法人以单位的名义，将国有资产按人头分配给本单位全部或部分职工，这里所谓个人，指的是该单位的职工。本罪主体是国家机关、国有公司、企业、事业单位、人民团体。本罪是单位犯罪，但根据法律规定只处罚私分国有资产的直接负责的主管人员和其他直接责任人员。本罪在主观方面是直接故意犯罪。行为须有明知是国有资产而故意违反国家规定，将其集体私分给个人的确定故意。

相关法律规定：

《中华人民共和国刑法》第三百九十六条第一款：国家机关、国有公司、企业、事业单位、人民团体，违反国家规定，以单位名义将国有资产集体私分给个人，数额较大的，对其直接负责的主管人员和其他直接责任人员，处三年以下有期徒刑或者拘役，并处或者单处罚金；数额巨大的，处三年以上七年以下有期徒刑，并处罚金。

《中华人民共和国公司法》第二百一十三条：违反本法规定的，将国有资产低价折股、低价出售或者无偿分给个人的，对直接负责的主管人员和其他直接责任人员依法给予行政处分。构成犯罪的，依法追究刑事责任。

最高人民检察院《关于人民检察院直接受理立案侦查案件立案标准的规定（试行）》：一、贪污贿赂犯罪案件（十一）私分国有资产案（第396条第1款：私分国有资产罪是指国家机关、国有公司、企业、事业单位、人民团体，违反国家规定，以单位名义将国有资产集体私分给个人，数额较大的行为。涉嫌私分国有资产，累计数额在10万元以上的，应予立案。

5. 为亲友非法牟利罪。

为亲友非法牟利罪，是指国有公司、企业、事业单位的工作人员，利用职务便利，将本单位的盈利业务交由自己的亲友进行经营，或者以明显高于市场的价格向自己的亲友经营管理的单位采购商品或者以明显低于市场的价格向自己的亲友经营管理的单位销售商品，或者向自己的亲友经营管理的单位采购不合格商品，使国家利益遭受重大损失的行为。

本罪侵犯的是国有公司、企业、事业单位的财产权益。本罪在客观方面表现为利用职务便利，为自己的亲友进行经营活动，非法提供便利，致使国家利益遭受重大损害的行为。利用职务便利，在这里主要是指利用在国有公司、企业、事业单位工作，主管生产、经营活动的便利条件。行为人的行为必须造成了国家利益的重大损失才能构成本罪。本罪的主体为特殊主体，即国有公司、企业、事业单位的工作人员。这里的工作人员泛指国有公司、企业、事业单位的所有工作人员。本罪主观上必须是故意。

相关法律规定：

《中华人民共和国刑法》第一百六十六条：国有公司、企业、事业单位的工作人员，利用职务便利，有下列情形之一，使国家利益遭受重大损失的，处三年以下有期徒刑或者拘役，并处或者单处罚金；致使国家利益遭受特别重大损失的，处三年以上七年以下有期徒刑，并处罚金：

（一）将本单位的盈利业务交由自己的亲友进行经营的；

（二）以明显高于市场的价格向自己的亲友经营管理的单位采购商品或者以明显低于市场的价格向自己的亲友经营管理的单位销售商品的；

（三）向自己的亲友经营管理的单位采购不合格商品的。

《关于公安机关管辖的刑事案件立案追诉标准的规定（二）》第十三条：［为亲友非法牟利案（刑法第一百六十六条）］国有公司、企业、事业单位的工作人员，利用职务便利，为亲友非法牟利，涉嫌下列情形之一的，应予立案追诉：

（一）造成国家直接经济损失数额在十万元以上的；

（二）使其亲友非法获利数额在二十万元以上的；

（三）造成有关单位破产，停业、停产六个月以上，或者被吊销许可证和营业执照、责令关闭、撤销、解散的；

（四）其他致使国家利益遭受重大损失的情形。

6. 签订履行合同失职被骗罪。

签订、履行合同失职被骗罪，是指国有公司、企业、事业单位直接负责的主管人员，在签订、履行合同过程中，因严重不负责任而被诈骗，致使国家利益遭受重大损失的行为。

本罪侵犯的是国有公司、企业、事业单位的正常活动秩序和经济利益。签订、履行合同是指被骗罪客观方面表现为两种行为，即行为人在签订，履行合同过程中因为严重不负责任被诈骗，或者严重不负责任造成大量外汇被骗购或者逃汇，致使国家利益遭受重大损失的行为。国有公司、企业、事业单位直接负责的主管人员可以构成本罪。本罪主观方面是过失。

相关法律规定：

《中华人民共和国刑法》第一百六十七条：国有公司、企业、事业单位直接负责的主管人员，在签订、履行合同过程中，因严重不负责任被诈骗，致使国家利益遭受重大损失的，处三年以下有期徒刑或者拘役；致使国家利益遭受特别重大损失的，处三年以上七年以下有期徒刑。

《全国人大常委会关于惩治骗购外汇、逃汇和非法买卖外汇犯罪的定》第七条：金融机构、从事对外贸易经营活动的公司、企业的工作人员严重不负责任，造成大量外汇被骗购或者逃汇，致使国家利益遭受重大损失的，依照刑法第一百六十七条的规定定罪处罚。

第八条：犯本决定规定之罪的，依法追缴、没收的财物和罚金，一律上缴国库。

《关于公安机关管辖的刑事案件立案追诉标准的规定（二）》第十四条：［签订、履行合同失职被骗案（刑法第一百六十七条）］国有公司、企业、事业单位直接负责的主管人员，在签订、履行合同过程中，因严重不负责任被诈骗，涉嫌下列情形之一的，应予立案追诉：

（一）造成国家直接经济损失数额在五十万元以上的；

（二）造成有关单位破产，停业、停产六个月以上，或者被吊销许可证和营业执照、责令关闭、撤销、解散的；

（三）其他致使国家利益遭受重大损失的情形。

金融机构、从事对外贸易经营活动的公司、企业的工作人员严重不负责任，造成一百万美元以上外汇被骗购或者逃汇一千万美元以上的，应予立案追诉。

本条规定的“诈骗”，是指对方当事人的行为已经涉嫌诈骗犯罪，不以对方当事人已经被人民法院判决构成诈骗犯罪作为立案追诉的前提。

7. 妨害清算罪。

妨害清算罪，是指公司、企业进行清算时，隐匿财产，对资产负债表或者财产清单作虚假记载，或者在未清偿债务前擅自分配公司、企业财产，严重损害债权人或者其他人利益的行为。

本罪侵犯的客体是国家公司、企业管理制度以及债权人或其他人的合法权益。本罪在客观上表现为在公司、企业清算时，隐匿财产，对资产负债表或者财产清单作虚伪记载或者未清偿债务前分配公司、企业财产，严重损害债权人或者其他人利益的行为。本罪的主体是特殊主体，即进行清算的公司、企业。由于公司、企业已依法解散、被责令关闭或者被宣告破产，已经停止对外进行经营活动，公司、企业原来的代表人已不能进行有法律意义的活动，而应由清算组代表公司、企业清理财产、处理清算有关的公司、企业未了结的业务、清缴所欠税款、清理债权债务、处理清偿债务后的剩余财产、代表公司、企业参与民事诉讼活动，所以，构成本罪的犯罪行为实际上是由清算组代表公司、企业所实施的，承担刑事责任的也就是清算组成员中直接负责的主管人员和其他直接责任人员。

本罪在主观上只能由故意构成，即明知隐匿公司财产、对资产负债表或者财产清单作虚伪记载，或者清偿债务前分配公司财产会损害债权人或者其他人的利益，而故意实施。

相关法律规定：

《中华人民共和国刑法》第一百六十二条：公司、企业进行清算时，隐匿财产，对资产负债表或者财产清单作虚伪记载或者在未清偿债务前分配公司、企业财产，严重损害债权人或者其他人利益的，对其直接负责的主管人员和其他直接责任人员，处五年以下有期徒刑或者拘役，并处或者单处二万元以上二十万元以下罚金。

《中华人民共和国公司法》第二百一十七条：公司在合并、分立、减少注册资本或者进行清算时，不按照本法规定通知或者公告债权人的，责令改正，对公司处以一万元以上十万元以下的罚款。

公司在进行清算时，隐匿财产，对资产负债表或者财产清单作虚伪记载或者未清偿债务前分配公司财产的，责令改正，对公司处以隐匿财产或者未清偿债务前分配公司财产金额2%以上5%以下的罚款。对直接负责的主管人员和其他直接责任人员处以一万元以上十万元以下的罚款。构成犯罪的，依法追究刑事责任《关于公安机关管辖的刑事案件立案追诉标准的规定（二）》第七条：[妨害清算案（刑法第一百六十二条）] 公司、企业进行清算时，隐匿财产，对资产负债表或者财产清单作虚伪记载或者在未清偿债务前分配公司、企业财产，涉嫌下列情形之一的，应予立案追诉：

（一）隐匿财产价值在五十万元以上的；

（二）对资产负债表或者财产清单作虚伪记载涉及金额在五十万元以上的；

（三）在未清偿债务前分配公司、企业财产价值在五十万元以上的；

（四）造成债权人或者其他人直接经济损失数额累计在十万元以上的；

（五）虽未达到上述数额标准，但应清偿的职工的工资、社会保险费用和法定补偿金得不到及时清偿，造成恶劣社会影响的；

（六）其他严重损害债权人或者其他人利益的情形。

8. 隐匿或者故意销毁会计凭证罪。

隐匿、故意销毁会计凭证罪，是指公司、企业及其有关人员隐匿或者故意销毁依法应当保存的会计凭证，情节严重的行为。

本罪侵害的客体是国家对公司、企业的财会管理制度。本罪的犯罪对象具有特定性和限定性，专指公司、企业的财会凭证，包括会计凭证、会计账簿、会计报表和其他会计资料。本罪客观上表现为隐匿或者故意销毁依法应当保存的会计凭证、会计账簿、财务会计报告，情节严重的行为。本罪的主体既可以为自然人也可以是单位。自然人作为本罪的主体，主要是公司、企业内部的会计人员，有关主管人员和直接责任人员，其他工作人员一般不属于本罪主体，但可以成为本罪的共同犯罪主体。单位作为本罪主体，原则上应包括国家机关、社会团体、公司、企业、事业单位其他组织。本罪的主观方面由故意构成，即行为人明知会计凭证应当依法保存，故意予以隐匿或者销毁。行为人隐匿或者故意销毁财会凭证一般具有某种目的，如逃避监督检查、清算等。

相关法律规定：

《中华人民共和国会计法》第二十三条：各单位对会计凭证、会计账簿、财务会计报告和其他会计资料应当建立档案，妥善保管。

第四十四条：隐匿或者故意销毁依法应当保存的会计凭证、会计账簿、财务会计报告，构成犯罪的，依法追究刑事责任。有前款行为，尚不构成犯罪的，由县级以上人民政府予以通报，可以对单位并处五千元以上十万元以下的罚款；对其直接负责的主管人员和其他直接责任人员可以处三千元以上五万元以下的罚款；属于国家工作人员的，还应当由其所在单位或者有关单位依法给予撤职甚至开除的行政处分；对其中的会计人员，并由县级以上人民政府财政部门吊销会计从业资格证书。

《中华人民共和国刑法》第 162 条第 2 款：隐匿或者故意销毁依法应当保存的会计凭证、会计账簿、财务会计报告，情节严重的，处五年以下有期徒刑或者拘役，并处或者单处二万元以上二十万元以下罚金。单位犯前款罪的，对单位判处罚金，并对其直接负责的主管人员和其他直接人员，依照前款的规定处罚。

《最高人民检察院、公安部关于经济犯罪案件追诉标准的规定》第八条：［隐匿、故意销毁会计凭证、会计账簿、财务会计报告案（刑法第一百六十二条之一）］隐匿或者故意销毁依法应当保存的会计凭证、会计账簿、财务会计报告，涉嫌下列情形之一的，应予追诉：1. 隐匿、销毁的会计资料涉及金额在 50 万元以上的；2. 为逃避依法查处而隐匿、销毁或者拒不交出会计资料的。

9. 挪用公款罪。

在国有公司、企事业单位从事公务的人员利用职务上的便利，挪用公款归个人使用，进行非法活动的，或者挪用公款数额较大、进行营利活动的，或者挪用数额较大、超过 3 个月未还的，构成挪用公款罪。

本罪侵犯的客体，主要是公共财产的所有权，同时在一定程度上也侵犯了国家的财经管理制度。挪用公款罪侵犯的直接客体是公款的使用权，同时行为人挪用公款后必然占有，有的还因此获得收益。本罪的客观方面表现为行为人实施了利用职务上的便利，挪用公款归个人使用，进行非法活动，或者挪用数额较大的公款进行营利活动，或者挪用数额较大的公款超过三个月未还的行为。本罪的主体是特殊主体，即国家工作人员，具有特定性和公务（职务）性。构成挪用公款罪的国家工作人员包括：在国家机关中从事公务的国家工作人员。在国有公司、企事业单位和人民团体中从事公务的人员；受国有单位委派到非国有单位中从事公务的人员；其他依照法律从事公务的人员。另外需要注意的是，在挪用人与使用人相分离的情况下，非国家工作人员也能成为挪用公款罪的主体。本罪在主观方面是直接故意，其犯罪目的是非法取得公款的使用权。但其主观特征，只是暂时非法取得公款的使用权，打算以后予以归还。即便挪用后而不能归还，也不是出于行为人的主观故意占有，而是出于行为人意志之外的客观原因造成的。

相关法律规定：

《中华人民共和国刑法》第九十三条：本法所称国家工作人员，是指国家机关中从事公务的人员。

国有公司、企业、事业单位、人民团体中从事公务的人员和国家机关、国有公司、企业、事业单位委派到非国有公司、企业、事业单位、社会团体从事公务的人员，以及其他依照法律从事公务的人员，以国家工作人员论。

第二百七十二条：公司、企业或者其他单位的工作人员，利用职务上的便利，挪用本单位资金归个人使用或者借贷给他人，数额较大、超过三个月未还的，或者虽未超过三个月，但数额较大、进行营利活动的，或者进行非法活动的，处三年以下有期徒刑或者拘役；挪用本单位资金数额巨大的，或者数额较大不退还的，处三年以上十年以下有期徒刑。

国有公司、企业或者其他国有单位中从事公务的人员和国有公司、企业或者其他国有单位委派到非国有公司、企业以及其他单位从事公务的人员有前款行为的，依照本法第三百八十四条的规定定罪处罚。

第三百八十四条：国家工作人员利用职务上的便利，挪用公款归个人使用，进行非法活动的，或者挪用公款数额较大、进行营利活动的，或者挪用公款数额较大、超过三个月未还的，是挪用公款罪，处五年以下有期徒刑或者拘役；情节严重的，处五年以上有期徒刑。挪用公款数额巨大不退还的，处十年以上有期徒刑或者无期徒刑。

《中华人民共和国证券法》第一百八十五条：违反本法规定，挪用公款买卖证券的，没收违法所得，并处以违法所得一倍以上五倍以下的罚款；属于国家工作人员的，还应当依法给予处分。构成犯罪的，依法追究刑事责任。

《最高人民检察院关于人民检察院直接受理立案侦查案件立案标准的规定（试行）》第一条：贪污贿赂犯罪案件挪用公款案（第384条，第185条第2款，第272条第2款）挪用公款罪是指国家工作人员利用职务上的便利，挪用公款归个人使用，进行非法活动的，或者挪用公款数额较大、进行营利活动的，或者挪用公款数额较大、超过三个月未还的行为。国有金融机构工作人员和国有金融机构委派到非国有金融机构从事公务的人员，利用职务上的便利，挪用本单位或者客户资金的，以挪用公款罪追究刑事责任。国有公司、企业或者其他国有单位中从事公务的人员和国有公司、企业或者其他国有单位委派到非国有公司、企业以及其他单位从事公务的人员，利用职务上的便利，挪用本单位资金归个人使用或者借贷给他人，数额较大，超过三个月未还的，或者虽未超过三个月，但数额较大，进行营利活动的，或者进行非法活动的，以挪用公款罪追究刑事责任。涉嫌下列情形之一的，应予立案：

1. 挪用公款归个人使用，数额在5千元至1万元以上，进行非法活动的；

2. 挪用公款数额在2万元至3万元以上，归个人进行营利活动的；

3. 挪用公款归个人使用，数额在2万元至3万元以上，超过3个月未还的。

各省级人民检察院可以根据本地实际情况，在上述数额幅度内，确定本地区执行的具体数额标准，并报最高人民检察院备案。“挪用公款归个人使用”，既包括挪用者本人使用，也包括给他人使用。多次挪用公款不还的，挪用公款数额累计计算；多次挪用公款并以后次挪用的公款归还前次挪用的公款，挪用公款数额以案发时未还的数额认定。挪用公款给其他个人使用的案件，使用人与挪用人共谋，指使或者参与策划取得挪用款的，对使用人以挪用公款罪的共犯追究刑事责任。

《最高人民法院、最高人民检察院关于办理贪污贿赂刑事案件适用法律若干问题的解释》第五条：挪用公款归个人使用，进行非法活动，数额在三万元以上的，应当依照刑法第三百八十四条的规定以挪用公款罪追究刑事责任；数额在三百万元以上的，应当认定为刑法第三百八十四条第一款规定的“数额巨大”。具有下列情形之一的，应当认定为刑法第三百八十四条第一款规定的“情节严重”：

（一）挪用公款数额在一百万元以上的；

（二）挪用救灾、抢险、防汛、优抚、扶贫、移民、救济特定款物，数额在五十万元以上不满一百万元的；

（三）挪用公款不退还，数额在五十万元以上不满一百万元的；

（四）其他严重的情节。

《最高人民法院、最高人民检察院关于办理贪污贿赂刑事案件适用法律若干问题的解释》第六条：挪用公款归个人使用，进行营利活动或者超过三个月未还，数额在五万元以上的，应当认定为刑法第三百八十四条第一款规定的“数额较大”；数额在五百万元以上的，应当认定为刑法第三百八十四条第一款规定的“数额巨大”。具有下列情形之一的，应当认定为刑法第三百八十四条第一款规定的“情节严重”：

（一）挪用公款数额在二百万元以上的；

（二）挪用救灾、抢险、防汛、优抚、扶贫、移民、救济特定款物，数额在一百万元以上不满二百万元的；

（三）挪用公款不退还，数额在一百万元以上不满二百万元的；

（四）其他严重的情节。

二、行政责任

《中华人民共和国公司法》、《中华人民共和国企业国有资产法》、《企业国有资产监督管理暂行条例》、《中华人民共和国会计法》、《中华人民共和国审计法》、《中华人民共和国资产评估法》、《中华人民共和国注册会计师法》等法律规定中，对国有企业改革中尚未构成的犯罪的违法违规行为规定了行政处罚的责任，归纳整理如下。

1. 未履行企业清算义务的行政法律责任。

混合所有制改革中涉及国有企业兼并重组，清算破产的，一些不规范的行为也会受到行政处罚，这些行为包括：公司在合并、分立、减少注册资本或者进行清算时，不依照本法规定通知或者公告债权人的；公司在进行清算时，隐匿财产，对资产负债表或者财产清单作虚假记载或者在未清偿债务前分配公司财产的；公司在清算期间开展与清算无关的经营活动的；清算组不依照本法规定向公司登记机关报送清算报告，或者报送清算报告隐瞒重要事实或者有重大遗漏的；清算组成员利用职权徇私舞弊、谋取非法收入或者侵占公司财产的。对这些违规违法行为，公司登记机关可以给予责令改正、警告、罚款、没收违法所得的行政处罚。

2. 成立公司不规范的行政法律责任。

混合所有制改革中成立公司不规范的行为主要包括虚报注册资本、提交虚假材料或者采取其他欺诈手段隐瞒重要事实取得公司登记的，股东虚假出资，未交付或者未按期交付作为出资的货币或者非货币财产的，在公司成立后抽逃其出资的，在法定的会计账簿以外另立会计账簿的。发生这些行为，公司登记管理机关或财政部门可以给予公司责令改正、罚款的行政处罚，对直接负责的主管人员和其他直接责任人员也可以处以罚款的行政处罚。

3. 国有企业领导人不履行国有资产代表职责的行政责任。

履行国有资产出资人责任的机构和国有企业领导人员有下列行为的可以依据《中华人民共和国监察法》、《中华人民共和国公务员法》、《中华人民共和国公职人员政务处分法》的规定，给予警告、记过、记大过、降级、撤职、开除的行政处分。

（1）不按照法定的任职条件，任命或者建议任命国家出资企业管理者的；

（2）侵占、截留、挪用国家出资企业的资金或者应当上缴的国有资本收入的；

（3）违反法定的权限、程序，决定国家出资企业重大事项，造成国有资产损失的；

（4）有其他不依法履行出资人职责的行为，造成国有资产损失的；

（5）玩忽职守、滥用职权、徇私舞弊，尚不构成犯罪的；

（6）履行出资人职责的机构委派的股东代表未按照委派机构的指示履行职责，造成国有资产损失的；

（7）在企业改制、财产转让等过程中，违反法律、行政法规和公平交易规则，将企业财产低价转让、低价折股的；

（8）违反本法规定与本企业进行交易的；

（9）不如实向资产评估机构、会计师事务所提供有关情况和资料，或者与资产评估机构、会计师事务所串通出具虚假资产评估报告、审计报告的；

（10）违反法律、行政法规和企业章程规定的决策程序，决定企业重大事项的；

（11）有其他违反法律、行政法规和企业章程执行职务行为的。

4. 中介机构的行政责任。

混合所有制改革中，会计师事务所和注册会计师执行审计业务时，有下列行为，由省级以上人民政府财政部门给予警告；情节严重的，可以由省级以上人民政府财政部门暂停其执行业务或者吊销注册会计师证书。由省级以上人民政府财政部门责令其停止违法活动，没收违法所得，可以并处违法所得一倍以上五倍以下的罚款。

（1）明知委托人对重要事项的财务会计处理与国家有关规定相抵触，而不予指明；

（2）明知委托人的财务会计处理会直接损害报告使用人或者其他利害关系人的利益，而予以隐瞒或者作不实的报告；

（3）明知委托人的财务会计处理会导致报告使用人或者其他利害关系人产生重大误解，而不予指明；

（4）明知委托人的会计报表的重要事项有其他不实的内容，而不予指明；

（5）索取、收受委托合同约定以外的酬金或者其他财物，或者利用执行业务之便，谋取其他不正当的利益；

（6）故意出具虚假的审计报告、验资报告。

混合所有制改革中，资产评估机构和资产评估师执行评估业务时，有下列行为的，可以由有关评估行政管理部门予以警告、责令停止从业、没收违法所得、罚款等行政处罚，由工商行政管理部门吊销营业执照的行政处罚。

（1）评估专业人员违反法律规定，签署虚假评估报告的；

（2）签署本人未承办业务的评估报告或者有重大遗漏的评估报告的；

（3）索要、收受或者变相索要、收受合同约定以外的酬金、财物，或者谋取其他不正当利益的；

（4）利用开展业务之便，谋取不正当利益的；

（5）允许其他机构以本机构名义开展业务，或者冒用其他机构名义开展业务的；

（6）受理与自身有利害关系的业务的；

（7）分别接受利益冲突双方的委托，对同一评估对象进行评估的；

（8）未按本法规定的期限保存评估档案的；

（9）聘用或者指定不符合本法规定的人员从事评估业务的；

（10）对本机构的评估专业人员疏于管理，造成不良后果的。

5. 产权交易机构的行政责任。

依据《企业国有资产交易监督管理办法》，交易机构出现以下情形的，视情节轻重对其进行提醒、警告、通报、暂停直至停止委托从事相关业务：

（1）服务能力和服务水平较差，市场功能未得到充分发挥；

（2）在日常监管和定期检查评审中发现问题较多，且整改不及时或整改效果不明显；

（3）因违规操作、重大过失等导致企业国有资产在交易过程中出现损失；

（4）违反相关规定，被政府有关部门予以行政处罚而影响业务开展；

（5）拒绝接受国资监管机构对其相关业务开展监督检查；

（6）不能满足国资监管机构监管要求的其他情形。

三、民事责任

国有企业改革中除了刑事责任和行政责任外，国有企业和改革参与者还有可能承担民事赔偿责任，这种责任具体分散在《中华人民共和国公司法》《中华人民共和国企业国有资产法》《企业国有资产监督管理暂行条例》《企业国有资产交易监督管理办法》等法律法规和部门规章中。

1. 国有股东损害公司利益需要承担连带赔偿责任。

有些国有企业行政思维比较严重，习惯于采取行政手段指挥所属企业，结果容易造成“独立法人不独立”，母子企业人格混同的情况，一旦被债权人抓住证据，就可能对下属企业债务承担连带赔偿责任。依据《公司法》的规定，国有股东依法行使股东权利，不得滥用股东权利损害公司或者其他股东的利益；不得滥用公司法人独立地位和股东有限责任损害公司债权人的利益。公司股东滥用股东权利给公司或者其他股东造成损失的，应当依法承担赔偿责任。公司股东滥用公司法人独立地位和股东有限责任，逃避债务，严重损害公司债权人利益的，应当对公司债务承担连带责任。

2. 国有股东出资不到位需要承担违约责任和连带责任。

国有企业混合所有制改革，国有股东出资要说到做到，避免出现出资不到位、出资不实的情况，一旦出现这种情况，依据《公司法》规定：股东不按照法律规定缴纳出资的，除应当向公司足额缴纳外，还应当向已按期足额缴纳出资的股东承担违约责任。有限责任公司成立后，发现作为设立公司出资的非货币财产的实际价额显著低于公司章程所定价额的，应当由交付该出资的股东补足其差额；公司设立时的其他股东承担连带责任。股份有限公司成立后，发起人未按照公司章程的规定缴足出资的，应当补缴；其他发起人承担连带责任。股份有限公司成立后，发现作为设立公司出资的非货币财产的实际价额显著低于公司章程所定价额的，应当由交付该出资的发起人补足其差额；其他发起人承担连带责任。

3. 国有企业董事、监事、高级管理人员损害公司利益的赔偿责任。

《公司法》规定，公司的控股股东、实际控制人、董事、监事、高级管理人员不得利用其关联关系损害公司利益。违反前款规定，给公司造成损失的，应当承担赔偿责任。

《国有资产法》第七十条规定：履行出资人职责的机构委派的股东代表未按照委派机构的指示履行职责，造成国有资产损失的，依法承担赔偿责任。

第七十一条规定：国家出资企业的董事、监事、高级管理人员有下列行为之一，造成国有资产损失的，依法承担赔偿责任：

（1）利用职权收受贿赂或者取得其他非法收入和不当利益的；

（2）侵占、挪用企业资产的；

（3）在企业改制、财产转让等过程中，违反法律、行政法规和公平交易规则，将企业财产低价转让、低价折股的；

（4）违反本法规定与本企业进行交易的；

（5）不如实向资产评估机构、会计师事务所提供有关情况和资料，或者与资产评估机构、会计师事务所串通出具虚假资产评估报告、审计报告的；

（6）违反法律、行政法规和企业章程规定的决策程序，决定企业重大事项的；

（7）有其他违反法律、行政法规和企业章程执行职务行为的。

4. 国有产权交易中的赔偿责任。

《企业国有资产交易监督管理办法》第五十九条规定：企业国有资产交易应当严格执行“三重一大”决策机制。国资监管机构、国有及国有控股企业、国有实际控制企业的有关人员违反规定越权决策、批准相关交易事项，或者玩忽职守、以权谋私致使国有权益受到侵害的，造成国有资产损失的，相关责任人员应当承担赔偿责任。

第六十一条规定：产权交易机构在企业国有资产交易中弄虚作假或者玩

忽职守、给企业造成损失的，应当承担赔偿责任，并依法追究直接责任人员的责任。

四、国资委关于国有企业违规责任追究的规定

为了规范国有企业改革过程中的违法违规行为，国务院和国务院国资委都非常重视，国务院办公厅在《关于建立国有企业违规经营投资责任追究制度的意见》，国务院国资委在《中央企业违规经营投资责任追究实施办法（试行）》等系列文件中，都专门对国有投资并购、产权转让、国有企业改制过程中的违规责任追究做出了规定，地方各省市也先后出台了落实配套文件。下面介绍国资委关于改革过程中责任追究的主要规定。

1. 国有企业改革责任追求的范围。

转让产权、上市公司股权和资产方面。未按规定履行决策和审批程序或超越授权范围转让；财务审计和资产评估违反相关规定；组织提供和披露虚假信息，操纵中介机构出具虚假财务审计、资产评估鉴证结果；未按相关规定执行回避制度，造成资产损失；违反相关规定和公开公平交易原则，低价转让企业产权、上市公司股权和资产等。

固定资产投资方面。未按规定进行可行性研究或风险分析；项目概算未经严格审查，严重偏离实际；未按规定履行决策和审批程序擅自投资，造成资产损失；购建项目未按规定招标，干预或操纵招标；外部环境发生重大变化，未按规定及时调整投资方案并采取止损措施；擅自变更工程设计、建设内容；项目管理混乱，致使建设严重拖期、成本明显高于同类项目等。

投资并购方面。投资并购未按规定开展尽职调查，或尽职调查未进行风险分析等，存在重大疏漏；财务审计、资产评估或估值违反相关规定，或投资并购过程中授意、指使中介机构或有关单位出具虚假报告；未按规定履行决策和审批程序，决策未充分考虑重大风险因素，未制定风险防范预案；违规以各种形式为其他合资合作方提供垫资，或通过高溢价并购等手段向关联方输送利益；投资合同、协议及标的企业公司章程中国有权益保护条款缺失，存在有损国有权益的条款，对标的企业管理失控；投资参股后未行使股东权利，发生重大变化未及时采取止损措施；违反合同约定提前支付并购价款等；投资并购后未按有关工作方案开展整合，致使对标的企业管理失控；违反规

定开展列入负面清单的投资项目。

改组改制方面。未按规定履行决策和审批程序；未按规定组织开展清产核资、财务审计和资产评估；故意转移、隐匿国有资产或向中介机构提供虚假信息，操纵中介机构出具虚假清产核资、财务审计与资产评估鉴证结果；将国有资产以明显不公允低价折股、出售或无偿分给其他单位或个人；在发展混合所有制经济、实施员工持股计划等改组改制过程中变相套取、私分国有股权；未按规定收取国有资产转让价款；改制后的公司章程等文件中国有权益保护条款缺失、存在有损国有权益的条款等。

境外经营投资方面的责任追究情形：未按规定建立企业境外投资管理相关制度，导致境外投资管控缺失；开展列入负面清单禁止类的境外投资项目；违反规定从事非主业投资或开展列入负面清单特别监管类的境外投资项目；未按规定进行风险评估并采取有效风险防控措施对外投资或承揽境外项目；违反规定采取不当经营行为，以及不顾成本和代价进行恶性竞争；违反本章其他有关规定或存在国家明令禁止的其他境外经营投资行为的。

2. 造成国有资产损失的认定。

国有资产损失包括直接损失和间接损失。直接损失是与相关人员行为有直接因果关系的损失金额及影响。间接损失是由相关人员行为引发或导致的，除直接损失外、能够确认计量的其他损失金额及影响。

资产损失分为一般资产损失、较大资产损失和重大资产损失。涉及违纪违法和犯罪行为查处的损失标准，遵照相关党内法规和国家法律法规的规定执行；涉及其他责任追究处理的，由履行出资人职责的机构和国有企业根据实际情况制定资产损失程度划分标准。中央企业违规经营投资资产损失500万元以下为一般资产损失，500万元以上5000万元以下为较大资产损失，5000万元以上为重大资产损失。涉及违纪违法和犯罪行为查处的损失标准，遵照相关党内法规和国家法律法规的规定执行。

资产损失的金额及影响，可根据司法、行政机关出具的书面文件，具有相应资质的会计师事务所、资产评估机构、律师事务所等中介机构出具的专项审计、评估或鉴证报告，以及企业内部证明材料等进行综合研判认定。相关经营投资虽尚未形成事实损失，经中介机构评估在可预见未来将发生的损失，可以认定为或有资产损失。

3. 经营投资责任大小的认定。

国有企业违规经营投资责任根据工作职责划分为直接责任、主管责任和领导责任。

直接责任是指相关人员在其工作职责范围内，违反规定，未履行或未正确履行职责，对造成的资产损失或其他不良后果起决定性直接作用时应当承担的责任。企业负责人存在以下情形的，应当承担直接责任：本人或与他人共同违反国家法律法规和企业内部管理规定；授意、指使、强令、纵容、包庇下属人员违反国家法律法规和企业内部管理规定；未经民主决策、相关会议讨论或文件传签、报审等规定程序，直接决定、批准、组织实施重大经济事项，并造成重大资产损失或其他严重不良后果；主持相关会议讨论或以文件传签等其他方式研究时，在多数人不同意的情况下，直接决定、批准、组织实施重大经济事项，造成重大资产损失或其他严重不良后果；将按有关法律法规制度应作为第一责任人（总负责）的事项、签订的有关目标责任事项或应当履行的其他重要职责，授权（委托）其他领导干部决策且决策不当或决策失误造成重大资产损失或其他严重不良后果；其他失职、渎职和应当承担直接责任的行为。

主管责任是指相关人员在其直接主管（分管）工作职责范围内，违反规定，未履行或未正确履行职责，对造成的资产损失或不良后果应当承担的责任。

领导责任是指主要负责人在其工作职责范围内，违反规定，未履行或未正确履行职责，对造成的资产损失或不良后果应当承担的责任。

4. 国有企业违规经营投资责任追究的方式。

根据资产损失程度、问题性质等，对国有企业违规经营投资相关责任人采取组织处理、扣减薪酬、禁入限制、纪律处分、移送司法机关等方式处理。

组织处理包括批评教育、责令书面检查、通报批评、诫勉、停职、调离工作岗位、降职、改任非领导职务、责令辞职、免职等。扣减薪酬指扣减和追索绩效年薪或任期激励收入，终止或收回中长期激励收益，取消参加中长期激励资格等。禁入限制指五年内直至终身不得担任国有企业董事、监事、高级管理人员。纪律处分由相应的纪检监察机关依法依规查处。移送司法机关处理指依据国家有关法律规定，移送司法机关依法查处。

第三节 应对改革风险的绝招

一、调研充分

国有企业改革是一场没有硝烟的战斗，荆棘重重，暗礁遍布，防范风险最先要做和必须要做的工作就是识别风险，改革调研和尽职调查，就是通过对改制企业方方面面地调查研究，做到资产、负债家底清，职工情绪诉求清，体制矛盾问题清，这样在制定改制方案时才能有的放矢，规划前景方向时才能避开风险。

二、有舍有保、平衡利益、稳妥推进

国有企业改革改的是制度，动的却是利益，通过改革更多的人能获得奶酪，但总有人的奶酪被拿走，高明的改革者应该对改革调整的生产关系、劳动关系、利益关系洞若观火，因势利导，顺势而为。通常情况下，改革前被抑制的部门和人员会拥护改革，改革中被触动的既得利益者会阻碍改革，企业发展和个人收入的愿景会吸引群众广泛的支持改革，基层职工群众的利益在改革中最容易受伤。改革中要勇于打破既得利益的阻碍，以换取企业更大的发展，更要善于运用利益机制的调整，引导企业有能力的职工参与支持改革。

改革必须要保护好职工群众的利益，这既是共产党执政为民的体现，也是确保改革稳定推进和保证改革成功的基础。对于历史遗留问题复杂，积重难返的国有企业，改革更要有庖丁解牛的精神，抽丝剥茧地将问题搞清楚，试探性处理，稳妥推进，万万不可简单粗暴地一刀切，这样很容易就碰到铁板，激化矛盾。

三、把握政策方向、合法依规、程序严谨

每一个时代有每一个时代的社会潮流，自20世纪80年代以来，国有企业改革历经了不同的时期，每个时期改革的指导思想和主要工作都不尽相同，国有企业改革要紧扣时代脉搏，把握国有企业改革的政策方向进行。比如职工安置政策，2007年《劳动合同法》出台之前，国有企业改革时普遍进行职工身份置换，支付经济补偿，《劳动合同法》出台之后，就变成按照法律规定解除劳动合同情况下才进行经济补偿。再比如，1997年至2002年之间国有企业进行抓大放小的改革，学习山东诸城模式，将发展不好的竞争领域的中小国有企业都采取全部出让产权的方式进行改革；现在则鼓励发展混合所有制经济，鼓励民参公，公投民。

2015年以来，本轮国有企业改革的主题就是推进国有企业混合所有制改革，创新引领，推进国有高质量发展，以管资本为主改革国有资产监督管理体制，建立国有投资公司、运营公司，进行授权经营体制改革国有企业进一步做大做强做优，坚持党对国有企业的领导，这些方向在改革中要紧紧把握。

本轮国有企业改革非常重视顶层设计，1 + N政策的出台，几乎将国有企业改革的方方面面都进行了规范，且非常具体实用，因此改革要坚持依法依规进行。无论采取哪种改革方式，都要严格履行相应的规范程序，程序履行到位才能保证结果合法有效，才能保证不被追责问责。

四、公开透明

改制程序的公开透明是征求改革意见，规避改革风险，预防改制腐败一种非常好的方法。国有企业改革中坚持履行程序，将必须公开、需要公开、能够公开的内容进行公开接受监督，能够很好地起到发现风险，预防风险的作用。比如职工安置方案的公开，职工大会的召开，能够很好地掌握民意，也是统一职工思想的好机会。比如将企业改制方案的内容进行公开，征求职工意见，能够测试反馈改革推出后的效果。建龙钢铁入股吉林通化钢铁公司引发职工群体性事件的教训就是因为改制方案事前没有召开职工大会，征求职工意见。因为改革方案涉及面广，改制公开应当坚持依法公开，按程序公

开，并且注意把握节奏，避免因为公开造成突发事件反而影响改制推进，更要避免改制方案生米煮成熟饭，引发群众强烈不满。

第四节　正确做事，避免造成这些改制遗留问题

笔者从事国有企业改革工作十七年来，经历了国有企业抓大放小、国有企业规范管理、混合所有制改革等国有企业不同的改革阶段，虽然国有企业改革难，但是毕竟是攻坚战、阵地战，在党和国家的统一安排下大多能够有序推进，但是每次改革之后产生的遗留问题却颇为令人头疼，有些遗留问题像牛皮癣一样，虽然对机体不造成致命的影响，但是多年得不到解决，牵扯领导干部不少精力，也给企业发展、社会稳定带来负面影响。总结这些遗留问题产生的根源，有些是受历史条件限制，但很多是因为企业改革时工作做得不细，改革方案不对头造成的。以下列举一些因为工作失误造成的改制遗留问题，以此借鉴。

一、做好清产核资和资产处置方案，避免形成资产纠纷遗留问题

某国有通信企业下属的三产公司在建设农村地区的通信基础设施时，曾与所在地县区地方政府开展招商引资合作，有地方政府出资建设通信基站等固定资产，但所有权满足一定条件时归通信三产公司，后来通信三产公司改制为民企，改制清产核资时，因为这批固定资产并未在企业账上，并未列入改制资产范围。通信三产公司改制后政府对部分通讯基站进行动迁，通信三产公司收到补偿款后并未上交，后来群众举报，三产公司法人被以侵吞国有资产罪追究刑事责任。这个案例属于比较典型的企业改制时清产核资工作做得不细致造成的，只看账，不做现场实物盘点是国有资产流失的一大风险。

还有某水务公司管理的老旧小区二次供水加压站泵房，因为属于盘点出来的账外资产，在水务公司改制时没有明确泵房的产权归属，导致泵站停用

后泵房资产被开发商、物业公司强占、出租，甚至动迁补偿都无法取得，各方只能对簿公堂。这属于比较典型的改制方案中对无产权、产权不清晰资产未做出周全安排造成的遗留问题。

对于老国有企业，涉及产权变动个改革，一定要做好清产核资工作，并且要做的细，中介机构拿出清产核资方案后要由企业财务资产管理部门提出意见建议，并且清产核资结果要由企业财务负责人签字。改制方案中关于清产核资和资产处置方案要清楚全面，不能回避问题，不能遗漏资产处置，处置方式方法要表述准确，尤其是资产的范围边界和处置的方式切忌模棱两可或者只表述一些原则性的意见，实际操作中无法适用。

二、做好职工安置，避免形成职工上访的遗留问题

职工上访问题是困扰很多国有企业改制的难缠问题。以笔者经办的一个国有食品企业职工遗留劳动纠纷案为例：改制前几年，职工王某从食品企业办理了停薪留职下海自谋职业，改制时国有企业统计职工安置对象遗漏了王某，未对其作出任何安排，改制后几年过去了，王某突然回来要求补发工资、安排岗位、支付经济补偿金，也不诉讼，就是层层上访，常年上访，令企业领导非常头疼。这样的情况在老国有企业改制中并不鲜见，自 20 世纪 80 年代以来，国有企业经过多次管理机制体制改革，人事用工制度变化很大，工资补贴构成几次调整，常年积累下来后，改制时需要面对的职工背景情况往往极其复杂，内退人员、离岗人员、停薪留职人员、放假人员、病休人员、两参人员、烈属遗属、工伤人员等，如果在职工安置前不做细致的调研工作，把职工情况摸透，在安置方案中把不同情况都作出妥善安置，不把相关安置费用预留到位，则改制后就会造成企业安置费用不够、政府不管的尴尬情况，进而劳动纠纷不断、上访不断。

三、合理设计股权结构，避免形成公司治理的遗留问题

一个好的股权结构能够使股东们形成合力促进企业快速发展，一个糟糕的股权结构则会让管理中的制衡扭曲为扯后腿，甚至使股东之间为了利益争斗祸事连连。大连某航运企业改制时让上百名职工都入了股，采取隐名代理

的方式持股，工商登记为30多个股东，股权比例做大的11%，最小的0.5%，改制后董事长和总经理闹矛盾，各自都有支持者，造成股东会、董事会经常议事不决，形成僵局，后来情况恶化，董事长被总经理举报，死在狱中，总经理也步其后尘锒铛入狱，原本是一家区域地理位置绝佳的垄断企业，经营却每况愈下，最终被法院裁定破产。因此，混合所有制改革，引入民营股东，股权结构设计上要既能发挥民营股东的优势，又能保证国有股东的权益，要效率优先兼顾制衡。

四、交易程序要严谨，避免形成产权交易的遗留问题

10年前，某化工厂在大连产权交易所整体产权转让，受让方提出分期付款，国有资产管理部门考虑到只征集到一名受让方就同意了分期付款，操作上没有要求提供抵押担保，也没有要求在产权交易所场内进行付款，而是双方场外结算。结果，至今仍有近半数转让款未付，而受让方接受改制企业后经营欠佳，被多个债权人起诉到法院查封冻结资产，企业被迫歇业。这是典型的不按照法律法规规定的交易程序操作，导致的产权交易风险。国有产权交易中还比较常见的程序违规有：成交之后受让方提出要求调整交易价格，提出交易标的质量数量有瑕疵，要求调整产权交易合同，还有提出要求改变付款方式的，要求抵债的。笔者的观点是，事出奇怪必有妖，要保持警惕，能不改就不改，如果一定调整，也要坚持按照法律规定的程序，该公告就公告，该重新挂牌就重新挂牌，同时要报告出资人监管机构同意后再进行。

五、改革方案设计要合理，避免产生债务连带、资质接续的遗留问题

某国有矿山企业，在公司制改革过程中采取了新设公司的方式进行改革，改制批复文件中新公司出资用的原全民所有制企业的资产减去负债的净资产，且明确原企业的债权债务都由新公司承接，又保留原企业存续三年作为过渡期。改制后，原企业拖欠的大量欠款起诉，法院都将新设公司追加为被执行人，查封了新公司财产，影响了新公司的经营生产。用原企业资产成立公司，却有保留原企业主体承债，这种混乱的改制方式，必然造成新公司产权不清

的遗留问题。

国有企业改革涉及产权层面调整的，往往要涉及企业性质从事业单位变更为国有独资公司（通常称为翻牌改制），从全民所有制变为有限责任公司，从国有独资变为混合所有制的有限责任公司，从有限责任公司变为股份有限公司等；引起企业性质变更的改制方式有：产权转让、增资扩股、新设公司，公司合并，公司分立等，其中新设公司、公司合并、公司分立的法律程序和法律责任完全不同，新设方式将切断新公司与原企业的债权债务的纽带，也切断了原企业资质资格的承继，合并方式将原来几个主体的债权债务全部由合并后的主体承担，原来主体的资质资格也将有合并后的企业承继，分立方式将原来企业主体的债权债务分给改制后的几个主体承担连带责任，资质资格则不能完全承继，需要重新审查是否够条件。除此之外，产权转让、增资扩股的方式可能会引起企业性质从国有企业变更为民营企业。以上各种改制方式，都可能触及原企业享受的政府招商引资优惠政策，贴息贷款、补贴资金等政策不能承继，改变企业生存发展的外部环境，在改革方案制定时应当予以充分考虑，建议在改革方案制定时就做好相应推演，咨询了解政府的相关政策，掌握改革方式对企业现存重大合同的影响。

六、做好反垄断审查，避免改革成果被推翻

2017 年 12 月 6 日，中化国际通过上海联合产权交易所公开挂牌转让所持中化物流 100% 股权。君正能源、春光置地和华泰兴农三方以 34.5 亿元摘牌取得中化物流 100% 股权。2020 年 6 月 25 日，国家市场监督管理总局对君正能源等收购中化国际物流有限公司股权未依法进行经营者集中申报案作出行政处罚决定，给予君正能源 35 万元人民币罚款的行政处罚。

国资委为减少国有企业同业竞争，最大化资源配置效率和产业协同效率时，推动国有企业兼并重组、公司合并，由于国有企业往往规模较大，在行业内影响大，容易构成经营者集中。依据《中华人民共和国反垄断法》和国务院《国务院关于经营者集中申报标准的规定》，应当重视经营者集中申报工作，避免后续被市场监督管理部门追究垄断经营的责任，严重的还要被终止交易。

附录一
国有企业改革 1 + N 政策文件汇编

为更好地方便改革工作者查阅掌握政策文件，辽宁朋信律师事务所于2019年开始编印《辽宁省国有企业改革政策汇编》，先后完成1.0版、2.0版和3.0版。汇编收录了国有企业改革领域国家、辽宁省及省内部分城市的相关法律、法规、规范性文件等，同时为便于实际应用，汇编还收录了相关行业要求和操作指引。由于本书中列举了大量国有企业改革的政策法规，为方便读者查询，我们为购买本书的读者提供一套电子版的《国有企业改革政策汇编》，里面剔除了辽宁省内的政策法规，只保留国家层面的政策法规。

《国有企业改革政策汇编》在体例上按照“1 + N”政策文件体系进行编排，在内容上，借鉴国家发展改革委员会《关于支持国有企业改革政策措施的梳理及建议》，完善了财政、土地等专项规定，丰富了汇编中实务板块的内容。

以下我们将汇编目录编入本书，有需要这些政策文件的读者可以扫描下方二维码，我们将为读者免费发送政策汇编。

目　录

（国办发〔2005〕60 号）

关于进一步贯彻落实《国务院办公厅转发国资委关于进一步规范国有企业改制工作实施意见的通知》的通知

（国资发改革〔2006〕131 号）

关于深化转制科研机构产权制度改革若干意见

（国办发〔2003〕9 号）

中央企业公司制改制工作实施方案

（国办发〔2017〕69 号）

2. 健全公司法人治理结构

国有企业公司章程制定管理办法

（国资发改革规发〔2020〕86 号）

关于进一步完善国有企业法人治理结构的指导意见

（国办发〔2017〕36 号）

关于进一步推进国有企业贯彻落实“三重一大”决策制度的意见

（中共中央办公厅，国务院办公厅 2010 年 06 月 05 日）

中央企业合规管理指引（试行）

（国资发法规〔2018〕106 号）

关于全面推进法治央企建设的意见

（国务院国有资产监督管理委员会 2015 年 12 月 08 日）

《国资监管提示函工作规则》和《国资监管通报工作规则》

（国资发监督规〔2020〕4 号）

3. 国企领导人管理制度

董事会试点中央企业外部董事履职行为规范

（国资发干一〔2009〕50 号）

4. 企业薪酬分配制度

中央企业负责人经营业绩考核办法（2019）

（国务院国有资产监督管理委员会令第 40 号 2019 年 04 月 01 日）

中央企业工资总额管理办法

（国务院国有资产监督管理委员会令第 39 号 2019 年 01 月 01 日）

关于深化中央管理企业负责人薪酬制度改革的意见

（中发〔2014〕12 号）

关于合理确定并严格规范中央企业负责人履职待遇、业务支出的意见

（中办发〔2014〕51 号）

关于改革国有企业工资决定机制的意见

（国发〔2018〕16 号）

5. 内部用人制度改革

关于规范退（离）休领导干部在社会团体兼职问题的通知

（中组发〔2014〕11 号）

关于《“双百企业”推行经理层成员任期制和契约化管理操作指引》和《“双百企业”推行职业经理人制度操作指引》有关问题的回答

（国务院国有资产监督管理委员会 2020 年 06 月 22 日）

干部选拔任用工作监督检查和责任追究办法

（中共中央组织部 2019 年 05 月 13 日）

（三）完善国有资产管理体制

1. 国资监管机构职能转变

国务院国资委以管资本为主推进职能转变方案的通知

（国办发〔2017〕38 号）

关于进一步推动构建国资监管大格局有关工作的通知

（国资发法规〔2019〕117 号）

关于以管资本为主加快国有资产监管职能转变的实施意见

（国资发法规〔2019〕114 号）

关于推进国有资本投资、运营公司改革试点的实施意见

（国发〔2018〕23 号）

关于改革和完善国有资产管理体制的若干意见

（国发〔2015〕63 号）

关于进一步规范和加强行政事业单位国有资产管理的指导意见

（财资〔2015〕90 号）

2. 国资授权经营体制

改革国有资本授权经营体制方案

（国发〔2019〕9 号）

3. 优化国资配置

关于全面推开划转部分国有资本充实社保基金工作的通知

（财资〔2019〕49 号）
关于进一步推进中央企业创新发展的意见
（国科发资〔2018〕19 号）
划转部分国有资本充实社保基金实施方案
（国发〔2017〕49 号）
4. 经营性国有资产集中统一监管
关于加强国有企业资产负债约束的指导意见
（中共中央办公厅，国务院办公厅 2018 年 09 月 13 日）
关于积极稳妥降低企业杠杆率的意见
（国发〔2016〕54 号）
中央国有资本经营预算支出管理暂行办法
（财预〔2017〕32 号）
中央国有资本经营预算管理暂行办法
（财预〔2016〕6 号）
（四）发展混合所有制经济
1. 推进国企混改
中央企业混合所有制改革操作指引
（国资产权〔2019〕653 号）
关于国有企业发展混合所有制经济的意见
（国发〔2015〕54 号）
关于深化混合所有制改革试点若干政策的意见
（发改经体〔2017〕2057 号）
2. 非国有资本参与改革
关于国有企业改制重组中积极引入民间投资的指导意见
（国资发产权〔2012〕80 号）
3. 鼓励国资入股非国企
关于鼓励和规范国有企业投资项目引入非国有资本的指导意见
（2015 年 10 月 26 日）
关于中央企业加强参股管理有关事项的通知
（国资发改革规〔2019〕126 号）

4. 员工持股

关于进一步做好中央企业控股上市公司股权激励工作有关事项的通知

（国资发考分规〔2019〕102 号）

关于做好中央科技型企业股权和分红激励工作的通知

（国资发分配〔2016〕274 号）

关于国有控股混合所有制企业开展员工持股试点的意见

（国资发改革〔2016〕133 号）

国有科技型企业股权和分红激励暂行办法

（财资〔2016〕4 号）

（五）强化监督防止国有资产流失

1. 企业内部监督

关于加强国有资产管理情况监督的决定

（2020 年 12 月 26 日）

中央企业投资监督管理办法

（国务院国有资产监督管理委员会令第 34 号 2017 年 01 月 07 日）

中央企业境外投资监督管理办法

（国务院国有资产监督管理委员会令第 35 号 2017 年 01 月 07 日）

中央企业境外国有资产监督管理暂行办法

（国有资产监督管理委员会令第 26 号 2011 年 07 月 01 日）

中央企业加强参股管理有关事项的通知

（国资发改革规〔2019〕126 号

中央企业禁入限制人员信息管理办法（试行）

（国资发监责规〔2019〕131 号）

国务院国资委推进国资监管法治机构建设实施方案

（国资发法规〔2016〕134 号）

关于进一步加强地方国有资产监管工作的若干意见

（国资发法规〔2009〕286 号）

中央企业国有资本经营预算支出执行监督管理暂行办法

（国资发资本规〔2019〕92 号）

关于深化中央企业内部审计监督工作的实施意见

（国资发监督规〔2020〕60 号）

关于加强中央企业内部控制体系建设与监督工作的实施意见

（国资发监督规〔2019〕101号）

关于加强和改进企业国有资产监督防止国有资产流失的意见

（国办发〔2015〕79号）

国有企业境外投资财务管理办法

（财资〔2017〕24号）

2. 外部监督机制

关于深化国有企业和国有资本审计监督的若干意见

（中共中央办公厅、国务院办公厅2017年3月）

关于进一步加强和改进国资委出资企业监事会工作意见

（大国资办〔2014〕78号）

关于加强和改进国有企业外派监事会工作的意见

（沈政办发〔2017〕112号）

3. 社会监督

关于推进中央企业信息公开的指导意见

（国资发〔2016〕315号）

十三届全国人大常委会贯彻落实《中共中央关于建立国务院向全国人大常委会报告国有资产管理情况制度的意见》五年规划（2018－2022）

4. 严格责任追究

党政主要领导干部和国有企事业单位主要领导人员经济责任审计规定

（中共中央办公厅，国务院办公厅2019年07月07日）

关于建立国有企业违规经营投资责任追究制度的意见

（国办发〔2016〕63号）

中央企业违规经营投资责任追究实施办法（试行）

（国务院国有资产监督管理委员会令第37号2018年08月30日）

中央企业违规经营投资问题线索查处工作指引

（国资发监责〔2020〕62号）

关于做好中央企业违规经营投资责任追究工作体系建设有关事项的通知

（国资发监督二〔2019〕43号）

关于做好贯彻落实《中央企业违规经营投资责任追究实施办法（试行）》有关事项的通知

（国资发监督二〔2018〕72 号）

关于做好中央企业违规经营投资责任追究报告工作有关事项的通知

（国资发监督二〔2018〕116 号）

（六）加强和改进党对国有企业的领导

中国共产党国有企业基层组织工作条例（试行）

（中共中央 2019 年 12 月 30 日）

关于在深化国有企业改革中坚持党的领导加强党的建设的若干意见

（中央全面深化改革领导小组 2015 年 6 月 5 日）

中央企业构建“不能腐”体制机制的指导意见

（2017 年 02 月 27 日）

中央企业主要负责人履行推进法治建设第一责任人职责规定

（国资党发法规〔2017〕8 号）

党政主要负责人履行推进法治建设第一责任人职责规定

（中共中央办公厅，国务院办公厅 2016 年 11 月 30 日）

（七）为国有企业改革创造良好环境条件

1. 完善法律法规及政策

关于国有企业办市政、社区管理等职能分离移交的指导意见

（国资发改革〔2017〕85 号）

关于国有企业办消防机构分类处理的指导意见

（国资发改革〔2017〕79 号）

铁路、烟草、邮政以及其他中央部门管理企业职工家属区“三供一业”分离移交中央财政补助资金管理办法

（财资〔2016〕35 号）

2. 解决历史遗留问题

关于印发加快剥离国有企业办社会职能和解决历史遗留问题工作方案的通知

（国发〔2016〕19 号）

关于进一步做好“僵尸企业”及去产能企业债务处置工作的通知

（发改财金〔2018〕1756 号）

中央下放企业职工家属区“三供一业”分离移交中央财政补助资金管理办法

（财资〔2016〕31 号）

中央企业和原中央下放企业职工家属区“三供一业”分离移交中央财政补助资金清算的通知

（财政部，国务院国有资产监督管理委员会 2019 年 06 月 28 日）

三、国有企业改革实务类文件

（一）财政及资金

关于进一步优化企业兼并重组市场环境的意见

（国发〔2014〕14 号）

关于金融支持经济结构调整和转型升级的指导意见

（国办发〔2013〕67 号）

关于促进企业兼并重组的意见

（国发〔2010〕27 号）

中央企业国有资本收益收取管理办法

（财资〔2016〕32 号）

关于中央级经营性文化事业单位转制中资产和财务管理问题的通知

（财教〔2009〕126 号）

（二）清产核资

国有企业清产核资办法

（国务院国有资产监督管理委员会令第 1 号 2003 年 09 月 09 日）

关于印发清产核资工作问题解答（三）的通知

（国资发评价〔2004〕220 号）

关于印发清产核资工作问题解答（二）的通知

（国资厅发评价〔2004〕8 号）

关于印发清产核资工作问题解答（一）的通知

（国资厅评价〔2003〕53 号）

国有企业清产核资经济鉴证工作规则

（国资评价〔2003〕78 号）

国有企业清产核资资金核实工作规定

（国资评价〔2003〕74 号）

国有企业清产核资工作规程

（国资评价〔2003〕73 号）

国有企业资产损失认定工作规则
（国资评价〔2003〕72 号）
企业资产损失财务处理暂行办法
（财企〔2003〕233 号）
清产核资办法
（国清〔1992〕6 号）
（三）产权界定与登记
国家出资企业产权登记管理暂行办法
（国务院国有资产监督管理委员会令第 29 号 2012 年 06 月 01 日）
有限合伙企业国有权益登记暂行规定
（国资发产权规〔2020〕2 号）
国有资产产权界定和产权纠纷处理暂行办法
（国资法规发〔1993〕68 号）
事业单位及事业单位所办企业国有资产产权登记管理办法
（财资〔2019〕12 号）
中央文化企业国有资产产权登记管理暂行办法
（财文资〔2012〕16 号）
关于开展中央文化企业国有资产产权登记与发证工作的通知
（财文资函〔2015〕4 号）
中央文化企业国有资产产权登记管理的补充通知
（财文〔2017〕205 号）
（四）土地管理
关于破产企业国有划拨土地使用权应否列入破产财产等问题的批复（2020 修正）
（法释〔2020〕18 号）
关于加强土地资产管理促进国有企业改革和发展的若干意见
（国土资发〔1999〕433 号）
（五）资产评估
资产评估法
（中华人民共和国主席令第四十六号 2016 年 12 月 01 日）
国有资产评估管理办法

（国务院令第 91 号 1991 年 11 月 16 日）
企业国有资产评估管理暂行办法
（国务院国有资产监督管理委员会令第 12 号 2005 年 09 月 01 日）
关于企业国有资产评估报告审核工作有关事项的通知
（国务院国有资产监督管理委员会 2009 年 09 月 11 日）
关于改革国有资产评估行政管理方式加强资产评估监督管理工作意见
（国办发〔2001〕102 号）
中央企业资产评估项目核准工作指引
（国资发产权〔2010〕71 号）
企业国有资产评估项目备案工作指引
（国资发产权〔2013〕64 号）
关于规范中央企业选聘评估机构工作的指导意见
（国资发产权〔2011〕68 号）
关于加强企业国有资产评估管理工作有关问题的通知
（国资委产权〔2006〕274 号）
国有资产评估管理若干问题的规定
（财政部令第 14 号 2002 年 01 月 01 日）
中央文化企业国有资产评估管理暂行办法
（财文资〔2012〕15 号）
关于中央文化企业国有资产评估管理的补充通知
（财文〔2017〕93 号）
（六）产权交易
企业国有资产交易监督管理办法
（国资委令、财政部令第 32 号 2016 年 06 月 24 日）
中央企业境外国有产权管理暂行办法
（国务院国有资产监督管理委员会令第 27 号 2011 年 07 月 01 日）
关于进一步明确非上市股份有限公司国有股权管理有关事项的通知
（国资厅产权〔2018〕760 号）
关于促进企业国有产权流转有关事项的通知
（国资发产权〔2014〕95 号）
关于中央企业国有产权置换有关事项的通知

（国资发产权〔2011〕121号）

关于中央企业国有产权协议转让有关事项的通知

（国资发产权〔2010〕11号）

企业国有产权交易操作规则

（国资发产权〔2009〕120号）

中央文化企业国有产权交易操作规则

（财文资〔2013〕6号）

关于进一步规范中央文化企业国有资产交易管理的通知

（财文〔2017〕140号）

（七）无偿划转

企业国有产权无偿划转管理暂行办法

（国资发产权〔2005〕239号）

企业国有产权无偿划转工作指引

（国资发产权〔2009〕25号）

关于企业国有资产办理无偿划转手续的规定

（财管字〔1999〕301号）

关于进一步规范债务融资工具发行企业无偿划转事项的通知

（中市协发〔2021〕20号）

（八）职工安置

国有企业富余职工安置规定

（国务院令〔1993〕111号）

关于建立国有企业改革重大事项社会稳定风险评估机制的指导意见

（国资发〔2010〕157号）

关于推进混合所有制企业和非公有制经济组织从业人员参加医疗保险的意见

（劳社厅发〔2004〕5号）

关于企业重组有关职工安置费用财务管理问题的通知

（财企〔2009〕117号）

关于妥善解决关闭破产国有企业退休人员等医疗保障有关问题的通知

（人社部发〔2009〕52号）

关于加强职业培训促进就业的意见

（国发〔2010〕36号）

关于做好促进就业工作的通知

（国发〔2008〕5号）

关于完善企业职工基本养老保险制度的决定

（国发〔2005〕38号）

（九）工商配套文件

关于厂办大集体企业关闭注销有关事项的通知

（国资发改革〔2020〕69号）

关于全面推进企业简易注销登记改革的指导意见

（工商企注字〔2016〕253号）

关于全面推行证明事项和涉企经营许可事项告知承诺制的指导意见

（国办发〔2020〕42号）

全面推行税务证明事项告知承诺制实施方案

（税总发〔2020〕74号）

（十）司法配套

最高人民法院关于审理与企业改制相关的民事纠纷案件若干问题的规定（2020修正）

（法释〔2020〕18号）

最高人民法院关于在民事审判和执行工作中依法保护金融债权防止国有资产流失问题的通知

（法〔2005〕32号）

最高人民法院关于《在审理企业破产和改制案件中切实防止债务人逃废债务》的紧急通知

（法〔2001〕105号）

最高人民法院关于人民法院为企业兼并重组提供司法保障的指导意见

（法发〔2014〕7号）

最高人民法院关于冻结、拍卖上市公司国有股和社会法人股若干问题的规定

（法释〔2001〕28号）

（十一）股权激励

中央企业控股上市公司实施股权激励工作指引

（国务院国有资产监督管理委员会2020年04月23日）

关于实施《关于规范国有企业职工持股、投资的意见》有关问题的通知

（国资发改革〔2009〕49号）

关于规范国有企业职工持股、投资的意见

（国资发改革〔2008〕139号）

关于扩大国有科技型企业股权和分红激励暂行办法实施范围等有关事项的通知

（财资〔2018〕54号）

关于企业实行自主创新激励分配制度的若干意见

（财企〔2006〕383号）

关于试点创新企业实施员工持股计划和期权激励的指引

（中国证券监督管理委员会公告〔2018〕17号）

（十二）股权激励税收政策

关于我国居民企业实行股权激励计划有关企业所得税处理问题的公告

（国家税务总局公告2012年第18号）

关于做好股权激励和技术入股所得税政策贯彻落实工作的通知

（税总函〔2016〕496号）

关于股权激励有关个人所得税问题的通知

（国税函〔2009〕461号）

关于个人股票期权所得缴纳个人所得税有关问题的补充通知

（国税函〔2006〕902号）

关于科技人员取得职务科技成果转化现金奖励有关个人所得税政策的通知

（财税〔2018〕58号）

关于个人所得税法修改后有关优惠政策衔接问题的通知

（财税〔2018〕164号）

关于完善股权激励和技术入股有关所得税政策的通知

（财税〔2016〕101号）

关于个人股票期权所得征收个人所得税问题的通知

（财税〔2005〕35号）

关于股票增值权所得和限制性股票所得征收个人所得税有关问题的通知

（财税〔2009〕5 号）

（十三）国有企业改革税收政策

关于全民所有制企业公司制改制企业所得税处理问题的公告

（国家税务总局公告 2017 年第 34 号）

关于非货币性资产投资企业所得税有关征管问题的公告

（国家税务总局公告 2015 年第 33 号）

关于资产（股权）划转企业所得税征管问题的公告

（国家税务总局公告 2015 年第 40 号）

关于企业重组业务企业所得税征收管理若干问题的公告

（国家税务总局公告 2015 年第 48 号）

关于纳税人资产重组有关增值税问题的公告

（国家税务总局公告 2013 年第 66 号）

关于纳税人资产重组有关增值税问题的公告

（国家税务总局公告 2011 年第 13 号）

企业重组业务企业所得税管理办法

（国家税务总局公告 2010 年第 4 号）

国有企业混合所有制改革相关税收政策文件汇编

（发改办经体〔2018〕947 号）

关于继续支持企业事业单位改制重组有关契税政策的通知

（财税〔2018〕17 号）

关于全面推开营业税改征增值税试点的通知

（财税〔2016〕36 号）

关于继续实施企业改制重组有关土地增值税政策的通知

（财税〔2018〕57 号）

关于促进企业重组有关企业所得税处理问题的通知

（财税〔2014〕109 号）

关于非货币性资产投资企业所得税政策问题的通知

（财税〔2014〕116 号）

关于企业清算业务企业所得税处理若干问题的通知

（财税〔2009〕60 号）

关于企业重组业务企业所得税处理若干问题的通知（2014 修订）

（财税〔2009〕59号）

关于企业改制过程中有关印花税政策的通知

（财税〔2003〕183号）

关于继续实施文化体制改革中经营性文化事业单位转制为企业若干税收政策的通知

（财税〔2019〕16号）

关于继续实施支持文化企业发展增值税政策的通知

（财税〔2019〕17号）

关于将原国有企业和集体企业欠缴“两金”余额转作增加国家资本金处理的通知

（财综〔2002〕16号）

（十四）国有上市公司

上市公司国有股权监督管理办法

（国资委、财政部、证监会令第36号2018年07月01日）

关于进一步促进资本市场健康发展的若干意见

（国发〔2014〕17号）

关于严禁国有企业和上市公司炒作股票的规定

（国发〔1997〕16号）

关于境内个人参与境外上市公司股权激励计划外汇管理有关问题的通知

（汇发〔2012〕7号）

关于加强上市公司国有股东内幕信息管理有关问题的通知

（国资发产权〔2011〕158号）

关于建立国有控股上市公司运行情况信息报告制度的通知

（国资厅发产权〔2010〕5号）

关于规范国有控股上市公司实施股权激励制度有关问题的通知

（国资发分配〔2008〕171号）

关于严格规范国有控股上市公司（境外）实施股权激励有关事项的通知

（国资发分配〔2007〕168号）

国有控股上市公司（境外）实施股权激励试行办法

（国资发分配〔2006〕8号）

国有控股上市公司（境内）实施股权激励试行办法

（国资发分配〔2006〕175 号）
关于对上市公司国家股配股及股权转让等有关问题的通知
（国资企发〔1994〕91 号）
上市公司股权激励管理办法（2018 修正）
（中国证券监督管理委员会令第 148 号 2018 年 09 月 15 日）
关于上市公司实施员工持股计划试点的指导意见
（中国证券监督管理委员会公告〔2014〕33 号）
（十五）国有金融企业、资产
关于完善国有金融资本管理的指导意见
（中共中央，国务院 2018 年 06 月 30 日）
国有金融资本出资人职责暂行规定
（国办发〔2019〕49 号）
金融企业国有资产评估监督管理暂行办法
（财政部令第 47 号 2008 年 01 月 01 日）
金融企业国有资产转让管理办法
（财政部令第 54 号 2009 年 05 月 01 日）
金融机构国有股权董事议案审议操作指引（2020 年修订版）
（财金〔2020〕110 号）
国有金融资本产权登记管理办法（试行）
（财金〔2019〕93 号）
关于进一步明确国有金融企业增资扩股股权管理有关问题的通知
（财金〔2019〕130 号）
金融机构国有股权董事管理暂行办法
（财金〔2019〕138 号）
国有金融企业集中采购管理暂行规定
（财金〔2018〕9 号）
企业国有资产评估报告指南
（中评协〔2017〕42 号）
金融企业国有资产评估报告指南
（中评协〔2017〕43 号）

四、各行业混合所有制改革政策

中央文化企业国有资产监督管理暂行办法

（中宣发〔2017〕3 号）

关于印发文化体制改革中经营性文化事业单位转制为企业和进一步支持文化企业发展两个规定的通知

（国办发〔2018〕124 号）

关于进一步加强委预算单位所办企业国有资产管理的通知

（国卫财务发〔2016〕71 号）

关于钢铁煤炭行业化解过剩产能国有资产处置损失有关财务处理问题的通知

（财资〔2018〕1 号）

关于深入推进技工院校与国有企业开展校企合作的若干意见

（人社部发〔2018〕62 号）

关于进一步规范和加强直属高等学校所属企业国有资产管理的若干意见

（教财〔2015〕6 号）

关于进一步推进农垦改革发展的意见

（国务院，中共中央 2015 年 11 月 27 日）

附录二

本书国有企业改革专栏内容索引